地球全体を幸福にする経済学

Common Wealth
Economics for a Crowded Planet

過密化する世界とグローバル・ゴール

ジェフリー・サックス Jeffrey Sachs

訳＝野中邦子

早川書房

図 4.3　実現可能な炭素捕捉・貯蔵システム（CSS）の概念図

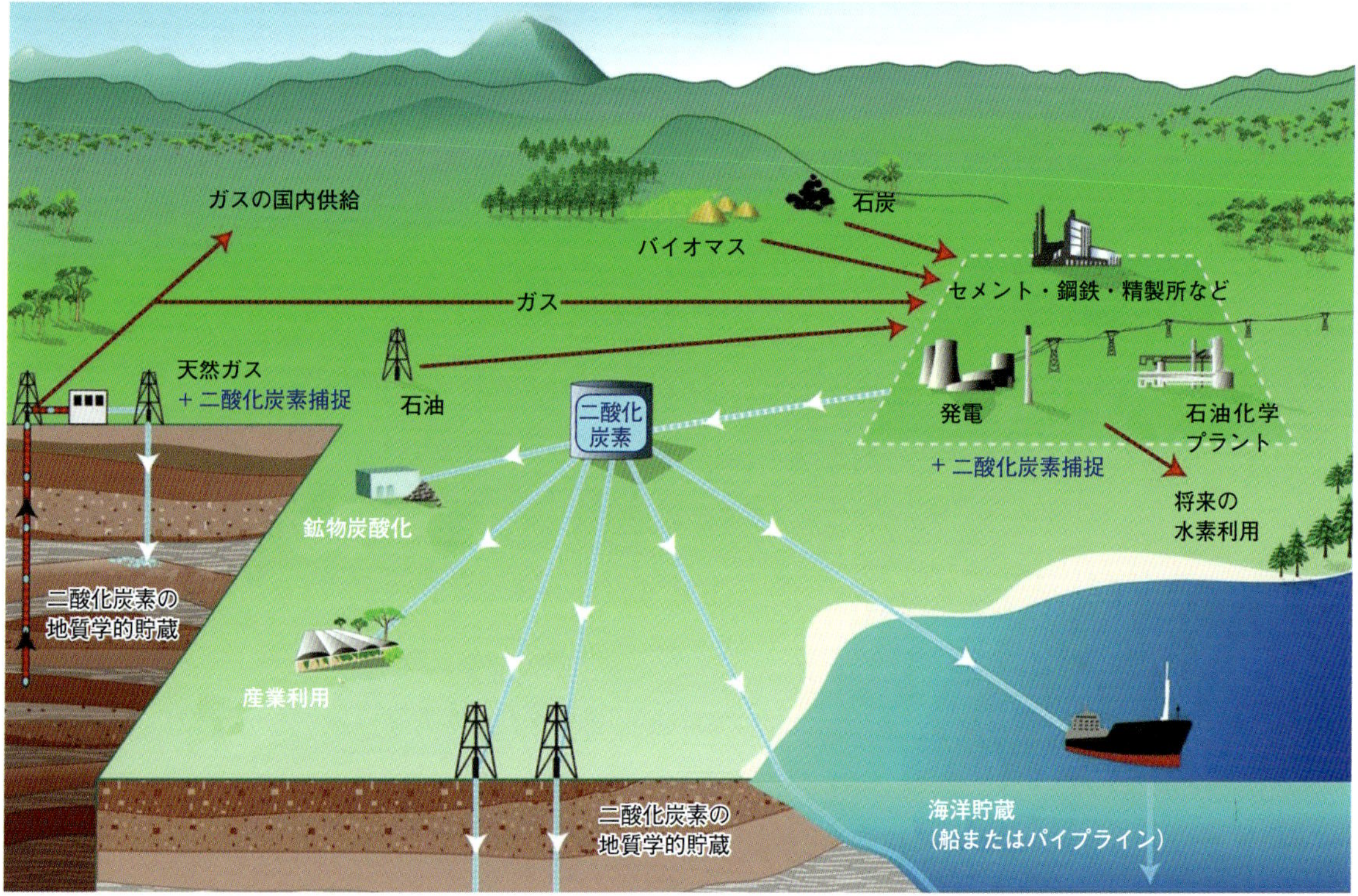

出典：気候変動に関する政府間パネル（2005 年）。

地図 5.1　乾燥地と紛争

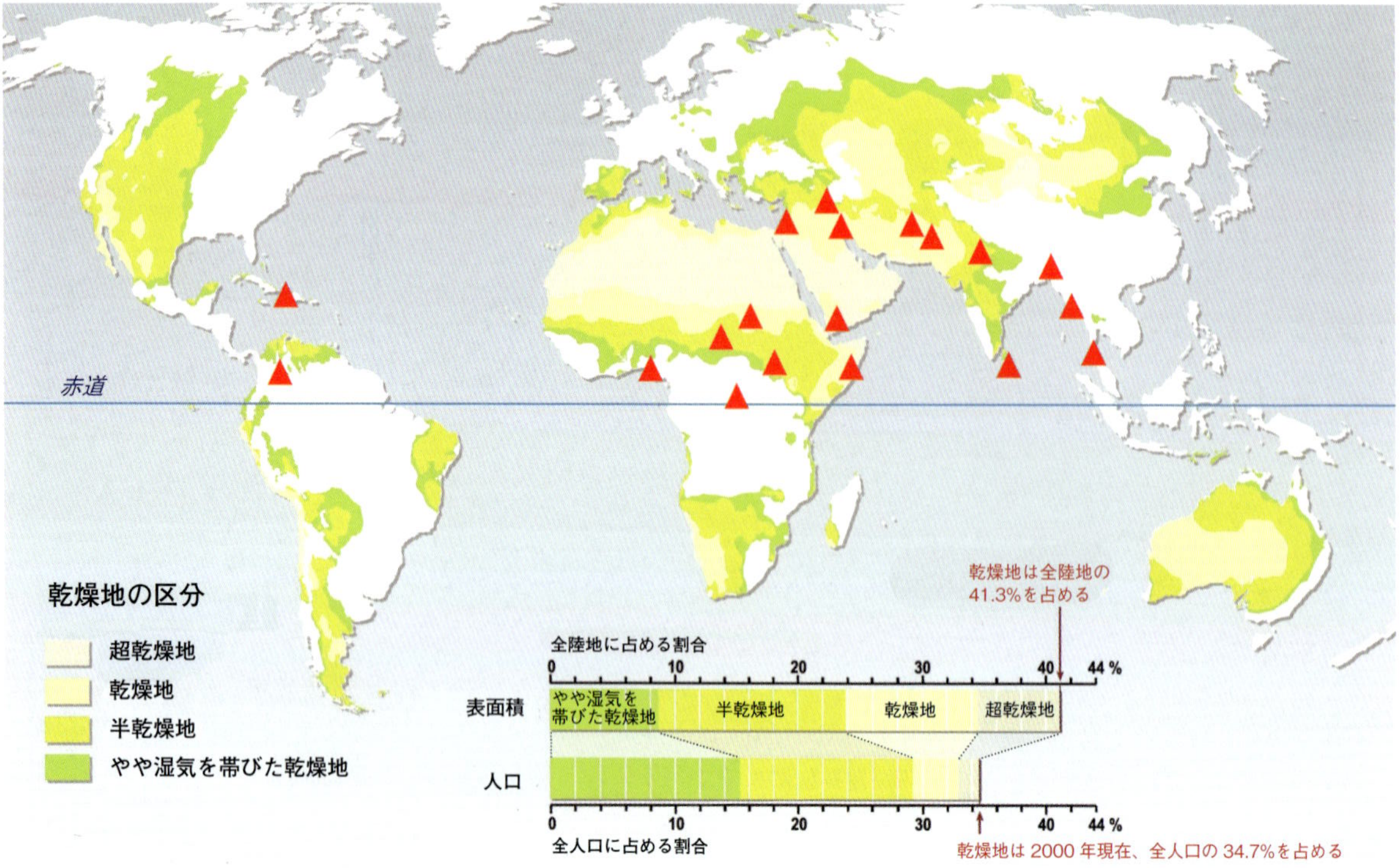

出典：ミレニアム・エコシステム・アセスメント。

乾燥地には作物や飼料、木材などの生態系サービスが水によって制限されるすべての陸上地域が含まれる。公式には気候的にやや湿気を帯びた乾燥地か半乾燥地、乾燥地、超乾燥地のいずれかに分類されるすべての陸地が含まれる。この分類は乾燥指数評価（+）にもとづいている。

注：地図は国連環境計画（UNEP）の地理学資料ポータル（http://geodata.grid.unep.ch/）のデータにもとづく。地球全域は全世界デジタル海図（147,573,196.6 平方キロ）にもとづき、図中のデータは米海事管理局の基礎データベース（2000 年）による。

▲ は社会に実質的な影響をもたらし、その社会が武力紛争を直接経験するに至った組織的集団や国家による致命的暴力やテロの体系的利用を含む、2007 年現在継続中の政治的暴力の主たる事例（少なくとも 500 件の直接関連する死亡やインフラの実質的破壊、住民の移動を引き起こしている）。ここには国家間や国家対非国家集団、非国家集団同士の事例が含まれ、また国家間戦争や独立戦争、民族紛争、革命戦争（内戦）、対立住民間の衝突、集団虐殺、対立住民間の大虐殺が含まれている可能性がある。いずれも暴力に直接影響された社会への総体的衝撃度をもとに、10 段階の尺度で評価されている（マーシャル、2007 年）。

+ その地域の平均的な年間最大蒸発散量に対する、平均的な年間降雨量の長期的な割合が乾燥指数（AI）である。

地図 6.3a　北大西洋における高次栄養段階の魚類のバイオマス分布　1900 年

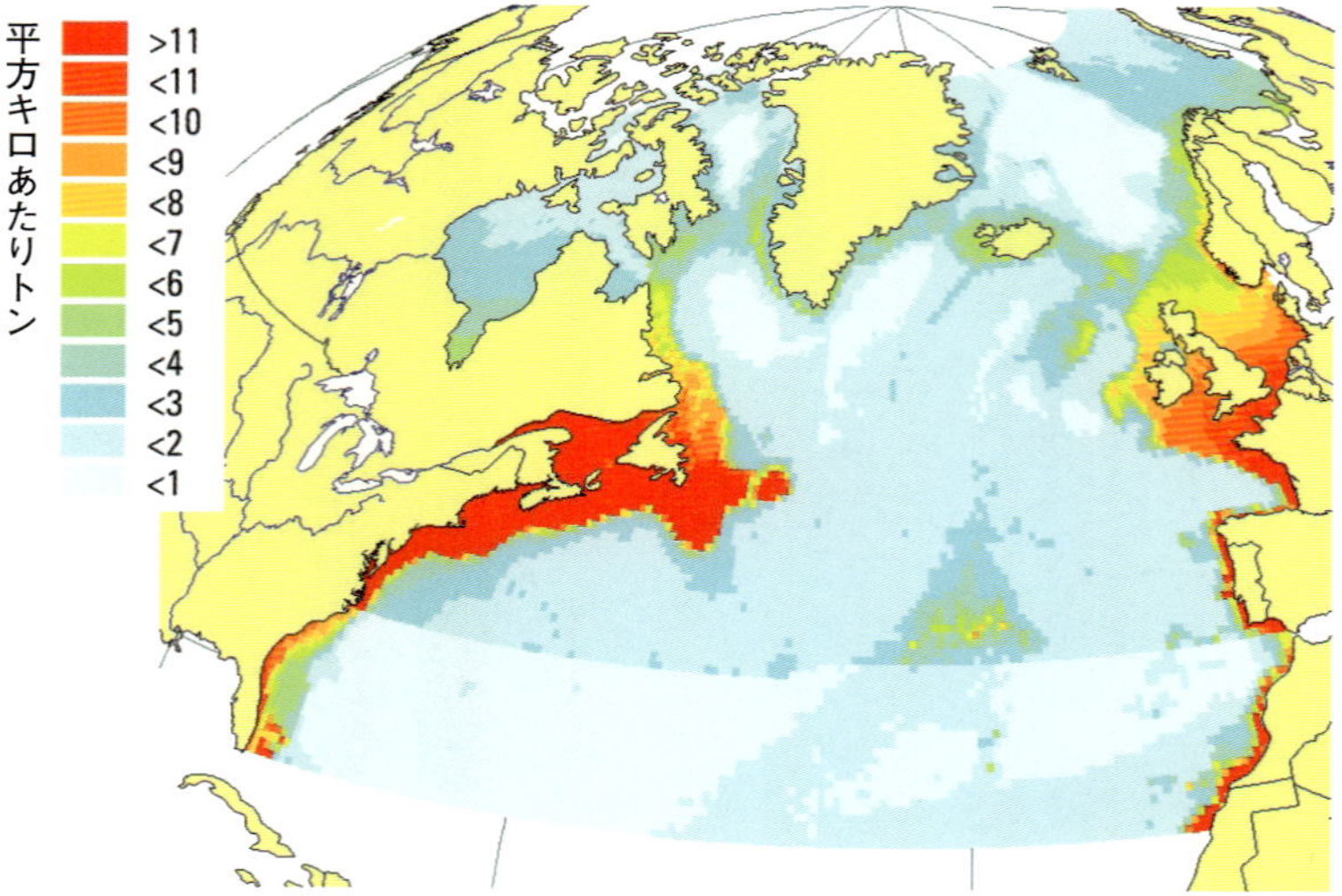

出典：クリステンセン他（２００３年）。

地図 6.3b　北大西洋における高次栄養段階の魚類のバイオマス分布　1999 年

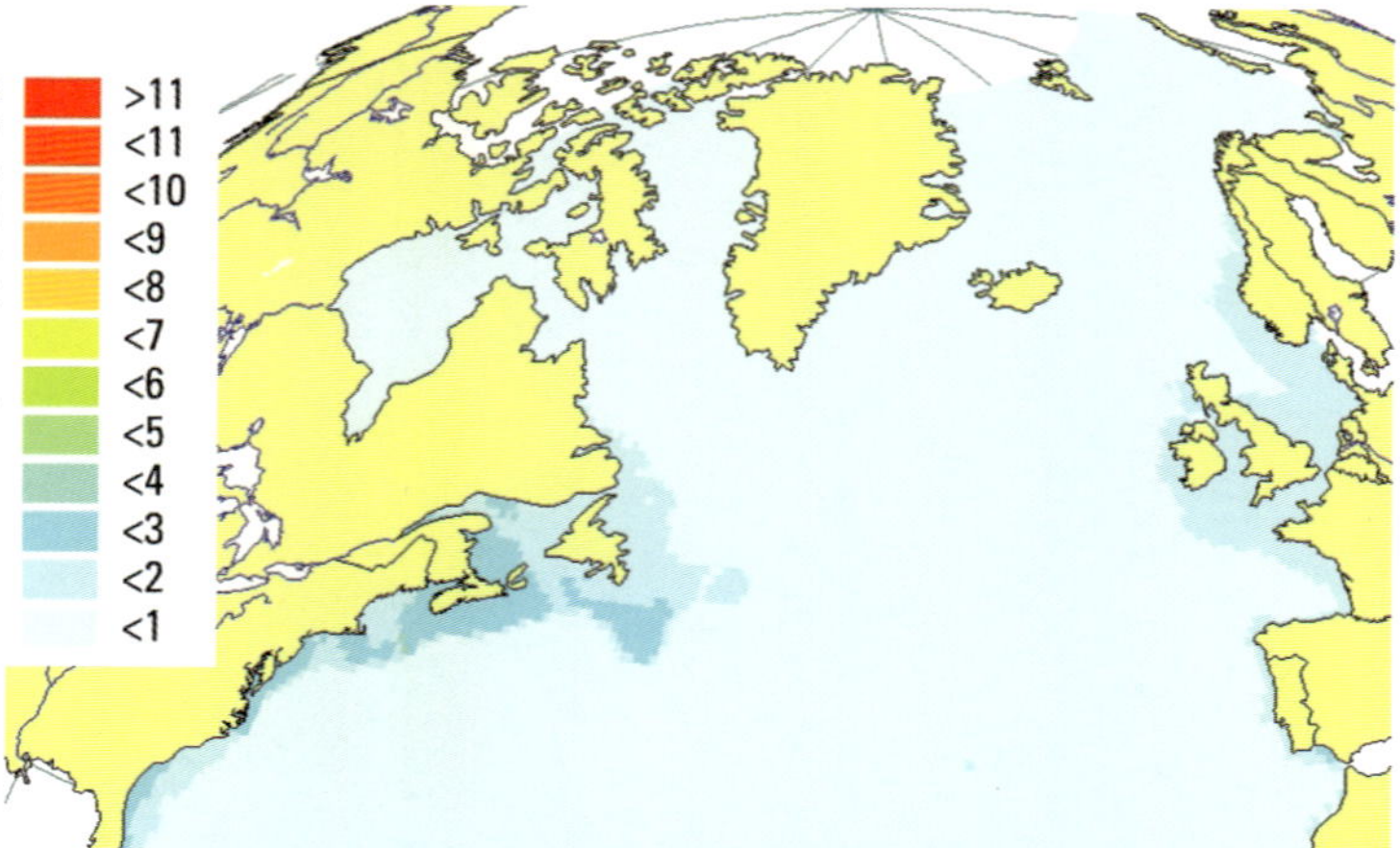

出典：クリステンセン他（２００３年）。

写真 6.4　大西洋でのエコシステムの荒廃

海の変化：下の写真は大西洋北東部でトロール漁船が古代サンゴ（上・漁獲前）にもたらした荒廃を示す。

出典：『ネイチャー』（2002 年）。

地図 8.1　合計特殊出生率　2005 年

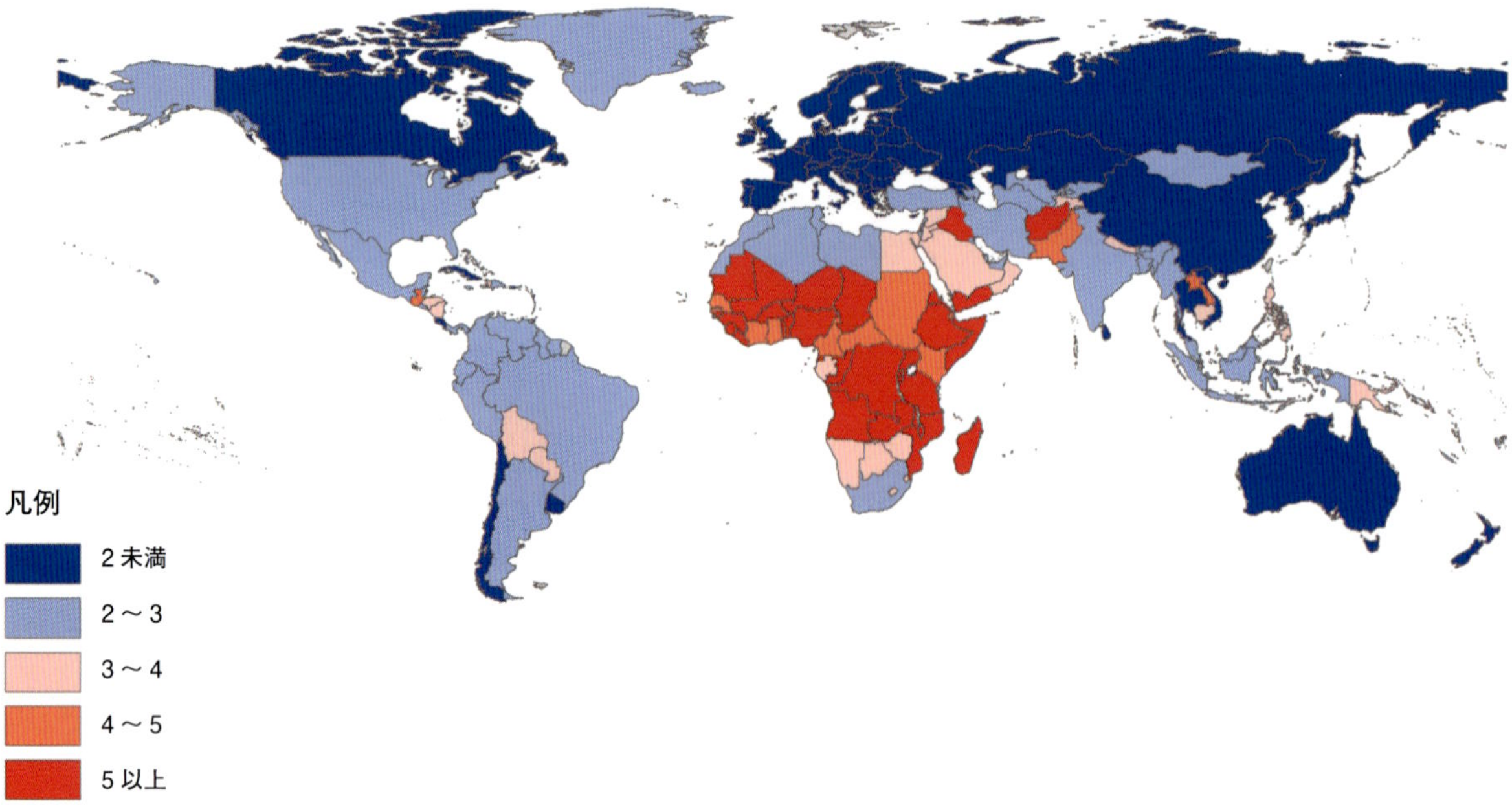

注：2005 年のデータがない場合、入手できた最も新しい年のデータを用いた。

出典：世界銀行のデータ（2007 年）。

図 10.4　主要国の穀物生産高　2003 年

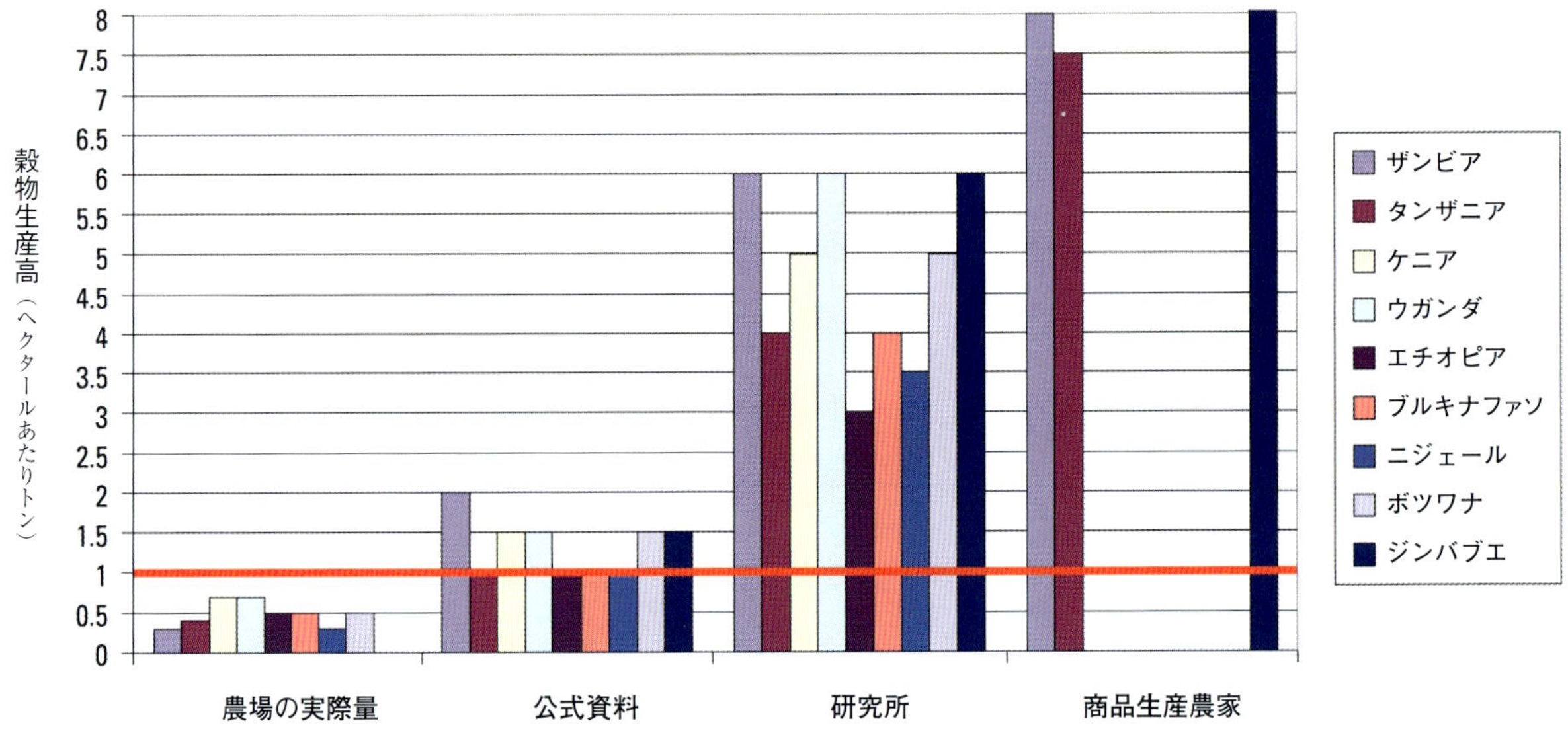

出典：ロックストロム（2003 年）。

地図 10.6
ミレニアム・ビレッジ

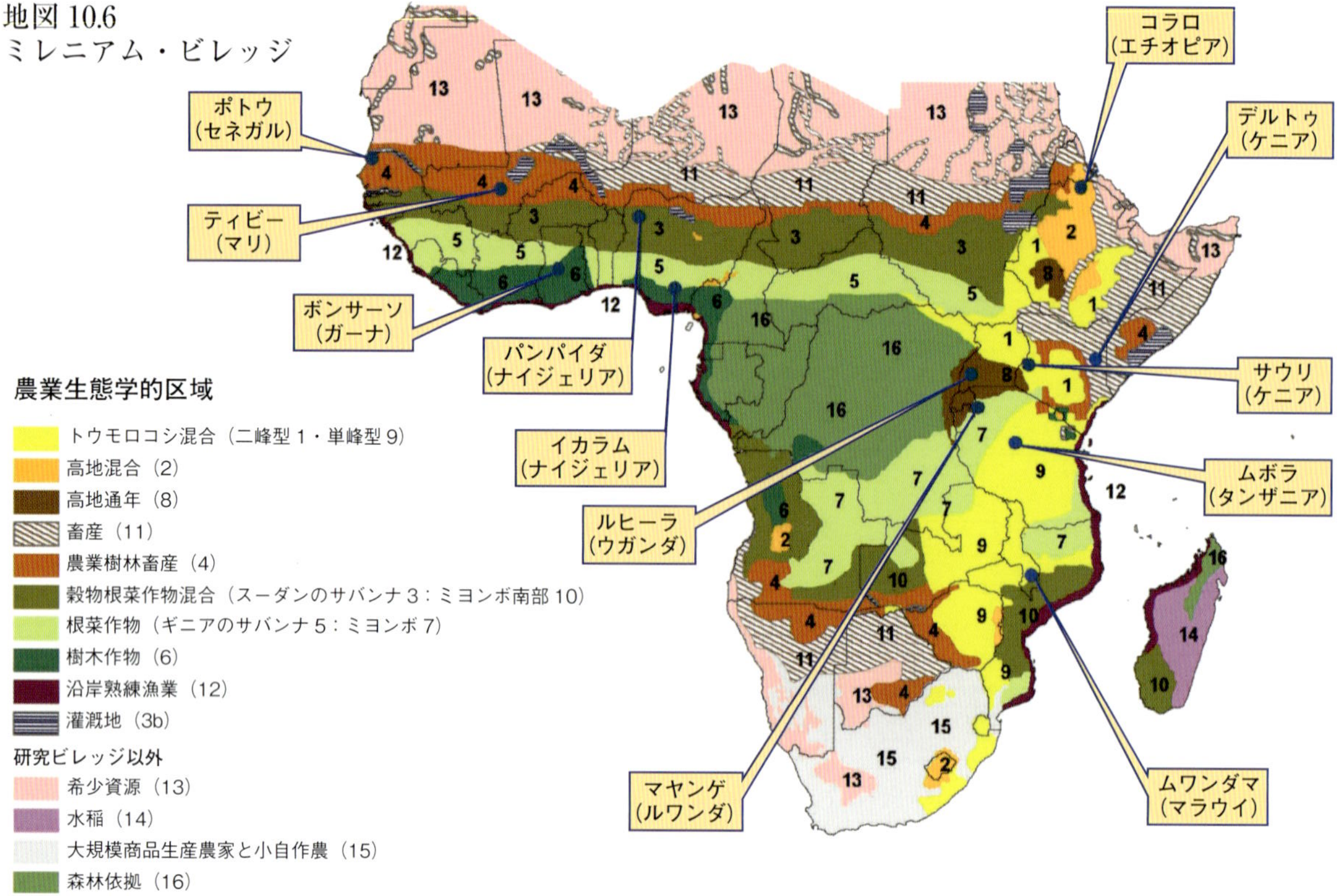

出典：ペドロ・サンチェスとラファエル・フロー。ディクソン他『営農組織と貧困』（食糧農業機関、2001 年）。

地球全体を幸福にする経済学

——過密化する世界とグローバル・ゴール

COMMON WEALTH

Economics for a Crowded Planet

by

Jeffrey D. Sachs

Translated by
Kuniko Nonaka
First published 2009 in Japan by
Hayakawa Publishing, Inc.
This book is published in Japan by
arrangement with
The Wylie Agency (UK) Ltd.
through The Sakai Agency.

私に希望をもたせてくれる三つの大きな理由
リーサ、アダム、ハンナへ

目次

序文

その卓越した経験と知識にもとづき、ジェフリー・D・サックスがここにまとめあげた世界の現状に関するレポートは、緊急性をもつと同時に、現実的な面でもはかり知れない価値をもつ。きわめて明晰な分析、統合、参考資料、フィールド・マニュアル、ガイドブック、予測、そして人間を幸福にするために欠かせない基本要素への提言が簡潔にまとめられている。この本は、地球に住む六六億人の運命に責任を負わされた人びとに、こう語りかける。この数字を見よ、と。この数十年で、世界は急激に変化した。その変化はより大きく、より速くなってきている。私たちは科学技術を通じて多くのことをなしとげてきたが、それにもかかわらず、いや、むしろそのせいでというべきか、やがて残っている資源を使いはたしてしまうだろう。いまこそ、何が起こっているのか、正確に把握しなければならない。明らかな証拠には抗えない。私たちがこの惑星を壊してしまう前に、社会と経済に関する政策を建てなおす必要がある。人類がこの先、明るい未来を手にできるかどうかは、この一回限りの賭けにかかっているのだ。

近代人の誕生とはすなわち、約一万年前の農業の発明、そして、それに続いて集落や政治的な階層が形成されたときにほかならない。農耕文化が登場する前に、人類は狩猟技術を完成させ、地球上の最大の哺乳類や鳥類、いわゆるメガファウナ（大型動物）のほとんどを絶滅させていた。それでも、植物に覆われた地表の大部分はまだ残っており、海は手つかずだった。それ以後の経済史をひとことでまとめると、次のようになる——人間は考えられるすべての手段を用いて、地球の資源を富に変換した。その結果は、着実な人口増加とそれにともなう地理的な拡大である。拡大は、実質的に居住可能な土地の隅々まで人で一杯になるまで続き、やがて人口の過密度は、科学技術や病気の発生率という点で、限界にまで達した。一五〇〇年には、地球上の人口が幾何級数的に増加してゆくのは明らかになっていた。二〇〇〇年になると、世界人口は、地球がまかなえる資源の限界にぎりぎりまで近づいてしまった。人類の経済発展に見られる大きな特徴は、幾何級数的な成長という点にある。つまり、成長をくりかえす段階で、同じくらいの成長を果たすのにかかる時間はしだいに短くなるのだ。人類が従ってきた単純な命令は、本来、生物学的なものである。産めよ、増やせよ——あらゆる面において、急速な増加をめざせ。より正確にいえば、この成長はロジスティック曲線を描く。幾何級数的な成長もやがて減速し、しだいに衰えてゆくが、それはひとえに、環境から来る制限のせいなのだ。

本書に集約された膨大なデータは背筋が寒くなるような現実を示してくれる。いまや、私たちには本当にわずかな機会しか残されていない。人類はこれまで、地球上のかけがえのない資源を大量に消費し、または変貌させることで、かつてないほどの繁栄を享受してきた。私たちはほどほどに賢く、また、いまでは十分な情報も得ているのだから——そうあってほしいものだが——一つの生物種として自らを認識できるはずである。いま、私たちが持続可能《サステナブル》な開発を選ぶなら、これまでに得たものを維持するだけでなく、目前に迫っている大惨事を回避することも可能だろう。

そこで、本書のあげる数字を見てほしい。そして、少しだけ想像力を働かせてほしい。軌道修正はまだ可能だが、そのための時間はそれほど多くはない。

世界経済が直面する危機の大半は、とどのつまり環境に由来するものである。たとえば、気候変動、環境汚染、水不足、生物種の絶滅、耕地の減少、海洋生物の減少、石油資源の枯渇、いつまでも残る最貧困地域、パンデミックの脅威、国内および国家間を危機に陥れかねないほど不均衡な資源分担などである。

不幸なことに、意思決定の責任を担う人びとは、これらの問題について、ある程度理解はしているが、往々にして、それぞれ別個の問題として扱うことが多い。ところが、サックスがいうように、このすべてが因果関係によって結ばれていることを理解しないかぎり、どの問題一つにせよ、解決できる見込みはまずない。私たちは賢明になって、人類が一つの生物種であることを肝に銘じ、これらの問題すべてに対して現実的かつ実用的なやり方で取り組まなければならない。

政界であれ、実業界であれ、またメディアであれ、私たちの指導者たちはなぜ、これらの断片をつなぎ合わせるのにそれほど時間がかかるのだろうか？　思うに、サックスが提示する事実は現実的で、さほどの困難なしに把握できるにもかかわらず、私たちはどうしても人間の本性に刻まれた遺伝子に操られ、無意識のうちに歪められた世界観のもとで行動してしまうからではないだろうか。人間とは奇妙な存在である。私たちのなかには、石器時代の感情、中世の信仰、神のような科学技術が共存している。要するに、そのような存在として、私たちはおぼつかない足どりで二一世紀に歩み入ったのだ。私たちが映画『スター・ウォーズ』シリーズにこれほど惹かれるのは、自分たちの姿と、細胞のなかに遺伝として刻まれた先天的な元型（アーキタイプ）が未来に投影されているからだろう。

国家でもグローバルでも、善良なシチズンシップは有効なものだと私は信じている。教育を受けた個々の人びとが本書の内容をよく理解し、そこに含まれた情報をどのように解釈し、応用すべきかについての著者の提言に耳を傾けてほしいと思う。本書の内容は、学校教育における科学や統計の教材としても、また一つの強力な主張としても、よりいっそう深く受けとめるべきである。本書の訴えは基本であり、また普遍的なものである。それは、さまざまな宗教や政治的イデオロギーの差異を超越している。

ハーバード大学名誉教授、比較動物学博物館・昆虫学名誉学芸員
エドワード・O・ウィルソン

第一部　二一世紀のための新しい経済学

1　共通のチャレンジ、共通の富

二一世紀には、経済活動に関する基本概念の多くがくつがえされるだろう。二〇世紀には、グローバルな政治・経済におけるヨーロッパ支配が終焉を迎えた。二一世紀には、アメリカ支配の終焉を目にすることになるだろう。中国、インド、ブラジルなどを含む新興勢力がひきつづき成長し、国際舞台でも彼らの声がしだいに大きくなるはずだ。しかし、その変化は、世界の異なる地域における経済および政治の力関係を変えるだけでなく、もっと深いものになる。持続可能な開発という課題、すなわち環境保護、世界人口の安定、貧富の差の縮小、極度の貧困の根絶が、舞台の中心を占めるだろう。そのためにはグローバルな協力体制を最優先にしなければいけない。市場、覇権、資源を求めて相争う国民国家という概念そのものが時代遅れになる。脅しや攻撃によって自国の安全を守れるという考えこそ間違いであり、自滅的でさえあるということは、もはや自明の理だ。中東であれ、他のどの地域であれ、これ以上の「グレート・ゲーム」を遂行するには、世界は過密になりすぎ、あまりにも危険である。

二一世紀の課題を定義するなら、この過密化した地球で人類が共通の運命を分けあうという現実を直視すること、となる。共通の運命であればこそ、新しい形のグローバルな協力体制が必要とされる。これはごく単純な基本点なのに、世界の指導者の多くは、この点をまだ理解できず、または受け入れようとしない。過去二〇〇年間、テクノロジーや人口統計学は人びとに深く理解されないまま、つねに社会より先行してきた。産業化と科学がもたらした変化のペースは、人類史上でも例を見ないほどの速さだった。哲学者、政治家、芸術家、経済学者などは、時代の社会的な状況に追いつくために、たえず息せき切っているようなありさまだ。結果として、社会哲学はつねに目の前の現実に遅れをとることになる。

過去七五年間、世界の先進諸国はしだいに以下のことを理解するようになった。国民は共通の運命のもとにあること。そして、その社会に属する国民一人ひとりに生産性が発揮できるチャンスと手段（公共教育、公衆衛生、基幹インフラなど）を用意し、また、自然環境への危険な侵食を食い止めるには、政府の積極的な働きかけが必要だということである。このような積極的な介入をよしとする考え方、すなわち、市場経済において自己組織力を導くには社会正義と環境への責務を視野に入れた包括的な基本原則が必要だとする考え方は、まだグローバル社会にしっかり根付いているとはいえない。

二一世紀に、このグローバル社会が繁栄するか、それとも消滅するかは、この世界にとっての共通基盤を見出せるかどうかにかかっている。その基盤をもとに、共通の目標を定め、それを達成するための現実的な手段を手に入れるのだ。乏しいエネルギー資源、増大する環境ストレス、世界人口の増加、合法または非合法的な集団移住、経済的なパワーの変動、収入格差の拡大といった問題はあまりにも大きすぎ、放任主義の市場取引や対抗心からくる地政上の国家間競争に委ねておくわけにはいかない。緊張の高まりは文明の衝突を導きやすく、そんな事態になれば、人類にとっては本当に最後の、そして取り返しのつかない衝突が起こってしまうかもしれないのだ。こうした困難を平和に切り抜けるためには、先進諸国がそれぞれの国内で嫌々ながらも少しずつ学んできたいくつかの教訓を、地球規模で応用しなければならない。

一つの国のなかでさえ、協力関係を築くことは容易ではなかった。産業革命の最初の世紀に、イングランドを初めとする初期の産業国家を特徴づけていたのは過酷な社会状況だった。当時、ほとんどの個人や家族は新しい工業化時代の混乱のただなかに放置されていたのである。チャールズ・ディケンズやフリードリヒ・エンゲルスは、そんな時代の厳しさについて、印象的な証言を残している。初期の工業社会において、しだいに、また断続的に理解されてきたのは、貧しい人びとを貧困と病気と飢餓のなかに放置しておくだけで、かならず社会全体に犯罪が増え、不穏さが増し、病気の発生を招くということだった。大きな政治的混乱の末に、遅々としてではあるが、貧困層のための社会保障や教育[1]が社会の安定や繁栄の手段とみなされるようになったのは、一八八〇年以降のことだった。多くの国家がようやく半世紀ほど前から気づきはじめたのは、工業化時代にあっては、空気や水や土地といった自然資源もまた、国民の公益を視野に入れて集中的に管理しなければならないということだった。町の最貧困地域に有害廃棄物を捨てれば、高級住宅地もその影響をこうむらずにはいられない。重工業は空気や水を汚染してきた。ある地域の産業公害は、風や雨や河川などによって遠い下流に運ばれ、森林や湖や湿地帯や貯水池を破壊するかもしれないのだ。

国をあげての協力体制を構築するのは、アメリカのように人種、宗教、民族、階級、アメリカ生まれかそれとも移民かといったさまざまな要素で分断されている社会では、とくに困難だった。社会福祉制度がとりわけ効果を発揮し、またよく定着しているのは、国民が税金の支払いを「自分たちのため」だと信じているスカンジナビアのような単一民族社会である。アメリカは、所得の高さを誇る多くの国々のなかで、人種や民族的な面での分断が最も著しく、また世界の高所得国のなかで唯一、国民健康保険をもたない国でもある。分断された社会では、同じ国のなかでさえ、収入や宗教の違い、とりわけ人種の違いを超えて国民全員が責任と運命を分かちあうものだという事実が、なかなか受け入れられないようだ。

しかし、いまこそ、はっきり自覚しなければいけない。私たちは社会の違いを超えて責任と運命を共有するという考え方を国際社会にまで広げ、世界が一体となって、地球上のあらゆる地域で持続可能な開発を実践できるように行動しなければいけないのだ。世界のどんな地域であっても、極度の貧困の状態で放置したり、有害廃棄物の投棄場にしたりすれば、他のすべての地域を危険にさらし、衰退させることにつながる。このようなグローバル協力は夢物語のように思えるかもしれない。多くの人びとにとって、いまの世界政治はアメリカが一方的にリーダーシップをとっているように見えるだろう。政治家が政治家としての地位を確保できるかどうかは、国内の有権者だけが頼りで、グローバルな有権者は関係がない。とはいえ、本書の主要なテーマの一つは、これまで多くの分野においてグローバル協力が大きな成功を収めてきた事実を明らかにすることである。その成功のおもな理由は、十分な情報を得た国内の有権者が、グローバル協力こそ、利己的な意味ではなく、自分たち自身の利益につながり、子供や孫たちの幸福に欠かせないものだということを理解したうえで、そのような協力体制を支持してきたからである。私たちの課題は、グローバル協力を改めて築きあげるというより、むしろ、いまあるグローバル協力に生気を吹きこみ、現代という時代に合わせて大きく広げることである。

この危機を回避するには

この世界を救うことは可能だ。ただし、そのためにはまず、人類全体が直面する危機を正確に認識しなければならない。それには、やみくもな競争をいったん中断し、目の前にある共通の課題について調査することが必要になる。いまの世界の環境、人口、経済のあり方は持続可能とはいえない。このまま「現状維持」を続ければ、社会と環境は危機的状況に陥り、悲惨な結果となるだろう。このような危機を招く要因は、以下の四つである。

・地球の生態系や気候に与える人類の圧力を大幅に軽減しないかぎり、危険な気候変動、多くの生物種の絶滅、重要な生態系の破壊を招く。
・世界の人口は危険なほど速いペースで増加しつづけている。とくに、急増する人口を支えきれないような地域ほど、人口増加のペースが速い。
・世界人口の六分の一が極度の貧困にあること。彼らはグローバルな経済成長の恩恵から取り残されている。貧困の罠は、貧しい人びとを苦しめるだけでなく、世界中の人びとにとって大きなリスクとなる。
・グローバルな問題を解決しようとするとき、シニカルな考え方や、敗北主義、時代遅れの制度のせいで、動きが取れなくなる。

こうした問題がおのずと解決されることはない。自由放任主義の市場原理や、競争にあけくれる国民国家のなかで、増加の一途をたどる悲惨な問題が自動的に解決されることはまずないのだ。世界各地で進行している急速な経済成長をこのまま見過ごしていたら、生態的な環境は改善されるどころか、悪化の一途をたどるだろう。それを防ぐには、積極的な公共政策によって、省資源的な（つまり持続可能な）テクノロジーを導入し、成長の方向を転じなければいけない。人口増加を抑制するには、出生率を低く抑えなければいけないが、そのためには、出産の選択を個人が自発的に決められるように世論を導く一貫した公共政策が必要だ。市場の原理だけでは貧困の罠を克服することはできない。そして、グローバルな問題が解決できないとなれば、目の前に突きつけられた、もっと単純で当たり前の問題を解決することも無理である。

将来を見据え、資源をもっと賢く節約し、科学やテクノロジーから得られる利益を最大限に生かせば、これからの数十年間で、世界のあらゆる地域に繁栄を行きわたらせる道が見つかるかもしれない。天然資源の減少が、かならずしもグローバルな豊かさのブレーキになるとは限らない。世界経済は生き残りをかけた敵味方の争いである必要はないのだ。私たちがうまく協力しあえば、恐ろしい災難を回避できるだろう。それどころか、これからの数十年間で、以下の四つの目標を達成することも可能である。

・エネルギー、土地、資源の使い方に関して、持続可能なシステムを構築する。そうすれば、気候変動、生物種の絶滅、生態系の破壊といった、最も危険な流れを回避できる。
・二〇五〇年までに、自主的な出生率の低下により、世界人口を八〇億以下で安定させる。

・二〇二五年までに極度の貧困を終焉させ、同時に豊かな国の経済も安定させる。
・国家間の協力関係、非政府組織の活力とアイデアを基盤にして、グローバルな問題解決に新たなアプローチで臨む。

地球規模でこれらの目標を達成することなど、とても無理な話に思えるかもしれない。だが、国際政治やテクノロジー、あるいは地球上の資源が利用可能かどうかという問題そのものに、これらの達成を妨げる要因が含まれているわけではない。障害はこの地球にあるのではなく、人間がどれほど協力できるかという、私たちの能力にあるのだ。いま、私たちに必要なのは、グローバル・レベルでの合意と世界共通の団結心をもって、地球が抱える問題に取り組むことである。

不信にもとづくグローバル化は不毛である

グローバル協力を推進することが差し迫った課題だというのに、昨今そのような協力はあまりうまくいっていない。輸送、通信、情報の分野におけるテクノロジーの発達によって、人類の経済活動はかつてないほど密接なものになった。これらのテクノロジーに加えて、市場原理の力が働いた結果、きわめて複雑かつ生産性の高いグローバルな分業が創出され、何億もの人びとを極度の貧困から救う過程で大きな役割を果たした。ところがグローバル経済がいっそう密接に絡みあってゆくにつれ、グローバル社会の分断化がさらに進み、つらく厳しい状況を招いているようだ。ジャンボジェット機は群れをなして、密接に結びついたグローバル経済の上空を行き来している。それなのに、テロへの恐怖心は募るばかりで、人びとは機内にもちこむ歯磨き粉やシャンプーにさえ神経を尖らせているありさまだ。

統合されたグローバル経済と分断されたグローバル社会という矛盾に満ちた現状は、地球にとって最大の脅威となる。なぜなら、目の前の多くの課題に立ち向かうのに必要な協力関係の構築を妨げるからである。万が一、文明の衝突が起これば、かろうじて生き延びたとしても、人類が築きあげたものは灰燼に帰し、来るべき世代は暗い影のなかで生きることになるだろう。これまでも人類は多くの危機を経験してきた。一九世紀にはグローバル化の最初の大きな波が起こったが、それはやがて第一次世界大戦のヨーロッパ戦線における血まみれの塹壕という形で終わった。とりわけ、今日の多くの人びとが思っているのと同じように、一九一四年の八月までは誰もがグローバル化と科学の進歩を心から信じていたことを思うと、粛然とした気持ちにならざるをえない。当時のベストセラー、『ヨーロッパの幻影』（ノーマン・エンジェル著、一九〇九年刊）は、政策の一手段としての戦争はすでに時代遅れだと的確に指摘している。徹底抗戦から利益を得る国はどこにもないというのである。それでも、不信感にとらわれ、動きがとれなくなったヨーロッパ諸国はついに戦争へとなだれこみ、そのすさまじい影響は二〇世紀が幕を閉じるまであとを引くことになった。戦争そのものは、残虐さと死という点で、前例のないものとなった。その後遺症として、ロシア革命、一九一九年のスペイン風邪（インフルエンザ）の世界的大流行、株価の暴落に続く大恐慌、ヒトラーの台頭、中国の国共内戦、ホロコーストが起こり、その影響はいまだに色濃く残っている。一九一四年に、世界は文字通り、ばらばらに引き裂かれた。多くの点で、その傷はまだ完全には癒えていないのだ。

今日、それほどの激変が起こることは、ほとんど想像できないかもしれない。それでも、戦争や非難の応酬が範囲を広げつつあり、国際世論に反するような外交政策をごり押しするアメリカの態度を見るにつけ、地球の平和が脅かされていることを日々実感せずにはいられない。今日では、暴力そのものだけでなく、戦闘に関与する人びとの狂信的な情熱も不安材料となっている。ジョージ・W・ブッシュ大統領、ウサマ・ビンラディン、自爆テロの犯人たちはみな一様に、自分たちの攻撃は神の導きによるものだと主張している。世界はじりじりと大惨事に近づいている。成長著しい中国とインドは、遠からずアメリカのプライドや自信を傷つけるまでになり、ひいては国際社会の緊張を高める要因になるかもしれない。

過去から学ぶ

若者にとって「歴史」とは9・11であり、イラク戦争であり、暴力と恐怖と分裂の世界でしかないだろう。近年の歴史とは、京都議定書を拒否したアメリカ、ミレニアム開発目標を国際協定から外そうとしたアメリカ、海外援助を渋るアメリカ、「敵か味方か、はっきりしろ」と迫るアメリカである。アメリカ国民の多くにとって、そして世界中の大勢の人にとって、失望させられ、恐怖が大きくなってゆく時代だった。しかし、第二次世界大戦が終息した時期にさかのぼれば、もっと別の、もっと長い歴史がある。その歴史をかえりみることは、大きな導きとなり、希望ともなるだろう。第二次世界大戦後、冷戦の危機にもかかわらず、世界の指導者たちは、環境、人口、貧困、大量破壊兵器といった共通の課題に一致団結して立ち向かった。国際連合を初めとして、天然痘の撲滅、子供の予防接種、識字教育と家族計画の普及、地球の環境保護といった世界規模のキャンペーンに取り組み、新しい形のグローバル協力を考案したのだ。そして、さまざまな障害や不信感をのりこえて、グローバルな協力体制がよい結果をもたらすということを証明してみせたのである。

一九六二年の一〇月、冷戦は危うく「熱い」戦争に発展しかけた。その前年、ＣＩＡの主導によるキューバ侵攻、いわゆるピッグス湾事件が起こったが、ソ連はそれに対する報復の一環として核ミサイルをキューバに配備したのである。アメリカとソ連があわや核戦争に突入かという事態になった。その後、秘密裡に結ばれた協定の一部として、ソ連は核ミサイルを撤去し、アメリカはトルコに配備されていた戦略的核兵器の引き上げを受け入れた。世界は固唾をのんで見守った。アメリカ人のほとんどは、ソ連と戦争になると思いこんでいた。現在のアメリカ国民の一部が、イスラム原理主義との戦争は不可避だと思いこんでいるのと同じである。だが、第二次世界大戦後の最も良き時代に、ケネディは戦争を必然とはみなさなかった。そして、アメリカ国民とソビエト国民だけでなく世界を悲惨な戦争の瀬戸際から救い、国際協力への新たな道へと一歩を踏みだして、部分的核実験禁止条約が成立したのだった。

ＣＩＡの秘密工作、ソ連の核兵器開発、そしてソ連の核ミサイル配備に対してキューバに先制攻撃をしかけたくてうずうずしているタカ派の軍部によって、アメリカはあやうく核戦争に突入しかけた。世界がどれほど簡単に破滅へなだれこむか、生命そのものがいかにもろいか、ということにケネディは深く感じ入った。

一九六三年六月、ケネディは勇気をふるい、アメリカン大学であの有名な「平和のための戦略」という演説をした。人類が生みだした問題の解決策を見つけるために、地球規模での探求が必要だと訴えたのである。

あまりにも多くの人びとが［平和は］不可能だと思っている。あまりにも多くの人びとがそれを非現実的だと考えている。だが、それは敗北主義的で、危険な信念だ。そんな考え方から導かれるのは、戦争が避けられず、人類は破滅を運命づけられ、私たちが制御不能の力に支配されているという諦念である。そんな考えを受け入れてはいけない。私たちが抱えている問題は、人間が作ったものなのだから、人間の手で解決できるはずだ。人間はそう望みさえすれば、どんなに大きな存在にもなれる。人類の将来を左右する問題といえども、人類の存在を超えるものではない。人間の叡智と魂は、これまでも解決不能と思われた問題を解決してきたのだから、これからも同じことができるはずだ。私がいいたいのは、妄想や狂信に通じかねない絶対的な世界平和や無条件の善意のような机上の空論ではない。希望や夢の価値は否定しないが、それを私たちの唯一かつ緊急の目標にしたら、失望と不信を招くだけだろう。

そのかわり、もっと実際的で達成可能な平和に目を向けよう。人間の本質を急激に変革するのではなく、人間社会を段階的にゆっくり進化させていくのだ。つまり、関係する全員にとって利益になるよう、一連の具体的な活動や効果的な合意にもとづいて、平和を構築するのだ。この平和の扉を開けるには、たった一本の簡単な鍵では不足だ。一人か二人の権力者だけが用いる壮大な、あるいは魔法のような特効薬もない。本物の平和は、多くの国家の協力のもとに、さまざまな活動の総和として達成されるものである。それはじっと動かないものではなく、ダイナミックでなければいけない。新しい世代の課題に合わせて、たえず変化しなくてはならない。なぜなら、平和とは一つのプロセスだからだ。[2] それは問題解決のための一つの手段なのである。

世界の破滅という危機に直面し、暗い淵を覗きこんだケネディは、当時、地球上で他の誰もなしえなかったことをした。人類が置かれた不安定な立場と共通の運命をこの演説で、鮮やかに描きだしたのである。

だから、おたがいの違いから目を背けるのではなく――人類共通の利益に目を向け、相違点をのりこえる方法を考えよう。その違いをいますぐ解消できないにしても、少なくとも世界が多様性を受け入れられるように手助けすることはできる。とどのつまり、私たちの最も基本的なつながりは、私たち全員がこの小さな惑星の上に住んでいるということなのだ。私たちはみな、同じ空気を呼吸している。私たちはみな、子供たちの将来を案じている。そして私たちはみな、死すべき存在なのだ。(3)

ケネディの演説は何よりも、一見和解しがたいと思える敵とも協力はできるとアメリカ国民に強く訴えることで歴史を変えた。ソ連の指導者ニキータ・フルシチョフはこの演説を、フランクリン・ルーズヴェルト以来の歴代アメリカ大統領による声明のなかで最高のものと評価し、核実験禁止条約についてケネディと交渉する意思があると表明した。六週間後、モスクワで部分的核実験禁止条約が締結され、ソ連とアメリカは暫定協定を交わした。これがきっかけで、やがて冷戦そのものが終焉を迎え、ロシアおよびソビエト連邦下の一四の国家が主権国家として独立を果たす結果につながったのである。

これまでずっと、アメリカの外交政策には二つの顔があった。第二次世界大戦後に世界の超大国となって以来、ケネディの部分的核実験禁止条約のような先見の明のある協力態勢と、それに先立って実行されたＣＩＡの支援による無謀なキューバ侵攻のような一国主義による強引な政策のあいだを揺れ動いてきたのだ。アメリカの協力的リーダーシップによる偉業には、国連、国際通貨基金、世界銀行などの設立、グローバルな開かれた貿易システムの推進、ヨーロッパの再建に資金を提供したマーシャル・プラン、天然痘の撲滅、核兵器管理の推進、オゾン層を破壊する化学物質の排除などがある。一国主義の立場をとった悪名高い行為にはＣＩＡの主導による外国の政権転覆工作（イラン、ガイアナ、グアテマラ、南ベトナム、チリ）、おびただしい数にのぼる外国の要人暗殺、さらに独善的な態度から生じた悲惨な戦争（中央アメリカ、ベトナム、カンボジア、ラオス、イラクなど）がある。アメリカはＣＩＡの裏金供与を通じて選挙に干渉し、外国の指導者たちにＣＩＡから定期的に金を流すことで、独裁者を支援してきた。そんな独裁者たちは、ブーメランのように、あるいは「報　復《ブローバック》」効果となって、やがてはアメリカを悩ませる存在となった（サダム・フセインやウサマ・ビンラディンはかつてＣＩＡからの資金供与を受けていた）。ＣＩＡの衝撃的な内幕を暴いた最近の歴史書がいうように、好戦的で秘密主義の一国主義はまさに「灰の遺産」(4)なのである。

したがって、ブッシュ政権の一国主義はアメリカ外交史の一面に深く根づいたものとはいえ、その粗雑さや暴力性はこれまで先例がなかった。冷戦時代の初期に見られた過剰さと同様、ブッシュ政権の行きすぎた行為は、屈折した思い込みからきていた。すなわち、外国の邪悪さに対して、暴力や秘密工作や裏切りなど、いかなる手段をもってしても、アメリカの善良さを断固守るべきであり、また守ることができるという信条である。冷戦も、また今日のイスラム原理主義との戦いも、メシア信仰から生じている。その思想はつねにこの世界を白と黒に分けようとし、イスラム圏も含めたこの世界中の全人類が地球上に生息し、同じ空気を吸っているという根本的な洞察を欠いている。実際、この世界でもとりわけ強い環境ストレスにさらされている地域、アフリカのサヘル（サハラ南縁諸国）に属するイスラム圏の乾燥地帯、中東、中央アジアは、環境問題や極度の貧困との戦いにおける国際協力に対して、他のどんな地域よりも強い関心を示している。ところが、アメリカはこれらの地域と分かち合えるはずの共通項を完全に見失い、そのかわり、自分たちの理解の範疇を超えた人びとや社会に、破滅的としかいいようのない戦争をしかけたのだ。

ささやかな投資で世界を救おう

いまの世界が直面する最大のリスクを回避するには、世界の国々の参加による一連のグローバルな公共投資こそが必要だ。このような投資、すなわち気候変動、生物学的多様性の喪失、人口の急増、そして極度の貧困などと闘うためのコストは、それほど高くつくわけではない。とくに、世界の国々が公平に分担するなら、なおのこと費用は抑えられる。問題は、災厄を避けるために英雄的な奮闘が求められることではなく、むしろ現代では、ごくささやかな努力でさえ、世界の合意がなかなか得られない点にある。途方もないことをしでかそうというわけではない。ただ、共通の善意さえあれば十分なのだ。

これから述べるように、いまのところ、荒廃をもたらす気候変動の元凶となっているグローバルなエネルギーシステムを、なんとか気候変動を回避できる持続可能なエネルギーシステムに転換するためのコストは、世界の年間所得の一パーセント以下で収まるはずだ。最貧国の人口増加を抑えるための大胆な人口政策の導入には、富裕国の年間所得の〇・一パーセント以下で足りる。そして、極度の貧困をなくすためにも、富裕国の年間所得の一パーセント以下で十分だ。最も貧しい国々を貧困の罠から脱出させるには、その金を必要なところへ投資すればよい（しかも、貧者に与えるこのささやかな寄付はほんの一時的なもので、二〇二五年には完了するはずだ）。ところが、この行動に必要とされるわずかな費用と、それをしなかったときの結果の甚大さは比較にならないほどなのに、世界はまだ麻痺したまま動きだそうとしない。最悪の結果を回避するためにどのような手順が必要なのか、多くの専門家にとっては一目瞭然である。しかし、一般の人びとはまだ理解していないようだ。ぐずぐずしてはいられない。再度強調するが、問題は、合理的かつ低コストの解決方法が存在しないことではなく、それらの解決策を導入するのに必要なグローバルな協力態勢がとれないことなのである。

私たちのミレニアム・プロミス

環境の持続可能性、世界人口の安定化、そして極度の貧困の終焉という現代の政治経済上の最重要課題は、たしかに世界の注目の的になっている。過去二〇年間、世界の指導者たちは、おりにふれ、これらの問題の解決手段を探ってきた。事実、いくつかの点では重要な成功を収め、一般市民からの支持も少なからず得られた。世界が協力して取り組むための枠組が具体的に定められ、それが実現すれば、持続可能な将来への足がかりが得られるはずである。問題は、この壊れやすく、まだ十分とはいえないグローバル・コミットメントを、現実の解決策に変換することだ。

この新しいグローバルな足場が築かれたのは、一九九二年から二〇〇二年の一〇年間だった。一つには、新しいミレニアムの到来という厳粛なムードが人を駆り立てたせいでもあった。一九九二年にリオで開催された地球サミットでは、環境に関する三つの重要な条約がもたらされた。一つめの国連気候変動枠組条約は、新たに認識された、影響力の甚大な人為的気候変動に対処するためのものである。二つめの生物多様性保全条約は、人間の活動に起因する地球全域での生物種の大規模な絶滅に対して、策を講じるためのもの。三つめの砂漠化対処条約は、世界各国の政府の目をダルフールやソマリアといった乾燥地帯に向けさせるためのものだった。これらの乾燥地帯は、食糧生産や住民の健康という点で、他の生活環境とは比較にならないほどの困難に直面させられている。

さらに、新しいミレニアムの到来がきっかけで、極度の貧困、飢餓、病気といった問題を克服するための新しいグローバル・コミットメントが約束された。一九九四年にカイロで開かれた国際人口開発会議では、一七九か国の代表が一堂に会し、世界の死亡率および出生率の低下について、グローバルな進歩を促すための共通基盤を築くために話し合った。この会議で採択された行動計画では、人口に関する政策（出生率、死亡率、リプロダクティブ・ヘルス／性および出産に関する医療サービス、教育、男女平等など）と持続可能な開発の重要な関係が強調されていた。この行動計画は、初等教育の普及と乳児および小児の死亡率の大幅な低下を呼びかけるだけでなく、「二〇一五年までに、家族計画、出産支援、HIV／AIDSといった性感染症の防止を含む、リプロダクティブ・ヘルス・ケアが世界中で確保できるようにすること」(5)を提唱した。

極度の貧困をなくすためのグローバル・コミットメントは、二〇〇〇年九月の国連において、より深く、より先鋭なものとなった。このとき、世界の指導者たちはミレニアム宣言に同意し、新しいミレニアムを目前にして世界目標を表明することになったのだ。ミレニアム宣言には八つのミレニアム開発目標が含まれ、そこには期限を定めた明確な目標が掲げられている。二〇一五年までに、最貧困層の状況を、所得、飢餓、疾病管理、教育、環境の持続可能性の各分野で改善するという目標である。ミレニアム開発目標はその後、二〇〇二年のモンテレー合意や、世界の八つの経済大国によるサミット、いわゆるG8[6]の会合を通じて、資金的な弾みがついた。

リオで採択された条約、人口開発行動計画、ミレニアム開発目標のすべてを合わせて、持続可能な開発のためのミレニアム・プロミスと呼ぶことができる。これは新しいミレニアムの幕開けにあたって、私たちの世代が自分たち自身と将来の世代に贈った約束である[7]。これらの条約やコミットメントは、すべてがまとまったとき、広範囲のあらゆるものを包みこむ、刺激的なものとなる。この基盤はじつに立派なものである。これらの合意をうまく実行すれば、世界を持続可能な開発の軌道に乗せることができるだろう。だが、このミレニアム・プロミスは、挫かれた希望が堆積する歴史の残酷なゴミ捨て場に棄てられてしまうおそれもあるのだ。大きな目標を現実の結果に変えることは、つねに厄介な挑戦である。もちろん、目標を達成するのに必要な協力を確保することも難しい課題である。目標がグローバルとなれば、その苦労はさらに大きくなる。

とくに危険なのは、ただでさえ危ういこの基盤が、国際関係の衝突という現実によって、日々、揺るがされていることである。二〇〇一年一月一日、新しいミレニアムが幕を開けたときには、それから一年もたたないうちに、9・11のせいで世界が大きな脅威と不和に追いこまれることになるとは誰も想像しなかった。あの事件は悲惨をきわめたが、アメリカの反応はさらに重大だった。ブッシュ政権は「テロとの闘い」にのりだし、他の重要な目標をすべて棚上げにした。9・11以前でさえ、アメリカは気候変動枠組条約を規定した京都議定書を軽んじていたのだ。ミレニアム開発目標はホワイトハウスの廊下で冷たい沈黙とあざけりに迎えられた。また、ブッシュ政権は新たな核兵器について新構想を立ちあげたが、これはアメリカ以外の世界を新たな軍拡競争に追いこむだけのように思えた。中東のあちこちで武力衝突が勃発し、イスラエルとパレスチナのオスロ和平交渉は中断された。持続可能な開発という共通の目標は、中途半端なまま棚上げにされた。だが、そんなやみくもなテロとの闘いがうまくいくはずはない。グローバル協力を侮辱し、原因よりも兆候ばかりに目を向け、新たな世界経済の根本的な課題に関心も資源も注ぎこまないとしたら、先行きは見えている。

開発への具体的な新しいアプローチ

グローバル協力を構築するのが困難であることに加え、私たちは、きわめて効果的かつ低コストの解決策を無視している。というのも、私たちの調査やガバナンスの方法論そのものが、持続可能な開発に適していないからである。専門家が閉鎖的に進める科学調査は、他ジャンルの研究とあまりにも接触がなさすぎる。いま解決しなければならないのは複雑なシステムをもった問題であり、そこではあらゆる研究分野が重要な役割を果たすというのに、物理科学、生物学、工学、経済学、公衆衛生学などの分野が境界を越えて結びつくことはまれである。現実の問題とは、きちんと分類された学問分野のなかにきちんと収まるものではない。

さらに、これらの問題を解決するには、一般原則と具体的な状況の細部を組みあわせた双方向のアプローチが不可欠である。アカデミックな研究は一般原則に終始し、現実の複雑さを本当に理解しているとはいえない。マリの極度の貧困を終わらせ、ダルフールの砂漠化と闘い、インドの人口増加を抑え、アフガニスタンの経済的孤立を克服するといった課題は、医者が患者を治療するときに直面する課題と共通している。優れた臨床医は、生理学と疾病管理の一般原則だけでなく、症状、実験室の検査結果、病歴、家庭の事情など、患者が置かれている個別の境遇を理解しなければならない。私は『貧困の終焉』で、理論と実践、一般原則と個別の状況を組みあわせる新しい「臨床経済学」を提唱した。三〇年前、マサチューセッツ工科大学教授のドナルド・ショーンは同じように、一般的なトレーニングと個別の問題解決を組み合わせた「省察的実践[8]」について、二冊のすばらしい本を書いている。もっと広い意味で、持続可能な開発を可能にするための新しい臨床的なアプローチが必要なのだ。そして、開発のリーダーとなる次世代の人びとを訓練する新しいトレーニング法[9]も作らなければいけない。

私の職業上のホームというべきコロンビア大学地球研究所は、複雑な問題の解決や臨床経済学に従事できるという点で、かけがえのない恩恵と喜びにあふれている。地球研究所は、物理科学者、生態学者、工学者、政治科学者、経営学の専門家、公衆衛生学の専門家、医師たちが集まり、持続可能な開発に向けてのグローバルな課題を解決するために、非常に刺激に満ちた有益な研究に共同で取り組んでいる。以下のページで紹介される科学的な情報のほとんどは、同僚たちの比類のない研究や教えから授かったものである。私は経済学者として、各専門分野における同僚たちのすばらしく豊かな見識を、少なくとも公正に評価できると自負している。本書は、同僚たちに対する心からの賞賛と感謝の気持ちによって書かれた。

2　過密化する地球

二一世紀に足を踏み入れたとき、地球はとても過密になっていた。六六億の人びとが、相互に関連しあうグローバル経済のなかで生きており、毎年六〇兆ドルという驚異的な生産を達成していた。[10]人類は凍土のツンドラや熱帯雨林から砂漠に至るまで、地球上におけるあらゆる環境のニッチを埋めた。場所によっては、人間の営みがその土地のもつ収容能力を超えてしまうこともあった。少なくとも、人類の用いたテクノロジーによって、慢性の飢餓、環境の悪化、そして絶望した住民の大規模な集団移住という結果が引き起こされた。要するに、かつてないほど、おたがいの距離が縮まったのである。貿易や移住や発想がグローバルになっただけでなく、流行病、テロ、難民移動、紛争などのリスクまでもが密接に絡み合うようになった社会で、押しあいへしあいしているようなものなのだ。

事実、この世界は同時に起こるいくつかの変化を経験している。グローバルな社会としてその変化にどう対処するかで、この先、人類が繁栄を共有できるか、あるいは壊滅的な危機に陥るかが決まるだろう。ここでは、地球の変化を六項目あげてみる。これは人類史上でも例のないものである。

その一、持続的な経済成長のプロセスがいまや、ほぼ全世界に到達したこと。そのため、人類全般において、一人あたりの所得は急速に増えつつある。しかも、北大西洋をはさんだ（ヨーロッパとアメリカの）豊かな国々と、途上国の多くのあいだで、一人あたりの平均所得の格差が急激に縮んでいる。

その二、世界の人口は増えつづけており、その結果、グローバル・エコノミー全体の成長が増幅されると思われる。今世紀半ばごろまでに、一人あたりの平均的な生産高が上がると同時に、生産に従事する人数もずっと増えるだろう。したがって、世界の経済生産の規模は現在の数倍になると考えられる。

その三、所得の伸びは、世界人口の半分以上を抱えているアジアで最大になるだろう。その結果として、二〇五〇年までに世界がずっと豊かになるだけでなく、世界経済の重心はアジアに移るはずである。

その四、人びとの生活スタイルも根本から変化しつつある。生活の基盤は、人類の起源までさかのぼる農村暮らしからグローバルな都市文明へと変わってきた。農村から都市型生活への転換は、ほぼ一方通行として推移し、二〇〇八年にはその中間点を越えており、いまやほとんどの社会が都市を基盤として成り立っている。

その五、人間の活動そのものが周囲の環境に与える全般的なインパクトは、歴史上、他に例を見ないほど多様な環境危機を引き起こしている。現在の人類が直面している環境危機を、過去の例と比較することはできない。なぜなら、人類による経済活動がグローバル規模で、気候そのものを含む基本的な自然作用を変化させるほど大規模に及んだことは、歴史上かつてなかったからである。

その六、最富裕層と最貧困層の格差は、一般人には想像がつかないところまで広がるだろう。これは、貧しい人びとが全般的に豊かになるという予想に矛盾するものではない。貧しい人びとの大半は豊かになるが、貧困の罠に陥った一〇億人の最貧困層は別である。貧困の罠に陥ると、持続的な経済成長につながる第一歩が踏み出せない。この危機の中心は、サハラ以南のアフリカにある。この地域は最も急激に人口が増加している場所でもある。つまり、現時点において、世界中で最も雇用創出能力に欠けた地域で、人口大爆発が起こっているのだ。

この章では、過密化した地球に関する以上六つの側面について、グローバルに問題を解決しようとする視点から議論する。最初に、これらの六つの傾向について説明しよう。次に持続可能な開発の戦略を論じる。そして最後に、グローバル協力における課題をとりあげる。持続可能な開発を達成するのに必要な戦略は、グローバルなものでなければならず、世界各国が一致協力して参加しなければならないからだ。

今世紀を形作る六つのトレンド

収束《コンバージェンス》の時代

地球は、私たちが自覚するよりもずっと早く、人間とその経済活動で埋め尽くされてしまった。世界人口は、一九五〇年の二五億から現在の六六億まで、四〇億以上も増えた。サハラ以南のアフリカの人口は、一億八〇〇〇万から八億二〇〇〇万になり、四倍以上の増加率である。中東、トルコ、カフカス地方を含む西アジアの人口も、一九五〇年の五一〇〇万から二〇〇七年の二億二〇〇〇万へと四倍以上に増えた。グローバル経済は、人類が地球環境にどれほどの圧力を与えるかの大雑把な目安になるものだが、こちらも当然ながら、さらに急激な伸びを示している。人口の急増に加えて、一人あたりの所得も急激に増えているからだ。各国の国内総生産を合計した世界総生産[11]は驚くほどの伸びを見せ、ざっと見積もって一九五〇年の約八倍にもなっている。

経済面で重要な点は、今後もさらに大きな経済成長が見込まれることだ。世界人口が増えつづけることも成長の理由の一つだが、それより重要なのは、一人あたりの所得が増えることであり、とりわけ現在の貧困国での所得増が経済成長の大きな推進力になるだろう。今日まだ貧しいままの地域を含む世界の多くの地域で、持続的な経済成長のこつが明かされたのは朗報である。かつてヨーロッパ、アメリカ、日本、その他のごく少数の地域だけに通用していた成功の公式が、現在ではブラジル、中国、インドなど、大勢の人口を抱える国々にも適用されるようになった。急速な経済成長と万遍ない繁栄が実現しようとしている。この繁栄の広がりは、貿易、金融、生産、テクノロジー、移住などのネットワークを築きあげたグローバル化によって、さらに促進される。グローバル化にともなって、世界中をつなぐ根強いリンクができ、それによって生産性や経済成長を支えるテクノロジーの普及にいっそうの拍車がかかるだろう。

経済学者のいうコンバージェンスとは、貧しい国が豊かな国に追いつくプロセスを説明するときの用語である。コンバージェンスが起こるのは、貧しい地域の一人あたりの所得が、富裕な地域の一人あたりの所得よりも急速に伸びるときである。豊かな地域の一人あたりの所得に対して貧しい地域の所得の割合が一に近づくこと、つまり生活水準が同じになっていくことを意味する。ブラジル、中国、インドが、グローバル化によって市場本位の経済成長を果たすと、生活水準が上がるだけでなく、豊かな国とのあいだで一人あたりの所得の格差が縮まる。これらの国は競争力のある輸出を通じて外貨を稼ぎ、最先端のテクノロジー、たとえば情報通信技術などを導入する。技術を急速に取り入れた結果、国民所得は同じく急速に成長し、世界市場における経済的な競争力も向上する。輸出の急成長とともに達成された急速な技術向上にもとづいて、急速な経済成長という好環境が生み出される。じつにすばらしいプロセスであり、何十億もの人びとが現代テクノロジーの驚異を手にすることができるのだ。いまや世界の大部分がコンバージェンス・クラブの一員である。グローバル市場にうまく統合され、その結果、コンバージェント・レート（収束速度、つまり豊かな国よりも速い経済成長をさす）での経済成長を達成した国の集まりを、経済学ではコンバージェンス・クラブと呼んでいるのだ。

この先、経済的なコンバージェンスはどれくらいの速さになるのだろう？　経験から割り出されるのは、次のような状況である。国が貧しいほど、先進国と比較して経済成長のスピードは速くなる。ただし、コンバージェンスの必須条件が満たされている（いいかえれば、貧困の罠に捉われていない）場合に限られる。現代のテクノロジー分野でのリーダーであるアメリカの一人あたりの所得の年平均成長率は約一・七パーセント、一人あたりの年間所得はおよそ四万ドルである。遅れをとっている国々、いわゆる「追随国」の成長率は、アメリカの所得との格差によって異なる。一人あたりの所得が二万ドル、つまりアメリカの半分のレベルでは[12]、年間の成長率がアメリカを一・五パーセントほど上回り、三・二パーセント前後になる（一・七＋一・五）。一人あたりの所得が一万ドル、つまりアメリカの四分の一のレベルでは、さらに一・五パーセントの年間成長率が追加され、四・七パーセント前後になる（一・七＋一・五＋一・五）。全体的なパターンを図2・1に示した。横軸は遅れている国の所得レベルを一九九〇年のアメリカの一人あたりの所得に対する比率で表している。縦軸は成長率を、曲線はコンバージェンスにもとづいて期待される成長率を示している。国が貧しいほど、

図 2.1　1990 年の所得レベルに対する 1990 年から 2005 年までの年間成長率

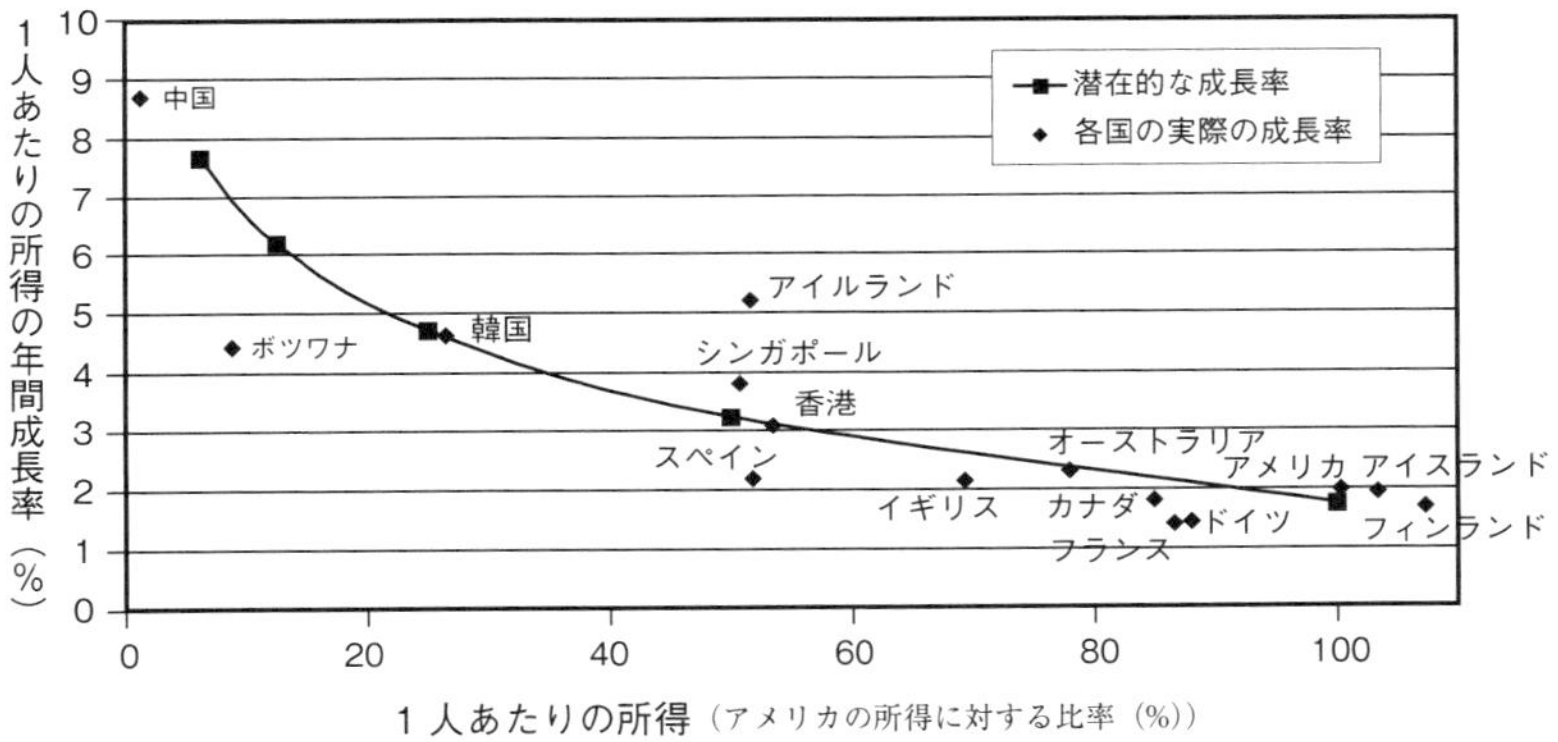

出典：世界銀行のデータ（2007 年）をもとに算出。

高い成長率を達成する傾向が見られる。

この図はまた、一九九〇年から二〇〇五年までの一人あたりの所得の伸びについて、各所得範囲における高成長国がいかにして決められたか、いくらかネガティブな点も示唆している。低所得国はきわめて高い成長を、中所得国は低所得国にやや劣るが高い成長を、そして一群の高所得国は穏やかではあるがプラスの成長を見せている。各所得クラスにおける高成長国は、他の障害（とくに地理、インフラストラクチャー、そして政治に起因するもの）が克服されたときに、コンバージェンスがどのように達成されるかを示している。貧しい国の多くは、コンバージェンスの達成からほど遠いところにあるが、それはインフラストラクチャー、健康、教育、そしてガバナンスの最低基準がとても低いせいである。最貧国のいくつかは貧困の罠に捉われているため、まったく成長できなかった。

コンバージェンス・クラブに参加する国はますます増えつつある。識字率は世界人口のほぼすべてをカバーするまでになった。電気と道路は、インドや中国など、低所得国の村同士をつなげた。情報技術は、どこでもアクセスができる携帯電話に始まり、今日のワイヤレス・インターネットに至るまで、世界で最も隔離された地域にまで到達しつつある。グローバル経済に参入したいという国民の願いは、全世界にほぼ共通のものとなった。ほんの二世代前まで、植民地として支配されていた広範な地域では、その統治は当然のものとして受け入れられていた。それを思えば、世界のほぼすべての国が二一世紀初頭にコンバージェンス・クラブの一員になれない理由はない。そうなれば、この先、世界総成長はさらに加速がつくだろう。過去半世紀でも、その傾向は明らかに見られるのだ。

コンバージェンスの枠組を、世界のさまざまな地域における将来の一人あたりの所得の伸びに適用してみるのも有益だろう。世界の全地域がコンバージェンス・クラブに参加し、高所得国との収入格差を縮小するチャンスがあると考えてみよう。時計の針を二〇五〇年まで進めて、アメリカの経済成長が過去の平均（年一・七パーセント）を維持する一方で、他の国々がアメリカとの所得格差に比例して経済成長を遂げるとする。最も貧しい国は最も急速に成長するが、アメリカとの格差が縮まるにつれて、年率一・七パーセントあたりで減速する。この仮説によれば、グローバルな一人あたりの所得は図2・2aのような軌道をたどると予測できる。この図には、世界平均、アメリカ、そして現在の発展途上国のたどる道筋が示されている。この単純なモデルによると、世界の一人あたりの所得は、二〇〇五年から二〇五〇年までに四・五倍の成長を果たす。二〇五〇年までに、現在の発展途上国の一人あたりの平均所得は四万ドルになる。これは二〇〇五年のアメリカの所得とほぼ同じで、アメリカの二〇五〇年の所得は九万ドルのレベルになることが予測される。もちろんこのシナリオはかなり楽観的なもので、世界が長年引きずってきた危機をすべて回避し、アメリカが過去の平均成長率を維

図 2.2a　2050 年までの 1 人あたりのグローバル所得のコンバージェンス

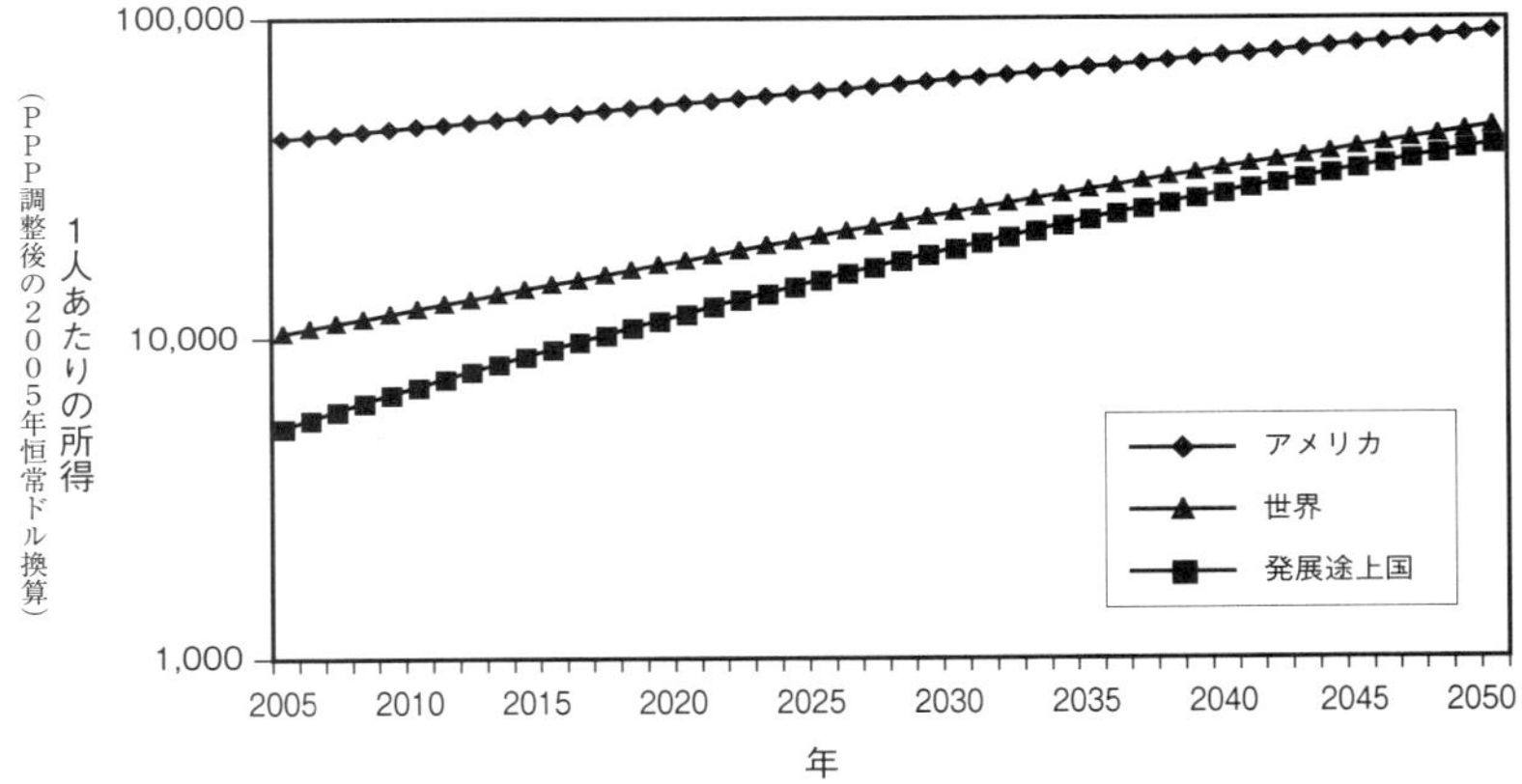

出典：世界銀行のデータ（2007 年）をもとに算出。
注意：縦軸は対数表示。国ごとの物価水準を調整するため、所得は購買力平価（PPP）で調整した。

持し、その他すべての国がコンバージェンスにもとづく成長を達成することが前提となっている。

より多くの人、より高い所得

世界の多くの地域がより豊かになるだけでなく、こうした高い所得を得られる人びとの数もずっと多くなる。人口増加率（世界総人口に対する年ごとの増加）が減少に向かったとしても、世界の人口はまだ急速な成長を続けるだろう。国連の人口部は、女性一人あたりの出産数（出生率）について異なる前提を立てたうえで、世界人口の予測を何通りか作成している。最も現実に近いと思われる中間の予測によると、二〇〇七年に六六億だった世界人口は二〇五〇年には九二億まで増えると予測されている。これは過去半世紀の人口増加ほど大きな数ではないが、それでも、すでに混み合っている地球に二六億という途方もない人数が追加されることになる。とくに人口増加の起こる地域が今日の最貧国であることを考えれば、安全に

図 2.2b　2050 年までの世界生産

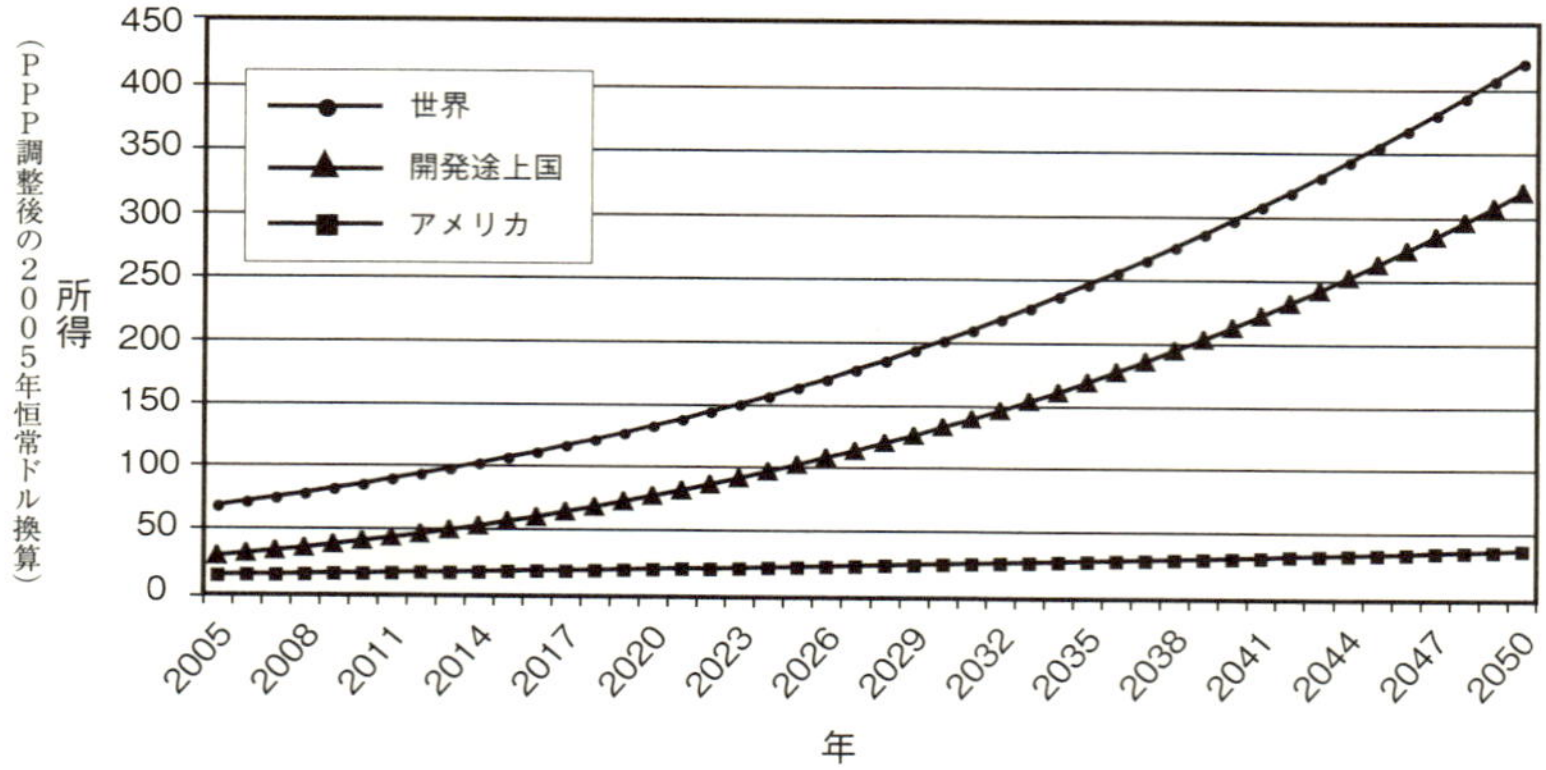

出典：世界銀行のデータ（2007 年）をもとに算出。

吸収するには多すぎる数であることを少し詳しく論じてみたい。すでに述べたように、二〇五〇年までに世界の人口を八〇億程度で安定させることが、当面の目標なのである。

　地球上のあらゆる経済活動の影響力は、一人あたりの平均所得×人口で計算できる。コンバージェンスのシナリオに従うと、二〇〇五年から二〇五〇年までに、一人あたりの平均所得は約四倍になる。国連による出生率予測の中間の数字では、世界人口の増加は約四〇パーセントで、係数にすると一・四倍となる。つまり、このシナリオでは、図2・2bのように、世界総生産は六・三倍となり、二〇〇五年の約六七兆ドルが二〇五〇年には約四二〇兆ドルに増加する。二〇五〇年の人口が九二億でなく八〇億で、一人あたりの所得が同じならば、世界総生産は四二〇兆ドルではなく三六五兆ドルとなる。どちらにしても、現在の世界では経済成長の遅れが見られるが、それもテクノロジーの進歩によってかなりの部分が解決できるだろう。

　あらためて強調させてほしい。これらのシナリオはかなり楽観的なものではあるが、コンバージェンスのもつ力、現代の世界経済の現場を動かす力について理解してもらえるだろう。全体としての教訓は、世界経済が二〇五〇年までに大きく、それもかなり大きく――正確な数字はいえないが――成長するということである。副作用をうまく処理できれば、とくに環境問題をなんとか乗り越えられれば、この経済成長は人類の幸福にとって非常に価値のあるものになるだろう。

アジアの世紀

アジアが急成長して遅れを取り戻せば、世界経済の重心は歴史上かつてないほど大きく変わるだろう。一八〇〇年以降、北大西洋圏の経済が、世界の経済および政治を支配してきた。第一次世界大戦、世界大恐慌、第二次世界大戦といった社会の大変動も、北大西洋圏を中心とする経済支配力を揺るがすことはなかった。しかし、これらの大変動の結果、地政学的な影響力のバランスがヨーロッパ、とくに大英帝国からアメリカへと移行した。何世紀もの支配のあと、いまや絶対的だった北大西洋圏の経済および地政学上の支配が終焉を迎えようとしている。アメリカの世紀はいずれ二一世紀の半ばごろまでに終わり、世界の所得の半分以上を産出するという意味で、アジアが世界経済の重心となるだろう（図2・3）。アメリカの世紀が終わるといっても、それはアメリカの繁栄が崩れるという意味ではなく、むしろアジアの経済力が上昇するということである。

長期的な視点で見ると、アジアが世界経済の重心となることは自然な流れである。アジアは世界人口の重心なのだから、当然ともいえる。一八二〇年には、アジアはおそらく、世界経済の約五六パーセントを占めていた。(13) ヨーロッパと北アメリカにおける産業化の始まりとともにアジアのシェアは減

図2.3　2000年から2050年までの地域ごとの経済活動（推定）

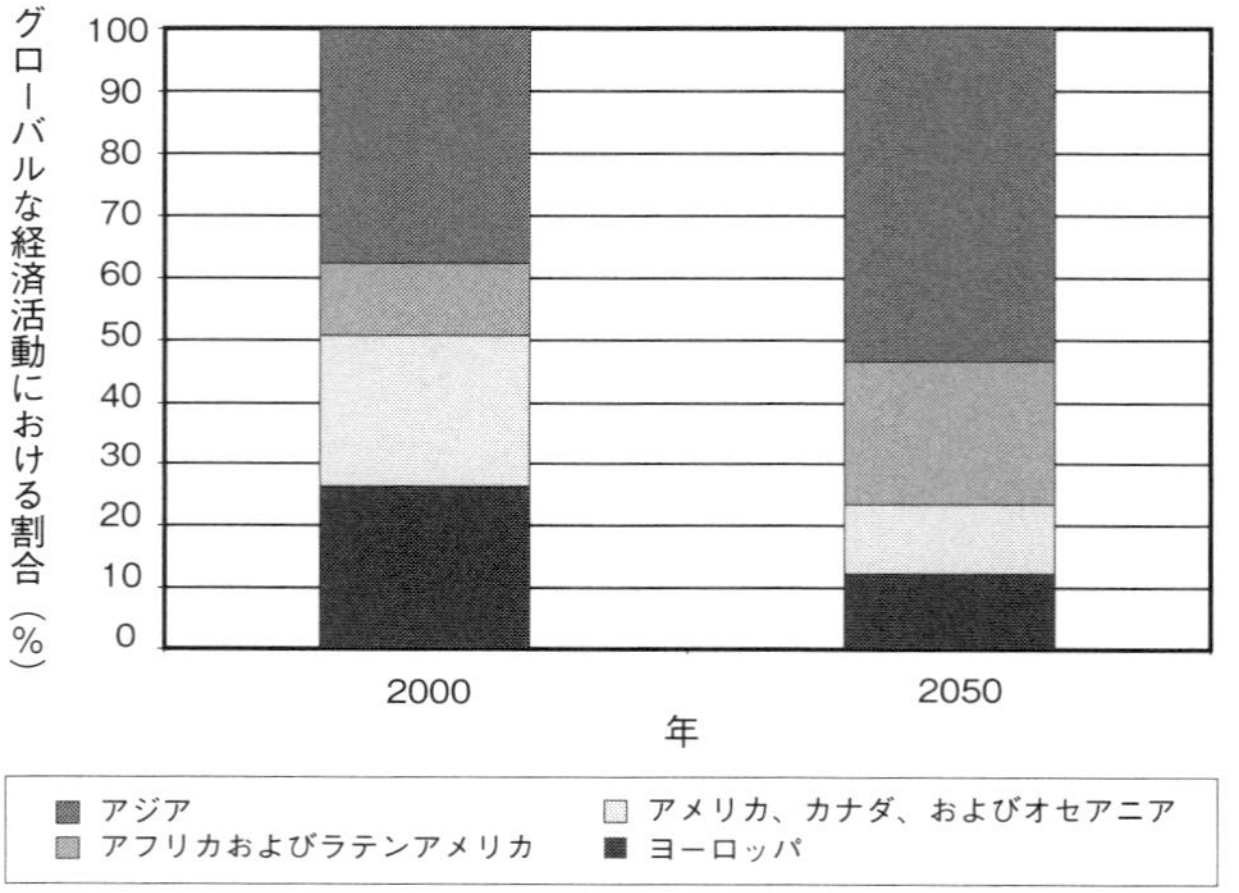

出典：マディソンのデータ（2001年）をもとに算出。

少し、一九〇〇年には二八パーセントに減少した。一九〇〇年から一九七〇年までのアジアの混乱によってシェアはさらに下がり、一九五〇年には世界総生産の一八パーセントにまで落ちこんだ。そこから、すばらしいコンバージェンスが始まった。世界所得におけるアジアのシェアは一九七〇年に二三パーセント、二〇〇〇年には三八パーセント程度にまで回復した。コンバージェンスのシナリオによると、グローバル所得におけるアジアのシェアは二〇二五年には四九パーセント、二〇五〇年には五四パーセントに上昇すると予測される。

　歴史を見ればわかるとおり、大国の運命が変わるときには、地政学上の深刻な衝突が起こり、ときには流血に至ることもある。二〇世紀初頭にドイツと日本が台頭したことから、当時の大国だったイギリスやアメリカは危険なライバル心を抱き、そこから不毛な軍備競争が始まった。地政学上の嫉妬心が燃え上がったのだ。ドイツおよび日本の軍隊や煽動家は、自分たちに当たるはずの光がイギリスとアメリカに遮られているという、唯一の解決法は戦争だと主張した。そして大国のほうでも、政治家は挑発的な行動をとりやすく、たとえば第一次世界大戦後のドイツに対する過酷な条件などもそうだが、その結果として炎はさらに広がった。

現代では、アメリカがグローバル・パワーにおける優位性を主張しつづけることで、中国やインドなど、急成長を遂げている国々との関係を悪化させるおそれがある。さらにアメリカが、いいがかりのようだったイラク戦争のときと同じく、またしても非現実的なほど極端にパワーをふるおうとすれば、国内でも、また世界においても、すぐさま厳しい反応が起こるはずだ。わが国のネオコンは、世界唯一の超大国であるアメリカが好き勝手なことをしてもよいと信じているようだが、そんな考え方は時代遅れであり、この先の数十年でさらに現実から遠ざかるだろう。そんな非現実的な態度を続けても、中国やインドに似たような現実離れしたナショナリズムを生み出すだけである。二一世紀になって、すでにパワーは広く拡散しつつある。新しい種類のグローバル政治を形にしなければいけない。ただし、アメリカや中国が優位に立つのではなく、地域にまたがるグローバル協力が基盤になったものであるべきだ。空想や夢想にしがみつく人びとはまだいるが、帝国の時代は終わっている。たしかに、アメリカ帝国の時代は完全に終わった。私たちはいま、コンバージェンスの時代にいる。

都市の世紀

北大西洋から太平洋とインド洋への経済的なシフトだけが、この先にある根本的な変化ではない。人類史上初めて、世界人口の大部分が村ではなく都市の中心部に住むことになるだろう。人類の発祥から農業の誕生を経て、二〇〇七年の現在に至るまで、世界の人口のほとんどは町や都市よりも農村の住人だったのだ。もちろん、先史時代には完全に農村暮らしだった。都市の誕生は最後の氷河期が終わったころだが(14)、農業の誕生はそれより数万年も前だった。都市生活とは要するに、農業に従事しない共同社会であり、食品の入手は農村地帯との取引によるか、あるいは強制的な手段（課税、奴隷所有、貢物、その他）によって農村部から食べ物を搾取する。農業生産性が低いとき、すなわち平均的な農家が基本的に自給自足をし、都市生活者に渡すだけの余剰がほとんどない場合は、人口の大部分は生きていくために食糧生産への参加を迫られる。人口のかなりの部分が都市部に住んで製造業とサービス業に従事できるのは、農業生産性が非常に高いとき、すなわち農家の生産量が大勢の都市生活者を支えられるほど多いときだけなのだ（農村部でも製造業やサービス業は成立するが、一般的に、これらの活動は都市生活の過密さから来るものである。つまり、農村部だからといって、農業とイコールではなく、また都会だからといって、製造業やサービス業と完全に重なり合うわけではない）。こうして、一八世紀に北大西洋圏（イングランド、オランダ、フランドル）で農業生産性が向上するまではずっと、世界のほとんどの地域において(15)、人口の九〇パーセント以上が農村部に住んでおり、都市で暮らす人はほんの少数だったのである。

近代的な多品種の種苗、化学肥料、改良された灌漑、機械化、農場管理（輪作、耕作、害虫・害獣管理、その他）の技術革新などの科学的農業が導入された結果、より少ない農業人口によって、その他の大勢の人びとに食糧が供給できるようになった。その結果、世界の都市生活者の割合が増加した。都市生活者の割合は、一八〇〇年に一〇パーセント以下だったのが、一九〇〇年に一三パーセント、一九五〇年に二九パーセント、二〇〇〇年に四七パーセント、そして二〇〇七年にはおよそ五〇パーセントになった。農業の生産性の高さは、全体的な経済発展と歩みを一にしてきたため、まず高所得国での都市化が進んで、一九五〇年には五〇パーセントに達し、今日では七五パーセントになっている。低所得国の都市化はいまのところ四四パーセントだが、それが五〇パーセントに達するのは二〇一七年ごろと見込まれる。それでも、ヘクタールあたりの収穫量が上がり、こちらはもっと重要だが、農家ごとの生産高が長期にわたって増えつづけた結果、これまで世界のあらゆる地域で、都市化は着実に進んできた。アメリカでは農家一軒あたりの生産高が非常に大きいので（土地面積あたりの生産性が高いことと、農場の面積が広いことの両方から）、国民の一パーセント程度にすぎない農業従事者が、残り九九パーセントの人びとに食糧を供給できる。

二〇〇八年には、歴史的に重要な、そしておそらく不可逆の中間点が来た。世界人口の半分が都市に、半分が農村に住むようになったのである。最新の傾向によると（もちろん確実とはいえないが）、二〇三〇年までには、世界人口の六〇パーセントが都市住民になり、農村の住民はたった四〇パーセントになりそうなのだ。それどころか、国連は現在から二〇三〇年までに見込まれる一七億の人口増加（出生率の中間的な予想による）のすべ
ては発展途上国で発生するだけでなく、発展途上国の都市部に起こると予測している。

都市化の割合が上昇すると、低所得国を含む世界に大きな恩恵がもたらされる。文明の初期から、都市はテクノロジーの発展や、科学および生産性の進化の舞台だった。こうした進化は、労働の専門化と分業によってもたらされる。すなわち、農業の生産性が上がることで、都市での労働が可能になるだけでなく、都市生活の要であるテクノロジーの発展も促されるのだ。都市部の人口密度の高さにはほかにも利点がある。住民に道路、電力、診療所、学校などを供給するのに、一人当たりのコスト

が農村よりもずっと低く抑えられることも利点の一つである。

とはいえ、都市生活にはそれなりの問題がつきまとい、その多くは持続可能な開発にも重大な影響をおよぼす。最悪のケースは、農村の住民が、農業生産性の向上や都市の仕事の魅力のためではなく、農村部の不況や飢餓のせいで都市部に移住することである。その結果、農村の絶望のかわりに都市のスラムができあがる。飢餓そのものが都市化され、若い失業者たちがうろつき、暴力的で不穏な都会が生まれる。農村部の危機はこうして都会の悪夢にもなりうるのだ。

都市部での適切な雇用機会の創出や農業生産性の向上、農村部の人口増加の抑制によって、これらの危機が回避できるとしても、都市化はその他さまざまな課題をつきつける。都市部の人口が過密になるにつれて、公害汚染物質の濃度もきわめて高くなり、河川や空気といった自然のなかに安全に分散できる限度をはるかに超えることになる。そのため、適切なテクノロジーや政策によって公害の管理がなされないかぎり、都市部はひどい環境破壊の温床になりかねない。また、何百万もの住民がひしめきあって暮らす都市は、長いあいだ伝染病の巣窟だった。伝染病が長期にわたって存続するには、感染の対象となる大勢の人びとが必要なのだ。さらに、大都会で増えつづける住民たちは、洪水、地すべり、地震といった自然災害に対してきわめて非力である。とくに、世界各地の都市は国際貿易および漁業への利便性や沿岸生活の便利さに惹かれて沿岸部に集中しているため、なおさら自然災害に弱い。地球研究所の同僚たちの試算によると、世界人口のおよそ一〇パーセントが海抜の低い沿岸地帯（海岸から一〇〇キロメートル以内で、海抜が一〇メートル以下）で生活しているが、この条件を満たすのは地球上の土地面積のたった二・二パーセントにすぎない。さらに、海抜の低い沿岸地帯に位置するこれらの都市の人口密度が、地球上の平均的な人口密度の約五倍だということもわかっている。海抜の低い沿岸地帯に住んでいる人の約六〇パーセントは都市の住民である。今後数十年間、地球の気候が変化するにつれ、上昇する海面とより威力を増す熱帯性低気圧が、世界各地の沿岸都市を脅かすことになるだろう。ハリケーン・カトリーナによるニューオーリンズの悲劇が今後もくりかえされるおそれがあるのだ。

これらの心配事に加えて、近代的な都市（および郊外）生活のスタイルが、予期しなかった健康危害をもたらすことが明らかになっている。今日の都会人は、従来とくらべて歩く量が減り、食べる量が増え、健康に悪い食品をより多く摂取するようになっている。世界のほとんどの地域ではまだ気づかれていないが、目もくらむようなスピードで、栄養障害の種類は変化しつつある。つまり、これまではカロリーと蛋白質と微量栄養素の不足だったのが、カロリーと有害な脂肪（とくに工業的に合成されたトランス脂肪）の過剰摂取へと急速に移行しているのだ。自動車とテレビのせいで、あまり体を動かさないライフスタイルが広まっている。その結果、極端な肥満、心臓病、後天的な糖尿病など、近代都市の時代につきものの生活習慣病が世界中に蔓延した。[16] ショックを受けている場合ではない。狩猟採取の集団から村落の形成、そして都市へと、集団の規模を新たにするたびに、人類は新たな病気を伴ってきた。従来は、そのほとんどが伝染病だった。これまでと同様、人類は新たな危険に適応するすべを学ぶだろう。だが、それを見つけるまでは、不必要な苦難を味わうことになるかもしれない。

このすべてが意味するのは、人類の活動と都市エリアの物理環境をつなぐ都市エコロジーの研究が、科学や政治の中核分野になるということだ。その分野の研究は、少なくとも現在はまだ十分とはいえない。なぜなら、建築家、都市計画家、環境保護活動家、公衆衛生の専門家、環境エンジニアといった人びとが、いまだに分断された専門分野内に閉じこもり、持続可能な都市開発のために開かれたパートナーシップを築こうとしていないからである。さらに、発展途上国での研究不足がより深刻だということは、他の公共対策における重要な部門の場合と同じである。

環境の課題

世界経済の成長が手放しで喜べるものではないことを、私たちは急速に学びつつある。人類の経済活動の規模は、一九五〇年とくらべて八倍になり、二〇五〇年にはさらにその六倍になると予想されるが、人類の経済活動によって、人類史上、過去に例がないほどの規模の環境破壊が引き起こされている。人類の経済活動は、天然資源の活用、それに降雨や河川、さらに光合成など、物理的な流れを用いて、人びとに食糧を供給することが基盤にあってこそ成立する。ところが、人口急増と一人あたりの所得が急激に上昇した結果、世界中のほとんどすべての主要なエコシステムが人間の活動のせいで脅威にさらされている。海洋漁業は魚と珊瑚を絶滅に追いやりそうだ。飲料水や灌漑用の淡水不足は、なんとかうまい対処法を見つけなければ、今後数十年間で何百万、あるいは何十億もの人びとを苦しめるかもしれない。人間の干渉による気候の変化を抑え、うまく適応しなければ、気候の変動によって、世界の多くの地域が農業に向かない土壌になってしまうだろう。人類が他の種の生息地を破壊してきたため、多くの植物や動物が絶滅してきた。生物多様性が損なわれることで、世界のさまざまな地域で快適さ、回復力、生産性が低下し、やがて人間にとっても不利な状態になることは証明されている。それなのに、私たちはまだ行動を改めようとしない。

人間が環境におよぼす影響力（I）を三つのパーツに分けてみよう。全体の人口（P）、一人あたりの所得（A）、そして一ドルあたりの所得が環境に与える影響力（T）である。Tはテクノロジーのレベルを表す。Tが高ければ、使用されているテクノロジーが、GNPの単位あたりで環境に与える負荷が高い（たとえば土地を過度に使用している、温室効果ガスの排出量が多い、など）。人間が環境に与える影響力の合計は、人口と一人あたりの所得とテクノロジーを乗じたものに等しい。つまり、I＝P×A×Tとなる。これは、I・PAT（アイパットと読む）方程式と呼ばれる[17]。

明らかにI・PATの関係は、テクノロジーが環境保護に向けて変化しないかぎり、人口増加と一人あたりの所得の急上昇、一九五〇年から続いてきた現状を二〇五〇年までそのまま維持すれば、環境にも同じく甚大な影響力をおよぼすということを警告している。Tのかわりに、Sを用いて環境への影響力、一単位あたりに対する所得を表してみよう。この場合、Sとは持続可能《サステナブル》なテクノロジーを意味する。Sの値が高ければ高いほど、一単位分の環境への影響力に対して高い所得を産出する能力があることになる。S値が高ければ高いほど、人間が自然のシステムへ与える影響が小さくなる。方程式はI＝P×A÷Sとなる。

環境にまつわる難問は、次のようにいいかえることができる。世界の人口が現状維持のペースで二〇五〇年までに約四〇パーセント増加し、世界の一人あたりの所得がおよそ四倍になるとする。するとP×A、つまり世界の所得の合計はおよそ六倍になる。人間が環境に与える影響力Iは、テクノロジーに変化がなければ、同じくおよそ六倍になる。人間が環境に与える影響は現在すでに持続可能ではなく、そこからして、六倍の影響力は破滅的であり、まちがいなくマイナス効果となって世界所得の成長を阻むことになるだろう。いいかえれば、環境破壊という障壁のために、経済成長の目標はけっして達成されないのだ。その結果として、経済所得の伸びは低くならざるをえない。そこで、多くの環境保護主義者の主張によれば、私たちにできるのは、せいぜい一人あたりの所得が規則的かつ万遍なく低下していくことになんとか対処するくらいしかないのだという。彼らの説をとれば、地球規模でのコンバージェンスを達成するには、富める国の所得を減らし、貧困国の所得を少しばかり伸ばす余地を作るしか方法はないらしい。この視点からすれば、コンバージェンスとは、トップの所得を引き下げ、最底辺の所得を引きあげることを意味する。

この代替方式は、強く求められているAの成長を、Pの安定化とSの上昇で相殺するというものである。つまり、所得の単位あたりの環境への影響力が低い持続可能なテクノロジーを世界が採用するということだ。一部の環境保護活動家は、富める国の所得と消費を減らすことに力点を置きたがるが、むしろSを高めるべきだろう。つまり、世界が採用するテクノロジーの持続可能性（S）を上昇させることこそが肝要なのである。S値の高いテクノロジーの実例は多く、それについては次章で述べるが、新しい形態の再生可能エネルギー、石炭を燃料とする発電所における二酸化炭素の捕獲と保存、持続可能な漁業、水の投入量ごとの農産物の生産量を最大にするための細流灌漑、与えられた農場でより多くの農産物を産出する改良品種の種子などがある。このような方法を採用すれば、世界は環境を破滅させずに地球規模での所得を上昇させることができる。

最も貧しい一〇億人と貧困の罠

現代の大きな特徴として最後にあげるのは、コンバージェンス・クラブが未完の段階にあるという事実だが、これは将来への大きな脅威にもなりうる。いまだに、世界の多くの地域で、ざっと一〇億人がコンバージェンスにもとづく経済成長の恩恵にあずかっていない。これらの地域はもともと世界の指導的な国々から大きく遅れており、その距離は広がるばかりである。一八二〇年には、世界で最も裕福な国だったイギリスの一人あたりの平均所得は、最も貧しい地域だったサハラ以南のアフリカのおよそ三倍だった。二〇〇五年までに、最も裕福な国であるアメリカの一人あたりの所得は、あいかわらず最も貧しい地域のままのサハラ以南のアフリカの約二〇倍になった。その間ずっと、サハラ以南のアフリカは一人あたりの所得を向上させることができなかったのだ。

格差の拡大は、あらゆる意味で危険だ。何よりもまず、貧しい人びとにとって危険である。毎年、何百万もの人びとが極度の貧困によって命を落としている。最も貧しい人びとにとっては十分な栄養がとれず、安全な飲料水を入手できず、ごく基本的な健康サービスさえろくに受けられない。サハラ以南のアフリカの平均寿命は四七歳で、なかには四〇歳を割っている国もいくつかあるのに、高所得国の平均寿命は七九歳である。理由はあとで述べるが、出生率は最も貧しい国々ほど高く、人口増加のスピードも急速である。二〇五〇年までに予想される二六億の人口増加のほとんどは、最も貧しい地域、すなわち人口の増加分を吸収できそうにない地域で起こるだろう。最も貧しい国々は政治的にもきわめて不安定で、暴力や紛争を招きやすく、国境や地境をめぐる紛争を起こして、世界の他の国々を巻きこむことも珍しくない。また、貧しい人びとは生きるために手段を選ばず、土地の栄養分を使いはたしたり、湖や川の魚を乱獲したり、増える人口を支えるために森林を伐採して農地にかえたりして、地域環境をひどく破壊してしまうことも多い。

貧困の罠は放っておけばどんどん悪化し、おのずと改善されるものではない。だからこそ、貧困の罠を克服するための特別な政策とグローバルな努力が必要なのだ。アフリカやその他の地域が、このままずっと極度の貧困に捉われていなければならないという必然性はない。しかし、貧困の罠を終焉させるには、市場の見えざる手に加えて、はっきり自覚したうえでの公的努力が必要なのである。

持続的な開発の戦略

持続的な開発とは、全世界が繁栄を共有でき、同時に環境の持続が可能なものを意味する。持続可能な開発を実行するには、従来どおりのグローバルな軌跡に三つの根本的な変化をもたらさなければいけない。第一に、短期間のうちに、地球規模で、持続可能な（S値の高い）テクノロジーを採用すること。S値の高いテクノロジーなら、環境に負担をかけずに高いレベルの繁栄がもたらされる。第二に、世界人口、とくに最貧国の人口を安定させること。それができなければ、環境を持続させつつ経済的な繁栄を得ることはできない。第三に、最貧国が貧困の罠から脱け出せるよう支援すること。環境の持続性、人口の安定化、極度の貧困の撲滅という三つの基本課題は、いうまでもなくミレニアム・プロミスの核心である。

市場の影響力だけでは、これらの問題を解決することはできない。第一に、市場の影響力だけでは、世界の科学者やエンジニアの努力をS値の高いテクノロジーに向かわせるだけの保証にならない。持続可能な開発を実現させるという点で、重要なテクノロジーの多くは社会に大きな恩恵をもたらすが、民間市場では儲けにつながらない。そのため、私企業はそのような技術の研究開発（R&D）に投資をしない。第二に、たとえ持続可能な技術が発見され、開発されたとしても、市場の影響力だけでは、その技術を世界中に広めるための後押しができないかもしれない。持続可能な技術を普及させるには、市場の影響力に加えて、特別なインセンティブが必要になることもある。第三に、市場の影響力だけでは一国内、またはグローバルなレベルでの適切な人口変化のパターンを構築できない。自由市場の影響力を補うものとして、多岐にわたる人口政策が必要なのだ。第四に、市場の影響力だけでは、世界中すべての地域がコンバージェンスにもとづく成長へ向けて歩みを進める前に必要とされる基本的な要求を満たすことができない。市場は一〇億人以上の貧困層を置き去りにしている。いまここで適切な処置をとらないかぎり、その数はこれから先、悲惨なほど増えるかもしれないのだ。

持続可能な技術の開発

市場の力だけでは、私たちが二一世紀に必要とする持続可能なテクノロジーを開発することはできない。持続可能なテクノロジーは、科学界での発見が基盤となって築かれる。一般に科学界での発見は社会のためになるが、市場の影響力に促されるものではない。なぜなら、科学的な知識は競合しない価値であり、誰かが使用することで他者の使用が妨げられることはないからだ。リンゴやオレンジなら、誰かが多くを取れば、別の人の分が減る。しかし、誰かが相対性理論やＤＮＡ構造といった科学的な知識を用いても、別の人びとが同じようにその知識を活用することを妨げない。それどころか、知識はより広く共有されてこそ強さを発揮し、そのような共通基盤の上で、理解、行動、技術的なシステム開発が可能になる。ある意味では、世界中の科学者のコミュニティが自分たちの発見を秘密にしておかず、論文や刊行物を通じて迅速かつ自由にその成果を公表するからこそ、科学は機能するともいえる。科学者が自分の発見から直接得られる経済的な利益は、かりにあったとしても多くはない。むしろ、その発見がもたらす恩恵を最大限に活かしたいなら、個人的な利益にこだわってはいけないのだ。

つまり、科学的な発見は誰にでも入手可能であるべきだ。科学的な発見への資金投資は、市場の力とは別の手段で支えていかなければならない。過去には、君主が科学のパトロンだった時代もあった。権力者は基礎科学に資金援助をし、科学的な発見に賞を与えた。現代では、科学は政府や公立および私立の大学や研究所に助成金を与える慈善家によって支えるべきだろう。個人基金による賞が努力を促進させることも多く、その最たるものがノーベル賞である。公的な資金投入と慈善家からの寄付の必要性は、自由市場主義の信奉者には十分に理解されていないとはいえ、アメリカでは広く認識されている。だからこそ、自由市場の模範であるアメリカが、連邦予算による基金を年に一〇〇〇億ドル以上も研究開発に投じているのである。悲しいことに、そのほとんどは活かされていない。軍事的な武器システムの研究開発に浪費されてしまっているのだ。それでも、連邦政府はなんとか年に三〇〇億ドルを国立衛生研究所でのバイオメディカルの研究に投じている。その努力がなければ、バイオメディカル・サイエンスの進歩は、いまよりもはるかに遅れていたことだろう。また、人間の寿命や健康や幸福感も、はるかに低かったにちがいない。このようなバイオメディカル研究への公的な投資は、何倍ものプラスとなって私たちに返ってきたのである。

持続可能なテクノロジーの研究開発に同じくらいの資金を投入するために、グローバル規模での協力が必要だ。クリーンなエネルギー、旱魃に強い改良品種、環境に負荷をかけない魚の養殖、熱帯性の疾病に効くワクチン、生物多様性を遠隔地から監視・保護する装置の改良、その他さまざまな分野が対象となる。持続可能な開発のあらゆる側面で、テクノロジーは必須のものとなるが、そのテクノロジーを支える基礎科学への投資も不可欠である。どの問題を解決するにも、新しいテクノロジーを開発するための公的な投資はとても大切である。テクノロジーがあればこそ、世界の総所得を上昇させ、極度の貧困をなくし、世界の人口を安定させ、しかも環境持続性を保つという目的を同時にかなえることができるのだ。

科学への公的な資金投入と並んで重要な役割を担うのは特許制度である。この制度は、有用な新発明をなしとげた人に対して、通常は出願から二〇年のあいだ、排他的な使用権を与えるものである。アメリカとヨーロッパの特許法では、数学アルゴリズム、自然現象、自然の法則といった抽象的な概念は、原則として特許の対象にならない。しかし、科学的な原理と特許を取れる発明の境界は不透明で、意見が分かれることもある。特許取得の可能性は何よりも、発明家が知的財産の開発に熱を入れたくなるという市場原理にのっとった重要な動機づけの役割をもつ。特許制度とは、本来そういうものなのだ。要するに、特許保持者は、特許が生きているあいだ、独占価格が請求できる。そのような独占を許可することの潜在的な損害を軽減するため、特許申請者は発明品の作り方や使用法を公開する義務がある。特許保持者に排他的な権利を与える一方で、他の人びとがその発明の恩恵を利用できるようにするためである。

政策に与えられた課題は、公的部門と慈善家の寄付によって資金をまかなう、誰にでも入手可能な科学の情報と、特許という動機で促される民間のテクノロジー開発のあいだで、適切なバランスをとることである。この課題は一筋縄ではいかない。うまくいけば、研究開発にたずさわる各種の組織が複雑かつ微妙に混ざり合うという事態になるだろう。このような組織はイノベーション・システム[18]と呼ばれ、それを構成するのは、公的予算、政府の研究所、研究開発にたずさわる私企業、大学関連機関、政府の財団（アメリカの国立科学財団のようなもの）、非政府財団、個人の慈善活動家、全米科学アカデミーのような専門的な科学団体などである。

研究開発の目的が、おもに総合科学の知識や貧者の要求を満たし、グローバルな共有物になりうること、あるいは急速な社会への還元であれば、公的な資金供給のほうが、特許に頼るよりも有利だろう。研究開発の目的が、おもに富裕層向けや私的な利用、または段階的に吸収されるものであれば、特許という動機づけが比較的有利になる。一般に、健全なイノベーション・システムは公的資金と特許の混合になるのがふつうだ。地球規模での持続可能な開発を進めるには、全世界的に公的資金と私的な動機づけをうまく混合させたうえで、貧者の要求を満たし、グローバルな共有物がもたらされるよう適切に処理し、各国の政府が協力して資金を投入しなければならない。

持続可能な開発にとって特許制度が明らかに有効であるとき、たとえば新薬開発を推進しようとするときでも、一時的な独占という悪影響を回避するための対策を講じなければならない。たとえば、HIV／AIDSに効果がある抗レトロウイルス薬の場合、特許をもっている製薬会社は、裕福な先進国では特許で保護された利益を確保しながら、最貧国では価格を割り引くか、あるいは儲けを度外視した値段で薬を売ることに同意した。この方法は階層価格体系または市場細分化と呼ばれる。こうした方法をとれば、高所得国の市場での特許が継続的な研究開発のインセンティブとなり、同時に、貧しい人びとも新薬の恩恵にあずかることができる。

持続可能なテクノロジーの採用

S値の高い（持続可能な）テクノロジーを開発することと、それを適切なタイミングで広範囲にとりいれることとは、まったく別物である。ここで大事なのは、企業や家庭がいま現在使われている持続可能でないテクノロジーをやめて、環境にやさしい持続可能なテクノロジーを採用したくなるような動機を生み出すことである。さまざまな状況においてS値の高いテクノロジーは存在するとはいえ、環境にダメージを与えるS値の低いテクノロジーとくらべて、たいていは費用がかさむものである。持続可能なテクノロジーを採用することによる追加のコストは、環境危害を軽減することで社会が得られる大きなメリットと比較すれば小さなものかもしれないが、市場価格はそんなシグナルを出さない。なぜなら、環境破壊は市場価格に反映されないからであり、したがって企業や家庭にとっても、大きな動機づけにならない。この場合、環境に加えられる危害は「外部性」と呼ばれる。環境にかかるコストは社会にとって実感できるものだが、個々の企業が提示する細かい損益計算や、それぞれの家庭でのやりくりには直接関与せず、その外側にあるからである。

ここ数十年の典型的な例を見てみよう。大気科学者や生態学者が酸性雨の存在に気づきはじめたのは、一九六〇年代末のことだった。石炭を燃料とする発電所から排出される二酸化硫黄が雨と混ざって硫酸を発生させたのである。発電所の風下にある森林が枯れはじめたのは、この酸性雨のせいだった。煙突洗浄装置で燃料排気と石灰を混ぜ、硫酸カルシウムを発生させると、燃焼排気から二酸化硫黄が除去されて酸性雨を防ぐことができる。燃料排気の脱硫は発電所にとってコストの追加になるが、森林を保護することで得られるメリットにくらべれば、はるかに低いコストですむ。そこで問題となるのは、規制のない自由市場では、最大の利潤を求める個々の発電所にとって、洗浄装置を購入するための動機づけが弱いことである。社会には大きなメリットがあるとしても、企業は洗浄装置を購入することで利潤を減らすことになるからだ。発電所にぜひとも洗浄装置を購入したいと思わせるには、公的な政策によって市場価格を正すことが必要になる。

個人的な動機づけと社会全体の環境保護を両立させるには、四つのタイプの政策が有効である。最も単純なのは、環境破壊に対して課税することである。酸性雨の場合でいえば、大気中に排出される硫黄に対して課税すればよい。経済学の専門用語でいえば、外部性を「内部化」することである。硫黄の排出一トンあたりに対する税金が十分に高い、つまり増加する一方の排出が森林に与える社会的なコストの高さと同じであれば、発電所は税金を回避するために洗浄装置を購入するだろう。二番目の政策は、実際に大気汚染防止法の一九九〇年の改正にあたって、アメリカ政府が酸性雨と闘うために採用したもので、硫黄の排出権の発行数量に制限を設けたのである。企業が排出できる二酸化硫黄の量は、保持する排出権と同量に限られるという決まりができたのだ。排出権は取引することもでき、それ用の市場価格もある。排出権の市場価格が、排出を回避するための洗浄装置の設置にかかるコストよりも高ければ、企業は排出権を売却し、洗浄装置を購入する。こうして、排出税の場合と同じように、排出権の価格が市場基盤による動機づけとなる。三番目の政策は、排出量の業界基準を設定することである。この場合、すべての発電所は決められた施行日以降、法律の定めによって、一気に二酸化硫黄の排出量を削減しなければならない。この方法は、ヨーロッパの一九九四年の硫黄排出に関する議定書で採用された。この議定書では、二〇〇四年までにすべての主要な燃焼発生源が、定められた排出制限を達成すべきものとされていた。さらに、この議定書によれば、当事者は「これに加えて、硫黄排出の削減に費用効率の高い方法を採用するために経済的手法をとることもできる」としている。

四番目の政策はゾーン分けである。この手法では、すでにあげた三つの環境的手段（課税、排出権取引、排出基準）を特定のゾーンで適用するが、他のゾーンでは適用しない。ゾーン分けは、人口や環境への影響が小さいと思われる場合には、より多くの排出を許可し、ダメージが大きいと思われる場合には排出を制限するよう配慮されている。たとえば、公害の要因となる産業を、人口密度の高い地域やとくに被害を受けやすい生態系から遠ざけるようにゾーンを設計する。ゾーン分けを初めとして、空間的な広がりにもとづく政策は、環境への影響に対する社会的コストが、その場所によってとくに左右されるときには、きわめて重要である。その場合、内部化しなければならない社会的コストは、単一の課税率や、単一の取引可能な排出権の価格、または単一の業界基準には収まりきらないことが多い。

二酸化硫黄のような公害物質は、公的な政策によって市場の影響力を是正しないかぎり、私企業と社会の利害が一致しないことの明らかな例である。ところが、そんな例ばかりではない。きわめて微妙な例もあり、たとえば私企業と社会の環境的な利害がずれているようなこともあり、そのために市場の影響力にもいくらかの是正が必要になる。そんな例の一つとして、現在とくに重要なのは、化石燃料の使用による二酸化炭素の排出である。二酸化炭素は、いまの地球の気象を変化させている温室効果ガスのなかで最も重要なものである。二酸化炭素はいわゆる公害物質ではない。無害で、悪臭を発生させることもなければ、誰の迷惑にもならない。この先数十年で地球を破壊する恐れがあることだけが問題なのだ！　二酸化硫黄と同じように、市場を是正しなければいけない。ところが、問題の規模がグローバルであること、化石燃料の使用がこれまでずっと近代経済の中核をなしてきたことを考慮すると、是正の方法はかなり複雑なものにならざるをえない。この課題については、４章で論じる。

天然資源の持続可能な収穫

人間の活動において、市場の影響力への是正が必要なもう一つの大事なカテゴリーは、社会が天然資源を利用するときの密度に関するものである。人間社会はエコシステム・サービス（またはエコロジカル・サービス）と呼ばれる地球の生態系による公益的機能からはかりしれない恩恵を受けている。たとえば、自然に発育した森林は薪や建築資材などを供給する。水のサイクルは、灌漑、安全な飲料水、工業生産などに用いられる。漁業で水揚げされた魚の大群は食糧になる。季節ごとに生育する牧草は草食性の家畜を育てる。耕作地の土壌に含まれる天然の窒素の固定が、穀物の成長を促進する。その他、数えあげればきりがない。生態系から収穫する速度が再生の速度よりも速くなると、基礎的な資源（森林、淡水、魚、牧草地、土壌中の栄養素）は枯渇し、ときには完全に破壊されてしまう。たいていの場合、市場の影響力が制約なしでふるわれれば、資源の収穫は持続可能な限度を超え、容赦ない破綻がもたらされるだろう。

資源が管理の行き届かない共有物だったり、自由にアクセスできるものだったりすれば、リスクはより大きくなる。その古典的な例が「共有地」である。「コモンズ＝共有物」の語源でもある共有地は、もともと、村の誰もがそこの草を家畜の餌にできると定められた土地だった。グローバルな共有物の例としては、国境を越えた海底がある。漁獲船団はその海底でトロール網を引きずり、なんの咎めも受けずに自然の生態系を破壊することができる。この場合、市場のインセンティブは、各個人や企業がその海洋資源（収穫物）の市場価格が追加の（限界に近づく）単位の収穫にかかるコストと同等になるまで収穫を続けることである。仮にトロール網で収穫した一トンの魚の価値が一〇〇〇ドルとすれば、漁師は追加の一トンを収穫するためにかかるコストが一〇〇〇ドル以下であるかぎり、漁を続けるだろう。仮に共有地の森林の木を伐採するコストが、丸太一トンあたり一〇〇〇ドルなら、追加の一トンを伐採するためのコストが一〇〇〇ドル以下であるかぎり、伐採は続くだろう。収穫（漁獲、森林伐採、放牧）の速度が、群れとしての魚や樹木や牧草の自然な再生速度を極端に超えてしまうこともありうる。そうなると、共有物は枯渇してしまう。自由にアクセスできる資源がすばやく枯渇することはわかっていて、一九六八年にギャレット・ハーディンが名づけた「コモンズの悲劇[19]」という言葉は有名である。

公害の管理と同じように、収穫の速度を持続可能なレベルに制限するメカニズムにもさまざまな種類がある。

一つは、取引可能な収穫権の導入で、取引可能な公害の排出権に似ている。最も効率のよい漁船団、すなわち漁業で十分な利益が得られるとわかっている漁業団体は、より多くの権利を購入するだろう。漁獲量の合計は、持続可能な割合に収まるよう定められる。オーストラリア、ニュージーランド、アイスランド、カナダ、ナミビアなど、多くの国がこのシステムを採用しており、譲渡可能な個別割当または個別漁獲割当などと呼ばれている。アメリカはさまざまな割当制度[20]を取り入れ、西海岸では個別企業に漁業権を与え、東海岸では海上での操業日数を制限している。これと同じメカニズムを、森林伐採、放牧、狩猟のほか、同じような再生可能資源の利用にも適用できる。当然ながら、このようなシステムが権利の割当てをめぐる政治的な摩擦のもとで劣化してしまうことは珍しくない。

もう一つは、共有物を私有化させることである。この手法を牧草地に適用したのが囲いこみ（エンクロージャー）である。たとえば、牧草地を所有する牧場主が、長期的に最大の利益を得るために過放牧を回避したいと考えていたとする。牧場主は家畜の群れの規模を持続可能なレベルに保ち、牧草の自然な再生と同じ速度での収穫が両立できるようにするだろう。自由にアクセスできる樹木や森林は伐採しすぎるという危険があるが、共有物を私有化することで、同じように安定させることができる。共有物の私有化がうまくいかない場合もある。所有権が富裕層の手に渡ることで、ただでさえ少ない資源がごく少数の強力な金持ちの手に渡り、その他の人びとは極端な欠乏に追いやられる恐れがあるのだ。私有化のせいで環境が破壊されることもある。たとえば、牧草地を小さな個人農場単位で囲い込むと、動物の群れが生きていくのに必要な自然界における移動経路が分断されてしまうかもしれない。今日の多くの例では、海、大気、土地など生物多様性の高い領域における共有物の私有化は、実際的な理由から、また環境面への顧慮から、阻止されることがある。

自由にアクセスできる資源としての共有物を私有化しないほうがよい場合でも、共有物は共有財産として利用できる資源に変換しなければいけない。実績のある選択肢の一つは、地域社会の管理下におくことである。[21]地域社会は、地方政治のプロセスを通じて、地域内でどのように資源を配分するか、相談して決めることができる。たとえば、地域社会に根付いた組織なら、各農家がその牧草地に何頭の家畜を放牧するかを決められるだろう。そうすれば、勝手気ままに共有地を使うだけの現状よりも、将来の世代を含んだ地域社会全体が牧草地からの利益を受けられる。森林、牧草地、水、魚といった共有資源を地域社会にもとづいて管理する方法は、多くの社会のそれぞれの状況に応じて、たいへんうまくいっている。きわめて興味深い最近の成功例は、内モンゴルのフンシャンダク沙地に近い農村地帯で見られる。この地域は過放牧による大規模な牧草地の喪失に苦しんできた。中国科学院の後援を受けて、村民は家畜の群れの数を減らすことに同意し、共有地の一部を空けておいて、家畜の餌になる草を育てたり、新しい草の種子を蒔いたりした。その結果、劣化した牧草地が回復し、[22]村の収入が上昇したのである。

市場重視の考えを捨てる

私有化、収穫権の制限、地域社会の合意などの手段で天然資源が適切に運営されているときでさえ、社会が持続可能な管理に背を向けて、荒廃につながる道を選んでしまう場合もある。以下の例を考えてみてほしい。ある湖に食品として市場価値のある珍しい品種の魚がたくさん生息している。湖が共有物とされていて、誰でも自由に漁ができるとき、漁獲にかかるコストが十分に低ければ、魚の数は急速に減ってゆくだろう。一方、湖が共有物ではなく、私有化されていて（あるいは地域社会の管理下におかれて）、湖の経済価値を最大にしようとした場合はどうなるだろう。現在の所有者（または地域社会の組織）は、いまの魚の数を減らさないようにして、将来の漁業からあがる収益を増やそうとするだろうか。所有者はまずまちがいなく、いま大量の魚を獲って売るのと、いまの漁獲量を減らして将来もっとたくさんの魚を売るのと、どちらが得かを計算するだろう。いますぐ使える金は、将来手に入る同額の金よりも価値があるから（いま手元にある金は市場に投資することができ、時間がたつにつれて利息が加わる）、湖の魚を守るという選択がなされるのは、魚の市場価値の上昇が利率の上昇よりも速いことが見込まれる場合にかぎられる。魚一トンあたりの価格の変動が期待できず、その魚が成長の遅い品種であれば、魚の価値の成長は、利率の成長よりも遅くなるだろう。利益を最大にしたい所有者は、将来の収穫に期待をかけることなく、いまいる魚をとりつくし、この希少な品種を絶滅させてしまうかもしれない。個人（または地域社会）による所有だけでは種を守ることはできないのだ。

この場合、二つの微妙な問題が影響している。第一に、一般に、ある生物種の市場価格は地球の生物多様性の一部としてのその種の社会的な価値を反映して い な い ということだ。市場価格には、生物種の絶滅を回避させるという社会的に意味のある価値が反映されず、食品、媚薬、ペット、猟の戦利品、飾りとして、その種を直接消費することに対する価値だけが反映される。第二に、金利の面でも、所有者を持続可能な速度で資源を収穫しようという気にさせるには不足である。資源の価値の上昇速度が、市場の金利の上昇率より遅くなりそうなら、市場は「いますぐ資源を獲り尽くし、金を手に入れろ！」という警告を鳴り響かせるだろう。市場の金利は、つまるところ現在の世代だけを視野に入れた貯蓄の状況や好みに依存し、将来の世代の声をまったく反映していない。そのため、市場金利は将来の世代を犠牲にして資源を枯渇させるよう信号を送ることもあるのだ。現在の世代が性急なら、つまり将来よりも目先の消費に高い価値をおくなら、市場金利は高くなりがちだ。そうなれば、市場は個別の資源所有者に対して、所有者の管理下で資源を使いはたすように信号を送るだろう。

この理論からも予想できるように、発育の遅い動植物は今日とりわけ大きな危機にさらされている。例として、主要なカテゴリーを一つ挙げよう。発育の遅い大型の魚類である。生育に時間がかかるため、管理された漁業においても「見返りの少ない薄い投資」とみなされ、体が大きいので簡単に捕獲されてしまう。巨大魚類のための新しいプロジェクト[23]は、危機にさらされている品種を特定することから始まった（ハシナガチョウザメ、メコンオオナマズ、タンガニイカ・ラテス、パリッド・スタージョンなどがその一例である）。陸上の大型動物も同じようにひどい苦境におかれている。

くりかえすが、公的な政策を介入させても、私的な利益を守り、持続可能な開発をとりいれることは可能であり、とくに今日の市場が考慮しない将来の世代の利益を守ることもできるのだ。天然の森林や希少な種の乱獲を阻止するために、土地や海域に保護地区を設け、特定の種の狩猟、漁獲、取引を禁止すればよいのだ。どの方法も広く採用されているが、まだ完全とはいえず、いまだに不法な収穫や自由市場の価値体系といった攻撃にさらされている。一九七三年に採決された「絶滅のおそれのある野生動植物の種の国際取引に関する条約」（ワシントン条約）はすぐれた国際取引条約であり、絶滅寸前の種を保護するために、それらの種の取引を規制し、場合によっては禁止している。この条約では、危機に瀕している種の分類について以下のように規定されている。（一）絶滅のおそれがあり、そのため特別の場合を除いて取引が禁止されるもの、（二）絶滅のおそれがあり、そのため取引が規制されるもの、（三）最低一か国で保護されており、その国が他の締結国に協力を求めるものである。現在、一七二か国がこの条約に署名しており、種の分類と追跡措置について合意ができている。

持続可能な人口をめざして

地球上の人口の成長を管理することは、持続可能な開発にとって二番目に大きな課題である。ところが、こと人口成長に関するかぎり、現在が大きな重荷となってのしかかる。老後の安泰を求めて子供をたくさん産もうとする人びとも少なくないが、そんな選択のせいで、子供たち自身の幸福が犠牲になることもある。なんといっても、貧しい家庭で六人や七人の子供に十分な栄養と健康と教育を与えることは現実的に不可能なのだ。それでも、貧しい両親は自分たちの利便のために、たくさんの子供を生むかもしれない。今日の世代が、微妙な形で将来の世代を搾取している一例といえるだろう。同じく、土地の所有権を地域社会が共有し、家族の人数によって再分配される地域では、分配される土地が増えることを期待して、それぞれの家族が子供を必要以上に大勢生もうとするかもしれない。天然資源（薪にする樹木など）が地域社会の共有物になっている場合、これも家族の人数を増やそうとする理由になるかもしれない。それぞれの家族は、子供が一人増えたことによって、共有財産の持続可能性にどれだけ社会的コストがかかるかという点を考慮しないだろう。

各家庭が子供を何人産むかの決定は、その社会に根づいた文化的規範、保健所などで避妊具が入手できるかどうか、教育の機会、子供にかかる費用、その他の公共政策といったさまざまな要因から影響を受ける。つまり、個々の家庭の都合によって独自に決めたことが、そのまま過剰な人口成長につながってしまうのである。その速度は、周囲の環境や子供たち（と、将来の世代）の幸福を脅かしかねない。一方、自発的な出生率の低下を促すような公共政策には多大な効果があり、現在と将来の世代にとって共通の利益をもたらすだろう。

貧困の罠の根絶

極度の貧困をなくすことは、持続可能な開発における三つめの課題である。極度の貧困を終わらせるための主要な解決法は、進歩したテクノロジーによって貧しい人びとに力を与え、彼らを世界経済において生産力をもつ一員に変えることである。ここで大きな障害になるのは、極端に貧しい者にとって、そのテクノロジーを自力で購入することさえできないということである。貯金もなければ、融資を受ける信用力もないからだ。その結果が貧困の罠である。貧困の罠に陥ると、極度の貧困のせいで、貧しい人びとは命にかかわる重要なテクノロジーでさえ手が届かず、テクノロジー不足のために生産性を発揮できず、その結果、いつまでも貧困から脱出できないのである。貧困層が必要とし、だがこれまで手に入らなかったテクノロジーを、公的資金によって提供すれば、この罠を打ち破ることができる。テクノロジーによって、貧しい人びとは生産性を上げることができる。そうすれば、所得も向上し、貯蓄や投資ができるようになり、貧困の罠から脱出できるだろう。

先進的なテクノロジーはすでに、極度の貧困地域をのぞく世界各地で広く利用されているが、代表的な四つの中核分野には以下のようなものがある。生産性の高い農業（改良品種の多様化、化学肥料、小規模灌漑）、教育分野でのテクノロジー（教室や女子用トイレの整備といった基本的なものから、遠隔教育の普及まで）、あらゆる種類の医療テクノロジー、近代的なインフラストラクチャー（舗装道路、鉄道の復旧、電気、安全な飲料水、公衆衛生、電気通信、インターネットなど）である。これらのテクノロジーによって貧しい人びとが力をもてば、生産性は大きく上昇し、その結果、コンバージェンスにもとづく経済成長に参加できるだろう。

このプロセスでは、外国からの援助が鍵となる。農業、健康、教育、インフラストラクチャーといった重要なニーズに的を絞って投資すれば、外国からの資金援助は、貧しい人びとが貧困の罠から脱け出すための突破口になるだろう。このような成功例は過去に何度もあった。たとえば、天然痘やはしかなどの病気との闘いや、生産性の高い種子を用いた農産物の収穫増に取り組む国々への国際支援である。これら初期の成功例についての詳細と、そこから学んだことをいかにして現代に活用すべきかを以下で説明しよう。

資源は枯渇するのだろうか？

どんなに善意あふれる人でも、繁栄を分けあう豊かな世界を作ろうとする努力は無駄に思えてくるかもしれない。結局のところ、貴重な資源が現代社会の時間枠のなかで再生される見込みはなく、いつかは枯渇してしまう定めなのだ。たとえば、化石燃料は何億年も前に堆積された有機物が、しだいに石炭、石油、ガスなどに変換されたものである。石油は、使えば使うほど減ってゆく。もしかしたら、あとほんの数十年で、世界の石油ストックが尽きてしまうかもしれない。化石燃料に頼っている文明の崩壊は避けがたく、それを思うとまるで悪夢のようだ。同じように、ある地域では「化石」地下水が枯渇しつつある。つまり、人間が使うために、地下の深いところにある帯水層が地上へ汲み上げられているのだが、その速度は、雨水の浸透によって帯水層が自然に回復する速度をはるかに上回る。私たちの未来は、破滅が避けがたいのだろうか？

枯渇しかけている資源はあるにはあるが、将来の世代がなんとか生活水準を落とさずにすむ方法はある。第一に、石油などの資源が枯渇しても、より潤沢に使える他の資源に転換することができる。あるいはもともとの資源と転換後の資源の両方が枯渇することもあるが、先の資源から次の資源へとシフトすることで、最悪の事態を先延ばしにすることは可能だろう。第二に、枯渇しそうな資源（ここでも石油を例にあげる）から、太陽エネルギーのように再生可能な資源へシフトすることができる。第三に、枯渇しそうな資源の使い方を節約すること。たとえば、家屋の暖房に使う石油の使用量を減らすために、より優れた絶縁体に投資することなどである。

石油の「ピーク」については脅し文句が横行していた。この世界で、石油の総産出量は限界に達しており、あと数十年で、石油の埋蔵量や産出量は激減する。地球上にはもう未開発の油田はなく、埋蔵石油のほとんどがすでに掘り尽くされてしまったというのだ。石油のピーク説が事実なら最悪の事態になるというのが世間の一致した声である。発展途上国で石油の需要が増加するにつれて、世界への石油の供給は停滞するだろう。ところが、思っていたほど悲惨な事態にはならないようだ。あと数十年で従来の石油は枯渇するかもしれないが、石炭やその他の非在来型の化石燃料、たとえばタールサンドやオイルシェールなどは、まだ何百年分も残っている。石炭をガソリン・タンクに入れるのは難しいから、これでは慰めにならないかもしれない。だが、化学者にはなすべきことがわかっている。フィッシャー・トロプシュ法と呼ばれる工業的なプロセスによって、比較的低コストで石炭をガソリンのような液化炭化水素に変換することができる。長期的には、石油の供給量だけではなく、化石燃料全体の供給量のことをもっと心配しなければならない。なぜなら、化石燃料はさまざまな工業プロセスによって、あるものから他のものへと、無理なく変化させられるからだ。

化石燃料全体の供給量について、心休まる証拠は、かなり大幅な経済成長をとげたとしても、今世紀分をまかなうのに十分な量があるということだ。だが、このままでは次第に石炭や他の非在来型の化石燃料に頼らざるをえなくなるだろう。ハンス＝ホルガー・ログナーの最新の推計は、現在、最も信頼がおけるものだが、それによると、以下のようになる。

地球規模での化石燃料資源[24]の基盤は豊富で、およそ五〇〇〇Ｇｔｏｅ（Ｇｔｏｅ＝ギガトンとは、石油換算で一〇億トン）と推計できる。現在の一次エネルギー使用量である数十Ｇｔｏｅから計算すると、たとえこの先、グローバルなエネルギー需要[25]の急増があったとしても、二一世紀末まで世界経済に燃料を供給するのに十分な量である。

今世紀の人類にとっての課題は、化石燃料を新たに入手する手段を見出すことではなく、化石燃料の安全かつエコロジカルな利用法を考えることや、適切な種類の燃料を必要なときに必要なところへ確実に供給する（たとえば、石炭を液体に変換する）ために、タイミングよく投資することである。来世紀とその先の将来に向けて、太陽エネルギーや核エネルギーといった代替テクノロジーへ大規模な変換を果たさなければならない時期はかならず来るだろう。

幸いにも、太陽エネルギーの長期的な展望はきわめて良好である。地球に届く太陽放射の合計は、現在商業用に使われているエネルギー消費量のおよそ一万倍である。この太陽エネルギーが利用できれば、やがて化石燃料を頼る必要がまったくなくなるだろう。[26] これまでも、太陽エネルギーはさまざまな形で利用されてきた。電力を生産するソーラーパネル、太陽放射による直接的な水の加熱、風力（それ自体、太陽放射を空気分子の運動に変換したものである）、そして、もちろんバイオ燃料（光合成の産物を利用している）などである。いまのところ、これら各種の太陽エネルギーを生み出すコストは、ほとんどの化石燃料を使用するより高くつく。それでも、テクノロジーが向上すれば、[27] そのうち太陽エネルギーは化石燃料エネルギーとの価格競争に勝つようになり、その結果、世界の長期的なエネルギー展望を確実にする根拠となるはずだ。

その他にも、危機に瀕しているさまざまな資源（地下水、魚、熱帯雨林、土壌養分、農用地など）がある。ストレスにさらされ、枯渇しかけている天然資源を節約するために人間が考え出した手段はいくつもある。たとえば、遠洋漁業のかわりに養殖を導入すれば、海の魚は持続可能になる。海そのものを守るには、陸地の利用（養魚場と魚粉製造のために）を広げることが役立つだろう。品種改良で種子の生産性を上げれば、耕地面積を減らしても同じ量の農産物が生産できるようになる。耐乾性の品種を開発すれば、農業に使う水の量が減らせるだろう。他にもたくさんの例がある。

だが、可能性があるからといって、これらの持続可能なテクノロジーが順調に発展するというわけではないし、実際に環境および経済面での深刻な破綻を回避できるほどの規模で採用されるとはかぎらない。たとえば、石炭を液体に変換することは可能だが、大規模な変換を実行するには、前もってフィッシャー・トロプシュ関連の事業にかなりの金額を投資しておくことが必要になる。理論の上では、持続可能な開発は可能かもしれない。だが、公共政策や市場の働きかけによって、必要な投資が促されなければ、実現には至らない。

要するに、こういうことだ。現在の世界は、エコロジーおよび環境に関する深刻な問題に直面しているが、天然資源の枯渇という問題だけで、その脅威が十分に表現されているとはいえない。地球には、エネルギー、土地、生物の多様性、水といった資源がある。これらがあればこそ、人は食物を得ることができ、人類全員が長期にわたって経済的な繁栄を享受できるのだ。問題は、市場の力が、持続可能な賢い資源の用い方に逆行しがちなことである。貴重な資源を枯渇に追いやろうとする経済的な圧力はないにしても、それを阻止するための見えざる手も市場には存在しない。公共政策やグローバル協力によって危機を乗り越えられるかどうかは、私たちが何を選択するかにかかっている。

資源の争奪か、組織的な技術革新か

非在来型の化石燃料、太陽エネルギー、地熱などを含む膨大なエネルギーの備蓄があるにもかかわらず、石油の枯渇から来る差し迫ったエネルギー危機への恐怖が蔓延している。中東の石油や、西アフリカや北極など、他の地域で新たに発見された油田をめぐる大国同士の争奪戦はどんどん激化している。その一方で、代替エネルギーや持続可能なエネルギー源への投資は嘆かわしいほど不十分である。これは不信の悪循環の一例である。世界は持続可能なエネルギー源を開発するために、一致団結して取り組めたはずである。ここでいう持続可能という言葉には、温室効果ガスの排出量が少ないこと、そして長期的に低コストで得られるエネルギーであることの二通りの意味がこめられている。また、別の選択肢としては、枯渇しつつある在来型の石油やガス資源を奪い合うという筋道も考えられる。今日の世界はその方向に傾きかけているが、そのような争奪戦は、グローバル協力を阻害し、大国同士の衝突という暴力やリスクをともなう。さらに、誠実な協力関係による研究開発への共同投資や、代替燃料および非在来型の化石燃料の代替的な利用法を開発するための投資から手を引かせる要因ともなる。

ブッシュ政権はこの争奪戦に明け暮れ、長期的な将来を見据えたグローバルな協力による投資をおろそかにしてきた。ブッシュ政権の見解は石油産業に支配され、持続可能なエネルギーの可能性や、もっと一般的な地球規模での持続可能な開発といった広い視野をもたなかった。イラク戦争の原因は、アメリカのエネルギー資源を確保するためにブッシュ政権がとった方法の誤りにある。しかも、戦争はその不安を強めただけに終わった(28)。中東の石油事情を安定させようとするアメリカの干渉は、半世紀以上も前、ＣＩＡが後援したクーデターにさかのぼる。一九五三年、イランの首相がその座を追われて以来、ＣＩＡと軍隊を巻きこんだ一連の不祥事が続き、いまや終わりが見えなくなっている。中東の油田の安全を（アメリカのために）確保するという名目で、数千億ドルが軍事力に投じられ、長期的な代替エネルギーに使われるはずの予算を圧迫してきた。パニックはつねに、正当な判断や長期的かつ協力的な展望を妨げる。

グローバル協力の再活性化

第二次世界大戦後の世界は、この小さな惑星でともに生きてゆくための大きな課題に取り組む熱意を、おりにふれて見せてきた。アメリカのネオコン一派は、アメリカによる一国支配を夢見て、グローバル協力を信じる人びとをばかにしてきた。しかし、歴史をふりかえれば、実際にグローバル協力を試みたときに、すばらしい実りが得られたことは証明されているのだ。

・海外援助によって、農業生産性を向上させる緑の革命、天然痘などの伝染病の管理、識字率と学校の出席率の大幅な向上などの手段が導入された結果、アジアとラテンアメリカの経済開発が進んだ。

・海外援助とグローバルな合意によって、劇的な、あるいは革命的とさえいえる、近代的な避妊法や家族計画の普及が促され、世界の広範な地域において必須ともいうべき自主的な出生率の低下を達成した。

・グローバル協力によって、グローバルな環境管理が大きく進歩した。その代表的な例は、成層圏オゾン層の破壊を阻止し、気候の変動、生物学的多様性、砂漠化を阻止するための枠組を確立したことである。

・グローバル協力によって、核兵器の拡散が大きく減速され、数十か国が核兵器の放棄に合意するよう促された[29]。

これらは、歴史的にも画期的なグローバル協力の成果である。ところが、いまやアメリカの一国主義者や自由市場の信奉者は、このような過去の成功をすっかり忘れている。反動的なイデオロギーと、事実無根のレトリックを雨あられと浴びせられ、真実が見えなくなっているのだ。そのような進歩は、市場の影響力だけに促された結果だと思いこみ、特定の意思のもとに、集団的な合意によって投資や努力が重ねられた末の成果だということを無視しているのだ。

近年、ニューヨーク大学の経済学者ウィリアム・イースタリーはワシントンの右翼のために一役買ってきた。海外援助に反対する論を立て、過去五〇年間で二兆三〇〇〇億ドルを無駄に費やしてきたと非難したのだ。この非難に根拠はなかったが、シニカルな政治家たちには熱烈な感謝の念とともに受け入れられた。彼らは、国民総所得のうち、一〇〇ドルにつき七〇セントの金を出すことさえ渋っている。七〇セントというのは、世界の貧困層の救済を目的にした公的な経済開発の資金としてグローバルな合意を得たものだが、アメリカはその約束をまだ果たしていない(30)のだ。

イースタリーの非難は、二つの点で偽りである。まず、援助は失敗だったという主張そのものが間違いである。海外援助は失敗だったという主張は一部で熱烈に歓迎されたとはいえ、当のイースタリー自身が、そうではないことを認めている。だが、その記述は本の中ほどに目立たない形で置かれているにすぎない。たとえば、以下のような文章である。

海外援助は、グローバル規模で何例か、注目すべき成功を収めている。貧困国の健康および教育に関して、めざましい向上をもたらしたことなどである。典型的な貧困国における平均寿命は、過去四〇年間で、四八歳から六八歳に伸びた。四〇年前には、貧困国で生まれた乳児一〇〇〇人のうち一三一人が一歳になる前に死んでいた。今日では、一歳になる前に死亡する乳児は一〇〇〇人中三六人である。[31]

さらに、イースタリーが例にあげる援助の失敗は、往々にして誇張され、しかもワシントンだけが標的になっている。日本が東南アジアで果たした重要な海外援助、たとえば東南アジアの基礎的なインフラストラクチャーとテクノロジーを整備して、日本の私企業が投資したくなるような環境を作りだし、一九六〇年代とそれ以後、工業製品の輸出国へと成長させた事実は、イースタリーの著作ではほとんど無視されている。詳細は9章と10章で述べるが、もっと全般的にいえば、今日、とくに繁栄している新興成長市場である韓国、台湾、中国、インドなどはすべて重要な海外援助の受益者なのである。

二つめの誤りは、二兆三〇〇〇億ドルという金額を疑いの余地のない大金と決めつけ、詳細な検証もせずに、海外援助を地球規模の巨大な浪費だったと指摘していることである。あえていうが、ふつうの人なら、そんな結論を出す前に、その金額が本当に巨大かどうか、たしかめようとするだろう。簡単に判断できる問題ではない。なぜなら、そこには五〇年以上の期間にわたる、あらゆる国からあらゆる国へのあらゆる援助が含まれているからだ！　正確に評価するのはきわめてむずかしい。ちょっとした計算で、この数字の見え方が変わってくる。この五〇年間、平均すると、低所得国の住民の数はおよそ三〇億だった。そこで、その一人ひとりが一年ごとに受けとった援助額を割り出すと、一人につき年額一五ドルになる（図2・4）。識字率、平均寿命、疾病管理、貧困の軽減、出生率の低下、学校への出席率、ＨＩＶの治療など、世界全体が受け取った大きな利益を考えれば、一年間に一人あたり一五ドルの援助支出は、地球上で最大のバーゲンだったといえるだろう。援助の規模がどれ

図 2.4　全発展途上国１人あたりの、全援助国からの ODA の金額

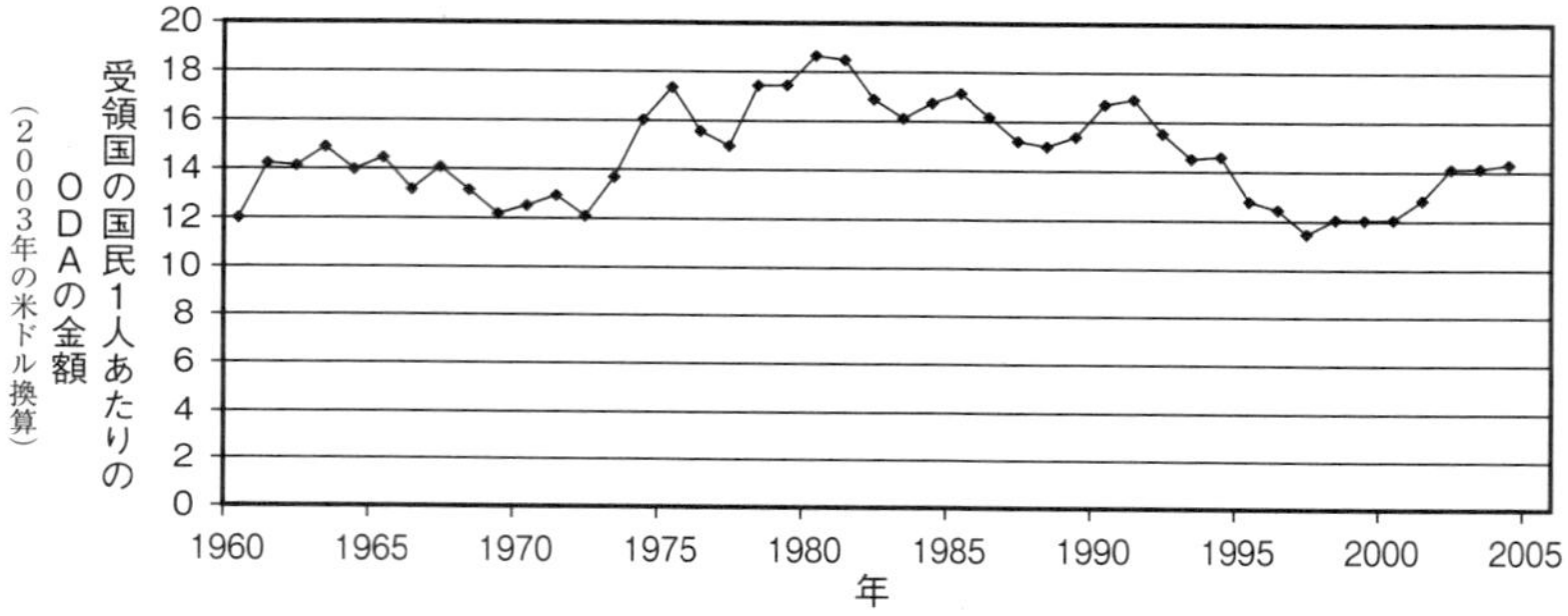

出典：OECD のデータ（2007 年）をもとに算出。

くらいささやかだったかを判断するもう一つの方法がある。この金額は、援助国の所得の約〇・三パーセント、つまり一〇〇ドルの所得ごとに三〇セントを援助にまわしただけだということを肝に銘じることである。アメリカでは、国民総所得の一〇〇ドルあたり一七セント、すなわち〇・一七パーセントの援助にすぎないのだ。

二兆三〇〇〇億ドルという金額を、同じ期間に費やされたアメリカの軍事支出の総額一七兆ドルと比較してみよう。これは援助金額のおよそ八倍である。さらに、二〇〇七年半ばまでにイラク戦争への直接的な出費として五〇〇〇億ドル、間接的な出費（たとえば退役軍人への医療や長期にわたる障害のケアなど）としてほぼ同額が必要だった。ベトナム戦争にかかった費用は、今日の金額に換算して、少なくとも五〇〇〇億ドルだった。こうしてみると、五〇年以上にわたって、健康、水、病気、識字率、家族計画、道路、エネルギー、裁判所、民主主義、飢饉、その他の緊急事態からの脱却といった世界全体の利益につながる開発に費やされた二兆三〇〇〇億ドルを疑いの余地のない浪費と断じることなど、とてもできない。

実際のところ、イースタリーの激しい非難は、援助の正当性を損なうというより、援助が浪費になりかねないという警告の意味で、価値がある。多くの援助がむだに費やされたという点で、私も彼の意見に賛同する。とくに、アメリカが政治的な目的で金を出し、現実的な開発という点をまったく考慮しなかったもの（たとえば、冷戦、イスラエル・パレスチナ間の紛争、テロとの戦いといった緊急問題に対するアメリカの外交上の政策を支えるための援助）、アメリカやヨーロッパのコンサルタントに高給を支払うための援助、農業州の上院議員の要求をいれてわざわざ高い輸送費をかけてアメリカの食品を送りつける食糧援助などである。最後の例では、アフリカでの食糧生産を向上させるために援助をしたほうが、ずっと安上がりだし、長期的な利益にもなるはずだ。イースタリーは援助に反対し、痛烈な批判を浴びせたあげく、最後には積極的な提言にたどりついた。そんな結論には、私も心から拍手を送りたい。

視点を本来の場所に戻そう。世界で最も貧しい人びとに、いま必要なもの、たとえばワクチン、抗生物質、食糧補給、品種改良された種子、肥料、道路、井戸、水道管、教科書、看護師を与えよう。これは、貧者への施しではない。最も貧しい人びとに、健康、栄養、教育、その他必要なものを与えることで、よりよい人生を送ろうとする彼ら自身の努力に報いるためなのだ（かつて、よりよいキャリアを求めて努力していた私が、国立科学財団の奨学金を得て博士号を取得したのと同じである）[32]。

ここにあげられたリストは有効だ。のちに10章でくわしく説明するつもりだが、ミレニアム・ビレッジ・プロジェクトがサポートするのも同じようなジャンルである。

幸いにも、新しいグローバル協力に欠かせない基盤の多くはすでに築かれている。それぞれの分野でも、失敗の記録ではなく、成功の実績が着々と重ねられている。それでも、目の前には厄介な問題が山積し、最近では意欲の低下や忘却という弊害が見られる。鍵となる課題を以下にざっとまとめてみよう。

環　境

中所得国と高所得国のほとんどで、国内の汚染および国境を越えた近隣国の汚染にいたるまで、かなりの進歩が見られる。大気汚染や水に関しては、世界のほとんどの地域で、管理が進んでいる。ガソリンは無鉛化されている。煙突の洗浄機によって二酸化硫黄の排出量が減った。触媒コンバーターによって都会のスモッグが減少した。成層圏オゾン層の消滅という難しい課題でさえ対策が講じられている。とはいえ、過密化する地球と急成長する人口のせいで、まだ管理の行き届かない領域の環境破壊は進んでいる。たとえば、種の絶滅、グローバルな気候変動、砂漠化、自然の生息地の大量破壊などである。

人　口

熱帯アフリカ(33)をのぞく世界のほとんどの地域で、女性の一人あたりの平均出生率は四未満に下がった(二〇〇五年の例外は、グアテマラの四・三、ラオスの四・五、モルディブの四・〇、パキスタンの四・一、ソロモン諸島の四・〇、ヨルダン川西岸とガザ地区の四・六、イエメンの五・九である)。

図 2.5　1820 年から 1992 年までのグローバルな貧困

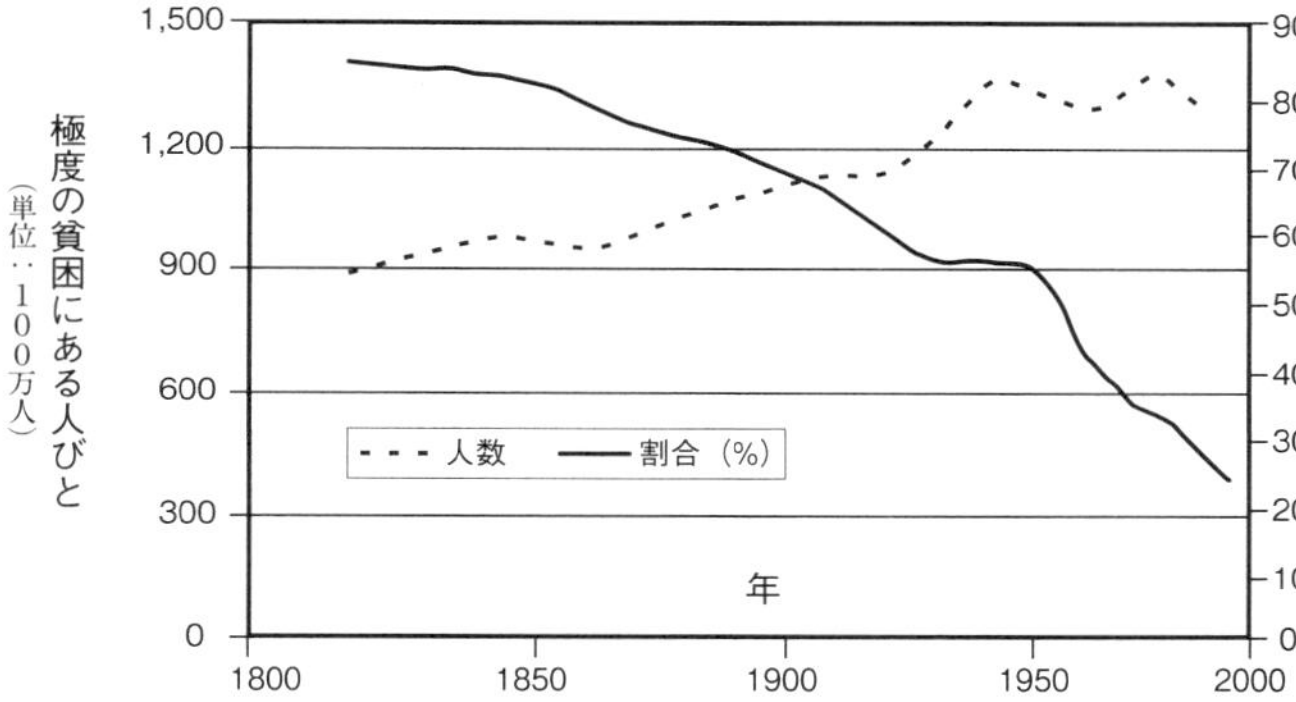

出典：ブルギニョンとモリソン（2001 年）。

ところが、熱帯アフリカでは、四六か国のうち三五か国で、出生率は依然として四以上である（四以下となったのは、おもに人口の少ない国々だった）[34]。識字率が非常に低く、医療ケアが不足し、乳児死亡率が高く、概して女性の社会的地位が低い地域では、人口管理がとりわけ難しく、その結果を出すにも長い時間がかかっている。

極度の貧困、飢餓、病気

産業革命の勃興以来、地球上の極度の貧困は驚くべき速さで減少した。一八〇〇年以前には、おそらく世界人口の八五パーセントが、現在の規準でいう極度の貧困に等しい状態で生きていた。図2・5で見るとおり、一九五〇年までにこの数字は五〇パーセントに下がった。その後、極度の貧困は減りつづけ、一九九二年には二五パーセントになり、今日では一五パーセントまで下がった[35]。問題は、地理の上でも最も生活しにくい場所に極度の貧困が集中していることである。たとえば、内陸部に位置し、熱帯で、水が少なく、マラリアの蔓延地帯であり、国際貿易ルートからも外れている場所である。今日、最も貧しい地域がグローバル化の波に乗り遅れているのは偶然ではない。こうした地域はきわめて困難な問題を抱えているがゆえに、開発の梯子の最下段にさえ、なかなか足をかけられないのだ。

グローバル協力の課題

環境劣化、人口の膨張、極度の貧困といった、いまだに残る悲惨な問題を解決するためには、二一世紀の協力のあり方について新しいモデルを作りだす必要がある。それは過去の成功をこそ基盤にすべきであり、いまの世界に広くはびこっている悲観主義やリーダーの不在を克服しなければいけない。今世紀のグローバル協力は、どこか一国の主導によって進められるものではない。グローバルな協定や国際法にもとづくべきであり、何よりもまず、ミレニアム・プロミスの核となる条約や協定を根拠にすべきだろう。資金面での貢献やアイデアは、さまざまな地域から出されなければならない。裕福な一国だけでなく、ブラジル、中国、インド、南アフリカ、ナイジェリアといった多くの新興成長市場や新興勢力からも出されるべきだろう。このような多極的な協力には時間がかかるし、論争を招くことも多い。解決策は、複雑なものになるはずだ。持続可能な開発をめぐる問題は、必然的に、いくつかの専門知識の分野を横切り、どこか一つの省庁や、さらにいえば、ある一つの学問分野だけで問題に取り組むことはまず不可能だ。気候変動に対して有効な戦略を立てることは、気象科学、環境工学、エネルギーシステム、経済学、生態学、水文地質学、農業経済学（植物育種）、伝染病対策、ビジネス、金融といったさまざまな分野が協力して初めて可能になる。アフリカの貧困への対策では、疾病対策、農業近代化、環境保護、出生率管理、インフラの改善など、多種多様な要素を同時に扱うことが必要とされる。こうした二一世紀の問題に取り組むため、各国政府の再構成が求められるだろう。

さらに、新たなグローバル協力は、企業や市民社会団体にもより多くの役割を求める。近代的な企業、とくに巨大な多国籍企業は、地球上で最も進んだテクノロジーをもち、大量の物資やサービスを処理する最先端の物流管理という手腕をもっている。貧困、人口、環境などの問題を解決するには、民間企業による積極的な取り組みが不可欠だ。ところが、このような企業の主たる目的は利潤の追求であって、社会のニーズを満たすことではない。その両者は絶対に両立しないわけではないが、同じものとはいえない。企業、政府、NGOの指導者たちを集めて、私企業のインセンティブと社会的なニーズの調和をはかりたいところだが、ことはそう簡単には運ばないだろう。

政府が市民の名のもとで引き受けた約束を確実に果たすよう促すという点で、グローバル市民の役割も重要なものとなるだろう。個々の政府がグローバルな責任から逃れようとする誘惑はつねに存在する。グローバル協力を持続可能にしたいなら、一番いいのは、国際的に評判を下げるという形で、責任逃れの罰を与えることである。政府はそれを恥じて正しい行動をとるようになるかもしれない。だが、そのためにはグローバル市民の存在が欠かせない。政府の行動に目を光らせ、利害関係を理解し、結果に関心をもち、責任逃れを厳しく追及するための組織を作らなければいけない。政府は、最後までやりとおせなかったとき、グローバルな世論から責任逃れを追及されることを覚悟しておかなければならない。現在、多くのNGOがこの役割を効果的に担っており、政府が約束を最後まで果たすかどうかを監視している。その内容は、援助、環境管理、クリーンな統治、疾病との闘い、貧困との闘いへの献身などである。現在展開されつつあるソーシャル・ネットワーキングの卓越した戦略によって、グローバル市民の重要な役割が強化されていくだろう。

上記のすべては、富裕国の政府による資金的な援助を必要としている。ただし、その援助は、ずっと前から約束されていたにもかかわらず実行されなかった程度の金額で十分なのである。明るい知らせもある。政府開発援助（ODA）の援助国の所得に対する割合が、長期にわたる下落の後に、再び上昇しているのだ。援助国の所得に対するODAの割合は、一九九〇年代末に最低ラインに達した。一九六〇年代前半の約〇・五パーセントから一九八〇年代には約〇・三五パーセントになり、一九九七年にはわずか〇・二二パーセントまで下がった。一九七〇年には、長期にわたる公約としてGNPの〇・七パーセントをODAに割くという表明がなされ、その後何度も同じ約束がなされたが、〇・二二パーセントという数字はその約束を完全に裏切っている。二〇〇二年に援助国は再び、〇・七パーセントを達成するために具体的な努力をすると誓った。二〇〇五年には、EUが二〇一五年までにその誓いを達成するための予定表を設定した（ただしアメリカは参加していない）。主要な援助国は二〇一〇年までにアフリカへの援助を二倍にすることを表明した（一年ごとに二五〇億ドルの追加となる）が、二〇〇七年現在、持続的な増額は、二〇〇四年のレベル以上には達していない。約束を果たすための時間はまだあるが[36]、残された時間は減りつつある。この約束が果たされないために、毎年、何百万もの生命が失われているのだ。

第二部　環境の持続可能性

3　アントロポセン――人類中心時代

長期的な経済成長と環境保全の両立が可能かどうかについては盛んに議論されているが、一つだけ断言できる。人間の活動をこのまま持続させてはいけない。テクノロジーをこのままのペースで使っていけば、しかも中国やインドなどの人口大国が経済的な急成長をとげているいま、その規模ははるかに大きくなっているのだから、地球を安全に保てるだけの環境は根底から崩れるだろう。環境自体の限界から、おのずと世界の繁栄にも限界ができる。だが、私たちの蓄えてきた資源や知識のごくささやかな一部を持続可能な（S値の高い）テクノロジーに注ぎこめば、結果は違ってくるかもしれない。

自然のサービスと世界人口

成功できるかどうかは、積年の悪癖を絶てるかどうかにかかっている。人類の自然発達の歴史は、たんに人間の移動と人口増加の足跡だけで成り立っているわけではない。実際のところ、人間のあり方の根源ともいうべき特徴は、地球の自然体系を人類のために利用してきたという点である。このために、意識しないまま他の生物種に大きな犠牲を強いることもあり、ひいては人間社会そのものにとっても長期的に見れば幸福を妨げる結果となってきた。自然は、私たちが生きていくのに必要なもの、たとえば食糧、水、燃料、繊維などを与えてくれる。人間社会は飽くことのない努力によって自然の恵みを最大限に利用し、それによって人口を増やし、一人あたりの消費のレベルを高めてきたが、例によって、長期的にどんな影響があるかということは考えもしなかった。事実、これまではなんとかやりすごしてこられた。ところが、近年、あまりにも人間の数が増えすぎ、その活動が過剰になったせいで、ほころびが出はじめている。

人類、すなわちホモ・サピエンスの出現はおよそ十数万年前のことだった。誕生以来およそ九万年のあいだ、人類は複雑な生態系のなかで狩猟採集の小さな集団を形成し、人口の伸びにも限りがあった。環境の違いによって収容力もさまざまだった。その地域の生態系に備わった生産力と他の生物種との競争の度合いによって、人類の数と人口密度は変化した。砂漠か、山か、川のほとりか、河口か、人類が住む環境は千差万別だった。人類の総数は、体の大きさが同程度の哺乳類と似通ったもので、一平方キロメートルあたり一人から二人だったと思われる。漁業がやりやすく魚の数も多い川のほとりや河口など生産性の高い環境ではそれより人口が多く、砂漠周辺の限界地域のような生産性の低い環境ではもっと少なかっただろう。いまから約一万年前、新石器時代の初めには、狩猟採集で生きていた人類は地球上におよそ一〇〇〇万人いたと推測される。[37]

人類が出現したばかりのころでさえ（それどころか、現代人の誕生以前から）、ヒトの祖先は他の生物種を犠牲にしながら自分たちに都合のいいように景観を変えていた。原人の時代から、人類が火を用いて周囲の景観を変えていたことは証拠も残っている。狩りがしやすいように森林を焼き払って草原に変えていたのだ。人類が踏み出したこのごく初期の一歩からも、二一世紀の私たちを悩ませることになる厄介な行動様式が予見できる。

地球上の人口に決定的な変化をもたらしたのは火の使用ではなく、約一万年前の農業の発明だった。農業への転換は自然の秩序を質的に変化させることであり、その影響はいまだに続いている。農作業において、人類は自分たちがもっと直接的に太陽エネルギーを利用できるよう、地上の動物や植物の群れを排除する。光合成によって育った植物は、人間が直接摂取する食べ物となり、また家畜の餌にもなり、やがてその家畜は食べ物として人間に消費される。農業はまったく新しいものであり、まさに画期的だった。農業によって、人類と他の生物種とのバランスは大きく崩れたのである。

農業が始まって以来、地球上の人類の数は急増した。周囲の環境にかかわりなく人口密度を増すことができたのと、農業のおかげで生活圏が大きく広がったことが理由だった。いまや、森を伐採して作物を植えたり、人類の居住地域を広げたりできるようになった。過去一万年のあいだ、人間社会は政治的な選択として森林を伐採し、その地域の環境に合わせて人間の収容力を増しつづけてきた。その結果、人口は着実に増えていった。農業の開始から西暦の紀元一年までに人口は急速に増え、およそ二億三〇〇〇万人に達していた。

農業が始まったばかりのころ、人口増加はアジアの大河沿いとエジプトのナイル河畔に集中していた。それらの河川生態系は、人類が生存するのに必要な生態系サービスを提供した。豊かな日射量、灌漑用水および家庭用水、薪や建設に用いる樹木、肥沃な土壌（土壌養分は上流の山から浸食されて下流に運ばれた沈泥《シルト》によって補充された）、河川輸送などである。ヒマラヤ・チベット山系から派生するインダス、ガンジス、ブラマプトラ、エーヤワディー、メコン、揚子江、黄河、サルウィンなどの川がアジアの大きな人口を支えているといっていい。今日のトルコおよびイラクを流れるチグリス川とユーフラテス川、それにナイル川のおかげで、中近東の古代文明が発達した。

種としての人類は卓越した柔軟性を備えており、熱帯からツンドラ地帯、低地から山頂、乾燥地から熱帯雨林にいたるまで、事実上、地球上のほぼすべての生態ゾーンに居場所を見出してきた。場所を問わず、地域の資源基盤が人間の基本的ニーズを満たすかぎり、人口密度は高まりつづけた。技術の向上にともなって、生態学的な基盤は社会に合うように作り直された。山の斜面は雛壇状に整備され、自然に成育する草は食用の草、とりわけ小麦と米とトウモロコシに置き換えられた。低収穫品種の種子は廃れ、高収穫品種が幅をきかすようになった。そのため、何世代も経るうちに、作物の外見は、遠い祖先がわからないほど変わった。森林は切りひらかれて牧草地となり、野生生物の群れはやがて家畜の群れにとってかわった。

運がよければ変化はその程度ですんだが、悪くすれば、崩壊寸前まで自然環境が食い尽くされる場合もあった。なかでも、氷河期末期（およそ一万三〇〇〇年前）に人類が南北アメリカへ渡ったことは注目に値する。移動する狩猟採集民の小集団は、アジアと北アメリカ大陸を結ぶ陸橋を渡った。その地には、馬、マンモス、野牛など、おびただしい数の大型陸生哺乳動物がいた。狩猟採集民はさっそく仕事にかかり、二〇〇〇年間の狩りによって、大型動物のほとんどを絶滅させた。(38)この土地に移住した人類の子孫たちにとっては、不幸なことだった。それらの生物種が絶滅していなければ、アメリカ先住民は馬とともに暮らし、犂《すき》、輸送、井戸などのための労力を手に入れていたはずだ。しかし、そんな技術上の可能性に気づくより前に、馬は絶滅した。北米大陸に生息していた他の大型哺乳類も、農業用に家畜化できていたかもしれない。

それからおよそ一万年のあいだ、北米大陸の先住民は畜獣の労働力と家畜なしで過ごさざるをえなかった。実際、南北アメリカ大陸で家畜化された大型動物は、標高の低い場所に適応できなかったアンデス山脈のラマとアルパカだけだった。アメリカ先住民はこの早すぎる絶滅のせいで、大きな代償を払わされた。南北アメリカにふたたび馬がもたらされたとき、それらと一緒にやってきたのはスペインのコンキスタドールだった。彼らは不運な先住民を征服するために馬を用いたのだった。

人口の断続的な増加

過去二世紀にくらべると、紀元元年から一九世紀初頭に産業革命が起こるまで、人口の増加はきわめて緩やか、かつ断続的だった。およそ一八〇〇年以上かけて、人口は約四倍に増え、紀元元年に推計およそ二億三〇〇〇万だった人口は一八三〇年に初めて一〇億に達した。ところが、その後の一七五年間で、一〇億人だった世界の人口は六倍になり、二〇〇五年には六五億となった。産業革命以前、人間社会は作物の選択肢、治水、土壌管理、動物の家畜化、鉱石の採掘、牧草と薪のための開墾といった地域環境の制御法を段階的に学びながら、養える人口を少しずつ増やしていった。中国とヨーロッパをつなぐローマ帝国時代のシルクロードやヨーロッパから南北アメリカに至るコロンブスの時代の海洋航路など、新たな交易路が開拓されるたびに、人口は断続的に増加した。交易量が増えるにつれて生産性も向上したからである。交易によって、作物、家畜、技術ばかりか、人間集団の交換も可能になった。小麦と馬は、ヨーロッパ人の手で、南北アメリカにもたらされた。アンデス山脈を原産地とするジャガイモは、ヨーロッパにもたらされて栽培が始まり、中米原産のトウモロコシはヨーロッパやアフリカのいたるところで主食になった。同じように、バナナの木も東南アジアからアフリカに運ばれ、アフリカの広範な地域で主要農作物になった。このような交易の例は数えきれない。

作物の交換だけでなく、貴重なテクノロジーも人口の拡大の基盤となった。おそらく紀元一〇〇〇年以降に改良されたと思われる犂のおかげで、ヨーロッパ人は北ヨーロッパを開拓できるようになった。その数世紀前から、北ヨーロッパの粘土質の土壌のせいで、ローマ帝国は領土の拡大を阻まれていたのだった。さらに、改良された斧によって深い森林も伐採できるようになった。窒素固定力のあるマメ科の植物やアルファルファをイネ科の植物と交代で栽培する輪作など、新しい農業法の導入によって、土中に窒素が戻され、平均的な収穫量を伸ばすことができた。その他の特筆すべき発展としては、灌漑、輸送、水力、風力、料理用ストーブ、機織などの改良があった。

人口は、各生態的地位（ニッチ）が収容力に達するまで拡大しつづける傾向をもつ。新たな作物の導入が食糧の増産につながれば、たちまち人口の増加につながる。この増加は、人口の移入と自然増が組み合わさったものである。人口の自然増は出生率の上昇と死亡率の下降のどちらでも生じる。栄養状態が改善されれば、子供の生存率が高まる。各家庭が豊かになると、地域の早婚率が高くなり、配偶者を得て家庭を築けるだけの財力をもつ子供たちの割合が高くなる。

食糧事情がよくなると、人口はかなりの速さで増えていくはずである。しかし、そんな人口の増加に何度も歯止めをかけてきた二つの要因があった。一つは伝染病である。もう一つは、従来の農法で得られる食糧の収穫高におのずと限界があるということだった。これらの要因によって、長期にわたる安定した人口増加はたびたび中断させられ、人類は何度も絶滅の危機に直面することになったのだった。

病気に関しては、とくに注意深く考察しなければいけない。エイズ、鳥インフルエンザ、エボラ出血熱などの新興感染症が猛威をふるう時代であればなおさらである。人類の歴史を通じて、人口の増加は伝染病によって何度も妨げられてきた。「新種の」病が人口に打撃を与えるにあたっては、少なくとも三つの要素が考えられる。第一に、病気が一つの人間集団から別の人間集団へと運ばれるのは、かつて別々に存在した二つの社会が征服や交易によって統合されたときである。初めて伝染病にさらされた「処女地」では人口が激減する。一例をあげると、ローマ帝国と中国の漢王朝のあいだで始まったシルクロード交易で、商品とともに伝染病もヨーロッパまで運ばれ、その結果、ローマ帝国の人口が壊滅的に減ったといわれている。一四世紀には、モンゴル帝国の武力によってもたらされた平和のもとでアジア・ヨーロッパ間の交易が実現したが、これもまたヨーロッパに腺ペストがもちこまれるきっかけになった。腺ペストは数度にわたって猛威をふるい、中世の黒死病（一三四七年から一三五一年）のような悲惨な事態を招いた。また、コロンブスの航海のあと、スペイン人が南北アメリカを征服するにつれて、天然痘や麻疹といった旧世界の伝染病が新世界に運ばれ、先住民をなぎ倒した。

第二に、伝染病が人間社会で存在しつづけるためには、伝播に必要な最低規模の人口規模または人口密度がなければならない。したがって、人口の総数や密度が増すにつれて、それまでの小さな集団内ではあまり猛威をふるわなかった伝染病が勢いをとりもどす危険がある。たとえば、農業の出現によって人口密度が上がった結果、狩猟採集社会ではあまり発生しなかったさまざまな伝染病が出現し、広まった。大量死の原因であるマラリアは、アフリカへの定住農業の導入にともなって、約五〇〇〇年前におそらく現在のような致命的な病気に変化したと思われる。定住農業以前のアフリカにおける狩猟採集共同体は、マラリアの持続的な伝播を維持できるほどの人数をもたず、地域の人口密度も少なかった。同じように、都会は農業集落よりも人口密度が高いため、麻疹などの伝染性の病気を広めるのに向いていた。こうして、有史以来、農業に画期的な進歩がもたらされた結果、都市人口が増加したようなときには、往々にして伝染病が蔓延し、都市化の拡大を妨げることになった。

第三に、集落の形態が変化して、伝染病をもつ動物種が人間社会と接触することにより、病原菌に突然変異が起きて人間集団を襲うようになる。こうして、人獣共通伝染病が生じる。つまり、伝染病が動物集団から人間集団へと移行するのだ。エイズ禍もその一例である。エイズウイルスがたどってきた進化史を研究すると、エイズを発症させるヒト免疫不全ウイルス（ＨＩＶ）は、チンパンジーがもっていたサル免疫不全ウイルス（ＳＩＶ）の突然変異らしいことがわかってきた。ＳＩＶはチンパンジーには無害だが、それがＨＩＶに変化して、二五〇〇万以上の人びとの命を奪うことになったのは周知の事実である。ＨＩＶは一九三〇年頃に西アフリカで出現したと推測される。アフリカでチンパンジーを狩っていた人や、野生動物の肉を食用にしていた人が偶然ＳＩＶに感染し、それが突然変異して、人から人へと伝播するようになったのだと思われる。

結局のところ、一部の地域で住民を皆殺しにしたことはあったにしても、伝染病で人類が絶滅することはなく、それどころか、地域社会もあっというまに勢いをとりもどした。黒死病からわずか数十年後に、ヨーロッパはルネサンスを迎えた。黒死病によって人口が激減し、それにともなって中世の暮らしぶりに混乱が起こったために、ルネサンスの創造性に拍車がかかったのだという歴史学者さえいる。人類が生きながらえた長期的な理由の一つに、新種の病気に直面したときに人口に対して働く進化の調整メカニズムがある。自然淘汰によって、病気から身を守る遺伝的形質が優勢になるのである。また、病原体も、時間がたつにつれて進化し、致死力を低下させることが多い。近代的な医療が確立される前でも、効果的な隔離方法を考案するなど、当時の社会がとった対策が、人間集団を保護するのに一役買っていたのだろう。いかなる理由であれ、腺ペストのような史上稀にみる殺人病原体は、社会がこれといった決定的な対処法を考えだす前に、おのずと姿を消していった。

不作、戦争、伝染病など、人間の暮らしに不運はつきものだった。それを思えば、世界人口の潜在的な増加傾向が、中世の黒死病、一四九二年以降のアメリカにおける先住民の大量殺害、第一次世界大戦後のインフルエンザの大流行（犠牲者は四〇〇〇万人にのぼった）、今日のエイズの世界的な流行など、くりかえし襲いかかる不幸によって阻害されてきたのも当然といえば当然である。一六〇〇年以降に見られた「小氷河期」のような気候変動も、飢饉や病気を引き起こし、人口を減少させた。だが、その間も、長期にわたる人口増加は続いた。世界各地で、人間社会が次第に地域の生態系を支配するようになり、食糧栽培や森林伐採、風力と水力の利用を推し進め、他の生物種を生息地から排除していったのである。しかし、長く険しい増加の道をたどったあげく、近代の到来ですべてが一変した。

工業化の加速

歴史をふりかえると、一八〇〇年以降の事態に対して、人類も地球も、まったく心の準備ができていなかったといっていい。世界人口は、紀元前八〇〇〇年の約一〇〇〇万人から紀元後一八〇〇年の五億人までゆるやかに増加したあと、図3・1で見るように、突然、人口爆発が起こった。これによ

図 3.1　紀元 1 年から 2001 年までの世界人口の推移

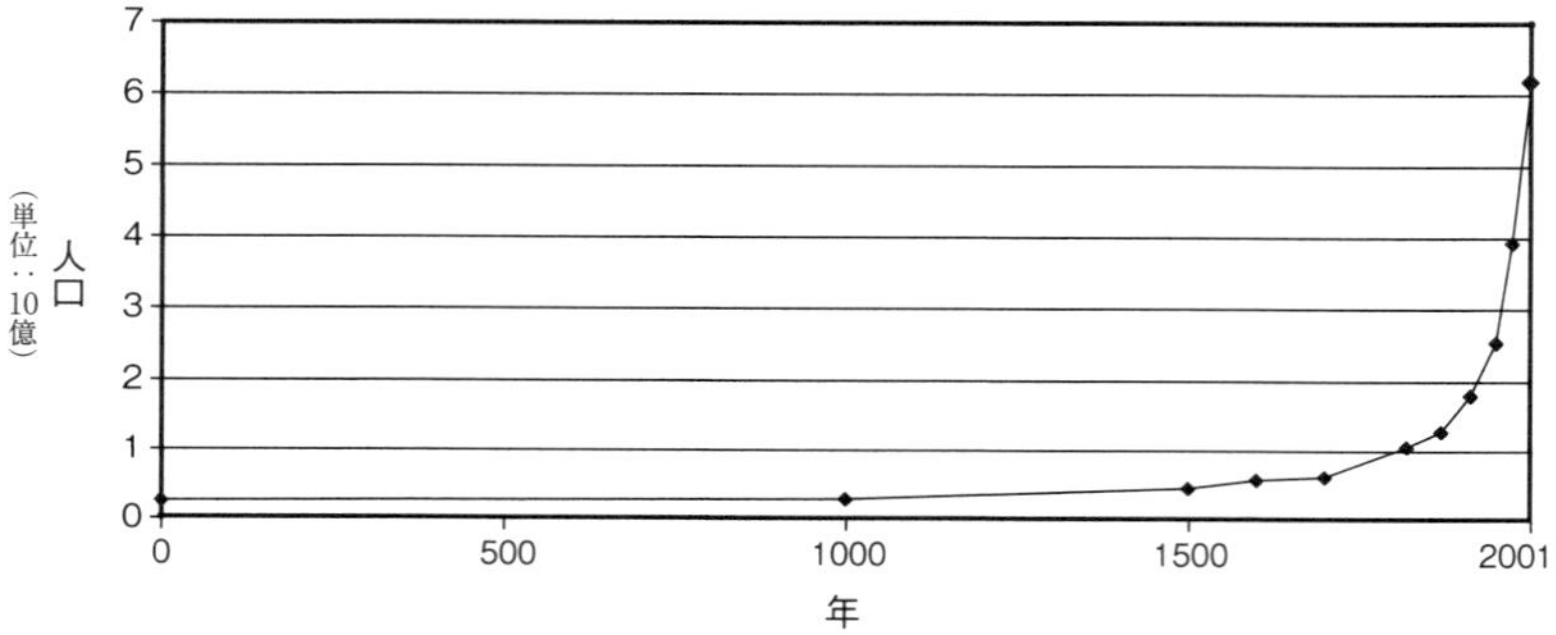

出典：マディソンのデータ（2001 年）。

って、人間をとりまく社会のすべてと自然環境が一変させられた。二、三〇年の差はあれ、およそ一八〇〇年前後から、時代はアントロポセン期に入ったといっていい。アントロポセンとは、人間の活動が自然環境を変動させるおもな要因となる時代の意味で、人類世ないし人類中心時代ともいわれる。

一八〇〇年前後を境に、人口増加を妨げていた従来の要因は、予想もしなかったテクノロジーの進化によって、しだいに取り除かれていった。それまでの人類は、じかに注がれる太陽エネルギーをおもに食糧、薪、繊維という形で利用し、その他に風力と水力をわずかに用いて生きていた。ところが一八〇〇年以降になると、人類は化石燃料として蓄えられた太陽エネルギーという宝物を利用するようになった。一八〇〇年までは、たとえ伝染病の脅威がないときでも、食糧供給能力の限界やその他の基本的ニーズ（調理用の燃料、家畜の牽引力、水、住居）の不足によって、人口は抑制されていた。しかし、一八〇〇年以降、石炭や石油や天然ガスが利用できるようになると、その障壁は克服された。大昔、おそらく地殻に動植物が埋蔵された三億年から三億五〇〇〇万年前の光合成の成果である化石燃料は、産業化時代の初期に炭鉱労働者によって掘り出されて初めて利用できるようになった。それからというもの、化石燃料を駆動力とする新しいテクノロジーを導入することで、食糧、水、輸送、住居など、すべてにおいて限界がなくなった。

産業革命は人の生活のあらゆる面を一変させた。さまざまな方面で優れた技術革新があったが、革命の象徴となり、また引き金ともなったのは蒸気機関だった。産業のあらゆるプロセスで、豊富な新しいエネルギー資源、すなわち石炭の確保が必須条件となった。製造業（たとえば繊維産業）、重工業（製鋼）、輸送（鉄道や外洋貨物船）、そして食糧供給にあたっての大問題を解決することになる化学工業など、すべてが石炭を必要とした。食糧を遠方に輸送し、アルゼンチンの大草原《パンパス》のような僻地を食肉や穀物生産用に開拓し、生鮮食品を冷蔵保存し、大量の地下水をポンプで汲みあげることが可能になった。その影響を数えあげたらきりがない。一九世紀末に、電化に関する科学技術が躍進した結果、化石燃料（と水力発電）は人類の生命維持と幸福に関わる、より広範な領域で利用できるようになった。また、内燃機関が発明されたあとは、石油という別の化石燃料が、二〇世紀社会にとって決定的に重要な原動力となった。

興味深いことに、産業革命でかちえた前例のない産業のすべてをもってしても、人類の存続と人口増加の障害を完全に克服することはできなかった。一九世紀末まで、農業にはまだ問題が残っていて、食糧生産の制約は乗り越えられなかった。世界中の広い土地を開拓し、耕作機械と食糧を海洋輸送し、史上最大規模の灌漑用水を利用し、それまで達成できなかった効率で作物を収穫し、綿花のような農産物を産業界の求める規模とスピードで加工できるようになってはいたが、作物に必要な土壌養分の不足から、まだ世界中の人びとに食糧を供給することはできなかった。ただし、産業革命によって、

図 3.2a　1500 年から 2001 年までの世界の 1 人あたりの総所得

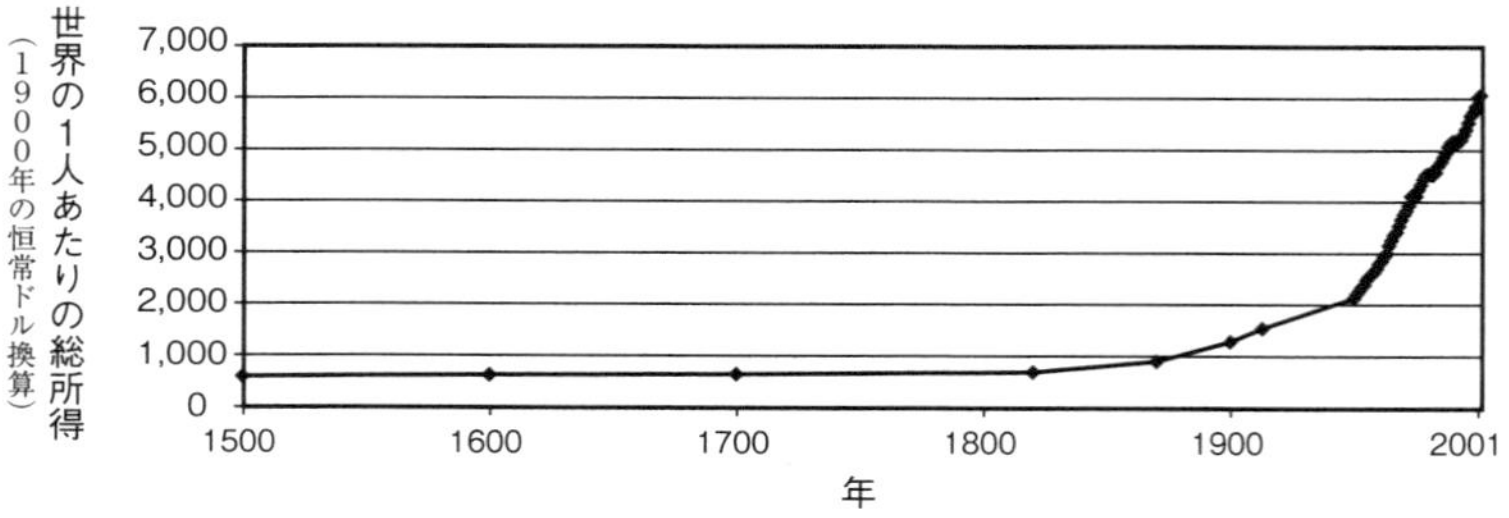

出典：マディソンのデータ（2001 年）。

図 3.2b　1500 年から 2001 年までの世界総所得[40]

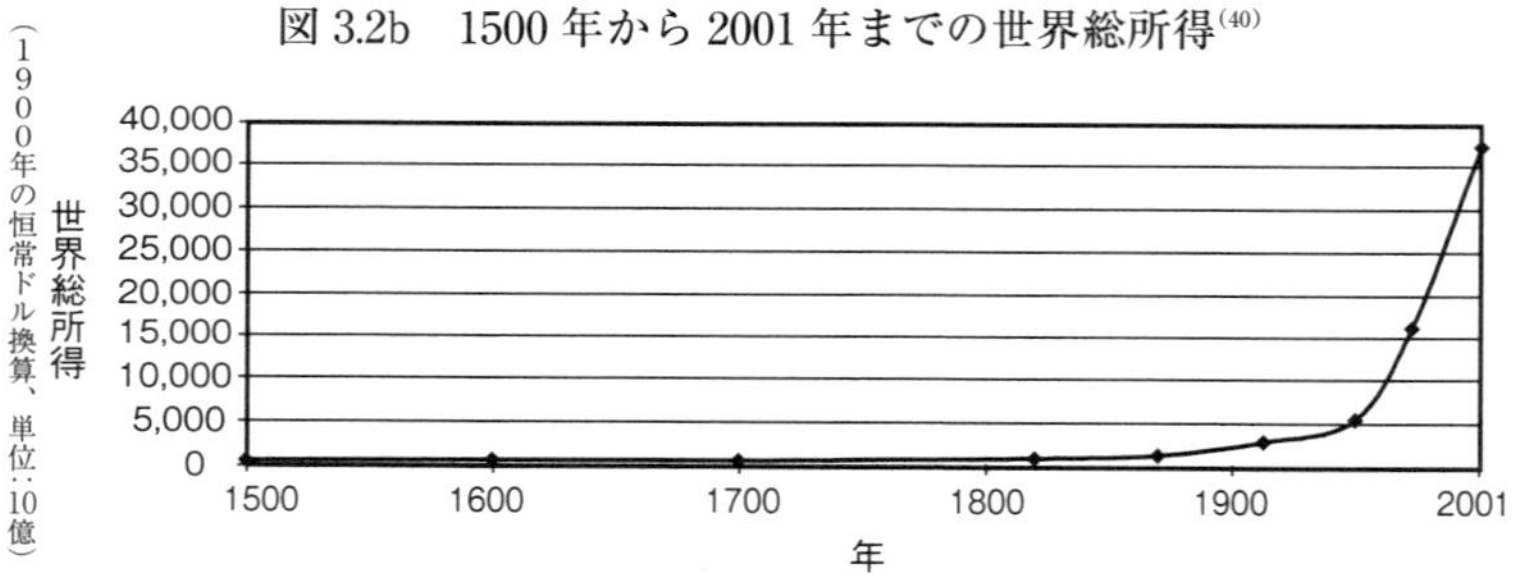

出典：マディソンのデータ（2001 年）をもとに算出。

この制約はいくらか軽減された。チリで産出される天然の硝酸肥料を、ヨーロッパの農場用の化学肥料として大量に海上輸送できるようになったからである。しかし、硝酸肥料はあまりにも小規模で、コストの面でも高すぎたため、養分の問題を完全に解決するには至らなかった。一九世紀末、イギリスの有名な化学者サー・ウィリアム・クルックス[39]は、世界人口の急増を見据え、窒素を取りこむ新たな方法が見つからないかぎり、土壌中の窒素不足のせいで大飢饉を招くだろうと予測した。

　そこで、またしても化石燃料の出番となった。一九〇八年から一九一四年まで、フリッツ・ハーバーとカール・ボッシュが率いる産業科学者の一団は、エネルギー（おもに天然ガス、そして補足として水力発電）を使って、大気中の窒素を作物の養分となる尿素などの窒素化合物に変換する方法を開発した。こうして、窒素系の化学肥料を合成するハーバー・ボッシュ法の発明によって土壌中の窒素という制限要因が取り除かれ、結果として広域的な産業が生まれただけでなく、世界の食糧供給量が大幅に増えた。エネルギー、つまり化石燃料のおかげで、人口増加を阻害する原因が消えたのだ。科学技術史家ヴァーツラフ・シュミルによれば、二〇世紀に増産された穀物の八〇パーセントはハーバー・ボッシュ法の恩恵を受けているという。

その最も重要な結果は人口爆発だった。そのうえ、平均的な栄養状況も改善された。二つの世界大戦、いまなお根絶していない伝染病、大移民など、人口増加を抑制する因子が完全に消えたわけではないが、それでも世界人口は二〇世紀には四倍に増え、一五億から約六〇億になった。しかも、産業化によって、人類の生産性は予想できなかったレベルまで引き上げられた。図3・2aで見るように、人口の増加は、一人あたりの平均経済生産の増加と並行して起こっている。人口の場合と同じく、人類の生産性を妨げてきた地球規模の制約も産業化によって取り除かれた。また、図3・2bで示したように、人口と生産性の急増が、地球の総経済活動の爆発を意味することは、改めていうまでもない。

アントロポセン——人類中心時代

産業革命の開始から二世紀を経たいまも、社会は驚くべき技術革新の恩恵を受けているが、それと同時に、大きなリスクにもさらされている。人間は、自分たちの欲望を満たすために生態系の環境を変えることに慣れすぎて、他の生物を生息地から追い出すことも多い。そんな人間の影響力が目に見える場合もある。作物の栽培や家畜の放牧のために森林地帯を開拓するときには広大な森林が姿を消し、高性能の漁船団が世界中の海にくりだしているいま、魚の数は激減している。影響力が目に見えない場合、人類の行動がどれだけ地球に損害を与えているかは、わかりにくい。化石燃料を燃焼したときに大気が受ける副次的な悪影響は目に見えないが、地球の気候系を攪乱することもある。人類の活動から引き起こされた気候変動は、人類の罪とはいえず、また簡単に予測できて回避可能なものでもなかった。いわば事故のようなもので、とりわけ二酸化炭素による温室効果はその際たるものである（その詳細は4章を参照のこと）。この事故は、ごく最近になって、私たちに降りかかったまったく新しい種類の災難であり、不意打ちを食らった国際社会は対応策を決めかねている。

一七五〇年以降、一〇倍に膨れあがった人口と、同じく増加した世界の一人あたりの経済生産は、社会の経済活動レベルが産業革命の開始時期とくらべて一〇〇倍になったことを示している。ここでいう一〇〇倍の増加とは、地球の自然現象を人類の消費用に奪いとることを目的とした活動の急増を意味している。すなわち、開墾、作物生産、エネルギーの消費、魚の捕獲、化学肥料の使用、ダムや分流、道路建設などである。人類の生存の基盤となっている地球の自然体系のさまざまな分野で、思いがけない悪影響が出ているのも無理からぬことだろう。

ノーベル化学賞を受賞したパウル・クルッツェン(41)は、近代をアントロポセン、人類が地球を支配する時代と名づけた。あまりにも拡大しすぎた人間の活動が、地球の基本的な生命維持システムを狂わせているというのである。スタンフォード大学の傑出した生態学者ピーター・ヴィトセックとその同僚たちは、人類が支配している自然系の範囲を高度な手法を用いて分類した。彼らの有名な研究（図

図 3.3　地球のおもな構成要素におよぼす人為的な影響

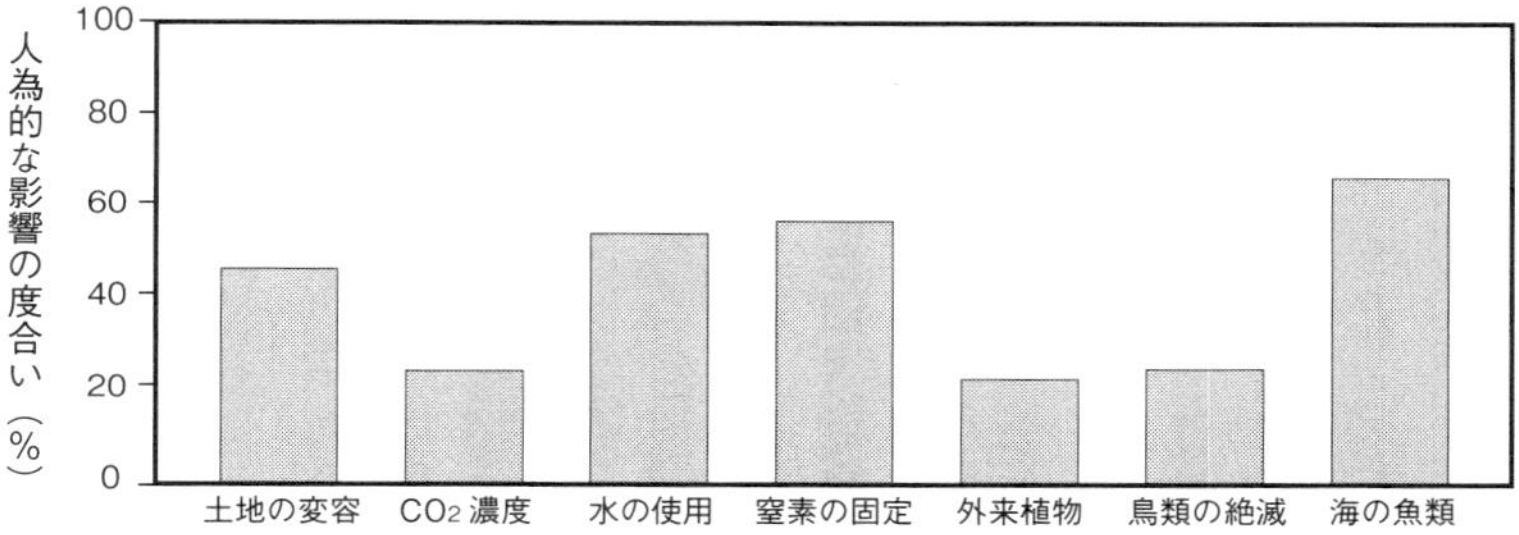

出典：ヴィトセック他（1997 年）。

３・３を参照）は、念入りに考察するべきである。生物の生命維持に不可欠な地球の生態系資源を人類がいかに占有してきたか、そして人間以外の生物を生存の極限状態にどれほど追いやってきたかという驚くべき事実が浮かびあがるだろう。ヴィトセックのグループは、人類の占有率を示すことを目的に、地球の自然体系を構成する七つの要素を考察した。棒グラフを左から右に見ていこう。それぞれの棒グラフは、人類が環境におけるさまざまなプロセスをどの程度支配してきたかを示している。

土地の開墾

耕作地と牧草地の両方を含む農業用地の開墾は、産業化の時代や資本主義の時代だけにかぎった現象ではない。それは人類の歴史と同じくらい古い。開墾はおもに耕作地や牧草地として地球の光合成産物を占有するためになされ、それより小規模だが、住居、道路、駐車場、競技場といった人間の居住空間の延長が目的のこともある。広大な森林と少なくとも一億平方キロメートル以上の土地が存在するこの地球上で、人間は最大で地球の光合成潜在能力の五〇パーセント[42]を直接占有している。いま現在、開墾が進められているのは、人間にとって住みにくい土地か、さもなければ希少な生物多様性をもつ地域、たとえば、ここ数十年のあいだ伐採されつづけている熱帯雨林のような土地である。いうなれば、もはや地球上には開墾できる場所がなくなりつつあるのだ。数を増し、ますます豊かになった人間は、前よりも肉を多く食べるようになり（肉を得るには、飼料用の牧草や穀類を栽培するのに広大な土地を必要とする）、土地への圧力をさらに強める。このような土地への圧力のせいで、いまや他の多くの生物種が絶滅の危機にさらされている。人間の果てしない侵食によって、生息地がどんどん破壊されていくからだ。

二酸化炭素（CO_2）濃度

二酸化炭素はもともと地球の大気中に含まれる微量気体である。産業化が始まる前の数十万年のあいだ、大気中のCO_2濃度は、空気分子一〇〇万個につき、二酸化炭素分子がおよそ二八〇個という割合だった（一般には、一〇〇万分の二八〇、つまり二八〇ｐｐｍと表示される）。二酸化炭素は複雑な自然のサイクルをもっている。年間で考えれば、樹木が大気中のCO_2を光合成によって吸収して炭水化物を生産し、その炭水化物（落ち葉など）は分解者によって消化され、CO_2は大気中に戻される。地質年代の尺度で考えれば、CO_2は火山の噴火によって大気に放出されたあと、ふたたび海と地殻に吸収される。しかし、産業化の進んだ現代、化石燃料の燃焼によって大量のCO_2が大気中に排出される。燃料に含まれる炭素（Ｃ）と大気中の酸素（O_2）が結合するとCO_2が発生し、それと同時にエネルギーも放出される（しかも大量に！）。人類はこの炭素サイクルに大きな影響を及ぼしてきた。図３・３のように、現在では、大気中に含まれるCO_2の総量の約四分の一が、近年の人間の活動によって生じたものなのだ。産業化以前の大気中のCO_2濃度は二八〇ｐｐｍだったが、今日では、それが三八〇ｐｐｍに増えている。増加分の一〇〇ｐｐｍは、森林伐採と化石燃料の燃焼によって生じた。結果として、ほぼ間違いなく、人間の活動が気候を明らかに変動させてきたといえるだろう。もっと確実なのは、CO_2が太陽の熱を閉じこめて地球の温暖化を促進し、さまざまな生態学的プロセス（降雨、大嵐、穀物の生産量、病気の伝播など）を変えるということである。

水の利用

食糧生産のための光合成と、さらに広い意味での光合成をなしとげるには、土壌養分と種子と太陽光だけでなく、水の存在が必須である。人間にとっても、個人が使う水（飲料水と衛生用）と産業用の水は日常的に必要なものである。なかでも、使用量の大半を占める農業用水は、他のすべての用途を合わせた分の約二倍にもなる。二酸化炭素に自然のサイクルがあるように、水にも自然のサイクル（水循環）が存在する。太陽熱の放射は地球を暖め、地表面と水面から水を蒸発させ、植物の葉の表面から水分を蒸散させる。これらを合わせた蒸発散は雲や降雨という形で、海と陸に水を戻す。地表面に降る水の一部は直接蒸発するか、または蒸散し、一部は河川水となって海に流れこむ。同様に、海面から蒸発した水蒸気は雨となって海に直接戻るか、または陸地まで風に運ばれて、そこで降雨となる。

人間は水循環にも大きく介入してきたが、それはおもに食糧生産のための水を十分に確保するためだった。図３・３に示したように、利用可能な河川に流れる水の最大六〇パーセントを、人間はダムや灌漑システムなどの分水活動で占有している。淡水流の占有率があまりにも高くなったため、海まで達せずに絶えてしまう大河が出てきているほどだ。そのなかには、インドのガンジス川、中国の黄河、アメリカとメキシコのあいだを流れるリオグランデ川などがある。しかも、河川がさらにダムでせき止められた場合、一定の量しかない水を奪い合う紛争が起こり、上流の河川利用者が、下流に住む人間ばかりか自然の生態系からも、生存するのに不可欠な水を奪うことになる。全般的に見れば、この先、人間の活動はますます深刻な水危機を招くだろうと危惧される。地下水（つまり、地下帯水層にある水）は自然に補充されるよりもずっと速く、灌漑用水として地下から汲み上げられている。地下水面は急速に低下し、あちこちで灌漑用井戸の枯渇が見られ、とりわけ中国とインドでは多くの井戸が枯れている。湿地帯は経済開発のために（とくに農場と都市の膨張のせいで）埋め立てられ、生態学的プロセスと生物多様性に悪影響をおよぼしている。そして、主要な水路の汚染が進んでいることはいうまでもない。

窒素の固定

窒素は地球の大気の主成分として、およそ七八パーセントを占める。また、どんな生物も、蛋白質の基本元素である窒素がなければ生きられない。しかし、大気中の窒素を形成するN_2は、そのままでは利用できない。二つの窒素原子を結びつける三重結合があまりに強いため、ほとんどの代謝過程では切り離せないからである。だが、ある種の細菌は、エネルギーを用いてN_2をさまざまな窒素系化合物（硝酸塩やアンモニアなど）に変換することができる。他の動植物は、この窒素化合物を体内に取り入れて蛋白質を生成し、生体機能に役立てるのだ。稲妻による空中放電でもN_2分子は分離し、硝酸塩とアンモニアが自然に生成される。

大気中の窒素を活性窒素に変換する過程は、窒素の固定とよばれる。問題は、六六億の世界人口を養うだけの農作物の栽培には大量の窒素が必要であり、自然に起こる固定のプロセスだけでは供給に追いつかないということである。ましてや、今世紀半ばまでに世界の人口が七〇億から九〇億になれば、とても足りない。そこで登場したのが、二〇世紀初めのハーバー・ボッシュ法である。この方法で生産された化学肥料に加え、農家はアルファルファや大豆などのマメ科作物を植えて自然のサイクルを助けることができた。マメ科作物の根には窒素を固定する細菌がいるからだ。図３・３のように、化学肥料の使用や植える作物の種類によって固定される窒素量は、いまや地球の総窒素固定量の六〇パーセント前後を占めている。窒素化合物は世界の人口を養うのに不可欠だが、世界各地で見られるとおり、過度に用いた場合は別の悪影響をおよぼすこともある。人間が窒素循環に介入することによって、硝酸やアンモニアなどの余分な窒素系化学薬品が河川に流入し、環境が汚染されるのだ。広大な農耕地帯から流入した水によって、飲料水が汚染され、あちこちの河口や河川でも環境破壊が広がっている。

植物の侵入

農業の黎明期から、人間は種子や動植物をたずさえてあちこちに移動してきた。新しい土地へ新種の動植物を導入するにあたっては、ジャガイモがアンデス山脈からヨーロッパへもたらされたときのように、意図してなされることが多かった。しかし、ときには不注意によることもあった。たとえば、たまたまヴィクトリア湖にもたらされたホテイアオイはあまりにも勢いよく生い茂ったため、日光をさえぎって、湖が酸素不足で窒息しかけた。長いあいだ人間は地球の生態系に手を加えてきたが、それがもたらす悪影響や予期しない結果については、ほとんどわかっていなかった。外来種のなかには、適切な防衛策をもたない環境にはびこって、そこの生態系に壊滅的な打撃を与えるものもある。害虫や害獣や病原菌は、ある場所から別の場所へと簡単に移動する。細菌などの病原菌は、船底にたまる水のなかに潜んで、そのまま運ばれる。ヴィトセックのグループが指摘したように、「島嶼の大半では、植物種の半分以上が外来種であり、陸域でも二〇パーセント以上を占める」のだった。カナダを例にしたその調査結果は、図3・3に示されている。カナダの植物種のおよそ二〇パーセントは、人間の活動によって外国から導入されたものである。一般に、地域の生態系の機能にとって、またそこの在来種にとって、これら導入種がどのような影響を与えるかは、きわめて複雑な考察を必要とし、ふつうは予測不可能な結果となり、ときには壊滅的な打撃を与えることもある。

鳥類の絶滅

生態学者の警告によれば、現在は地球にとって六度目の大量絶滅の時代だという。人間が地球の生態系を支配するようになる前とくらべて、いまでは一〇〇倍から一〇〇〇倍の速さで、動植物が絶滅している。これまでに起こった五度の大量絶滅はといえば、地球の生態系を支えるプロセスに大規模な混乱が生じたことが原因だった。たとえば、小惑星の衝突、火山噴火のような地質の変化による気候変動、地球の公転軌道が変わったことなどが含まれる。ある生物種の行動が原因で、別の生物種の多くが絶滅に追いやられるという事態は、いま現在の大量絶滅しか例がない。図3・3で見るとおり、地球に生息していた全鳥類のおよそ四分の一は、過去二〇〇〇年のあいだに、人間の活動によって絶滅に追いやられた。予想できたこととはいえ、人間はそれを悲しみ、自分たちの破壊力を抑止すべきである。人間の活動はとどのつまり、他の生物種を無視して、自分たちの欲求を満たすためのものだった。住む場所、十分な量の水と栄養素の確保、外来種の導入など、すべてが自己保全を目的としていたのだ。

海洋漁業

農耕文化が発達する以前の社会や現在わずかに存続する部族社会も含め、昔ながらの狩猟採集文化において、狩猟には弓矢と毒矢が用いられた。産業革命以後になると、狩猟採集の活動の主体は、地球規模の海洋漁業へと変化した。大海原や海底をさらって貴重な海洋生物を捕獲する漁船団は、取ったものを補充しようという気はまったくないし、たとえあったとしても責任感は無に等しい。そのありさまは、まるで機関銃をもった狩人だといわれた。獲物となる生き物は、近代的な漁業船団のとほうもないパワーとテクノロジーにはとうてい太刀打ちできない。なにしろ、漁船には長さ数キロにもおよぶ魚網が備えつけられ、沖合にいる魚群を衛星で追跡できるのだ。最近の研究によれば、世界の主な海洋漁業のおよそ三分の二以上が、「最大限まで操業しているか、魚を取りすぎているか、獲物となる魚がほとんど枯渇しているか」[43]のいずれかに該当するという。

高まる圧力

最新のテクノロジーを駆使した今日の経済活動のペースをこのまま保つことは、環境の面から見れば、とても持続可能とはいえない。それなのに、人口は増えつづけ、一人あたりの所得も伸びている。生態系への圧力が高まっているのに、持続可能なテクノロジーの開発および普及はひどく遅れている。

今日、人類の消費のスケールをほんの少し上げただけで、この地球の生態系は崩壊の危機に直面し、無数の生物種は絶滅に向かって転げ落ちるだろう。

不吉な予測をした初期の例で、最も有名なのは一七九八年のトーマス・マルサスによる人口論である。マルサス理論によれば、人口は等比級数的に（倍数で）増えるが、食糧は等差級数的に（足し算で）しか増えない。人口の増加を抑制するのは、おもに貧困である。マルサスがいうには、食糧を増産しても、それ以上のペースで増えてゆく人口がたちまちそれを消費するので、生活水準は一時的に向上しても、またすぐに最低のレベルまで下がってしまう。したがって、人類の生活水準は、人口の過剰な増加のせいで、いつまでも向上しない。それが人類に与えられた暗い運命なのだというのである。このようなマルサスの悲観論は、つねに議論を呼び、論争の種になってきた。

どうやら、マルサスは工業化の時代が来ることを予測できなかったようだ。工業時代には、生産性が等比級数的に向上したおかげで、同じように等比級数的に増える人口を、十分に支えることができる。マルサスの予言が外れたため、経済学者のなかには、すっかり楽観的になって、科学技術の向上がかならずや人類の窮地を救うという気休めで自分を納得させたり、世間の人びとや政治家たちに安請け合いをしたりする人びとさえあらわれた。彼らはマルサス理論を欠陥品と決めつけ、お払い箱にしようとした。ある意味、彼らの意見は正しいともいえる。ただし、楽観論を受け入れるには、目の前のリスクをきちんと見きわめ、適切な方策をとらなければいけない。

楽観主義者の主張を支える有利な証拠が二つある。第一点は、世界の人口が今世紀中に落ち着きそうだという見込みである。マルサスは現代の避妊法の台頭を予想できなかっただろうし、大半の国際社会がすぐにそれをとりいれることも当然知らなかった。楽観主義の二点目の理由は、科学技術がいまなお急速な進歩をつづけ、なおかつ加速していると思えることである。コンピューター技術、データ管理、生態学、空間モデリング、材料科学（ナノテクノロジーを含む）などの分野における革新は、科学技術がいずれ人類と地球をもう一度救ってくれるだろうという期待を、可能性だけにしても、もたせてくれる。科学とテクノロジーは頼りになる道具である。しかし、それより難しいのは、私たちが一丸となってそのチャンスをつかめるかどうかである。

期待がもてるといっても、のんびりしてはいられない。世界人口は急増をつづけ、同じく一人あたりの平均的な経済活動も増加している。それと同じくらい重要なのは、土地、水、二酸化炭素、窒素といったエコロジカル・サービス（生態系の公益的機能）を人間が大量に占有していることである。その過剰な圧力は、一か所だけにかかったとしても大変なのに、いまやあらゆるところにいっせいにかかっている。地球のほぼ全域で、ヒト以外の生物種は、さまざまな理由によるストレスで、かつてないほどの苦境に置かれている。彼らの生息地は、農地開拓、公害、乱獲や過度の伐採、侵入種、新種の害虫や害獣、病原菌などの脅威にさらされている。また、世界各地で起きている両生類の大量死など、悲惨な結果になったときは、あまりにも多くの要因が重なっているため、単一の原因が特定できない。種の存続を脅かすものとしては、開墾、水ストレス、汚染、侵入種などのうち一つだけが原因ではなく、相互作用や増強効果をもつ複数の要因が重なりあっていることが多い。珊瑚礁は二一世紀を生き延びることができるだろうか。できないとしたら、絶滅の原因は何だろう。地球の温暖化によって海水温度が上昇し、広範な珊瑚の白化現象を招く。珊瑚はその特徴である鮮やかな色彩を作っている微細藻類を体内から放出し、真っ白になって死んでしまう。珊瑚礁の内外で見られる魚の乱獲、海水汚染、熱帯性暴風雨の大型化、観光客による自然破壊、海洋表層中と大気中の二酸化炭素濃度の上昇による海水の酸性化なども、珊瑚礁にとっては脅威となる。すでに世界各地の珊瑚礁には深刻な劣化が見られ、その劣化を招いている複数の原因は深刻化する一方である。

沿岸や河口の環境破壊に関する最近の調査[44]によれば、環境の劣化の原因は単一ではなく複合的なものだということがわかっている。沿岸部の環境劣化は着々と進行している。以下にこの研究の要約を載せる。

世界各地の一二か所の河口と沿岸海域は、かつて多様性と生産性に富んでいたが、その環境破壊について、過去から現在まで時系列[45]をたどり、その原因と変化のようすを調べた結果、共通するパターンが見られた。人類の影響は、かつて重要とされていた生物種の九〇パーセント以上を絶滅させ、海草と湿地生息地の六五パーセント以上を破壊し、水質の悪化を促し、移入生物種の侵入を加速させた。

しかし、その影響力の個々の例を調査することも同じくらい重要である。

調査の結果[46]、人間の影響は単独では作用しないことがわかった。激減した種の四五パーセントと絶滅した種の四二パーセントには、人間に起因する複数の影響が見られた。一般には、開発［収穫］の結果による生息地の消失である。このような相乗効果は、陸生生物の絶滅や河口の環境悪化にも大きく関わる。

環境の劣化は、主として人類による複合的な影響力が原因となるが、同じように、劣化した生態系の回復にも複合的な介入が必要となる。「フィルムを巻きもどす」こと、つまり失われたエコロジカル・サービスを回復させるには、人間に起因する圧力の一つを取りのぞくだけでは不十分なのだ。

おもに開発などの人間による単独の影響を緩和したところ、［生態系の］二二パーセント[47]が回復したが、七八パーセントでは少なくとも二つの影響力を減じさせることによって回復することができた。このときとられた対策は、おもに生息地の環境保護と開発の制限だったが、環境汚染についても制限が加えられた。

しかし、残念ながら[48]、不可能とはいわないにせよ、回復がきわめて困難な劣化もある。いうまでもなく、絶滅した種を復活させることはできない（少なくとも、いまの科学技術では不可能だ）。より一般的には、環境保護活動によって沿岸部や河口の状態が多少は改善されたものの、「もとの生態系の構造と機能を回復するにはいたっていない」こともこの調査で明らかになった。

中国と地球環境

中国の経済発展によって、何億人もの暮らしが改善されたが、その一方で、これから先の数十年間、地球規模の大きなストレスが生じるはずである。富める国々がたどってきた道を中国には許さないというのは、ある意味で不公平だろう。環境を害してきたという点では、どの国も同罪なのだ。しかし、中国の経済成長の規模と速さからして、世界に与える環境への影響（環境インパクト）は強烈である。すでに中国は世界に大きな変化を起こしている。しかも、この先、これだけで収まるはずがない。

いまや中国は、[49]毎週五〇〇メガワット級の石炭火力発電所二基に相当する量の二酸化炭素を大気中に排出しているが、それは、年間にするとイギリス全発電所による総電力容量に等しい。グローバルな気候変動におよぼす影響も大きい。国際エネルギー機関の推定によれば、化石燃料の使用による中国の年間二酸化炭素排出量はアメリカを超えており、このままでいけば、将来、人間に起因する気候変動の最大の単一原因になると思われる。中国が引き起こすグローバルな環境への影響には、広域的な荒廃地から起こる巨大な砂塵嵐、大気汚染、ＳＡＲＳ（重症急性呼吸器症候群）のような新型の感染症などが含まれる。

世界中の資源に対する中国の需要は高く、しかも、なお急増している。環境や経済への影響は甚大だが、その一部を以下にあげる。

・肉の消費拡大に対応するため、中国は飼料用としてブラジル産の大豆を大量に輸入しているが、その影響としては、大豆の増産にともない、アマゾンの熱帯雨林が大規模に伐採されることも考えられる。
・住宅や商業施設の建設ブームを支えるために、東南アジアの熱帯雨林産の材木と近年増えているアフリカ産の硬材を大量に輸入しているが、その影響としては、東南アジア一帯およびアフリカの一部での大規模な森林伐採が考えられる。
・中東およびカスピ海産の石油の大量輸入は、世界的なエネルギー価格の急騰の一因となり、高コストの石油の代替品であるエタノール（トウモロコシが原料）の生産を目的とした開墾のような連鎖反応も起こしかねない。
・合法、非合法を問わず、伝統的な珍味や媚薬の原料となる珍しい動物を大量に輸入することで、アフリカやアジアの大型動物の絶滅といった影響が出かねない。

さて、中国の経済規模が七年から一〇年ごとに二倍に成長していることからして、驚異的な消費量はかならず増加するだろう。一例をあげるなら、二〇〇三年の時点で中国は約二四〇〇万台の車を所有していたが、これは人口一〇〇〇人あたり約一八台の自動車所有率である。アメリカはおよそ二億五〇〇〇万台の車を所有しており、人口一〇〇〇人あたり約八〇〇台である。いまや、中国の年間生産量[50]は右肩上がりで増加しており、二〇〇〇年にわずか二〇〇万台だったのが、二〇〇六年には年間およそ七〇〇万台に達した。中国が二〇五〇年までに、現在のアメリカの自動車密度の半分に達したら、道路上には約五億六〇〇〇万台の中国製自動車があふれることになる！　増加分だけで、アメリカが現在所有する台数の二倍になるのだ。たとえ燃費効率がよくなって、アメリカの現在の水準で、一ガロンあたり二倍の走行が可能になったとしても、石油の使用量は（さらに炭酸ガスの排出量も）今日のアメリカの全輸送部門とほぼ同量になる。もちろん、そうなると決まったわけではないが、世界が直面するエネルギーや気候問題の一触即発ぶりがわかるだろう。

中国において需要が高まっている食糧（とくに肉の消費）、電力、水などに関しても、同じくらい衝撃的な予測ができる。だが、中国の経済成長または中国を含めた全世界の経済成長は、かならずしもグローバルな環境の持続可能性と相容れないわけではない。だが、そのためには、発電、自動車などの輸送機関の動力供給、食糧の栽培、淡水資源の活用といった分野における持続可能な技術という考えを普及させ、十分な理解を得られなければならない。

環境の急激な変化

しかし、もう一つ、心配の種がある。環境の激変は、人間が原因のものか自然のものかにかかわらず、フォーシング（強制力）と呼ばれるどちらかといえば小さく目立たない事象が引き金になることもある。もとのフォーシングを拡大するような追従変化を引き起こせば、小さなフォーシングはとてつもない変化を誘発させることがあり、それがまたさらに変化を誘発すれば、それもまた同じ方向へと促される。一種の連鎖反応が起きて、その影響が最大限になったとき、もとのフォーシングからは想像もつかないような大きな結果を引き起こすのだ。

そのよい例は、地球の環境変化のなかでも最も重要なもの、過去数百万年のあいだに何度もくりかえされた氷河期である。およそ四万一〇〇〇年ごとの周期で訪れる氷河の成長と後退のタイミングは、地球の軌道に見られる微妙な変化、とくに自転軸の傾きと公転軌道の形に関連している。軌道のこのような変動によって自然現象が引き起こされ、その結果、氷河の成長とその後の後退が促される。氷河期は軌道変動とタイミングが一致するといわれている。軌道の変動は、陸海に届く太陽放射量に変化をもたらし、それにともなって地球の気温にも影響をおよぼす。しかし、意外にも、軌道の変動にともなう太陽放射量は、比較的正確に予測することができる。このような変化を調べることで、地球の気温変化の傾向は推測できるが、その大きさは確定できず、したがって氷河の増大と後退の周期もわからない。

つまり、到達する太陽放射の小さな変化が引き金となって、地球の気候が変化し、その結果、最初は小さかった太陽からの影響力が拡大されるのだ。軌道の変動は引き金になるとはいえ、結果的に最も重要な影響をおよぼすわけではない。このようなフィードバック効果のうち、とくに重要だと思われるものが二つある。まず、軌道パターンの変動によって地球が暖まると、氷河の一部が融けはじめる。氷河にあたった太陽光のほとんどは宇宙に跳ねかえされる。太陽光が氷河ではなく（氷が解けたために）海水や土地を覆うものにあたると、太陽光は宇宙に跳ねかえされず、地球に吸収されて、さらに地球を暖める。軌道の変動で起きた最初の温度上昇は、氷が海水と土地を覆うものに変わったことで、さらに加速がつく。地球が太陽放射を吸収せずに反射する割合は、地球のアルベド（反射率）と呼ばれる。

専門用語でいえば、軌道の変動による温度上昇が、地球のアルベドの低下によって、正のフィードバックを生じさせたということになる。つまり、暖められた惑星では入射太陽放射の吸収が増し、宇宙への反射放射量が減るのである。二つめの重要なフィードバック効果は、二酸化炭素と関係がある。軌道の変動によって海温が上昇すると、海水に溶けこんでいる二酸化炭素が気泡になって大気中に発散される。温められたソーダ水から二酸化炭素が放出されるのと同じことである。海から放出された二酸化炭素は、温室効果ガスの一つであり、それがさらに地球を暖めることになる。

重要な点は、軌道変動による初期の小さな気温変化が、海からの二酸化炭素の放出とアルベドという二つの増幅フィードバックを介して、非常に大きな変化を地球の気温にもたらすということである。小さな影響力が、フィードバックによって、想像以上に大きな結果になりうる。それどころか、氷河期の到来さえ、それが原因で起こるのだ！　生態系にはこのような正のフィードバックが豊富にあり、地球に大変動を引きおこしている。氷河時代に海からの二酸化炭素の放出とアルベドという正のフィードバックを促したのは軌道の変動だったが、現在それと同じことをしているのは「人為的強制力」[51]なのかもしれない。

正のフィードバックと関係の深い生態学的現象がもう一つある。それは閾値《しきいち》効果である。自然にはさまざまな閾値がある。気温がほんの少し上昇しただけ[52]で、死や凶作を招くことがあり、伝染病が蔓延し、氷床融解による大幅な海面上昇のきっかけにもなる。ワクチンの使用を人口の五〇パーセントから七〇パーセントに増やすだけで、伝染病を完全になくすことが可能になる。動物の個体数がほんの少し減ったせいで、絶滅につながることさえある。

自然体系のなかでも閾値が正のフィードバックと組み合わさっている場合、急激な変化が起こりやすい。つまり、自然体系が閾値を超えると、とたんに劇的な変化が生じ、正のフィードバックによって連鎖反応が始まる。気候変動科学の第一人者で、わたしの同僚でもあるウォーレス・ブロッカー博士[53]は急激な気候変動について広範囲な研究を続けているが、そのなかでもとくに有名なのが、大量の海水を運ぶ地球規模の循環メカニズム、すなわち「海洋ベルトコンベア」のパターンの激変である。その重要な一例が、約一万二八〇〇年前に始まったヤンガー・ドリアス事件だった。そのころの地球は、最も新しい氷河期からしだいに抜けだそうとしていた。博士によれば、地球が温暖化したことで北アメリカの大氷河が融けだし、次いで激しい洪水が発生して、大西洋に大量の融氷水が流れこんだ。北大西洋に大量の淡水がいっぺんに流れこんだため、海洋の熱循環パターンが変化し、そのせいで、さらに北大西洋の氷床の急速な形成が促された。氷床が形成されるにつれ、増加したアルベドから生じた新たな正のフィードバックによって気温が下がり、氷床が拡大した。最終的には、わずか数十年のうちに、摂氏一〇度から一二度ほど気温が下がった。こうして、地球が氷河期から抜けだす過程では長い時間をかけてしだいに暖かくなっていったのが、一変して急激に寒くなり、その状態が約一〇〇年間も続いたのである。(54)

人類がこのまま生態系を限界まで痛めつづければ、急激な変化が起こるだろうし、その影響には驚かされるだろう。ブロッカー博士の言葉をかりれば、人類は無謀にも「猛獣を棒でつつきまわしている」ようなものだ。初めの数回は無視しても、猛獣はやがて人間の挑発に激しく反応するだろう。エイズ、種の絶滅、突然の異常気象の時代に生きる私たちは、ストレスを受けつづけた自然から、いきなり応酬のパンチを食らうことに慣れつつある。生態系がかつてない規模で複合的な人為的強制力（人間の影響）に脅かされているいま、予想を超えた厳しい結果を覚悟しなければならない。気候は閾値を超えたときの急激な状況変化に弱い。温暖化による気温の上昇は、最初のうちはそれほど影響をおよぼさないが、ある時点を境に、ほんのわずかな上昇でも悲惨な結果につながることがある。たとえば、閾値を超えたために、グリーンランドと南極を覆う大氷床が崩れたり、マラリアやデング熱など伝染病の引き金になったりするのだ。種の多様性が失われることを案じはしても、それほどの大惨事とは思わない。だが、種が生存できなくなる閾値のレベルに来て初めて事態の深刻さを思い知らされる。また、気温の上昇など、一つの要素だけによる変化の影響は、生態系が他の理由ですでにストレスを感じていないかぎり、それほど大きなものにはならない。

もう一つ、考えられるのは、新しい感染症が登場し、大流行するという危険性である。どこからともなく現れ、全世界に重大な危険をもたらした病気の例として、近年ではエイズ、ＳＡＲＳ、鳥インフルエンザ、ニパウイルス（豚から人間に感染する）などが見られる。それぞれの新興感染症には、相互に関連する原因がいくつか見られ、いずれも人間の活動が生態系に加えている圧力の増大と関係がある。通常は、病原体保有動物からヒトへの病原体の移動にともなって生じる。その原因としては、ヒト・動物間の頻繁な接触（開墾や野生動物の狩猟など）、動物の生息地の変化（家畜肥育場といった産業環境における集中飼育や気候変動によって変化した動物の移動パターンなど）、飛行機や船舶、人口移動によって運ばれる侵入種や病原体などが考えられる。既存の薬剤耐性病原体の変異が関連している場合もある。いったん人間集団に蔓延すれば、高密度の人口と人間の移動範囲の広さによって感染者と感受性集団が接触するようになるため、あっというまに感染しやすい。命にかかわる病気が突然出現し、環境が激変する危険性がきわめて現実的なものであることを考えれば、人間が引き起こしているグローバルな変動に対する私たちの不注意な取り組みを反省しなければならないだろう。過密化する地球では、「いまのところは大丈夫だ」というような態度が、もはや指針にならないことは、あらゆる科学的証拠がはっきりと示している。慎重な態度、相互に関連する自然体系への科学的な関心、ともに未来に目を向けて全力を尽くすことを気候の激変から学ぶべきだろう。

矛盾した豊かさ

人類にとってなんとも皮肉なのは、命に欠かせないエコロジカル・サービス（生態系の公益的機能）を占有できたという利点こそが、命取りになりかねないということである。どんなに体によい食べ物も喉に詰まれば危険である。後氷河期の北米大陸に住んでいた祖先たちが大型動物を絶滅に追いやった結果、その後の数千年間、子孫たちが家畜の労働力と畜産業を享受できなくなったのと同じように、現代人も生態系の崩壊が世界各地で起こるまで、目先の成功にとらわれたまま産業化を推しすすめるかもしれない。

度を越した行為は人類の運命ではなく、秘められた力である。局所的に見れば、これまで何度もくりかえされてきた。ジャレド・ダイアモンドが名著『文明崩壊——滅亡と存続の命運を分けるもの』でいうように、社会が自動的に持続可能性への移行を果たすことはない。「このように、(55)社会や小集団は、ありとあらゆる理由から悲惨な決断をすることがある——問題を予測しそこない、問題が生じても自覚しそこない、自覚したとしても解決しようとせず、解決しようとしたとしても、解決しそこなう」

グローバルな影響力をもつ複雑な問題を解決するには、グローバル協力にもとづく目標設定、科学的な証拠への信頼、テクノロジーの総動員、そして、なによりも先を見通す目が必要だと肝に銘じなければならない。環境問題が「自己編成」などという形で、ひとりでに解決されないことを、いますぐ自覚しよう。これまでさんざん強調したとおり、市場はおのずと任務を果たしたりはしない。社会規範だけでは不足だし、政府はしばしば非情なほどに近視眼的である。持続可能性は一つの選択であるべきだ。国際社会がかつてない協調と先見性をもって、みずから選びとる一つの道でなければならない。

4　気候変動のグローバルな解決策

　近年、地球は異常気象に見舞われている。世界各地で最高気温を記録した上位一二年のうち、一一年は一九九五年から二〇〇六年のあいだに起きている。旱魃が起こる頻度も世界各地で明らかに高くなっており、ハリケーン・カトリーナのような大型台風も増えている。二〇〇三年にヨーロッパで約三万人の死者を出した異常な熱波も各地で見られる。地球の温暖化と気候変動はもはや疑いの余地のない事実になっている。科学者たちの一致した意見によれば、この変動は人間が引きおこしたものだという。人類の活動に起因する気候変動は環境にとって最大のリスクである。気候変動は、規模が大きいため、あらゆる生態系に混乱をもたらし、地球上の多くの地域に壊滅的な打撃を与える。抜本的な対策の遅れによって、リスクは明らかに増している。とはいえ、新しいテクノロジーがきっと気候の衝撃を緩和してくれるだろうから、望みがまったくないわけではない。ただ手をこまねいているよりは、はるかに低い犠牲ですむはずだ。しかし、このままリスクを直視せずにいたら、テクノロジーがもたらすチャンスも気休めにしかならないだろう。これまでどおり、市場にまかせておくだけでは、安全は手に入らない。

温室効果ガスの影響

二酸化炭素（CO_2）、水蒸気、メタン、亜酸化窒素などの気体は、総称して温室効果ガスと呼ばれるが、大気中に含まれるこれらのガスの濃度が、人為的な気候変動の原因となっている。温室効果とは、特定のガスによって地球が温室のようになることを意味する。それらのガスは太陽放射を通すが、放射によって生じた熱は逃さずに閉じこめてしまう。もっと具体的に見てみよう。温室効果ガスは、太陽からの紫外線放射（短波長）を透過させ、紫外線は大気を通りぬけて地表に達する。この放射によって暖められた地球は、宇宙に赤外線エネルギー（長波長）を放射する。ここで温室効果ガスが関与する。放出される赤外線放射の一部は大気中に含まれる温室効果ガスに吸収されるが、それによって熱エネルギーが大気中に閉じこめられ、地球を暖めるのである。

温室効果ガスは、地球の地質史と生命体にとって不可欠のものだった。大気中のCO_2や水蒸気などの温室効果ガスの雲は数十億年前から存在していた。この雲のおかげで、地球の気温はおよそ三三度上昇し、その結果、生命体はこの地球に生息できるようになった。つまり、人間は温室効果ガスがなければ生きられないのである。アントロポセンの時代は、人間が温室効果ガスの濃度を最高に上げたという点で注目に値する。いまや、人類は地球の物理的な環境を根底からくつがえそうとしている。ガソリン、ジェット燃料、灯油、炭、天然ガスなどの化石燃料を燃やすときは、かならず大気中にCO_2が排出され、温室効果を増大させているのだ。

その仕組みはすこぶる単純だ。化石燃料はすべて炭素と水素からできているが、ものによってその割合が異なる。石油はおもにCH_2、すなわち炭素原子一つと水素原子二つが結びついてできている。天然ガスはCH_4である。化石燃料を燃やすと、炭素（C）が酸素（O_2）と結合して二酸化炭素（CO_2）が発生し、水素（H）は酸素（O）と結合して水（H_2O）になる。発生した二酸化炭素の一部は大気に残る。森林伐採は化石燃料の燃焼とほぼ同じ影響をもたらす。樹木の内部の炭素が大気中のCO_2へと変換されるからだ。森林地を農地や放牧地にするために燃やした場合は、さらに直接的な変換となる。

二酸化炭素（CO_2）は、人間の活動に起因する温室効果ガスとして唯一のものではないが、人類がもたらす変動のなかでとくに重要である。CO_2の発生にともなう正のフィードバックとしての水蒸気も、増えつつある温室効果ガスの一つである。暖かい空気のほうが水蒸気を多く含む。水蒸気自体も温室効果ガスなので、地球はさらに暖められる。つまり、人間に起因する二酸化炭素の増加は、大気中の水蒸気が増えることで、ますます促進されるのだ。メタン（CH_2）と亜酸化窒素（N_2O）も人間の活動に大きく関連する温室効果ガスである。メタンのおもな発生源は、炭素化合物を消化してメタンを生成する細菌である。メタンを出す細菌の代表的な生息場所は以下の三つである。水田、家畜の胃のなか（口から出るげっぷと肛門から出るガスに含まれるメタンは、約二対一の割合である）、そして埋立地。人口増加と生活水準の向上にともなって家畜の数が増えた結果、大気中のメタン濃度も大きく上昇することになった。メタンはまた、炭層、油田やガス田、バイオマスの燃焼によっても排出される。亜酸化窒素は、農業に用いられる窒素肥料から生じる。三種類のフッ素化ガス（具体的には六フッ化硫黄、ハイドロフルオロカーボン、パーフルオロカーボン）が、人為的な温室効果ガスの残り三つである。どの温室効果ガスも抑制するにこしたことはないが、最も大事なのはC

図 4.1　大気中の二酸化炭素

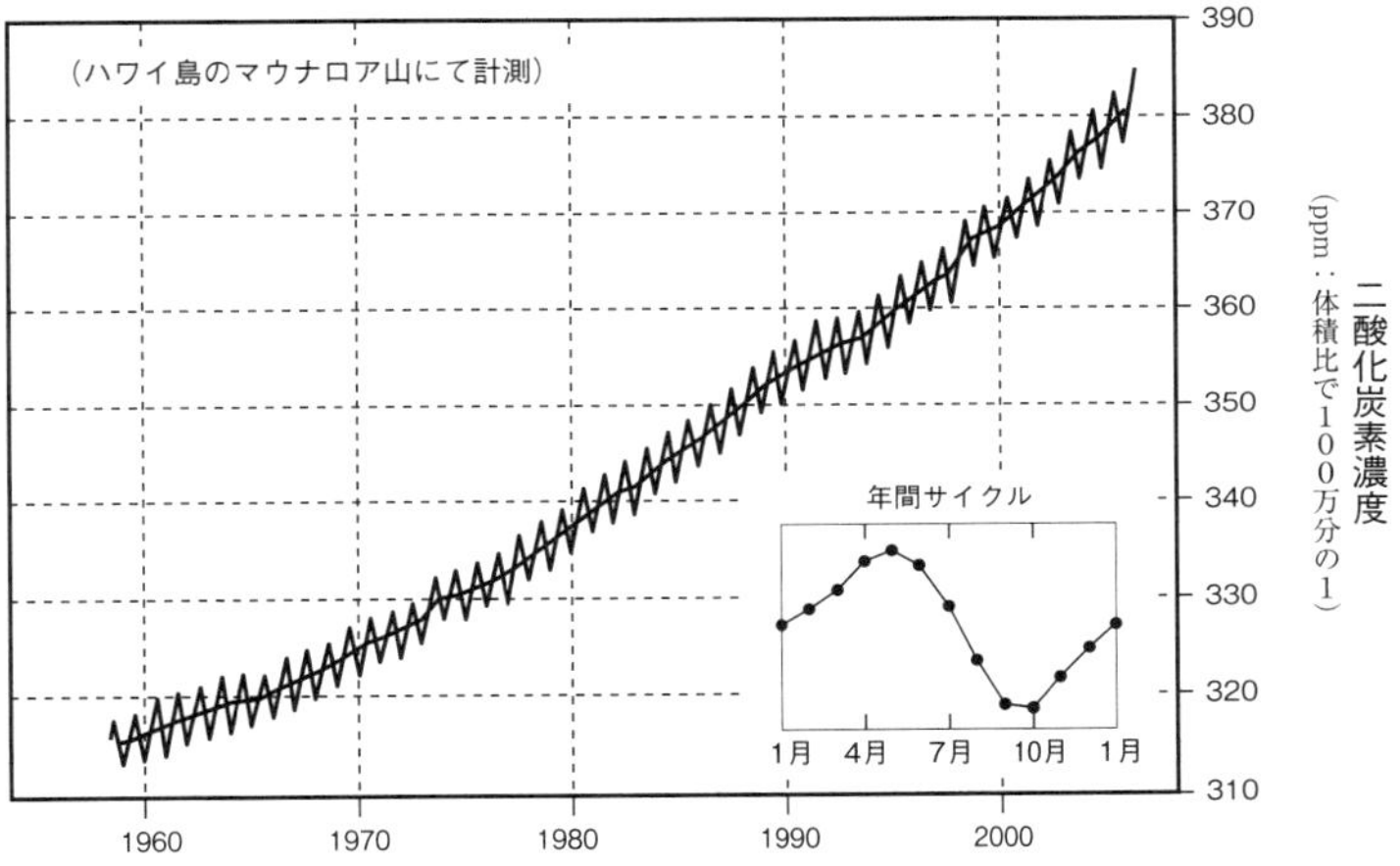

出典：作図は Robert　A. Rohde, Global Warming Art Project による。
http://www.globalwarmingart.com/wiki/Image:Mauna_Loa_Carbon_Dioxide_png
注：直線は年間平均。

CO_2の抑制なので、この章でもそれに焦点を当てようと思う。

化石燃料時代が始まって以来、化石燃料の燃焼と森林伐採は大気中のCO_2濃度を二八〇ppmから今日の三八〇ppmにまで増加させてきた。図4・1のキーリング曲線は、化石燃料と森林伐採に起因する過去四〇年間のCO_2濃度の増加傾向を示している。科学者のチャールズ・D・キーリングと息子のラルフ・キーリングは四〇年以上の歳月を費やして、ハワイ島のマウナロア山頂でCO_2濃度の測定を続け、人類の知識に多大な貢献を果たした。このような辺鄙な場所を選んだのは、測定結果を歪める地域産業がなかったからだ。キーリング曲線のすばらしさは、CO_2の長期にわたる増加傾向だけでなく、年間の変動周期も記録できる点である。この年間周期は地球の呼吸と呼ばれている。陸地と森林のほとんどが存在する北半球では毎春、

図 4.2　1850 － 2005 年の地表温度の世界平均(56)

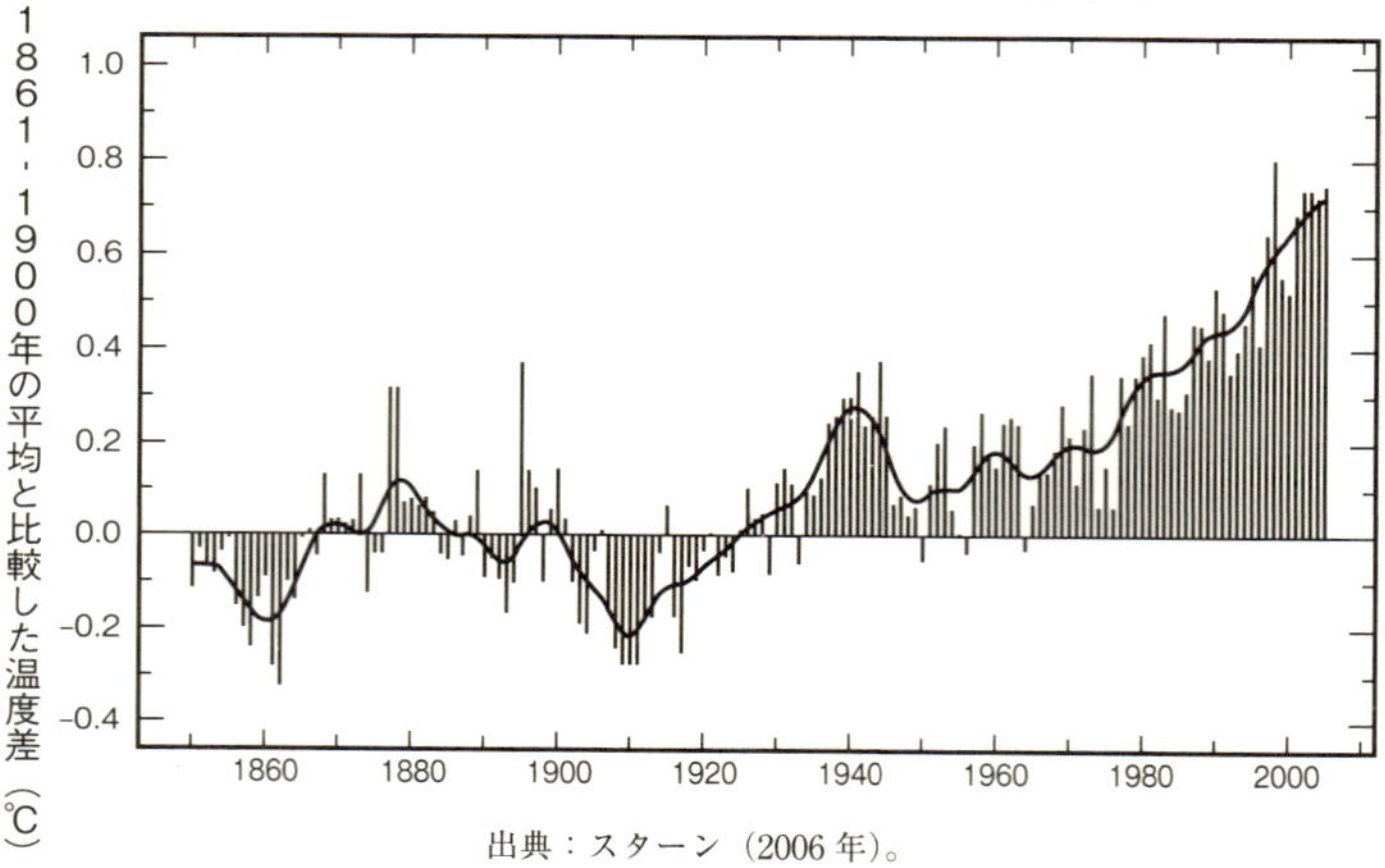

出典：スターン（2006 年）。
注：年間平均温度を棒グラフ、変化の流れを線グラフであらわす。

樹木などの陸生植物が光合成のプロセスにより、空気中のCO_2を吸収して成長する。それと対照的に、秋には、枯れた木々や葉が分解されて、CO_2が大気中に戻る。驚くほど明快なこの年間周期に加え、目に見える増加傾向も図に示されている。キーリング曲線は、炭素濃度の全体的な傾向（滑らかな線）が一九六〇年以降、およそ三一五ppmから今日の三八〇ppmまで増加したことを示している。一八二〇年以前の前工業化時代には、CO_2濃度は二八〇ppmのままで一定していた。

　CO_2などの温室効果ガスが増加するにつれ、地球の気温も上昇した。気象記録によれば、一八五〇年以降、地球の平均気温はすでに平均〇・八度も上昇している（図４・２参照）。これはおもにCO_2が二八〇ppmから三八〇ppmに増加したのが原因である。しかし、CO_2が現在の三八〇ppmのままこれ以上増加しなかったとしても、地球の平均気温が〇・五度ほど上昇することはあまり知られていない。なぜなら、現在のCO_2濃度三八〇ppm

に海洋が十分に追いついていないからである。陸地の温度は温室効果ガスに反応してすぐに上昇するが、海洋の温度が上昇するのは、しばらくあとになる。この現象は熱慣性と呼ばれる。すでに増加しているC O $_2$に反応して次第に海洋が温められると、陸地もさらに温められる。温暖化といっても、地球は歩みをそろえて温まっていくわけではなく、高緯度地域（南北両極に近いほど）のほうが、赤道より温まりやすい。これは一つには、高緯度のアルベド（反射率）に対する温暖化の影響が（たとえば氷河の融解などで）より大きくなり、その結果、地表面に吸収される太陽放射の割合が増えるからである。

気候変動の影響

温室効果ガスのこのような影響を要約して「地球温暖化」と呼ぶことが多いが、実際はそれほど単純な問題ではない。大気中の温室効果ガス濃度の変化は、気温だけでなく、地球の化学的プロセス、気候、生物環境など、多方面に影響をおよぼす。その影響がどの程度の規模になるか、正確なところはまだ不明だが、それが地球全体に波及し、社会が大きな影響を受けることだけははっきりしている。現在の路線を続けるなら、なおさらである。とくに大気中のC O $_2$濃度については、時間の経過との関係で、その影響がどれほどの規模になるか不明な点が多い。さまざまな正のフィードバック効果が考えられ、それによって人為的な排出の初期のフォーシング（強制力）が急激に多様化することもありうるからだ。しかし、温室効果ガスの増加によって陸海の表面温度が上昇することはたしかで、それにともなって降雨、嵐、海洋循環、風のパターンなど、気候のさまざまな側面に複雑な影響がもたらされるだろう。この点を分析した最近の二つの研究、『スターン報告書』[57]および『気候変動に関する政府間パネル（ＩＰＣＣ）第四次評価報告書』[58]の概略を以下にまとめてみよう。

海面上昇

海面が上昇する理由は二つある。海洋が温められて起こる海水の熱膨張、そしてグリーンランドや南極における大氷床の融解と崩壊である。海面の上昇によって、沿岸地域の水没、嵐のときの大時化、沿岸部の地下帯水層への塩水浸入といった事態が起こる。小さな島なら、完全に水没するおそれがある。

生息地の破壊

多様な生息地の気候や化学的特性が変化すると、生息地域や移動範囲が限られている絶滅危惧種を一気に絶滅に追いやるおそれがある。ホッキョクグマや高山動植物[59]は、気温が上昇したとき、他に逃げ場がないため、真っ先に犠牲になるだろう。詳細な研究から、既知・未知を問わず、大小何百万もの生物種が絶滅の危機にさらされていることがわかっている。

伝染病の拡大

伝染病の多くは、平均気温や降水量といった気候条件に大きく左右される。気候の影響は複雑で、相互作用も多い。一例をあげると、降雨量が減ると、動物種は限られた水場や繁殖地に集まるため、蚊やダニなどを感染源とするベクター媒介病が広がりやすい。高温のために、病気が伝播される地域が広がることもある。たとえば、アフリカの高地はかつて気温が低かったせいでマラリアの伝播はなかったが、気温が上昇したため、いまでは高地にもマラリアが拡大しつつある。

農業生産力の変化

気温の上昇、生育期の変動、種組成の変化、降雨パターンなどの変化が原因で、地域における農業生産力が変化することもある。生産力が増す地域もあるが（たとえば、高緯度の地域では生育期が長くなったり、CO_2の肥料効果と呼ばれる現象が見られたりする）[60]、温暖で乾燥した地域では、生産力が大幅に低下しかねない。場所によっては、かなりの悪影響が出るだろう。しかも、気候変動は増加する大気汚染との相互作用[61]で、さらに作物生産力を下げるおそれがある。

利用可能な水資源の変化

気候変動は、降雨量と蒸発量、河川に流れる水量に関して系統的な変化を引きおこす。降雨パターンの変化は複雑であり、まだ信頼できるモデル化はできていない。しかし、蒸発散量（水の蒸発と植物の葉からの蒸散の和）は気温が上がるにつれて増えるため、気温の高い環境では、わずかな気温の上昇によって、生活飲料水や農業用の雨水が減少することがわかっている。気温の上昇によって、氷河と高山の雪の融解も促される。山麓に住む何億もの人びとは、春から夏にかけての雪解け水や氷河から融けだした水を生活飲料水として利用している。そのため、気候変動のせいで、アジアと南北アメリカの広大な地域は深刻な打撃を受けるだろう。数十年間は、氷河の急速な融解によって起こる洪水に脅かされるだろうが、その後、氷河が跡形もなく消えてしまうと、今度は水不足に悩まされる。

雪解けの時期が以前より早まるため、灌漑用の水が必要になる夏の乾燥期に利用できなくなる。

自然災害の増加

気温の上昇にともない、異常気象の増加が予想される。ハリケーンの全体的な発生頻度は変わらないとしても、エネルギーの放出量が増大しているらしく、大型ハリケーンの発生頻度が増すと思われる。世界の一部の地域では、洪水と旱魃のいずれもが頻発すると思われる。

海洋化学の変化

CO_2濃度の増加によって、海面水が酸性化される。結果として生じる海洋化学のさまざまな変化は、珊瑚、貝類、微小プランクトンの一部など、炭酸カルシウムの殻をもつ生物の成長を妨げ、あるいは絶滅に追いやるだろう。魚、珊瑚、軟体動物など、すべての海洋生物におよぼす影響は大きく、ひいては人の生命にも深刻な害をもたらす。

わずかとはいえ、以上にあげた変化が好ましい結果をもたらす場合もあるだろう。とくに高緯度の寒冷地では、状況が好転するかもしれない。とはいえ、これらの問題を扱った研究はいずれも、三つの重要な結論に達している。第一に、負の影響は甚大なものになること。たとえ、気候変動による勝者がいたとしても、敗者の数は何億、何十億にもなるはずだ。第二に、負の影響は正の影響を上回るということ。敗者の数が多いというだけでなく、敗者の損失も勝者の利益を上回るのだ。第三に、総損失と純損失（利益も考慮）の両方から推測した負の影響は、平均気温が上昇すればするほど大きくなるということである。

閾値と急激な気候変動

前工業化時代には、平均気温が基準気温より一度高くなっても、世界全体におよぼすコストはそれほど大きくなかった。気温がさらに一度（つまり、前工業化時代の基準気温から二度）高くなると、コストははるかに大きくなる。実際、気温が一度高くなるごとに、リスクは高くつく。体温と同じで、三七度から三八度に上がれば不快だが、さらに一度上がると体は衰弱し、四〇度では命取りにさえなる。地球の気温も同じで、一見些細な変化が、予想もしなかった急激かつ危険な変化をもたらすこともある。

その影響が非線形をとるのは、一つには自然系と人間系が特定の気温閾値に達することが原因である。たとえば、地球がある程度の高温に達すると、グリーンランドと南極の氷床が融解し、氷震によって崩れる。その結果、水と氷が陸から海に流れ出て、海面が上昇し、海抜の低い沿岸地域に住む何億もの人びとが家を失うことになる。気温が一定の規準を超えて高温になると、種子が発芽しなくなり、収穫量が落ちこむ。同じく、これまでマラリアのような病気が存在しなかった土地にまで伝播しはじめるおそれもある。一定の気温を超えると、土壌の水分があまりにも急速に蒸発するため、半乾燥地が砂漠化して農業が維持できなくなる。生物種の多くは、生存範囲が気温によって厳密に制限されているため、ある気温閾値を超えると、絶滅に追いやられてしまう。このように、影響を数えあげたら、きりがない。

温室効果ガスに対する気候の感受性

気候系の主要な特徴に、温室効果ガスの一定の変化に対する平均気温の反応がある。これは「気候感受性」と呼ばれ、CO_2が前工業化時代の二八〇ppmから二倍の五六〇ppmになったときに地球の気温が何度上がるかに焦点が当てられる。二倍のCO_2というのは、便利でわかりやすい単位というだけでなく、二〇五〇年までに達すると予想される人為的な変化の規模でもある。それ以前に炭素の排出を食い止めなければいけない。

気候の感受性の測定には、少なくとも二つの道具がおもに使われる。一つは何十万年も昔にさかのぼる気候の記録である。太古の気温の歴史と、それにともなうCO_2濃度を明らかにできる巧妙な方法が気候学者によって開発されている。氷試料や岩層などの地質学的証拠から得られるわずかな同位体測定もその一つである。二つめは地球の気候系のコンピューター・モデルを用いる方法で、基本的な科学原理にもとづいて温室効果ガスの規模を予測する。世界の科学者グループが用いる大規模な気候モデルは約二〇ある。どの気候モデルもつねに比較研究され、堅牢な科学情報とより不確定なものとが選りわけられている。現在想定されている気候感受性の範囲は、温室効果ガスが二倍になったとして、二度から四・五度であり、最適値は三度とされている。

すでに述べたように、温室効果ガスはCO_2以外にもある。それぞれの温室効果ガスは温暖化に対して独自の影響力をもっており、いずれも複雑である。CO_2だけでなく、すべての温室効果ガスに注意を払う必要がある。そうはいっても、最も重要なのは、やはりCO_2だろう。CO_2の人為的な排出量はかなり多く、しかも急増しており、気候に大きな影響をおよぼし（とくに大気中に増えつつある水蒸気による正のフィードバックを考慮に入れると）、人為的に増加した大気中のCO_2が消えるまで数世紀もかかることがあるからだ。その他の温室効果ガスは、排出を抑制しさえすれば、もっと短い時間で増加の傾向を逆転させる、すなわち減少させることが可能である。(62)

温室効果ガスの軌跡

温室効果ガスの排出を考える場合、三つの主要な側面を考慮する必要がある。第一に、排出量、つまり年間のガス排出量である。第二に、大気中に排出されるガスの純吸収量がある。排出されたCO_2の一部は植物や土壌中の二酸化炭素という形で陸地に取りこまれ、一部は海洋に溶ける。排出量のおよそ半分は最終的に大気に吸収される。第三は、温室効果を決定するともいえる重要な点で、大気中に含まれる温室効果ガスの濃度である。排出量、陸および海と比較した大気中への吸収量、大気中の濃度――この三点を同時に考慮したものを「温室効果ガス収支」という。

二酸化炭素収支について考えてみよう。二〇〇七年現在、年間三六〇億トンのCO_2が排出されている。このうち、約半分の一七〇億トンが大気に吸収され、残りは陸および海のシンク（吸収源）に取りこまれる。大気中のCO_2が年間一七〇億トン増加するということは、大気中に占めるCO_2の割合がそれだけ増えることに等しい。大気の総量の一〇〇万分の一は、およそ七八億トン(63)なので、毎年の増加分一七〇億トンは、総量の約一〇〇万分の二になる。化石燃料使用量と森林伐採の予測にもとづいて将来の年間排出量を予測し、さらに大気に吸収される量を算出できれば、大気中のCO_2濃度が将来どれくらい増加するかを予測できる。気候感受性がわかれば、炭素排出の軌跡に相当する気温の増加範囲が決定できるはずだ。

世界がこのまま、年間およそ二ｐｐｍの増加を招いている現在の速度でCO_2を排出しつづければ、現在三八〇ｐｐｍの炭素濃度は、九〇年後、つまり二一世紀末には、五六〇ｐｐｍまで増える（これは前工業化時代のCO_2の二倍に相当する）。CO_2の倍増は、社会が存続できるぎりぎりの線だといわれている。それ以上になると、気候変動の被害が制御不能になる恐れがあるのだ。しかし、このまま行けば、倍増だけではすまないだろう。中国やインドなど多くの新興経済国が急速に経済を成長させていることから、CO_2排出量が急上昇しているからである。この急成長を計算に入れると、CO_2が倍増するのは、二一〇〇年ではなく、なんと二〇五〇年ごろになるのだ。

さらに頭痛の種は尽きない。通常の算定方法は、陸海のシンクに吸収される排出量と大気に取りこまれる排出量が長期的に見て比較的一定だという仮定が前提となっている。しかし、温室効果ガス収支へのフィードバック効果には想像を超えたものがある。たとえば、地球が暖かくなると、はるか北半球の凍ったツンドラが融けはじめる。ツンドラの氷が融ければ、土壌中の炭素とメタンが大量に放出され、大規模な正のフィードバック効果につながるかもしれないのだ。同じように、海温が上昇すれば、大量のCO_2と、海水に溶けているか、または深海の底にある氷状の固体物質（メタン水和物）に閉じこめられているメタンが放出されるおそれもある。温帯樹林と土壌がCO_2を吸収するシンクになる可能性もある（したがって、負のフィードバックが働く）が、暖められた中緯度森林と土壌からCO_2が放出されることも考えられ、その場合、森林と土壌は正のフィードバックを引きおこす。不確実性やリスクを増す微妙な影響がいくつもある。台風や暴風の規模が大きくなって海洋パターンが変化すると、大気中のCO$_2$を吸収する海洋の割合が減るかもしれない。最近の研究[64]によれば、人類の活動に起因する亜酸化窒素やメタン、一酸化炭素に起因する対流圏オゾン（下層大気中の）の増加は、植生と収穫量に被害を与え、陸地に吸収されるCO$_2$の量を大幅に減少させることがわかっている。

しかし、大方の結論は出ており、しかもその結論は、解析が複雑になればなるほど依然として揺るぎない。世界は急上昇する温室効果ガスの軌道に乗っており、数十年もすればCO$_2$濃度がおそらく前工業化時代の二倍になるだろう。そのうえ、正のフィードバックが一つでも加われば、予想以上に上昇するかもしれない。また、古気候の記録からもわかるように、このような正のフィードバックはいくらでもある。私たちの時代にどれが問題になるのかは不明だが。

人類本位の危険な影響を回避する

国連の気候変動枠組条約（UNFCCC）によって、地球規模での適切な行動基準が定められた。明確かつ説得力のあるこの条約は、「地球の気候変動およびその悪影響が人類の共通の関心事であることを認める」ことから始まり、次いで、この取り組みに科学的根拠があることを強調する。

人類の活動が大気中の温室効果ガスの濃度を著しく増加させてきた。その増加によって自然の温室効果が進み、また、その結果として、地表面および地球の大気全体の温暖化がますます促進され、自然の生態系および人類に悪影響を与えるおそれがある。

条約の基本目標は次のように設定された。「気候系に対する人為的な干渉が危険にならない水準まで、大気中の温室効果ガスの濃度を安定化させること」である。温室効果ガスの増加をただ遅らせるだけでなく、ガスの濃度の安定化を目標にしたのは賢明なことだった。それ以外に、人類と生態系にとってきわめて危険な気候閾値《しきいち》の超過を回避する手立てはない。何より重要なのは、この目標を定量的に示すこと。そして、その定量的目標を達成するために、経済政策などを含む総合的な対処法を考えることである。

もちろん、気候変動枠組条約の基本目標に見られる曖昧な点については、議論と判断の余地がある。「危険」とは「だれにとっての危険を意味するのか?」。世界で最も被害の大きかった地域だろうか。平均的な被害だろうか。それとも、各調印国への被害なのか。人間にとっての危険か、それともホッキョクグマなど、絶滅に追いやられそうな他の生物種にとっての危険も含めるのか。その危険はまちがいなく起こるものなのか、ただの可能性にすぎないのか。可能性だとすれば、その確率はどれくらいだろう。これらを判断し、また関連する問題を探究するため、私の同僚であるジェイムズ・ハンセン(65)の研究チームが熱心に取り組んでいる。ハンセンの結論によれば、この世界におよぼす人為的な干渉は、予想以上に危険なものとなっている。

ハンセンの研究チームが気候モデルと古気候の記録を用いて示唆したところによると、現在の地球は複数の分野において、危険になりかねないぎりぎりの閾値を抱えているという。グリーンランドと南極の氷床の崩壊もその一つである。氷が融けて大幅な海面上昇が起きれば、世界各地の沿岸集落は深刻な被害を受けるだろう。また、異常気象が頻発し、生息地の移動を迫られることで、絶滅する生物種も出るはずだ。ヨーロッパの政策立案者や大勢の科学者に共通する一般的な見解によれば、気温が前工業化時代の地球の平均気温より二度上昇すれば、危険な閾値に達する。気候モデルからは、CO_2を「$2\times CO_2$」(工業化以前のレベルと比べて二倍以下の意)以下に抑える必要があるとみなされ、工業化前の水準が二八〇ppmであることから、CO_2を五六〇ppm以下に抑え、四五〇から四六〇ppmの範囲内で維持するべきだといわれてきた。

ハンセンの意見はさらに厳しい。「二〇〇〇年の基準を一度でも上回れば、多大な混乱が生じかねない」という彼の主張には根拠がある。だとすると、安定化の目標値は「$2\times CO_2$」より下にしなければならない。実際、CO_2を四五〇ppm以下に抑えるべきだとハンセンはいう。グリーンランドと南極の氷床が予想以上に不安定だというのが、その説の根拠の一つである。従来の氷床モデルによれば、大氷床は表面から少しずつ融解すると思われていた。しかし、最近の研究によると、崩壊の過程はもっと複雑で、スピードも速く、氷床は大きく崩れて海に落下するらしい。たとえば、南極の氷床の一部は水面下の氷棚に支えられているが、海の水温が上昇すれば支える力が弱くなり、その結果、「氷床が急速に収縮し、崩壊へとつながる」おそれがある。また、氷床表層の融解水が氷の割れ目を通って氷の底まで浸透すると、それが潤滑油の役割を果たして、氷床が滑りやすくなり、動いて海に落ちることもある。これらの要因が重なりあって、氷床は少しずつ融けずに大崩壊し、数メートルも海面を上昇させることがありうる。そうなれば、世界各地に深刻な被害を与えるだろう。

二〇四〇年または二〇五〇年の目標を正しく設定するのは、現時点では無理かもしれない。科学的にも不確実性が残るからだ。低い目標に設定したほうが賢明ではあるが、あまり低く設定すると、温室効果ガスを安定させるための経済的損失が莫大になる。世界的には、長期的な目標に近い四五〇p ｐｍから五六〇ｐｐｍの範囲で合意が得られているが、ハンセンの警告は世界中に大きな衝撃を与えた。科学者や政策立案者は考えを見直し、賢明にも、さらに厳しい水準に向けて目標の修正をはかっている。

炭素の管理

正確な目標値はともかく、これで問題の核心をとらえることはできた。私たちは、一世代前まで、ひょっとしたら数年前まで、まったく知らなかった新しい問題に直面しているのだ。それは炭素の管理である。人類は大気中の二酸化炭素の濃度を安全な水準に保ち、とりわけ人間社会と生態系に壊滅的な影響をおよぼすおそれのある危険な閾値を超えないために、地球規模の炭素収支を管理しなければならない。炭素収支を管理するには、まず各要素をじっくりと見て、次に人間の活動に最も効果的に管理されている部分に的を絞る必要がある。

炭素収支に関する悪いニュースは、地球上の人間が一人残らず炭素の循環にかかわっていることである。自動車の運転、火力発電を初めとして無数の活動があり、すべてを把握するには複雑すぎる。とくに、一人ずつの炭素収支（または「炭素の足跡」を意味するカーボン・フットプリントともいう）を調整する場合は厄介だ。しかし、炭素排出量の大半が少数の活動によって生じていることに注目すれば、それほど厄介ではなくなる。表４・１は便利な分類である。

炭素の収支を管理するには、社会を一から変えるとまではいかないが、以下の六つの重要な活動に真剣に取り組まなければいけない。

表 4.1 2007 年の二酸化炭素の総排出量
（単位：ギガトン、総量に対する％）

	GT	%
総量	36	100
化石燃料	29	81
電気	11.5	32
工業	8	22
輸送	6.5	18
住宅	2	6
商用	1	3
森林破壊	7	19

出典：国際エネルギー機関による 2005 年の化石燃料排出量の推計をもとに著者が推定。2005 年から 2007 年までに全項目で年間 2.3％の増加があったものと推定される。2000 年を対象にした世界資源研究所の調査によれば、森林破壊は年間 7GT と推測される。工業には、化石燃料の使用の他に、セメント製造による排出も含まれることに留意すること。

・森林伐採を減速または停止する。
・電力生産の排出量を減らす。
・自動車からの排出量を減らす。
・いくつかの主要な部門（とくに鉄鋼、セメント、精油所、石油化学製品）で、工業工程のクリーン化を図る。
・効率のよいモーター、電化製品、照明、断熱材によって電気を節約する。
・建物の点排出源（炉など）を低公害の電力で動く電力系に切りかえる。

容易とはいえないが、どれも不可能ではない。それどころか、経済的な動機づけが少しあれば、炭素の排出量は大幅に削減できる。

技術的な選択肢についてざっと説明しよう。興味深いことに、森林伐採を減速または停止することがいちばん簡単だ。現在行なわれている森林伐採のほとんどは、経済的な価値があまりない。たとえば、アマゾンでは、新たな牧草地を作るために森林が伐採されるが、もともと農業には向かない痩せ地であり、伐採されてもすぐに放棄されることが多い。経済的な動機づけ、たとえば、森林を牧草地に変えなかった地域社会に補償金を支払うなどの対策をとれば、森林伐採を招いたわずかばかりの経済的な動機づけは克服できる。

発電所からの排出量の削減はもっと複雑な課題だが、これも解決できるはずだ。電力部門の排出量を削減するおもな道は三つある。電気の有効利用（毎時キロワットあたりの有効出力の向上）、非化石燃料のエネルギー源（風力、太陽光、水力、地熱、バイオ燃料、原子力など）による発電の割合を拡大すること、化石燃料発電所から出る二酸化炭素を集めて安全に貯蔵する特殊な工学過程、二酸化炭素回収・貯留（ＣＣＳ）技術を用いることである。

上記の選択肢に関する専門家の評価は、大まかな結論では一致を見ている。第一に、消費者の意識を高め、政府支援の研究開発を推し進めれば、エネルギー効率をよりよくすることは可能である。第二に、エネルギー効率だけでは炭素排出量を削減するのに不十分である。世界経済は二〇五〇年までに六倍に成長すると考えられ、効率を高めて電気消費量の上昇を半分に抑えたとしても、二〇五〇年までに世界の電気消費量は三倍になるのだ！　第三に、再生可能なエネルギー源やその他の非化石燃料エネルギー源（原子力など）は、現在から二〇五〇年までに発電所から出る炭素の量の削減に関して、重要だが限られた役割しか果たせない。第四に、石炭を初めとする多種の化石燃料は低価格で豊富にあり、今後も広く用いられるだろう。第五に、回収・貯留（ＣＣＳ）技術の費用効率が高くなると予想した場合、二酸化炭素回収・貯留の選択肢は非常に重要なものとなる。回収・貯留の実行可能性が証明されれば、この技術によって、気候を破壊することなしに、石炭など低価格の化石燃料を使いつづけることができる。

うまくいけば、発電による炭素排出量を削減する費用は、CO_2一トンあたり一〇ドルから五〇ドルぐらいですみ、毎時キロワットでは一セントから五セントと低く抑えることができる。風力と太陽エネルギーに恵まれたり、地理的に炭素の隔離がやりやすかったりする場所なら、この費用はもっと低くなる。その他の場所では、これより高くなるかもしれない。全体としてかかる費用は研究開発のためにどれだけ公共投資ができるかにより、基礎技術を実行に移せるかどうかも、そこにかかっている。研究開発への早期の投資が大きければ大きいほど、二酸化炭素を回避するためにかかる一トンあたりの費用は低く抑えられる。総合的に見れば、先のことを見据えて早めに手を打ったほうが高くつかない。

自動車の排ガスに関しては、近年、ガソリンと電池を合わせた新たなハイブリッド技術が一リットルあたりの燃費を大幅に向上させるという認識が広まっている。この技術によって、燃費がすでに約二倍になった車もある（運転の仕方で効果は異なる）。充電式のハイブリッド車[66]が普及すれば、さらに二倍になるかもしれない。最初の一五キロはおもに電池を使用し、電池が切れそうになったり、最大出力が必要になったりしたときだけ、予備のガソリンを使用する。夜間のオフピーク時に壁のコンセントにプラグを差しこんで充電するので、数千万台分の充電が可能である。このようにして、一リットルあたり一〇キロしか走らない現在の自動車と違って、近い将来、確実に一リットルあたり四三キロの燃費が得られるようになる。こうしたプラグイン式のハイブリッド技術はすぐ手の届くところにあり、あとは電池技術をさらに向上させるだけの話だ。もちろん、ハイブリッド車に切りかえることの利点は、充電に使われる電気の生産方式による。ガソリンから通常の火力発電所で生産される電気に切りかえるだけなら、メリットはあまりない。ガソリンから電気へ切りかえるにしても、排出された二酸化炭素を回収・貯留する発電所または再生可能な資源から作られた電気が望ましい。

プラグイン・ハイブリッド車はそのうち市場に出回るだろう。クリーンな電気と合わせれば、わずかな費用で炭素排出量を抑制できる。従来のエンジン車からプラグイン・ハイブリッド車への転換にかかる費用（たとえば、電池のための余分な費用、クリーンな電気の生産と送電の費用など）をすべて考慮した場合、計算は単純ではないが、プラグイン・ハイブリッド車は、排出回避量一トンあたり二五ドル以下の費用で、二酸化炭素の排出を回避できる。電池の費用を低く抑えることができれば、燃料経済は十分に採算がとれる。また、その他の自動車関連技術、たとえば軽量の車体材料やバイオ燃料（生態学的にも経済的にも健全な方法で生産されたもの）でも、燃費を大幅に改善することができ、したがって一キロあたりの二酸化炭素の排出削減にはわずかな費用しかかからない。より便利な公共交通機関や自転車や徒歩の利用が増えても削減につながる。要するに、自動車の排ガスを削減するための大規模かつ低コストの解決策にはたくさんの選択肢があるということだ。

産業界における解決策もある。炭素の排出量は、鉄鋼、セメント、精油所、石油化学製品など、特定の産業部門に集中している。これらの部門には、炭素の排出を回避するための低コストの選択肢がある。大規模な工場では、発電所と同じく二酸化炭素を低コストで回収・貯留する。そして、発電所から出る二酸化炭素のパイプラインと、工場のパイプラインをつなげればよい。石炭や石油を燃やすかわりに、炭素を排出しない方法で生産されたグリッド電力を用いるのも一つの方法だ。化石燃料をやめて、地元で得られる低炭素代替燃料、たとえば太陽エネルギーや水素燃料電池（ただし炭素排出量の低い方法で生産された水素にかぎる）などに切りかえることもできる。順列組み合わせは無数に考えられる。したがって、低コストで炭素を削減するチャンスはいくらでもあるのだ。

さらに、いま注目されているのは緑の建築、すなわち化石燃料の使用をなるべく少なくする省エネタイプの個人住宅や商業建築物である。緑の建築では、太陽熱（直射日光と太陽電池パネル）を効率よく使い、廃棄物と水をリサイクルし、すぐれた断熱材をとりいれ、雨水を再利用する。敷地内の炉やボイラーから出る熱は発電機で電力に転換される。炭素排出の少ない方法で作られた電気なら、炭素の削減に一役買えるだろう。

二酸化炭素の回収および貯留の詳細

人類が直面している最も重大なエネルギー問題は、化石燃料がまもなく底をつくかどうかではない（ちなみに、その問いに対しては、今世紀中は大丈夫だと答えられる）。肝心なのは、化石燃料を使いつづけることが安全かどうかである。化石燃料の消費が大幅に抑制されたら、経済に深刻な影響をおよぼし、貧困地域の経済発展が妨げられるかもしれない。したがって、化石燃料を燃やしたときに出る二酸化炭素を集めて安全な場所に保管する技術の開発および実用化が大事で、そのために全力を尽くさなければならない。

炭素の回収と貯留の基本的な考え方はすでに証明されている。発電所の燃焼排ガスからCO_2を集め、パイプラインを使って地層貯留地に送ることは可能である。図4・3（口絵参照）にその全体像が図解されている。回収とは、石油化学工場やセメント工場などの発電によって排出されたCO_2を集めることであり、貯留とは地層処分のことである。最も難しいのは、毎年発生する何十億トンもの

CO_2を貯留できる巨大かつ安全な貯留地を探すことにある。炭素の貯留法は解明されていて、小規模には実施されているが、大規模ではまだなされていない。最も実現可能なのは地中に注入する方法で、廃油井などの貯留層、CO_2が鉱物と反応して安定した固体（炭酸マグネシウムなど）を形成する玄武岩層などの地層、CO_2が固体化して沈殿する海底、地中の塩水帯水層（CO_2の大量貯留が可能な閉じこめられた塩水域）などが考えられる。

回収自体には二通りの考え方がある。CO_2を大気中に排出せずに、発電所やセメント窯や製鋼炉などの排出源で回収するというのが通常の考え方である。興味をそそるもう一つの方法は、画期的な技術といえるかもしれない。特殊な化学反応を用いてCO_2を大気から直接回収してから貯留するというやり方である。これまでは、発電所などの大型産業施設でCO_2を回収するほうが、大気から回収するより費用がかからないと考えられていた。発電所の排ガスには高濃度のCO_2が含まれるため、比較的安価にCO_2を抽出し、パイプラインを使って地層貯留地に送りこめる。その一方で、先見の明のあるクラウス・ラックナーらは、大気から直接回収した場合の大きな利点を指摘する。第一に、航空機など、排出の制御が困難な排出源からのCO_2排出を相殺できる。第二に、大気から回収すれば、炭素の貯留に望ましい地層貯留地に近い場所で回収するため、発電所から最終的な処分・貯留地へ送りこむための高コストのパイプラインといった輸送手段を必要としない。第三の利点は決定的である。大気から回収すれば、過去に排出されたCO_2まで取りこむことができ、これまでに増えた分をいくらでも回収・貯留できる！　つまり、発電所での回収は新たな排出を抑えることしかできないが、大気から回収すれば、過去の堆積を取り崩せるのだ。

炭素の回収・貯留技術（CCS）は化石燃料を安全に使いつづけるためにとても重要なので、研究開発と実証をできるだけ推進し、実効性を証明する必要がある。二〇〇六年、気候変動に関する政府間パネル（ＩＰＣＣ）によって、回収・貯留技術についての重要な背景調査が発表された。それによれば、ほぼ証明された技術を用いれば、通常の石炭火力発電所における炭素の回収と貯留にかかる追加費用は毎時キロワットあたり約一セントから三セントという少ない費用ですむ。一トンあたりの二酸化炭素を回避するのに一〇ドルから三〇ドルかかるということだ[67]。最良の選択肢は、ガス化複合発電（ＩＧＣＣ）とオキシ燃料燃焼という二種類の新型発電所だろう。どちらも期待のもてる新技術だが、実証はまだできていない。発電所の設計に加え、回収・貯留にとって、もう一つの大問題は、大量のCO_2を長期にわたって地下に貯留することが可能だろうかという点である。安全で、しかも安価に利用できる貯留地は、どこにあるだろう。地質学者、技術者、経済学者による早急な判断が求められる。

化石燃料の代替エネルギー

非化石燃料源が世界のエネルギー供給に占める割合は、当然ながら、確実に増えてゆくだろう。化石燃料は今後も数十年間は主流のままだろうが、長期的には代替化石燃料が優位に立つはずだ。風力、水力発電、海洋波エネルギー、バイオ燃料、地熱発電は、地域によっては競合すると思われるが、このすべてに何らかの短所がある。こうした代替エネルギーは局地的条件に依存するため、ほとんどの場合、一つだけでは全世界規模の解決策にならない。そのため、大規模な代替化石燃料の大部分は、原子力と太陽エネルギーになるだろう。原子力に対する制約はおもに核拡散の不安を中心とする安全保障の問題だが、核廃棄物処理に対する懸念からくる環境問題や政治論争も障害になる。太陽エネルギーはほぼ無尽蔵で、しかも安全かつ巨大なエネルギー源だが、いまのところまだコストが高くつく。だが、この先の数十年で本格的な研究開発が進めば、大規模で、きわめて魅力的かつ実行可能な代替エネルギー源になると思われる。嬉しいことに、地球に到達する太陽放射は、現在消費されている商業エネルギーのおよそ一万倍もある。利用可能な太陽エネルギーは果てしなく、しかも、その利用はまだ始まったばかりである。

さまざまな形体で利用される太陽エネルギーの一種であるバイオ燃料は、光合成によって作られる。バイオ燃料とはおもにサトウキビ（ブラジル）やトウモロコシ（アメリカ中西部）などの作物からできるエタノールをさすが、昨今、このバイオ燃料への関心が高まっている。サトウキビからエタノールを生産する利点はあるが、トウモロコシからエタノールを生産する小ブームにはそれほど利点がなく、賢明なエネルギー政策というより、むしろ農業の都合のようだ。ここには二つの問題がある。まず、中西部のトウモロコシは実際のところ非常にエネルギー集約型で、それどころか化石燃料集約型でさえあることだ。トウモロコシに肥料（生産に天然ガスを用いる）をやり、材料や製品を輸送し、エタノールへ加工するまでの過程で、化石燃料を大量に消費するのである。それを考えれば、全体として削減できる二酸化炭素の量はごくわずかで、ほとんどゼロだという試算さえ出ているのだ。二つめの問題は、トウモロコシを原料とするエタノールやその他のバイオ燃料が、作物と直接競合する点である。アメリカのガソリン需要の相当部分をエタノールでまかなうには、大量の農地をトウモロコシ畑に転換しなければならない。ある専門家の分析によれば、「バイオ燃料の占める割合が低ければともかく、量が増えれば、土地や土壌や水といった天然資源や食糧の確保にとって大きな脅威にな[68]

る」という。バイオ燃料を増やすなら、雑草（スイッチグラスなど）や作物に適さない木材を原料にしたバイオ燃料でなければいけない。いわゆるセルロース系エタノールを含むそれらの技術は近いうちに実現すると思われるが、いまのところ商業ベースには乗っていない。

低コストの炭素管理の一例

実用的な低炭素技術を導入すれば、気候変動の問題を低コストで制御できる。それどころか、このままでは避けられず、いつかきっと直面することになる悲惨な気候危機にくらべて、ずっと少ない出費ですむ。これからの数十年間、国際社会が協調して行動すれば、世界所得の一パーセント以下の費用で二酸化炭素（CO_2）の倍増を避けられるという主張には立派な根拠があり、数々の研究で裏づけもとれている。先延ばしにすればするほど、コストは高くなる。準備時間が減るうえに、エネルギーと輸送の基本インフラを根本から変えなければならないからだ。

いまのところ、どの技術が最後に残るかわからない（しかも、まだ形になっていない新技術かもしれない）が、いまある選択肢を提示しておくことは無意味ではないだろう。そこで、低炭素経済に移行するためのシンプルな低コスト戦略について考察してみよう。二〇〇五年の研究論文[69]で、クラウス・ラックナーと私は、低コストながら大規模に発展させられる二つの重要なテクノロジーについて発表した。ハイブリッド車と炭素の回収・貯留である。私たちの意図は、驚くような新技術を開発しなくても、二種類の低排出技術を利用すれば、CO_2の倍増を抑えられるという事実を証明することだった。じつは、この研究はすでに時代遅れだった。私たちが取り上げたハイブリッド車は、従来の自動車に対して燃費が二倍のものだったが、燃費が四倍になるプラグイン・ハイブリッド車がその後すぐ登場したからである。

さて、私たちがまず想定したのは、すべての自動車が少しずつ入れかわって、二〇二六年には世界の自動車が全部ハイブリッド車になった世界である。それだけでも、五五四ｐｐｍと予測されていた二〇五〇年の大気中のCO^2濃度は五三四ｐｐｍに下がるはずだ。コストは、少なくとも私たちの構想したハイブリッド車の場合、ごくわずかである。ハイブリッド電池にかかる費用は一台につき三〇〇〇ドルだが、燃料費の節約分で相殺される。また、二〇〇六年から二〇三六年までに、すべての主要な化石燃料発電所で、炭素の回収・貯留が段階的に導入されると想定した。そうすると、大気中のCO^2濃度は、二〇五〇年の予測値五五四ｐｐｍから約五〇八ｐｐｍに下がる。ハイブリッド車の段階的な導入と二酸化炭素の回収・貯留（ＣＣＳ）を組み合わせると濃度はさらに下がり、四八八ｐｐｍになる。また、電力部門以外の主要な化石燃料の産業施設にも回収・貯留技術が導入されると想定すれば、CO^2濃度はさらに下がり、二〇五〇年には四六八ｐｐｍになる。回収・貯留のコストは毎時キロワットあたり約一セントから三セントと想定したが、電力部門と産業部門における回収・貯留技術の費用は世界総生産（ＧＷＰ）の一パーセントをはるかに下回り、二〇五〇年以降には世界総生産の〇・一から〇・三パーセントにまで下がるのだ！　生態系への損害を回避できるという利点を考えれば、そのコストは微々たるものである。

発電所や主要な産業施設への大規模な回収・貯留技術の導入と、ハイブリッド車（プラグイン方式ならなおよい）への大々的な転換——低コストで信頼のおけるこの二つの方法を組み合わせれば、大気中の二酸化炭素濃度が倍増するといわれる二〇五〇年の危機を回避できる。しかし、これだけでは足りない。低コストの選択肢は他にもたくさんある。たとえば以下のような方法だ。熱帯林の伐採を中止するか、せめて遅らせ、代替非炭素エネルギー源（とくに太陽エネルギー）の開発に積極的に取り組み、家庭用暖炉や工場のボイラーなどの点排出源から低排出発電所で作られる電力への移行を推進すべきである。

個々の特殊な方法はさておき、全体像を見てみよう。全世界の排出制御にかかる総費用は概算で、今世紀半ば以降の年間世界所得の一パーセントを大きく下回りそうだ。二〇五〇年までに世界経済が六倍に成長し、二〇〇五年の六〇兆ドルから二〇五〇年の四二〇兆ドルになると想定する。また、世界経済の六倍の成長に対して、世界で利用されるエネルギー量の増加は、エネルギー効率の改善により、現在と同じ三倍を維持したと想定する。今日の科学技術と混在するエネルギーの状況からして、化石燃料から排出される年間の二酸化炭素量も三倍になり、二九〇億トン（表4・1）から八七〇億トンに増えると思われる。そこで、新たな科学技術の導入により、この排出量の少なくとも三分の二を一トンあたり三〇ドルで回避できたと想定する。これは十分に考えられるシナリオである。つまり、年間五八〇億トンの排出量を、一年あたり総額一兆七四〇〇億ドル（五八〇億×三〇ドル）で回避することになる。また、現在の年間森林伐採率（つまり、七〇億トンのCO_2）を、排出量一トンあたり一〇ドル（年間七〇〇億ドル）で回避できたと想定する。この推計によれば、年間およそ一兆八〇〇億ドルのコストで、約二九〇億トンの総排出量を二〇五〇年まで維持できるということになる。これは絶対量では膨大なコストに思えるが、二〇五〇年の世界経済からすれば、年間世界所得四二〇兆ドルのわずか〇・四パーセントにすぎない。今世紀半ばまでの排出量二九〇億トン（二〇〇七年の三六〇億トンと比べて）は、科学技術の進歩によって排出量が二〇五〇年以降も減少するはずだから、長期的に見たCO$_2$の倍増予測も恐れるに足りない。コストはここで想定したよりも、さらに低くなるだろう。

市場にインセンティブをもたせる

このままでは、気候によるリスクは危機的になる。軽減コスト、すなわち炭素の排出を制限するための出費はなんとかできる。それなのに、最も安くつく対策でさえ、実行には移されないのだ。発電所、産業施設、個人住宅、自動車など、炭素の発生源となる人びとは、新しい技術が現状維持よりもコストがかかるうちは、炭素の貯留や、低炭素技術を導入する費用を出そうとしないだろう。同じく、科学者や技術者も、大気が地球全体の共有財《グローバル・コモンズ》とみなされ、二酸化炭素などの温室効果ガスを垂れ流してもペナルティーを科されない状況では、低炭素エネルギーのテクノロジーを開発する気にならない。

市場の影響力を強めるのに公共政策の介入が必須となる中核分野については、これまでも触れてきた。まず、気候科学の基礎分野がある。この分野には公的資金を提供しつづけなければならず、さらに大幅な増額が必要だろう。たとえば、世界市民と政策団体のために気候問題を扱った研究書や定期刊行物を評価する気候変動に関する政府間パネル（ＩＰＣＣ）などである。また、極貧国の気候科学に対する財政援助も緊急に増額しなければならない。すでに進行中の気候変動に対処し、この先起こるはずの気候変動への備えを助けるためである。加えて、経済発展の過程において、森林伐採率の低下や低炭素エネルギー戦略の導入といったグローバル規模での低減策に、極貧国も協力できるようにするにも、科学は必要である。

公共政策の介入が必要なもう一つの分野は、炭素を排出する化石燃料のかわりになる無害な代替物の開発である。最優先すべきは、炭素の回収・貯留技術の証明および普及のために世界的な規模で取り組むことである。しかし、広域的な導入という点では、付加価値のあるインセンティブがないかぎり、こうした取り組みも効果を発揮しない。低炭素技術のかわりに高炭素技術を選ぶなら、なんらかの形で代償を払うよう規制すべきだろう。さまざまな規制の手段については、すでに述べたとおりである。手っ取り早いのは、世界規模で（または国単位で）、産業基準を設定することかもしれない。たとえば、目標となる期日を決め、それ以降に建設される各発電所は、生産される電気一キロワットあたり、規定のレベル以上のCO_2を排出してはならない、などという規制である。非化石燃料エネルギー（水力発電、風力発電、太陽熱発電、原子力発電など）を選択するか、回収・貯留技術を利用するかは、発電所の自由裁量にまかせる。同じく、自動車に燃費の基準を設けることもできる。別の方法としては、二酸化炭素の排出に税金を課し、回収・貯留に関連する活動に助成金を出すことである。税金の徴収は従来の炭素系燃料に課税することで簡単にすむし、その税収から一トンあたりの貯留二酸化炭素に助成金を交付すればよい。貯留の証明には認定制度が必要になるだろう。しかし、先にも述べたように、取引可能なものにしてもよい。その場合、炭素の排出量の単位ごとに、同じ排出量の許可証の価格と同額のコストを課す。このような制度で大きな障害になるのは、手続きが煩雑なうえに広範な監視と監査が必要であることから、貴重な許可証をめぐる割当制度が不可欠になり、えこひいきが横行したり、ときによっては腐敗を招いたりしかねないことである。以上のような代替案について論議したのち、最終的に各国は、発電、自動車、セメント、鉄鋼などの主要な産業部門において一連の産業基準を段階的に導入することに関して合意を見るだろう。その際、二酸化炭素排出税の段階的な引き上げ、貯留への助成金交付、そして許可制度（取引可能になるかもしれない）の限定的な使用によって、産業基準の強化が図られるだろう。

炭素税または排出許可証の取引から得られる税収が、公共財への資金供給ないし歪みのある課税の相殺に使用できることも注目に値する。

気候変動との共存

気候変動の影響はすでに現われており、事態は悪化の一途をたどっている。温室効果ガスの排出を抑えたとしても、地球の温暖化は止められない。実際には、排出量はますます増える一方だ。多くの国が、すでに気候変動の影響を実感しはじめている。増加する旱魃（たとえば、アメリカ南西部、アフリカのサヘル地域、オーストラリアなど）、熱波（ヨーロッパを襲う）、激しさを増す熱帯性暴風雨（ハリケーン・カトリーナもその一例だった）、マラリアの伝染地帯の拡大などである。各国は排出削減に欠かせない投資と並行して、気候変動への適応に向けた投資も怠ってはならない。削減と適応は二者択一ではなく、どちらも必要なのだ。[70]
とくに、気候変動への適応に緊急を迫られている生活圏がある。沿岸地域は海面上昇や激化する嵐や高潮への備えが必要だ。そのためには、物的なインフラ整備と災害への備えが欠かせない。現在、標高の高さから（気温が低いため）マラリアの伝染を免れている熱帯高地は、今後の流行を見込んで準備をしておかなければならない。世界各地の農業従事者は、気候変動に適応した新種の種苗を求めるべきだろう。たとえば、耐熱性のもの、赤道地域では集中豪雨に強いもの、半乾燥地域では旱魃や水ストレスに耐えられるものである。予測のつかない気候には新型の保険が必要とされ、時代遅れの想定にもとづいて条件が決められた従来の保険契約は通用しなくなるだろう。

最悪の場合、水ストレスが原因で耕作できなくなる地域も出る（5章を参照）。そればかりか、居住さえ不可能になるかもしれない。そうなると、とくに農村部では、行き場を失った環境難民が都市に流入する。国境を越えて移動する大集団は、世界の国々と地球規模での政治の安定を脅かす要因になるかもしれない。このような問題は避けて通れない。しかし、気候の安定、人口政策、貧困削減に向けて国際社会が一致団結し、また貧困国が適応に必要な国際的な財政支援を受けられるなら、この混乱を収拾するのはずっと容易になる。今後の気候変動や人口移動の規模を考えれば、それに適応できる新しい科学や職業の創出が促されるべきだろう。

気候安定化をめざして世界を団結させるための戦略

気候変動がまさに地球全体の大問題であることはわかった。程度の差こそあれ、各国はCO_2排出量の増加に関して、過去（前工業化時代の二八〇ｐｐｍが今日の三八〇ｐｐｍまで増えたこと）と将来とを問わず、責任を共有している。地球温暖化の影響から逃れられる地域はない。もちろん、これはいまに始まったことではない。一九九二年に、各国政府が採択した気候変動枠組条約（ＵＮＦＣＣ）は、まさにこのためだった。ジョージ・Ｈ・Ｗ・ブッシュ大統領が自国のために承認したこの条約は、それからまもない一九九四年に上院で正式に批准された。気候系への危険な人為的介入を回避するために温室効果ガスの濃度を安定化させるという条約の目的に合意した結果である。

しかし、問題は枠組や目的ではなく、その実施にある。気候変動枠組条約が必要としていたのは行動を促す約束であり、その最初のものが京都議定書だった。一九九七年に採択され、二〇一二年まで有効とされた京都議定書は、条約締結国を高所得国と開発途上国の二種類に分けた。高所得国は、一九九〇年を基準年として、二〇〇八年から二〇一二年までに温室効果ガスの排出を最低五パーセント削減することが義務づけられた。貧困国には削減義務はないが、自発的に採択した排出削減計画に対して援助金が受けられることになった。

京都議定書が課した義務はきわめて少なく（五パーセントの削減）、期間は短かった（二〇一二年まで）。世界を炭素管理の軌道に乗せるための小さな一歩にすぎなかったが、それでもアメリカではこの議定書をめぐって政治的な大論争が起こった。一九九七年、京都議定書の最終交渉に向けて、九五対〇で可決したいわゆるバード決議によれば、「……高所得国と途上国のあいだで扱いがあまりにも違い、義務づけられた排出削減量はアメリカ経済に深刻な被害を与えかねない」というのである。途上国にも制限を課すのでなければ、アメリカは拒否すべきだというのが上院の考えだった。世界人口のわずか五パーセントにすぎないアメリカが、世界排出量の四分の一を占めているという「些細な点」を都合よく、手前勝手に無視したバード決議は、アメリカの政治家が世界への責任感をもたなくなったことのあらわれである。温室効果ガスの最大排出国であるアメリカが、飢饉、旱魃、マラリア感染の増加という形で温暖化の被害を受けている貧困国に難癖をつけ、しかも途上国に規制が課せられないことを理由に、排出規制さえ受け入れようとしないのだ。

結局、京都議定書はアメリカが批准を拒否したまま、他の国々に採択された。クリントン大統領は批准を上院の審議にかけなかった（承認の見込みがなかったからだ）。ジョージ・W・ブッシュ大統領は、政権発足と同時にそれを却下した。だが、なぜかブッシュ大統領はそれだけでは飽き足りず、一五年前に父親が支持した気候科学を二〇〇七年まで否定しつづけた。この件に関する無責任ぶりは悪辣そのものだ。議定書に関する不満だけでなく、科学的証拠と科学そのものに対する許容しがたい軽視である。気候変動の危険を平然と無視したブッシュ政権に、世界は呆れはてた。ハリケーン・カトリーナという気候災害を経験したあとでは、アメリカ国民の多くでさえそう思っただろう。

私たちは新時代を迎えた。気候変動を経験し、科学的な合意も高まっている。熱波、旱魃、強力なハリケーンなどに襲われたあげく、人びともそれに気づいた。国連の気候変動に関する政府間パネル（ＩＰＣＣ）のもとに組織された世界有数の気候学者チームによる四次評価報告書は、科学的合意に関する最新の情報を与えてくれたが、その内容はじつに厳しい。事態はきわめて切迫しており、残された時間もわずかである。ただし、京都議定書は一つだけ大きな進歩をなしとげた。ヨーロッパだけとはいえ、取引可能な排出許可証という形で、炭素の排出に市場価格を取り入れたのだ。さて、京都の話はここまでにしよう。いずれにせよ、まもなく期限が切れる。二〇一二年までに新たな世界合意に達したとしても、二〇〇九年から二〇一〇年までに外交合意が得られなければ、各国で新しい議定書を批准する時間がない。

しかし、まだできることはある。二〇〇五年の春以降、コロンビア大学地球研究所は企業、政府、大学、国際機関の指導者を一堂に集めて「気候変動に関する世界円卓会議」（ＧＲＯＣＣ）を主催してきた。この会議は、世界中の主要な企業や研究者や機関の賛同を得た気候変動に関する問題に取り組むための具体的な行動計画（気候変動に関する合意声明）を立案し、採択してきた。「気候変動に関する世界円卓会議」の出発点は、地球の温暖化が実際に起きており、その原因が温室効果ガスの排出、おもに化石燃料の消費だとする科学的な合意だった。この会議では三つの方面から、温暖化に取り組むための解決策が提案されている。すなわち、軽減、適応、新技術の研究開発および実証（ＲＤ＆Ｄ）である。

軽　減

「気候変動に関する世界円卓会議」による合意声明の核心は、大気中の二酸化炭素濃度を二一世紀中に安定化させることを目的とした世界的な目標設定の重要性にあり、それにはＣＯ２濃度と排出率の世紀半ばの中間目標も含まれる。排出目標だけに焦点を合わせた京都議定書とは異なり、新しい議定書は全体的な温室効果ガスの濃度も制限する。すでに述べたように、軽減努力にはエネルギー効率の向上、炭素の回収・貯留、非化石燃料の開発、緑の建築、ハイブリッド車といった有望な技術が含まれる。これらの取り組みを促すために、炭素の排出量に応じた課金が実施される。課金自体は、主要な排出部門における産業基準だけでなく、炭素税や取引可能な排出許可証の組み合わせという形でも実施される。共同達成目標と国別の責任分担については、各国の合意が必要となるが、目標を達成するための個々の政策に関しては、おそらく柔軟な姿勢で選択することになる。何か一つの大計画があるのではなく、変化に富んだ幅広い政策が展開されるだろう。

適　応

すでに始まっている地球の温暖化が安定するまでにさらに悪化することを考えると、気候変動の影響に備えて、適応する必要もある。その影響のほとんどを被るのは、最も適応力に欠け、最も貧しく、最も脆弱な地域社会および途上国である。所得の低い脆弱な途上国こそ適応力を高めなければならない。つまり、旱魃、洪水、異常気象、気候に起因する伝染病などから社会と経済を守るため、とくに技術支援や資金援助が必要とされる。軽減と適応への取り組みは必要な二つの戦略として実行すべきである。「気候変動に関する世界円卓会議」の声明にもあるとおり、「気候変動への効果的な適応は、国際合意だけでなく、開発庁、民間部門、非政府機関における、より緊密な協力体制が必要とされる」のである。

RD&D

政府は、民間部門への資金投下やインセンティブを増すことによって、先端的な非炭素エネルギー技術の研究開発および実証（RD&D）を推し進めなければいけない。現在、その分野に計上されている予算は年間わずか数十億ドルである。だが、世界中の開発研究および実証に必要な金額は、少なくとも年間三〇〇億ドルに近い（アメリカが国立衛生研究所の医学研究のために費やす国家予算に等しい）。研究開発および実証への支援を増やすべき分野としては、太陽光電池、太陽熱、地熱、潮汐、波力、原子力のようなテクノロジー、炭素の回収・貯留、土地管理の改善、持続可能な輸送などがある。特殊なデモンストレーション・プログラムやその他の有効な政策をとりいれて、めざましい新技術や事業がすばやく市場に届くような新しい考え方をしなければいけない。そのようなデモンストレーションは、急速な工業化の結果、排出量の増加が避けがたい途上国ではとくに重要である。デモンストレーションのなかで最も優先度が高いのは、当然ながら、石炭燃料の大量消費経済大国であるアメリカ、インド、中国、ロシア、オーストラリアにおける一連の回収・貯留計画である。この計画がうまくいけば、地球規模の行動がめざす方向もはっきりする。この計画がコスト高で使い物にならないとわかったら、かわりの道は困難をきわめ、私たちは努力と想像力を振り絞ることになるだろう。

だれが費用を負担するのか

世界規模の活動計画を作成することが、なによりも大事な第一歩である。次に、誰が費用を負担するのかを決めなければいけない。途上国を考慮に入れると、この問題はとくに大切だ。世界人口の六分の五を有する途上国が排出する二酸化炭素（CO_2）の量は、やがて先進工業国の総排出量を超えるだろうが、それでも、一人あたりにすれば、依然としてかなり少ない。CO_2の排出削減のための実行可能な解決策は、途上国を除外しては考えられない。しかし、財源不足の途上国は、軽減や適応、それに研究開発および実証にかかる費用を自力ではまかなえず、どうしても先進国の援助が必要になる。それでも、一人あたりの温室効果ガスの排出量は、いまだに先進国のほうが大きく上回っている。

気候変動の抑制と適応に関する途上国の取り組みを、先進国が財政的に支援しなければならない理由はたくさんある。第一に、それが先進国にとっても最大の利益になるからだ。途上国を考慮しない解決策は何の解決にもならない。先進国が気候変動の悪影響から自国を守りたいなら、途上国も自国を守れるように手助けするしかない。第二に、先進国は工業化時代の開始から排出されてきた大気中の大量の二酸化炭素に対して責任がある。しかし、なによりまずいのは、出費をいやがって行動を先送りにすることである。先送りにすればするほど、かえって費用はかさみ、悲惨な結果を招くからだ。

費用の分担は激しい論争を呼び、交渉も長引くおそれがある。しかし、費用にこだわりすぎたり、公平性や効率性を重んじるあまり決定を遅らせたりするのはまずい。誰もが納得する尺度など存在しないからだ。高所得国の国民総生産の数パーセントにおよぶほどの莫大な費用が必要だというのなら、話は別である。しかし、すでに述べたように、工業化以前から長期におよんだCO_2の増加を回避し、二酸化炭素の濃度を二倍以下に（または、それよりずっと少なく）保つのに必要なコストの総額は、幸いにも、世界年収の一パーセントにも達しないと推計されているのだ。費用の分担については、たしかに意見の衝突があるだろうが、必ずしも深刻な問題とはいえない。

オゾン層の破壊から学んだ教訓

世界中の国々にとっての共有資源（大気）にまつわる複雑な問題は、世界経済の中核を揺るがすものであり、世界的な合意が得られる可能性はきわめて少ない。だからといって、けっして不可能ではない。気候変動はまちがいなく解決できる。実際、過去にも似たような問題に直面し、より集中的な対処によって、立派に成果をあげたことがある。成層圏のオゾン層の存在をなんとか維持してきた過去の実績は、今後はとくに貴重な教訓となるだろう。

一九七〇年代半ば[71]、パウル・クルッツェン（アントロポセンの概念を提唱した）、シャーウッド・ローリング、マリオ・モリーナという三人の優秀な大気科学者が一連の論文を発表し、クロロフルオロカーボン炭素類（ＣＦＣ類、以降フロン）という化学物質群が成層圏のオゾン層を破壊し、それが人類の脅威になっているという説を提唱した。大気の循環で上層大気に運ばれたフロンは、太陽の紫外線によって分子が分解され、放出された塩素原子がオゾン層を攻撃する。オゾン層は入射する太陽紫外線を吸収することで、有害な紫外線から人体を守っているため、成層圏のオゾン層の減少は、農作物や海洋植物プランクトンに危険であるばかりか、人類にも健康被害をもたらす。

クルッツェンとローリングとモリーナがオゾン層の破壊について論文を発表したあと、フロンの研究が進んで、ふたたび論議を呼び、これについてはいまだに議論が交わされている。フロンに依存しきっていた企業は最初、この学説を攻撃した。冷却とエアゾール・スプレーに用いられるフロンガスの製造元だった世界的な大企業、アメリカのデュポン社の会長はこの新しい学説について、こう語った。「ＳＦ小説もどきで……まったくばかげている……ナンセンスもはなはだしい」[72]。しかし、その後、初期の研究結果を裏づける証拠が出て、科学界での合意を得た。一般の人びとは、南極上空のオゾン層にぽっかり開いた穴を捉えた一九八五年のＮＡＳＡ（アメリカ航空宇宙局）の人工衛星による写真にショックを受けて結束した。有害な化学物質を使用せずにすむよう、産業界のリーダーたちの指揮のもと、フロンの代替物になる安全な素材の開発および採用が進められた。そしてついに、国連のもとで国際的な行動のための枠組が採択された。

その第一段階が、「オゾン層の保護のためのウィーン条約」である。これは一九八五年に採択された「国連気候変動枠組条約」に似た条約である。一九八七年のモントリオール議定書は、気候変動枠組条約の京都議定書と同種のものだが、これで初めて運営段階に入った。こうして、先進工業国におけるフロン使用の段階的な使用禁止が始まり、時間の猶予が与えられたとはいえ、貧困国にも同様の禁止が求められた。他の化合物を代用することで、フロンを排除できると知ったデュポン社は、厳しい基準を設けようとしたアメリカ政府に同意し、その結果、モントリオール議定書のロンドン改正（一九九〇年）では、さらに厳しい基準が採択された。

人為的に生じたこの大きな危機を、世界はうまく回避した。しかも、ほとんど痛みをともなわなかった。気候変動問題の解決でも同じように、四つの段階が必要だ。すなわち、科学的合意、一般大衆の意識、代替技術の開発、世界各国の協力による行動をともなった枠組である。これらに関しては、各方面で進歩が見られる。まず、科学的合意は十分に得られている。また、一般大衆の意識は、気候変動がただの脅かしではなく、現実の脅威と化したことで、一気に高まった。そして、普及はまだ十分とはいえないものの、注目に値する新しい低排出技術が研究開発の段階にさしかかっている。最後に地球規模の枠組である、国連気候変動枠組条約は、京都議定書の第一歩であり、具体的な実施に向けた決意の高まりの表れでもある。ウィーン条約が国連気候変動枠組条約に準じ、モントリオール議定書が京都議定書によく似ているように、京都以降の国際協定が必要だ。モントリオール議定書にロンドン改正案ができたように、気候変動に関しても最新の改訂版がなければいけない。気候変動に関する国際協定の成功は、限界と欠陥のあった京都議定書とは異なり、途上国の役割を重視したものになるだろう。気候変動の一因でもあり、また問題の解決に積極的に取り組む存在として、途上国の存在はますます大きくなる。

5　水不足への対策

世界各地で安全な水を十分に確保することはとりわけ困難な課題になるだろう。水ストレスはいまや多くの地域で過酷な現実となっており、気候変動の結果、世界規模で水循環の変動を招いている。グローバルな社会、なかでも貧困層に与える影響は壊滅的である。水がなければ、人は数日しか生きられない。農業用水がなければ、食糧もなくなる。清潔な水が得られないために、病気が蔓延し、とくに致命的な感染症によって毎年数百万もの子供が犠牲になっている。水汲みポンプが家にないのは当然として、近場に利用できる水もないことから、世界中の貧しい村に住む女性や少女たちは家事に使う水を汲むのに毎日何キロもの距離を数時間かけて歩きとおすという苦役を強いられている。農業や家畜や人が使うための水を確保できなければ、そこに紛争が起こる。

経済用語でいうと、水には広範囲にわたる波及効果がある（水の特徴をよくとらえている）。ある集団や地域で水を使うと、それ以外の人びとや別の地域における水の使用や確保に影響がおよぶ。これを水の相互依存性ともいう。ある集団が灌漑のために川の水を引けば、下流に届く水が減るかもしれない。上流に建設されたダムは、下流に住む人びとに大きな被害を与えることがある。相互依存性はさらに油断のならないもので、地下水の流れのようにひそかに存在することも多い。ある村で灌漑用の井戸を掘ると、その影響は近隣の井戸やはるか下流の水の減少としてあらわれたりする。慣習どおり早い者勝ちで水を使うことにしたら、関係者全員が深刻な打撃を受けかねない。万人を巻きこむ悲劇として無視しがたいものである。だが、貧困層への対策が不足なまま、単純に水を民営化すれば[73]、最も弱い立場の国民が生存に欠かせない安全な水を得られないという結果になる。水の権利を民営化すれば、地下水が過剰に汲み上げられるなど、基本的な環境保護の政策に反することもある。

これまでのところ、社会で最も水が使われる分野は農業である。地表水（河川など）の利用の七〇パーセント以上は農業用で、約二〇パーセントが工業用水、家庭用水は一〇パーセントほどである。乾燥地帯も含めて、たいていの地域では、家庭用水の確保は、ふつう水の有無ではなく、井戸、ポンプ、パイプなど、物理的な投資が可能かどうかにかかっている。水の利用可能性は使う量が増えるほど、より大きな問題となる。工業用水や、とくに農業用水が問題なのである。これらの用途で使う水は、その環境で得られる水の総量に比して、膨大な量となる。その結果、水ストレスが生じ、持続可能なものではなくなり、農業規模を縮小しかねない。また、そんな環境への脅威を無視したまま、人間社会が大量の水を使いつづければ、深刻な環境悪化を招くかもしれない。

水の大量使用、とくに地下水の汲み上げは、枯渇しつつある資源を採掘することに似ている。地下深くに存在する水は古代湖の名残のこともある。地域社会はこれらの地下帯水層から取水するが、その後、雨水が浸透するのを待つなど、その帯水層を再び満たすような配慮はまずしない。また、鉱脈と同じように、帯水層が前ぶれもなく枯渇することもある。何十年も確実に水を提供してきた帯水層が、ある日突然干上がるのだ。その水に頼っていた人びとは絶望し、大勢が村を棄てて移動することもありうる。

人類は太古の昔から水ストレスに悩まされ、その結果としての水の制限を経験してきたが、いまの水ストレスはかつてない規模に膨らんでいる。これは人口増加の結果であり、人間の数が増えたために、それまで利用できていた大量の淡水が汚染されたということでもある。一九九二年、国連砂漠化対処条約が採択され、世界の乾燥地帯における極度の水ストレスに関して、全世界が協力するという取り組みが早々に始まった。この条約は、行動を促す組織的な枠組となるものだが、大国の多くから無視された結果、目標が達成されたとはとてもいえない。まず、水ストレスの本質とその対策になりそうな技術および経済的な対策を検討し、次に、この条約の大きな可能性を示し、これを活性化させるための方策に目を向ける。

水の循環

生命と環境に関わるすべては、地上の水循環によって決まる。周知のことだが、海洋は地表の四分の三を占め、地球の水の九七・二五パーセントは海水である。淡水は二・七五パーセントで、その約四分の三は氷河や海氷、グリーンランドや南極の氷床からなる。残りのほとんどは淡水湖で、河川、湿地帯、空気中に含まれる水はそれより少ない。表5・1に詳細な内訳を示した。

人間の生活および生態系全般は淡水に頼っており、とくに陸地や海中から空気中に吸収され、降水（降雨）となってふたたび陸地や海中に戻る水の循環は重要である。古代から人間社会は、食糧生産やその他の用途に水を入手しやすい河川沿いで発達してきた。この数十年は、ディーゼルエンジンや

表5.1　水循環貯水池の貯水量

貯水池	貯水量（単位:百万立方キロメートル）	全体に占めるパーセント
大洋	1,370	97.25
淡水	38.71	2.75
氷床・氷河	29	2.05
地下水	9.5	0.68
湖	0.125	0.01
土壌中の水分	0.065	0.005
大気中の水分	0.013	0.001
川	0.0017	0.0001
生物圏	0.0006	0.00004

出典：http://www.physicalgeography.net/fundamentals/8b.html

電力駆動の汲み上げ装置が登場し、地下水を大量に使えるようになった。利用量が最も多いのはアジアだが、残念なことに、地下水は長持ちしそうにない。

水の循環は、そのすべてのプロセスが重要である。水が蒸発するのは陸地と、おもに海からである。水は大気中に蒸発して水蒸気になり、上昇気流に乗る。上昇した水蒸気は冷却され、液体に戻り、降雨となって地表に戻る。海水から蒸発した水分の大半が気流に乗って陸地に運ばれ、降雨となって地上に戻る。海から陸へ移動することで減った海水は、地表を流れる川をへて陸から海に流れこむ水で相殺される。陸地に降った雨の一部は地中に浸透し、地下水となって海に流れこむ。

世界各地を流れる水の量には、大きなばらつきがある。ある土地では毎年数百ミリの降雨量があるが、別の土地ではほとんど雨が降らない。一年中水の流れが絶えない川のそば、または簡単に地下水が汲み上げられる土地に築かれた集落もあれば、川から遠く離れ、地下水を汲み上げる実用的な手段をもたない土地もある。赤道地帯では一年中雨が降り、降雨量も多い。この地域の特徴は、たえまなく降る大量の雨の恵みを受けたレインフォレストである。熱帯の範囲内でも、赤道をはさんで北または南に遠ざかるにつれ、雨はたえず降るのではなく、雨季という季節的なものに変わる。温帯でいえば夏に相当する。暑い夏のあいだ、強烈な太陽光を受けて大量に蒸発した水分は、上昇気流に乗って上空に移動し、雨となって地上に降りそそぐ。こうして、熱帯地方では湿気の多い夏と乾燥した冬がくりかえされ、その結果、サバンナ（草原地帯）ならではの植生が生じることから、サバンナ気候と呼ばれることもある。

赤道からもっと北上して熱帯地域の末端を過ぎ、亜熱帯（北緯および南緯二〇〜三〇度）に入ると砂漠地帯が出現する。サハラ、ゴビ、中東の大部分、北半球ではメキシコからカリフォルニアにかけての砂漠地帯、南半球ではカラハリ砂漠やオーストラリア砂漠などがこの地帯にある。この一帯では、赤道付近で上昇気流に乗った空気が、乾燥した下降気流へと変化する。上昇するとき、大気に含まれた水分は雨となって赤道一帯に降る。亜熱帯に到達して下降するころになると空気は乾燥している。その結果、乾燥した高気圧の下降気流が生じる。さらに両極方向へ移動し、亜熱帯地域から高緯度地帯に入ると、そこにはアメリカ、ヨーロッパ、日本、中国がある。この地帯の降雨パターンはもっと複雑で、両極からの冷たい空気と熱帯地方からの暖かい空気が交じり合い、相互作用を及ぼす。一般には、一年を通じて降雨があり、雨量はサバンナ地域や乾燥地帯より多い。

もちろん、地域的な降雨条件を決めるのは、緯度だけでなく、その他さまざまな要因である。沿岸か内陸部か、高地か低地か、山脈の風上か風下かといった地理関係によっても、降雨の場所や、水を陸地から海へ戻す河川の位置に大きな差が出る。ペルーやチリの沖合に見られる沿岸湧昇（訳注／海水が深層から表層へ循環する流れ）は生態系に大きな影響をおよぼす。地層の構造や、陸地が人間によってどう利用されているかという点も、水が流れる状況や時期を左右する。水が地表を流れるのか、地下を流れるのか、海に流れこむ前に蒸発するのか、ダムにさえぎられた人造湖から蒸発するのか、さまざまな選択肢ができるのだ。

水と経済発展

大まかにいえば、降雨と流出のパターンによって地球の生態系が形づくられ、人間の居住に適した土地が決まる。食糧生産に最適なのは、（理想的には）一年を通して十分な淡水が得られ、水の利用が楽で（たとえば、川や浅い井戸から容易に地下水が汲めるなど）、肥沃な土壌に恵まれ、平坦な場所にあって土砂の流出や土地の侵食が少なく、温暖な気候で、ハリケーンなど極端な天候変動がない地域である。そのような場所が、熱帯地方特有の疫病（マラリアなど）に悩まされず、遠洋航海や河川航行が利用可能なら、居住や経済活動にとってはさらに好都合だ。残念ながら、そんな場所は、そう多くはない。アメリカの一部、西ヨーロッパの大半、アジアの一部の温帯地域（中国、日本、韓国）、オセアニアなどがこれに当てはまる。その他の土地は、水や土壌などの面で優れていても、熱帯特有の疫病やその他の自然災害など多くの問題を抱えている。水や気候がよくても、土壌が痩せていることは多々ある。

水に関するかぎり、中緯度や高緯度の温帯地域および赤道のレインフォレスト地帯は、乾燥亜熱帯や砂漠地域にくらべて、はるかに恵まれている。生態学者によれば、「可能蒸発散」速度（つまり、実際に水が蒸発散する速度）よりも降雨量が少ない地域は乾燥地と定義される。乾燥地は、乾燥の度合いによって、乾性半湿潤地、半乾燥地、乾燥地、極乾燥地の四つに分かれる。図5・1（口絵参照）を見ると、乾燥地には、赤道近辺をのぞいたアフリカの大部分、中東全域、南アジアと中央アジアのほとんど、メキシコの一部、アンデス、アルゼンチン、ブラジル北東部などが含まれる。エジプトやパキスタンのような一部の乾燥地は、河川（この場合、ナイル川やインダス川）があり、地中深くの化石帯水層（あまりにも深いか、または不浸透性層の下にあるために雨水が浸透せず、数千年前から地下水が蓄積されてきた帯水層）も利用できるので、かろうじて集約農業は可能である。合計すると乾燥地は全陸地の約四一パーセントを占め、世界の人口の三五パーセントがそこに住んでいる。(74)

水の供給量が十分かどうかは、一年に利用できる水の平均量だけではなく、降雨量の変動とその予測可能性も判断の基準になる。アフリカのサバンナやサヘルは、可能蒸発散に比して降雨量が少ないだけでなく、雨量の変動が大きいことが特徴である。旱魃が起きる危険性は非常に高い。雨がほとんど降らない年も多く、農作物の生産に支障をきたしている。私の同僚であるケーシー・ブラウンとウプマヌ・ラルの調査では、水利用の変動が大きいほど一人あたりの収入が下がるという結果が出ている。(75)降雨量の変動が大きい国は貧困に陥りやすく、変動が小さい（予想ができる）場合は経済的な繁栄を得やすいのだ。ブラウンとラルの発見から、降雨量の変動が大きい国では、雨季に水を貯めておいて、乾季に適切な灌漑をすべきだということがわかった。

降雨量が多く、灌漑が低コストですむ湿地帯や亜湿潤熱帯地域では、一般に主要作物は米である。米の需要はきわめて高い。亜湿潤地帯でも灌漑が利用できない地域では、主要作物は水を大量に必要とする米ではなく、天水農業によるトウモロコシと高地米（同じく天水に頼る）となる。乾燥傾向のある土地では、モロコシ、キビ、キャッサバといった塊茎類など、乾燥に強い農作物になる。居住可能な土地のなかで最も乾燥している地域では、農作物の栽培はまったくできず、牧畜（放牧による畜産業）が多くなる。アフリカのサヘル、アフリカの角《つの》と呼ばれるソマリア半島、中東の大部分、中央アジアの乾燥地帯に住む人びとは、ラクダ、ヤギ、羊、牛などの牧畜で生計をたて、放牧地に草が生える短い雨季を追って、放牧地を移動する。牧畜を営む社会が季節にしたがって移動することを移牧といい、現代社会ではとりわけ苦労の多い不安定な生活形態である。

貧しいなかでも、極貧の人びとが住むのは、一人あたりの利用できる水の量が少なく、降雨量の変動が大きく、灌漑が不十分で、貯水能力が低い地域である（ダムや貯水池をもたず、通年で水の流れる川がなく、雪融け水や氷河から融けだす水も予測がつかない）。たとえば、アフリカのサバンナやサヘルである。これらの地域では、灌漑はあてにならず、川は季節によって水が涸れてしまう。雨が降らなければ、農作物は枯れ、家畜は弱り、人は死んでゆく。人類が招いた気候変動のせいで、降雨の機会も量も減りつつある。当然ながら、ニジェール、シエラレオネ、マリ、ブルキナファソ、ギニアビサウ、中央アフリカ共和国、チャド、エチオピア、ブルンジ、モザンビークなど、人間開発指数の値が最も低い一〇か国はすべて、国民の多くが乾燥地に住まざるをえない国々であり、大きな水ストレスを抱えている。おもに放牧で生きているソマリア半島では、水をめぐる状況が悪化したため、スーダン、チャド、ウガンダ北部、エチオピア、ソマリアなどで暴力事件が起こっている。放牧民と農民はわずかな水を奪い合って争い、旱魃に襲われた地域から逃げだした難民も紛争の引き金になる。難民がやっとたどりついた場所も、やはり貧困や水ストレスに苦しんでいるからである。

拡大する水危機

世界の多くの地域はすでに水をめぐる危機に直面しており、この危機は今後さらに拡大するだろう。世界はこれまで以上に水を消費しており、その勢いは増す一方だ。しかも、このまま消費を続ければこの先どんな結果が待っているかを真剣に考える人も少ない。持続性にまつわるその他の問題からしても、増えつづける人口と天然資源の持続不可能なほどの乱獲（水の場合は、地下水の枯渇と河川の際限のないダム化）という問題は、気候変動と組み合わさって、ますます緊急性の高いものとなる。

世界各地で、地下帯水層や河川から持続可能な限度を超えるほどの水が汲み上げられている。帯水層に蓄えられる水の速度を超える勢いで地下水を過剰消費することは、人口過密ないくつかの地域で問題になっている。地下水の過剰摂取の大きな原因は、またもや灌漑である。アメリカのハイプレーンズ（訳注／大草原地帯の西側の一部）からインド北部のガンジス平原、オーストラリアに至るまで、世界各地の農民たちが何百万という井戸を掘り、地下帯水層から恐ろしいほどの勢いで水を汲みあげている。掘り抜き井戸は緑の革命に欠かせず、とくにインドでは必須のものだったが、その一方で、地下資源を際限なく大量に消費したために、帯水層全体が危機に瀕している。地下水を過剰に汲みあげれば資源の枯渇を招くだけでなく、それ以上に危険な結果、つまり地盤沈下を起こしかねない。文字どおり、帯水層の上にある土地が崩壊するのだ。すでに北京などの大都市で頻繁に起こっている。また、帯水層の塩化、土壌の塩害や汚染、貯水能力を損なう帯水層の崩壊などの恐れもある。

二〇世紀初頭から、ダムを建設して水を貯め、工業、農業、水力発電に転用することが盛んになった。推計によれば、現在、世界には大規模ダムが四万五〇〇〇か所あり、小規模ダムはなんと八〇万か所を数えるという。フーバーダム、ナイル川のアスワンダム、近年論争を巻き起こしている中国の三峡ダムのように、ダムは地域開発の特効薬とみなされてきた。ダムの魅力は理解できる。水力発電、灌漑用水、旱魃に備えた貯水、下流の洪水予防など、大型ダムは複数の重要業務を一手に担うかのように見えるからだ。

良し悪しは別として、現在、世界の主要河川のほとんどにダムが建設されている。いま、取水量を大幅に増やすことが切望されているが、残念ながら、新たなダム建設やその他の土木計画では、それは無理である。近年、国連開発計画[76]から以下のような報告が出された。

現在、推定によれば、世界でおよそ一四億人が、最低限の貯水水準以上に水が消費される「封鎖」された、あるいは、ほぼ封鎖された河川域に住んでいる。そのような河川域は地上の一五パーセント以上を占める。その顕著な例を以下にあげる。

・中国北部では、環境を維持するために黄河の流量の四分の一が必要だと思われる。だが、人為的な取水により、現在は一〇パーセント以下しか残っていない。一九九〇年代、黄河の下流域で水が干上がる期間が増え、一九九七年には最長二二六日間水がなくなるという記録を作った。このときは内陸六〇〇キロにわたって干上がった。

・オーストラリアのマレー・ダーリング流域では、利用可能な水量の約八〇パーセントが灌漑農業に使用された。環境維持には約三〇パーセントが必要だと推定されており、この結果、塩害、栄養素汚染、氾濫原と湿地帯の消失など、広範囲にわたる環境破壊が生じた。

・アフリカ南部のオレンジ川では、環境ストレスが高まりつつある。上流で大量の水が汲まれ、流れも大きく変えられて、取水量は川を流れる水の総量を上回っている。

さらに、ダムが環境に与える複雑な影響についてもようやく明らかになってきた。二〇世紀、盛んに建設されたダムによって、河川は寸断され、湿地帯は消滅し、広大な土地が奪われ、土砂を取りこんで肥沃な氾濫原を消失させ、貯水池から大量の水が蒸発することになった。ダム建設や河川の流れを変える工事は、将来にも影を落とすマイナス効果を二つ残した。湖や内海を消滅させたこと、そして河川が中断して海に流れこまなくなったことである。アメリカ南部とメキシコ北部にまたがる有名なリオグランデ川にダムが建設され、膨大な水量がそこに導かれた結果、年に数か月、メキシコ湾に水が流れこまなくなった。先に述べた黄河は、灌漑と都市用水のために水が取られて干上がり、かつて中国の農業の中心だった地域に黄塵地帯を出現させたほどだった。同じく、大がかりなインフラ整備という愚作によって、内海に悲劇的な影響がもたらされた。かつてソ連領だったアラル海は完全に水が涸れ、そのあとに複数の中央アジア共和国にまたがる広大な綿栽培地帯が生まれ、さらに大量の水を消費するようになった。ナイジェリアのチャド湖にあるハデジャ・ヌグル湿地帯は急速に枯渇している。ここに生息する豊富な魚を獲って生計の糧にし、洪水で肥沃になった土地を耕して自給自足するおよそ一〇〇万人が、この湿地帯を頼りにしていた。だが、不適切な灌漑やダム工事によって湿地は消滅し、数十万もの生活手段が失われた。

川の流れに干渉する計画によって何度も引き起こされる問題としては、環境におよぼす直接的な影響よりも、結果として起こる水の奪い合いのほうが深刻だという声もある。上流地域のプロジェクトで、下流地域は大きな影響を受けやすい。上流にダムを建設したり、川の流れを変えたりすると、下流地域の生態系は甚大な被害を受けることが多い。川の流れが一国内に留まっている場合でも十分に深刻だが、川が数か国にまたがっているときには深刻な対立を招く。世界各地で、水は国家間の紛争の原因にさえなりかねない。国内を流れる水の大半またはすべてを、他国の源泉に頼っている国は多い。たとえば、バングラデシュは国内の水量の九一パーセントをインドに依存している。パレスチナ占領地域は一人あたりの水量が世界でもとくに少ない場所の一つだが、給水の割合がひどく偏っている点でも注目に値する。イスラエルは、人口はパレスチナの二倍弱なのに、消費する水の量はパレスチナの七・五倍である。これは、河川や地下帯水層の管理がイスラエルにゆだねられているからだ。

地下水の枯渇と河川からの過剰な取水に加え、三つめの問題としては、水質汚染の拡大があげられる。汚染の主な原因は、化学肥料から溶け出して地下水や河川に流れこむ窒素とアンモニアである。いわゆる問題前のレベル、つまり合成肥料が広く使われるようになる前と比較して、多くの河川に流出する窒素の量は驚くほど増えた。とくに、ヨーロッパ、北米、東アジアと南東アジアの大部分での増加が目につく。屎尿《しにょう》も汚染の大きな原因であり、発展途上国では汚水の八五パーセントから九五パーセントが処理されないまま、河川や海岸に垂れ流されている。その結果、水系伝染病が広く蔓延することになった。重金属を主体とする産業廃棄物、石鹼や合成洗剤に含まれるリン酸塩、農業用殺虫剤などの化学物質なども、水質、環境、人体に悪影響を与えるおもな汚染物質とされる。

豊かな国は規制や安全廃棄基準を設けるなどして重金属による汚染を減らしてきたが、インドや中国のように急速に工業化が進んでいる国家は恐ろしい勢いで汚染をばらまいている。近年、中国では主要な河川で次から次へと惨事が続いている。二〇〇五年、産業爆発が起き、北東部を流れる松花江がベンゼンでひどく汚染された。二〇〇六年には蘭州の工業都市近郊で大量の工業用染料が流出し、黄河が赤く染まったほどだ。現地企業が汚染をまきちらす例もあるが、たいていは自国の厳しい規制を逃れ、受け入れ国の法律と倫理的な義務を無視している多国籍大企業の所業である。

気候変動と水ストレス

世界の水資源にかかるストレスはすでに膨大になっているが、人為的な気候変動はその問題をさらに悪化させるだろう。人為的な気候変動が水の循環にどんな影響をおよぼすか、正確なところはわからないが、それでもたしかなことはある。第一に、気温が上がれば、蒸発と降雨のサイクルが早まる。平均雨量は増えるが、短時間に集中して降ることになる。高気温で蒸発散量は増え、嵐も激しいものになるだろう。

その他、詳細な結論を以下にあげる。

・乾燥地帯はさらに乾燥する。
・湿潤な赤道地域はさらに湿度を増し、洪水や極端な災害にみまわれる。
・毎年の雪融け水や長期間にわたる氷河の融解水に依存する人口密集地では、氷河が消滅し、山に積もった雪の緩衝効果が失われるため、水の確保が危うくなる。
・旱魃が急増する。

・高気温に加えて乾燥と気候変動の度合いが増し、農産物の生産量が減り、作物の出来も安定しなくなる。

最近の研究[77]によれば、二〇世紀に入ってからの人類の行動が降雨パターンに影響を与えていたことが証明された。赤道一帯および高緯度地域では湿度が高くなり、亜熱帯地域では乾燥が促されたのだ。かなりの乾燥状態にある地域の割合が、一九七〇年は一五パーセントだったのに、二一世紀の初めには三〇パーセントまで上昇したことを示す別の研究結果[78]もある。

確実にいえるのは、気候変動のせいで、雪融け水や氷河の融解水に頼ってきた地域に被害が出ることだ。とりわけ南アジアや東アジアに住む数億人は、乾期にあたる春と夏のあいだ、おもな山脈からの雪融け水に頼って生活している。インド亜大陸に住む大半の人びと、中国の二億五〇〇〇万人、アンデス山脈に近い都市の住民はすべて、そのような融解水に頼っている。気温が高くなれば、雪は急激に融けて、洪水[79]が頻繁に起こり、川の流れが速くなる。春先には水量が増え、夏のあいだは水不足になる。皮肉なことに、今後の数十年は氷河が融解するにつれてあちこちで洪水が増えるだろうが、その後、氷河が完全に消失したあとは極端な水不足にみまわれるだろう。

深刻な水危機に直面する地域

この先数年のうちに、水問題が深刻になるはずの地域を予測しておくことは有益だ。そうすれば、予防や救済を講じられる。なかでも、地下水を汲み上げたり、一時的な氷河融解水に依存したり、長期的な気候変動による降雨量の減少に悩まされたりしている地域には目を向けるべきである。人口増加、極度の貧困、民族の違い、政治的分裂などのせいで、問題解決はいっそう困難になり、利用可能な水の減少に拍車がかかる場合も多い。とくに多くの課題を抱える地域をあげてみよう。

サヘル(80)

サヘルでは広範囲にわたって降雨量が激減した。二〇世紀初頭にくらべ、この三〇年で四分の一から二分の一ほどに減っている。この乾燥は、人間が時間をかけて引き起こしてきたインド洋海面の温度上昇や、地球全体の大気汚染と関連しているように思える。この大気汚染は明らかに、熱帯のどこに雨が降るかに影響している。サヘルが抱える問題は、水ストレスと急激な人口増加、極度の貧困がからみあったものだ。

アフリカの角

エチオピア、スーダン、エリトリア、ソマリア、ケニアの一部を含むこの地域は、降雨の減少に加え、人口動態、環境、経済、農業など多くの理由で牧畜が危機に瀕していることから、不安が募っている。過放牧と旱魃のせいで草原は荒廃している。減りつつある飲料水、耕地、家畜用の草原などをめぐって地域社会に争いが起き、部族、民族、宗教上の対立が激化している。

イスラエルとパレスチナ

水危機の悪化にともない、イスラエルとアラブ系パレスチナとの対立が激化している。イスラエルはヨルダン川を力によって占有しつづけ、将来への展望なしに浪費し、ヨルダン川の流入先である死海は消滅しかけている。ヨルダン川から流れこむ水が減ったために、死海から蒸発する水分が補えなくなっているのだ。地下帯水層は枯渇しつつある。ガザ地区は地球上で最も人口密度が高く、したがって水ストレスもとりわけ重くのしかかる。地下水の過剰取水のせいで、ガザの帯水層は塩害にやられて危機に瀕している。しかも、パレスチナの人口は増える一方なので、環境への負荷はまちがいなく増加の一途をたどるだろう。

中東、パキスタン、中央アジア

アラビア半島のイラク、イラン、そしてパキスタン、さらには中央アジアの大草原地帯に至るこの乾燥地全域に、人口増加と長年に及ぶ降雨量の減少が重くのしかかっている。石油を産出する複数の公国では海水を淡水に変える脱塩に頼っている。だが、この対策はイエメンのような貧困国やアフガニスタンのような内陸国にとってはコストが高すぎる。

インド・ガンジス高原(81)

インドにおける緑の革命は、高収量品種、矮性種の小麦、灌漑、肥料という強力な組み合わせに立脚したものである。小自作農（小さな畑をもつ農民）は、井戸を掘って地下水を汲み上げ、畑を灌漑した。緑の革命の技術によって、インドは果てしない飢餓の反復から脱け出し、貧困の罠を断ち切ることができた。しかし、いまや水危機(82)はインドの急増する人口と切り離せない大問題になっている。灌漑用水をインドの農地に汲み上げる二〇〇〇万ほどの掘り抜き井戸（一九六〇年の一万基からさらに増加している）は地下帯水層を涸らしつつあり、地中一〇〇メートルから場所によっては一五〇メートルもの地下水面が低下している。同じような危機はパキスタンのインダス渓谷にもおよんでいる。現在、ヒマラヤ山脈の氷河から融け出している水は、あと数十年で氷河が完全に消滅したあとは、尽きてしまう。おまけに大規模な水質汚染も問題となっている。産業排水や都市排水のうち、湖や河川や海に流れこむ前に汚水処理されるのは、わずか一〇パーセントである。解決の見通しはまだない。

華北平原

揚子江の華北部は乾燥地帯だが、地下帯水層の枯渇につれて、さらに乾燥が進んでいる。黄河は過剰に取水されたため、もはや海まで達していない。また、地下帯水層からも大量の水が汲み上げられた結果、帯水層の上部の地盤が沈下しはじめていて、家屋や商業ビル、都会のインフラなどに深刻な損害が生じている。

アメリカ南西部

半乾燥のアメリカ南西部はよりいっそうの乾燥に向かっていて、今後数年ないし数十年のうちに黄塵地帯となるおそれがある。古気候の記録や地球規模気候モデルから、これまで以上に人為的な乾燥が進むだろうと予測される。これまで、この地域で増加してきた人口は、コロラド川などの河川から水を引くことで生活を維持してきた。しかし、この地域における河川からの取水量はすでに限界なので、「単位水量あたりの農産物の収穫量」を増やすといった対策が必要になり、いずれは農業以外の道を探ることになるかもしれない。同じような問題は[83]メキシコ北部の国境地帯にも見られるが、こちらはさらに対応が難しい。

マレー・ダーリング流域

この流域はオーストラリア最大の広さをもち、同国の農業にとって大きな可能性が秘められている。二〇〇三年から二〇〇七年にかけて、この流域は一〇〇〇年に一度の大旱魃にみまわれた。つまり、人為的な気候変動が目立つようになる前から、すでに深刻な影響が存在したということを意味している。そんな旱魃は一〇〇〇年に一度ではすまなくなるかもしれないのだ。現在も続く旱魃のせいで、農産物の収穫量は大きく減り、水保全のための高コストの対策を緊急に立てなければならない。気候変動に関する政府間パネルは、オーストラリアのこの流域やその他の地域を乾燥させている原因が地球温暖化かもしれないと示唆している。

水ストレスと紛争

以上すべての事例において、水ストレスの高まりは、その他の圧力とあいまって、食糧の確保を脅かす要因となる。旱魃による不作は、これから先、何度もくりかえされそうだ。農家は自家消費用の食糧だけでなく、市場用の食糧も生産できなくなるだろう。少なくとも、貧しい地域では、水ストレスが戦争の原因になりかねない。実際、図５・１（口絵参照）でわかるとおり、二〇〇七年には、乾燥地域と武力紛争の起こった地域のほとんどが重複しており、大きな不安を呼び起こす。これは環境問題専門家が描きだす恐ろしい悪夢ではなく、昨今の社会に見られる陰鬱な現実なのである。この関連性を見出し、科学に大きな貢献を果たしたのはエドワード・ミゲルとそのチームである。その報告によれば、「[アフリカでの]降雨の減少[84]によって紛争の火種が増えるのは明らかな因果関係であり……アフリカにたっぷり雨が降れば、紛争が起きにくいという明らかな証拠がある」という。降雨量が少なくなれば、収穫や食糧供給の量も減り、経済が衰退し、紛争の引き金になるだろう。ここで重要なのは、アフリカで起きている紛争の場所や時期などを考察するうえで、降雨に関する変数と政治的変数（民主主義、民族の違い、宗教の分裂、植民地の遺産など）の影響力を比較したところ、降雨のほうが政治的変数よりずっと大きな意味があったという点である。報告は次のように結論づけている。「これらの数値を分析して[85]わかったのは、アフリカに内戦を起こすきっかけとしては、他のなによりも、経済的な要因が大きく、組織や政治に関する問題はどちらかといえば影響力が小さいということである」

極度の水ストレスがどんな結果を招いたかは、過去三〇年間で人口が急増し、その一方で降雨量が激減したスーダンのダルフールを見れば明らかだ。人口急増と降雨量の激減が組み合わさると、極度の貧困や民族間の衝突といった問題をさらに悪化させることになる。ダルフール危機については10章で触れる。

これまでのところ、水不足は、国家間紛争というより国内紛争の原因になることが多い。しかし、水ストレスが極端になりつつあるいま、今後は国境を越えた衝突も増えるだろう。フレッド・ピアスはこう指摘している。

結局のところ[86]、二〇か国以上の国々は、自国民が必要とする水の半分以上を近隣諸国から得ている。本来ならもっと多くの水が使えるはずなのに、それができない立場にある人びとは大勢いる。アメリカから流れてくるコロラド川の水を、メキシコはほとんど一滴も利用できない。ヨルダン川の水の大半はイスラエル国内で消えてしまい、その名の由来となった国に到達することはない。イリ川は中国を出てカザフスタンに入るときには三分の二の細さになっている。イラン西部を流れるカルケ川がイラクまで達することは、まずない。一方、イランでは、一九九〇年代以降、アフガニスタンとの国境を越えて西に流れるヘルマンド川が見られなくなった。自然の河川の流れが妨げられたことによる被害の大きさを思えば、戦争がこれだけですんでいるのは不思議だといってもいい。

外交的手腕によってダルフールやソマリアのような紛争地帯に和平をもたらし、その他の乾燥地帯における全面戦争の勃発を防ごうと思うなら、それらの地域にストレスをもたらしている環境要因を理解し、それに取り組むことが何より重要である。生活用水や農業用水の適度な利用について見通しを立てることは重要な調停事項の一つだが、紛争予防や和平といった側面は往々にして見過ごされやすい。

行動の枠組

水ストレスの増大と不安定な降雨への対処法は一つではすまない。各国は全般的な行動計画を作成し、その実施に国際社会の協力を求めるべきだろう。そうした計画には以下の五つの項目が含まれる。

・地球上のすべての人に安全な飲み水を確保し、衛生設備を整える。
・耐乾性種苗の開発や新しい灌漑戦略の策定も含めて、農業用水の利用効率を向上させる。
・貯水能力を向上させ、旱魃への配慮を強化する。
・降雨保険を導入し、経済リスクを減らす。
・降雨に依存しすぎない生活をめざし、経済的な多様性と国際取引を確立する。

各項目をくわしく検討し、世界協力を打ち立てれば、事態を好転させることも可能だろう。各国が一致協力して極度の貧困をなくすために努力し、出生率を自発的に低下させて人口増加を抑えれば、これらの項目は容易に達成できることを強調しておきたい。

飲み水と衛生設備

ミレニアム開発目標は、安全な飲み水や衛生設備が利用できない人の数を半分に減らそうと呼びかけている。実際、目標のなかでもこれはいちばん達成しやすいものである。井戸、泉、水道、地域の水販売店など、それぞれの町村にふさわしい解決策を選ばなければならないが、根本的な障害は、天然水が利用できるかどうかではなく、技術や資金にまつわる問題である。飲み水や衛生設備などの家庭用水は、全体に必要な水のごく一部にすぎず、大部分は農業用水で占められているからだ。二〇〇六年の国連開発計画による試算では、水や衛生設備に関する目標を達成するのに必要なコストは、世界全体で年間約一〇〇億ドルだった。この金額は、世界の富裕国における年間の国家歳入総額三五兆ドルのわずか〇・〇三パーセントにすぎない。[87]

飲料水のニーズを満たす有効策としてアメリカ政府が支持しているのは、都市水道の民営化である。民間業者にまかせれば、公的機関よりも効率がよく、資本も多く、より確実だろうという考えだ。しかし、歴史は逆を示している。ずさんなやり方で民営化すれば、公的機関による独占を、ただ民間業者による独占へ移行させただけになる。しかも、民間の専売業者には、次の選挙で勝たなければいけないという圧力さえない。また、業者には貧困層のために水を確保しようなどという気持ちはまったくない。独占販売の利益をめいっぱい乗せた水の料金を払えない貧困世帯など、目にもとめないだろう。

公営と民営のあいだをとった有効なアイデアの一つとして、最低限必要な生活用水を公的機関が提供するという案がある。各世帯が生存するのに必要な水（飲み水、調理用、衛生設備用など）を一日につき一定の量だけ確実に提供し、その量を超えて水を使ったときは、メーターで計測して市場価格で請求される。この方法なら、たとえ最貧困層でも、すべての人に最低限の量の水が保証される。このうまく考えられた方法は、水だけでなく、電力、肥料、高収量種苗、蚊帳などの必需品にも応用できる。大口顧客や、とくに高所得層は、市場価格で料金を支払わなくてはならない。しかし、極貧層はそのような市場化テストにさらされずにすむ。官民の提携関係や料金設定にもよるが、公的部門の予算は、最低限の無料供給分を業者に補償することも考えられる。

単位水量あたりの生産量

水の使用に比して農産物の生産性を高めること。つまり、水一定量あたりの農産物の収穫量を増やすことは、はるかに難しい課題である。国連食糧農業機関(88)は、人口増加と一人あたりの消費量の増加を見越し、全世界で必要となる穀類の量は二〇三〇年までに約一〇億トン増えると推定している。しかも、世界各地の気候条件がますます厳しくなるなかで、この増産を達成しなくてはならないのだ。

農業生産性を向上させるのに、さまざまなテクノロジーが重要な役割を果たすだろう。技術面でのキーとなる選択肢は、生育に水をそれほど必要とせず、旱魃にみまわれやすい地域でも丈夫に育つ品種を開発することである。開発の方法には、従来どおりの育成技術だけでなく、耐乾性を高めるためにある種の遺伝子を別の種に移しかえる遺伝子組み換え技術も用いられる。現在、多くの科学者チームが、耐乾性のある自然種から遺伝子を食用作物に移すという遺伝子組み換え植物の開発に取り組んでおり、初期の実験段階では目覚しい成果を挙げている。

二つめの選択肢は、雨水一定量あたりの収穫量を最大にする機械的、または農学的な仕組みをとりいれることだ。そのよい例が細流灌漑である。田畑に水を撒くとか、移動のあいだに水が大量に蒸発してしまう用水路ではなく、低圧でごく少量の水を間断なく農作物の根元に直接かける方法である。穴をあけたホースを植物の根元近くに置き、水を撒くだけだ。単純で手軽ながら確実なこの細流灌漑によって、土壌の乾燥を最大九〇パーセントまで防ぐことができる。小さなペットボトルで水を運ぶインドのペプシシステムという現場のアイデアから生まれた発明によって、細流灌漑の運用費は非常に低く抑えられている。

もう一つの重要な技術は雨水栽培である。農民は小さな池を掘るか、小さな容器を地中に埋めて、雨水を溜めておく。そして、一時的な日照りのときにこの水を使う。長期的な灌漑には不十分な量だが、短期間の日照りのときに降雨不足を補うくらいなら十分足りる。この方法は、補給灌漑ともいう。

たとえば、中国甘粛省《かんしゅく》で雨水栽培を実施した結果、(89)単位水量あたりの農産物収穫量は二〇パーセント増し、小麦生産量は五〇パーセントも増加した。雨水を利用して生産性を高めることも有益なアプローチである。日陰を作るような植え付け、マルチング（畑の表面を覆うこと）、間作物（農作物と他の植物を並べて植えること）などの技法を用いて、成長の初期段階で水分の蒸発を抑制することも有効だ。

三つめの新機軸は、不耕起栽培や保全耕耘《こううん》など、新しい耕作法の導入である。耕起とは畑や田んぼを耕すことを意味する。一般には畑や田んぼをすきで掘り返し、雑草の繁殖を抑え、種まきと肥料散布のために土壌を整えることをいう。不耕起栽培や保全耕耘は、畑をまったく、あるいはほとんど耕起せずに種をまく方法で、これには次のような利点がある。土壌の湿度蒸発を減らし、土壌構造が維持でき、侵食が少なくなるといった点である。ミミズや節足動物など、生産性に貢献する土壌中の生物も影響を受けずに生産性を高めるための活動を続けられる。同時に、不耕起農業には、欠点もある。農地を掘り返さないので、雑草がはびこりやすく、農作物と雑草との競合が激しくなる。農民にとっては、耕されていない土壌に作物を植えるため、特別の農具を導入する必要が出てくるかもしれない。保全耕耘の可能性は状況に応じて考慮しなければならず、貧しい農民が始めるにあたっては(90)特別な支援が必要になることもある。

以上の事例のすべてにおいて、水を過度に使うことをやめ、単位水量あたりの収穫量を増やすテクノロジーにもとづく持続可能な利用法へと転換するには、水の使用に課金することが必須だろう（電力などのライフラインにも料金は必要だ）。低炭素技術と同じように、水効率のよい種苗品種やより効率的な灌漑手法の開発も一つの手だが、その技術を世間に広く定着させることはまた別の問題である。持続不可能なやり方で地下水を汲み上げている農民たちにそのような技術を導入させるには、市場でのインセンティブを与えなければいけない。極貧層にとっては、先進的なテクノロジーをとりいれるかわりに与えられる助成金や補助金が有効かもしれない。もっと余裕のある農家には、その逆が有効だろう。地下水や河川からの取水という持続可能性の低いやり方に対しては、社会コストを反映させた高い料金を課すことがブレーキになる。

物理的なインフラ整備

海水から淡水を作りだすことができ、そのコストがまかなえれば、地球上に水不足は起こらないだろう。海水を脱塩すれば淡水に変えることができる。逆浸透膜法などの脱塩技術が進歩したおかげで、コストはこれまでの蒸留法よりだいぶ低くすむようになった。もちろん、脱塩には大量のエネルギーが必要だ。地球全体のエネルギー消費量が大きく削減できるだろうという期待はもたないほうがいい。安全な水の確保といったきわめて重要な問題を解決するには、いま以上のエネルギーが必要になるからだ。とはいえ、脱塩のプロセスに風力や太陽光や水力発電などを用いれば、広範囲にクリーンかつ低コストで水の供給量を増やせる可能性はある。残念ながら、いまのところ、沿岸地方か、大規模なエネルギー源（中東の石油など）の周囲でなければ、脱塩の経済的な問題は乗り越えられないようだ。水を汲み上げるコストが高すぎるため、内陸部、とくに高原地帯では、実現できそうにない。

小規模農家用の溜池から主要河川沿いの大型貯水池まで、貯水という点では物理的なインフラ整備も重要な役割を担うだろう。この先数年のうちに降雨量が変動し、氷河からの融解水もなくなると予想されるため、旱魃や乾期にも利用できる水を確保し、灌漑の備えをしていくことには、経済的にも大きなメリットがあるはずだ。

降雨保険

もう一つ考えられるのは、物理的というより、金融面での対策である。降雨保険（専門用語では天候デリバティブという）は旱魃に備えた金融商品で、雨量が通常なら払い戻しをせず、旱魃には高額を払い戻すというものである。この保険は、旱魃が発生する可能性と、発生した場合の補償金額によって販売価格が決まる。たとえば、販売価格が一〇万ドル、一〇年に一度の大旱魃が起きた場合の補償金が一〇〇万ドルとしても、旱魃が起きなければ払い戻しはない。農業組合は、旱魃期の不作に備えて、組合員のためにこの種の保険を購入することがある。一方、市場原理にのっとった保険会社は儲けを見こんで保険の条件を設定するので、貧困国に降雨保険を導入するには公的資金の投入が必要になるかもしれない。

経済の多様性と国際取引

降雨によるリスクを回避するには、多品種の農作物を育てるという方法もある。旱魃に備えて、耐乾性の品種と、脆弱な品種とを交互に育てるのだ。農村地帯では、さまざまな活動と合わせて、降雨の影響をじかに受けないような非農業活動（商売や小規模工業など）をとりいれることもある。地域内でも、あるいは国際的な規模でも、遠隔地と取引すれば、耐乾性のある農作物に特化する（深く根を張り、一時的な日照りに強い樹木作物を植えるなど）ことができ、さらにその取引で得た現金で食糧を買うこともできる。

気候変動のせいでとくに乾燥地域への負担が増すため、通商の活性化はまちがいなく重要な役割となるだろう。乾燥地域では食物生産が不可能になることも予想される。別の地域が、国際貿易を通じて、そのような地域に食品を供給できるかもしれない。アメリカ、カナダ、ロシアなどの高地を中心に、いくつかの地域では地球温暖化によって農業生産性が向上するとも考えられる。温暖化によって、植物の生育期が長くなり、雨量も増えるからである。極寒地域の一部が、世界にとって重要な新しい穀倉地帯に生まれ変わる可能性もある。とはいえ、国際貿易だけで、この困難が救われると思ってはいけない。自給自足の農民たちが食糧生産の手立てを失った場合、食糧を購入するための別の収入源がすぐに確保できるとはかぎらないからだ。活動を中止して新たな活路を見出そうとする極貧層の人びとが、別の生産活動に着手できないまま取り残されてしまうことは珍しくない。そうなると、大勢の人が飢えにさいなまれ、大量死さえ招きかねない。世界規模での農業活動を再編成するのに、貿易が重要な役割を果たすのはたしかだが、地球上の全人類がこの非常事態を生き延びようとするとき、国際市場だけでは十分とはいえない。

水を確保するために必要な世界の協力

国連には水の管理について調整する担当部署も技術的な機関もない。国際機関や条約機構には、何らかの役割を担うものがいくつかある。国連児童基金（ユニセフ）、世界銀行、食糧農業機関、国連教育科学文化機関（ユネスコ）、国連工業開発機関、国連開発計画、国連環境計画、国連砂漠化防止条約、国連気候変動枠組条約、生物多様性条約、国際水管理研究所、国際半乾燥熱帯作物研究所などが代表的なものだが、その他にも地域機関の多くがかかわっている。問題は、錚々たる名をつらねた団体の活動に実態がともなっていないことである。全体的な責任の所在もわからず、説明責任もなく、また、気候変動や農業ストレスや水に関するテクノロジーの問題にどう取り組むのか、世界から集まった資金でさまざまな計画をどのように実行するのか、貧困削減に向けた各種の開発計画と水問題をどう組み合わせるのかについての構想もない。さらに、水問題を合理的に解決するには、地域特性を考慮する必要があり、分水界を共有する近隣諸国からの協力も欠かせない。これは大変な難問である。地球上には世界共有の海盆が二七三か所を数える、それに関係するのは一四五か国、人口にして全人類のおよそ九〇パーセントにもなるのだ。

課題の大きさと、技術や経済や外交が絡み合っていることを考えると、水に関してリーダーシップをとる国際機関が早急に必要とされる。少なくとも、第一歩として、最も緊急を要する土地、とりわけ乾燥地に目を向けるべきだろう。幸運にも、一九一か国の政府が批准した国連砂漠化防止条約がこの問題を扱っている。一方で、不運もある。いまのところ、この条約は知名度が低く、政治的な影響力や財政面での支援も少ないのだ。そうはいっても、この条約を最初から作りかえるより、いまあるものに活気を吹きこんだほうがいいだろう。

手始めは、砂漠化防止条約の科学技術委員会が乾燥地に着目し、水をめぐる世界状況について大規模かつ国際的な科学評価を下すことだろう。その際、以下の項目を重点的に調査すべきである。

・水技術の改善。
・農業用水の効率。

・気候変動による水へのリスク。
・極貧層の水の確保（家庭用水と農業用水）。
・飲み水と衛生設備に関するミレニアム開発目標を達成するための資金の確保。

しかし、この調査結果がまたしても実現の見込みのない書類で終わってしまうなら、どんな努力も興味や熱意を伝えることはできない。乾燥地に必要なのは、現実的な解決策を実行するための資金援助である。これには、耐乾性農法（種苗、水管理、作付け法、作物の選択、土地管理）についての研究開発や、効率的な灌漑への資金投入、安全な飲み水の確保、貯水容量の向上などが含まれる。

二〇〇三年、環境関連計画を支援する国際基金である地球環境ファシリティは、砂漠化防止条約の財政支援を引き受けた。地球環境ファシリティは、国連開発計画、世界銀行、国連環境計画によって共同運営される世界有数の信頼できる環境財政機関である。ただし、その財政支援は金額が問題で、真剣に取り組むのに必要な額の一〇〇分の一とはいわないまでも、せいぜい一〇分の一程度でしかない。乾燥地の管理にあてられた地球環境ファシリティの予算は、二〇〇二年から二〇〇六年までの四年間で二億五〇〇〇万ドル、年間約六〇〇〇万ドルだった。一方、ダルフール、ソマリア、エチオピアなど、乾燥地の危機に対処するには、年間数十億ドルの資金が必要となるだろう。

6　すべての生物種が共存できる環境

過去二世紀のあいだに、人口は急増し、経済活動も拡大したが、これは地球に生息する他の生物を犠牲にしてなしとげられた。資源をとことんまで追い求めた結果、人類は地球上で唯一にして最大の破壊勢力になった。地球上のさまざまな生態系の現状を報告するミレニアム・エコシステム・アセスメント[91]は、二〇〇〇人を超える科学者の情報提供により、数年かけてまとめられた。それによると、過去五〇年間、人類の活動のせいで、地球上の生態系のほとんどが悪化し、危機に瀕したものもあり、なかには絶滅に追いこまれた種もあるとわかった。人類は驚くべき適応力を駆使して、食糧、水、エネルギー、資源などを獲得してきたが、これはやりすぎではないだろうか。自分たちの生きる環境を壊しながら、図々しくも自己正当化をもくろんでいる。

私たちはいま、生物多様性の危機に直面している。これまで、おびただしい数の生物種に取り返しのつかない被害を与えてきた。そのほとんどは記録さえなく、実態調査さえなされていない。人類の侵略はあまりにも多方面にわたったので、自然はとても対応しきれなかった。生物多様性や生物種の豊かさはどんどん減少している。そのようすは世界自然保護基金の「生きている地球レポート」にま

図 6.1　1970−2000 年の生きている地球指数

この指数は現在、地球上の多数の脊椎種の各データを合わせたものである。そのうち、陸生種は 555、淡水種は 323、海水種は 267 となっている。1970 年から 2000 年までで全体的には約 40%下がったが、この間に陸生は約 30%、淡水種は約 50%、海水種は約 30%減少した。

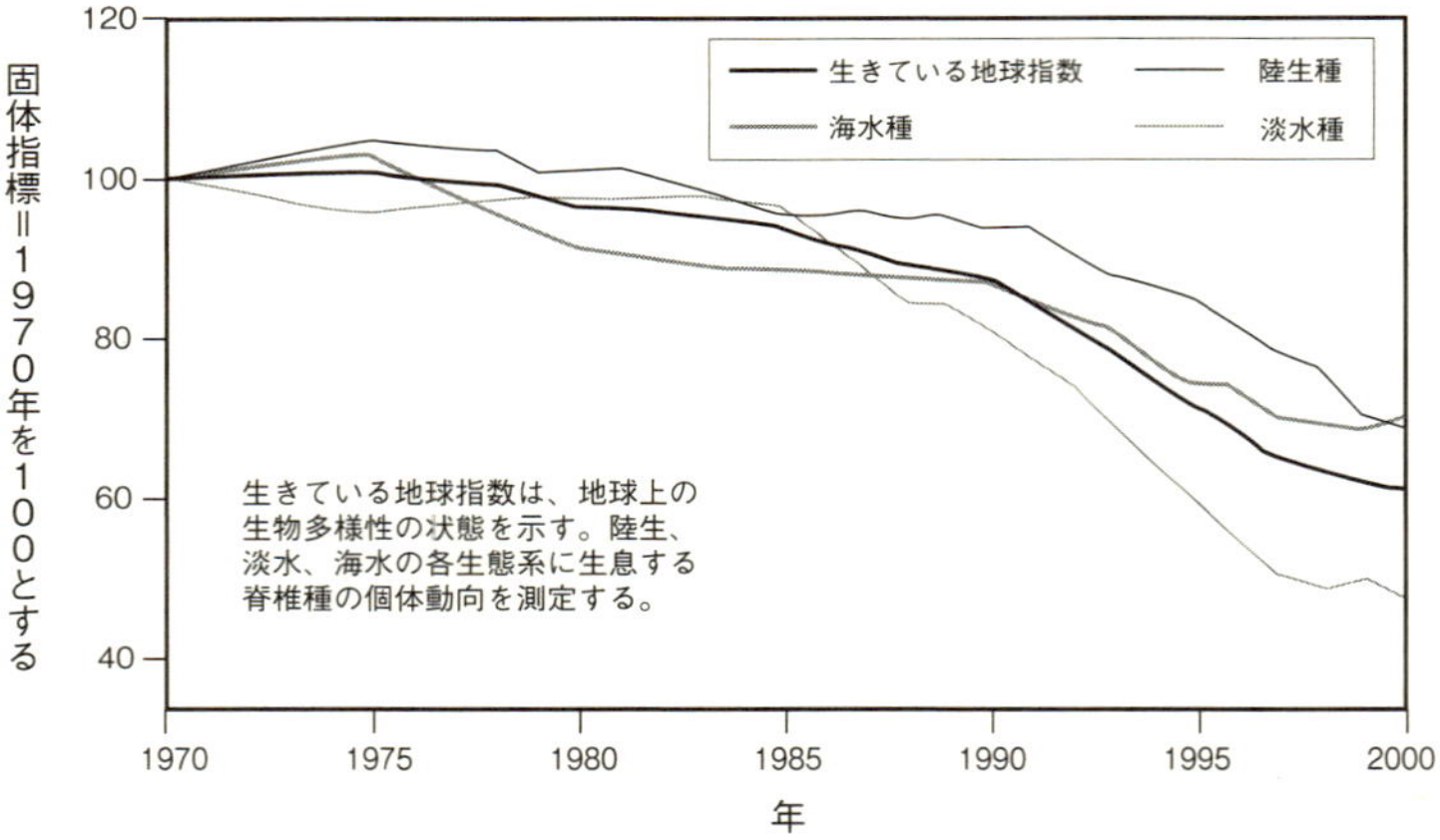

出典：WWF、UNEP 世界動植物保全監視センターによるミレニアム・エコシステム・アセスメント（2005 年）。

とめられている。ここには、一九七〇年以降に種の分布状況が広範囲で低下していることが示されている（図６・１）。偉大な進化生物学者Ｅ・Ｏ・ウィルソンは、これらの多面的な阻害要因をＨＩＰＰＯ[92]という単語で表現する。生息環境の破壊（habitat destruction）、侵略的な種（invasive species）、汚染（pollution）、人口増加（population increase）、過剰採取（overharvesting）の頭文字をとったものである。

　これらのマイナス要因は、気候変動によってさらに悪化するだろう。気候変動にともない、気温や降雨、化学構成（たとえば、二酸化炭素量の増加による大洋の酸性化など）、嵐の発生頻度、またある生物種にとって重要な捕食者や餌や病原体などが変化するだろう。その結果、多くの動植物にとって、地球は住みにくい場所になると思われる。地球が温暖化すれば、生息できる気温を求めて南極や北極のほうへ移動せざるをえない生物もいるだろう。しかし、移動ルートがふさがれていたり、途切れていたり、気候変動に対応するだけのスピードがなかったり、あるいは、ただ行き先がなかったりして、移動が不可能な場合もある。最後の逃げ道がないのは、高山でしか生息できない生物種の場合である。これらは、気温の上昇を避けて、上へ上へと移動し、やがて山頂に達する。そこから先はない。また、極地に生息するホッキョクグマなどの場合、生息地そのものが地上から完全に消滅してしまう。最近の研究では(93)、地球環境の変化のせいで、全生物種の三分の一から二分の一が絶滅に追いやられると推測されている。

拡大する被害

この多面的なマイナス要因による被害はいたるところで見られる。地上のほとんどすべての生態系が弱っており、崩壊間近というものさえある。動物と植物との別なく、生物種の豊かさは全般にわたって衰退に向かっている。なかでも顕著なものを以下にあげた。

魚

最近の研究によれば(94)、漁獲高の減少率が長期にわたって少しずつ加速しているという。現在捕獲されている魚のうち、二九パーセントは二〇〇三年から減少しつつあるようだ。漁獲高の減少に関する大きな懸念は、往々にして、その進行が直線的ではないことだ。乱獲の度合いが転換点に達すると、

図 6.2　ニューファンドランド諸島におけるタラ漁の履歴

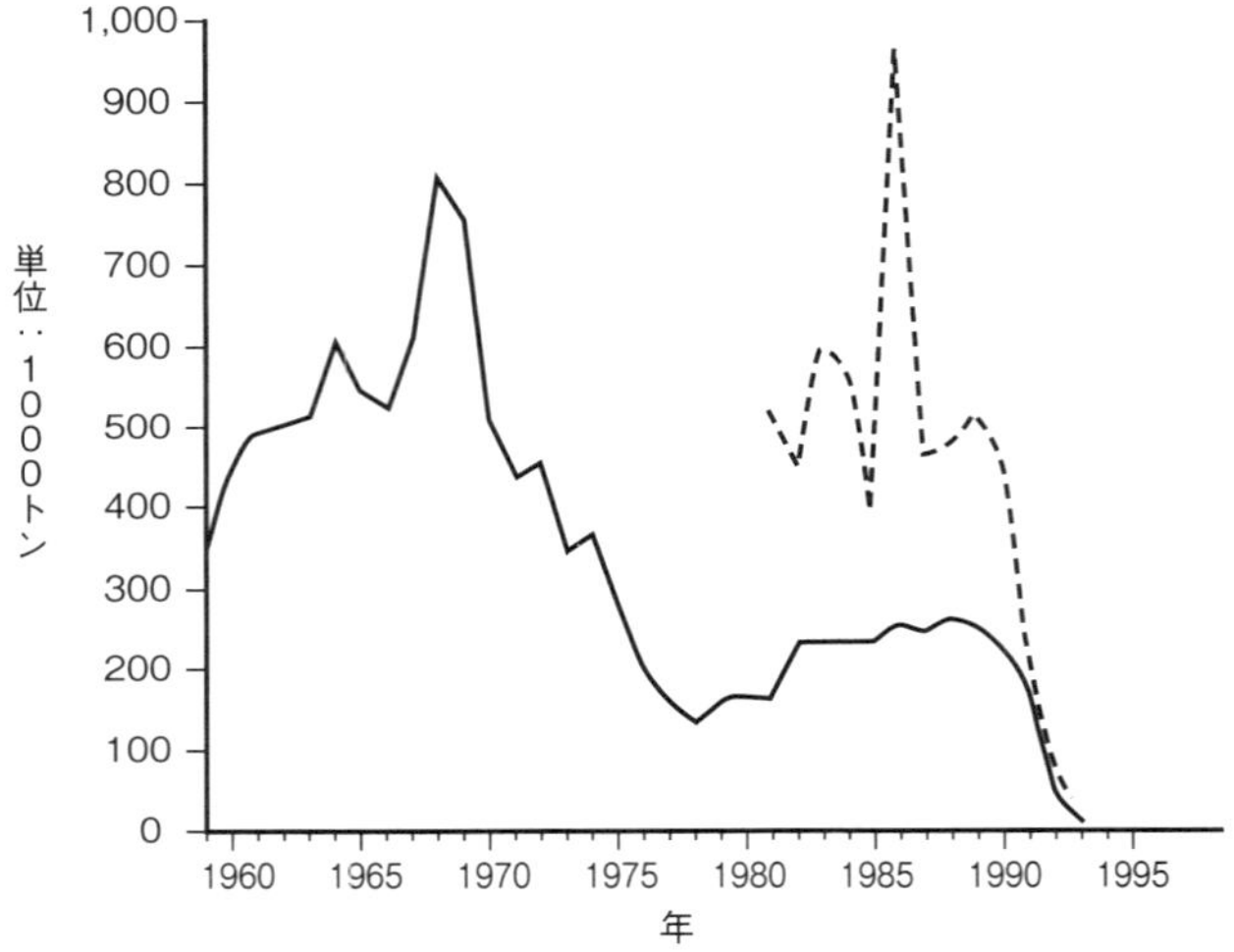

実線は年間漁獲量（1000 トン単位）、点線は資源量を示す。

出典：Roughgarden and Smith (Copyright 1995 National Academy of Sciences, U.S.A.)。

一気に漁獲量が激減しかねない。図6・2と図6・3a、b（口絵参照）は、一九九〇年代初めの北大西洋のタラ漁において、漁獲量が劇的に減少したことを示している。

珊瑚

珊瑚礁は[95]、悪影響を及ぼす多くの要因や脅威にさらされている。その一つが海面温度の上昇である。海水の温度が上昇すると珊瑚の内部に生息する共生藻が脱け出してしまう。また、観光、漁業、ボート遊びなどの危険要因によって、珊瑚礁が物理的に破壊されることもある。海水の酸性化も、結果的に炭酸系の構造破壊を招く。海洋汚染の弊害はもちろん、珊瑚が観賞用として大量に乱獲される危険も無視できない。

両生類

現在、地球上では、カエルなどの両生類群が激減[96]しつつある。これは並行して生じた複数の原因による。生息地の破壊、湿地帯や森林の分断、オタマジャクシを餌にする外来種の魚などの外敵種、殺虫剤や除草剤の広範囲にわたる散布、病原体や寄生吸虫類、有害菌類の移入、成層圏オゾン層の一部破壊とその結果としての紫外線増加などがあげられる。

花粉媒介者[97]

果物、野菜、樹木などが、実をつけたり花を咲かせたりするのは、花粉を媒介する動物、たとえばミツバチなどのおかげである。カリフォルニアではアーモンド果樹に受粉させるため、毎春、約一〇〇万個のミツバチの巣箱を設置するなど、花粉媒介用に巨額の資金を投下している。いま、ミツバチなど野生の花粉媒介者の個体数が大幅に減っており、外来侵入種が在来種を駆逐しつつある。その結果として、農産物の生産高が減り、食糧価格の上昇を招く。生物多様性が壊滅的なほど低下している他の分野と同じく、複雑にからみあったマイナス要因は多く、それらが総合して状況の悪化に拍車をかけているのだろう。たとえば、花粉媒介者の生息地（森林など）の消滅、寄生虫などの侵入種（ミツバチの外敵となるダニやヒアリなど）、海外から運ばれたウイルス性伝染病、花粉媒介者を駆除する殺虫剤の大量散布などである。

類人猿[98]

ゴリラ、ボノボ、チンパンジーなどの類人猿には、広範かつ深刻な脅威が迫っている。それらの脅威のほとんどは、類人猿の生息地である森林に人類が侵入したために生じたものである。類人猿が激減し、絶滅に瀕している原因として次のような理由が考えられる。もともと個体数が少なかったこと、木材の伐り出しや紛争で生息地の森林が破壊され分断されたこと、肉食用に乱獲されたこと、原因不明のエボラウイルスが蔓延したこと（環境、気候、生息地の変化が原因かもしれない）などである。

生態学者によれば、これらの目立った弊害は、現在進行中の人類の活動に起因する大量絶滅時代の表面に出てきたほんの一部だという。人間の活動は、これまでも巨型《きょがた》動物を絶滅に追いやってきた。たとえば、約一万年前に北米で猟師によって（それに気候変動のせいもあって）絶滅に追いこまれたアメリカン・ホース、ラクダ、マンモス、剣歯虎など、捕獲しやすい大型哺乳動物である。絶滅種を記録しつづけている国際自然保護連合の報告によれば、この五〇〇年間で七五〇以上の生物種が絶滅しているという。これにはドードー、ヨウスコウカワイルカ（二〇〇六年に絶滅が宣言された）など、多くの鳥類や海洋生物が含まれる。その他の種でも絶滅に追いこまれたものは多く、おそらく数百万になると思われる。しかし、それらの種はふつう、生物としては小さく、記録されないうちに絶滅してしまった。二〇〇六年に発表された国際自然保護連合による最新の絶滅危惧種調査によれば、評価対象となった脊椎動物二万四二八四種のうち五六二四種、無脊椎動物三九七八種のうち二一〇一種、植物一万一九〇一種のうち八三九〇種が危機に瀕しているという（「危機に瀕している」というカテゴリーは、絶滅危惧ⅠA類、絶滅危惧ⅠB類、絶滅危惧Ⅱ類の三つに分けられる）。

大量絶滅の有無を評価するには、直接的な観察だけでなく、ある一定の面積にどれくらいの生物種が存在するかを推定する種数・領域関係という重要な手法も用いられる。生息地が破壊されると、過去に得られた種数・領域関係を用いて、その生息地の変化にともなって何種類の生物種が失われたのかを推定できる。E・O・ウィルソンは『生命の未来』（二〇〇二年）で、HIPPOと気候変動のせいで二一世紀には地球上の全生物種の半分が絶滅の危機に瀕するだろうと、想像を絶するほどの予測をしている。

世界で最も知られていない、最も重要な目標

人間の活動が生物多様性に脅威をおよぼしていることは、とりあえず世間に認知されている。ところが、その規模や広がり、どれだけ差し迫った問題かは、理解されているとはいいがたい。一九九二年、生物多様性条約によって、国際社会は生物多様性を保全するための約束事に同意した。この条約の目的は「生物多様性の保全、その構成要素の持続可能な利用および遺伝資源の利用から生じる利益の公正かつ衡平な配分」と定められた。この条約は生物多様性を目的として、参加諸国に適切な対処をとるよう要請している。富裕国はこのための追加資金供与を約束した。想定された保全対策には以下のようなものがある。

・生物多様性の損失速度の減少。これには以下が含まれる。（一）生物群系、生息地、生態系、（二）種、個体数、（三）遺伝子的多様性。
・生物多様性の持続可能な利用の促進。
・侵入的外来種、気候変動、汚染、生息地の変化などによる生物多様性に対するおもな脅威への取

り組み。
・生態系の統合性、人類の福利を支えるため、生態系において生物多様性が生みだすものやサービスの維持。
・伝統的な知識、発明、慣習の保全。
・遺伝資源の利用から生じる利益の公正かつ衡平な配分の確保。
・条約や戦略計画を実施するための資金と技術的資源を結集すること。とりわけ発展途上国、なかでも後発開発途上国や小島嶼発展途上国および経済移行期にある諸国に対する計画を重視する。

この条約が掲げる具体的な目標が、批准国によって実際に採択されたのは、一〇年後の二〇〇二年だった。このとき、参加諸国は、「貧困軽減および地球上のすべての生命の利益に向けて、世界、地域、国家レベルにおける現在の生物多様性の損失速度を二〇一〇年までに大きく低減させる」ことを決意した。この目的は二〇〇二年に開かれた「持続可能な開発に関する世界首脳会議」でも採択され、国連総会でもミレニアム開発目標の一部に盛りこまれた。

悲しいかな、二〇一〇年までに生物多様性の損失速度を低減させるという目標は、この地球上で最も厳重に隠された約束のような扱いをされている。最初から、この目標は控えめなアピールしかなされなかったが、いまや世界のレーダー監視スクリーンから完全に姿を消してしまったようだ。それには多くの理由があるが、そのすべては世界各国の政治的指導力が不足していたことに関係する。この目的が失墜したのは、戦争、一時的な危機、広い範囲での不履行、そして生物多様性条約そのものに関する完全に的外れな議論などが原因である。各国は、遺伝資源を商業的に共有するにはどうすればよいか、そうした資源を所有するのは誰かといった問題にかかずらい、いらだちを募らせた。さらに、遺伝子組み換え理論について長々と議論を交わした。だが、なにより大きかったのは、アメリカがこの条約に署名しながら、批准には加わらなかったことだ。地上の生物多様性保護よりも放牧権を手放すまいとした農場主と牧場主が手を組み、一九九四年に上院でこの条約の批准が否決されたのである。放牧地や農地を健全に管理することは、長期的に見れば親農民派のロビイストにとっても有益であることは明らかなのに、クリントン政権は彼らをついに説得できなかったのだ。

生物多様性条約にまつわる利害関係

E・O・ウィルソンはこのところ、生物多様性を守ることは、神の手になる被造物そのものを守ることにほかならないと発言している。事実、彼のこの言葉は科学の領域を超えてアメリカの宗教界にまで届くメッセージとなっている。科学と宗教の別なく、この世の生き物を守ろうというのだから。これはたんなる言葉の問題ではない。生物多様性を守ることは、生命そのものを支えることに等しい。生態学的な見地からすれば、あらゆる生物系は相互に関連するものだから、人類がこのまま生物多様性を破壊しつづければ、魂を失うだけでなく、食糧生産に支障をきたし、病原体への防御が危うくなり、さらには私たちの生命や生活を維持してゆくことさえ難しくなる。

これもまた、ミレニアム・エコシステム・アセスメントのテーマである。このアセスメントは世界の生態系の現状と、人間が生態系におよぼす影響を記録するという、かつてない規模をもったグローバルな取り組みである。私たちにとっての利益がどれほど生態系の機能に頼っているか、そして人間の活動がそれらの機能をどれほど損なっているかを調べたこのアセスメントは、現代の生態学を人類の利益になるよう役立てることを目的にしている。ここでは生態系を支援、供給、規制、文化の四つの領域に分けている。この四つは、さまざまな方法で人間の利益に寄与している。「支援」は生態系のキーとなる基本プロセスで、人間の欲求を満たすものとして貢献する。これには、栄養循環（生命に不可欠な窒素と炭素の循環など）、土壌生成、光合成による一次生産物が含まれる。これらの基本的な機能をもとにして、もっと高次の利益が得られる。生態系は、食糧、淡水、木材や繊維、燃料などを社会に「供給」する。また、生態系は自然環境を「規制」することによって、洪水を防ぎ、病原体の媒介物となる種を制限して疫病を抑え、湿地帯で水を純化し、気候を安定させる。さらに生態系は、美、他の生物種との関係、科学的探究、芸術活動という「文化」および倫理面での価値を支える。

明らかに、私たちの利益は基本的にこれらのエコロジカル・サービスに依存している。ミレニアム・エコシステム・アセスメントは、こうしたさまざまなサービスに支えられた利益を四つの目的別に論じている。「安全」には、自然災害（洪水、旱魃、捕食者）からの保護が含まれる。「物質的ニーズ」には、食糧、建築資材、衣類用の繊維、エネルギー供給などがある。「健康」には、安全な水と空気に加え、病原体の感染を防ぐことも含まれる。「社会的一体性」とは、地域社会の信頼と利益を意味し、安全な環境を求める人びとの共感と信頼によって築かれるものである。これらの四つが、物質と精神とを問わず、よりよい目標を達成しようとする個人および地域社会を促す原動力となる。

生態学から学ぶ大きな教訓は、生態系のさまざまな部分がたがいに関連性をもっており、ごくわずかな力でも、突発的な思いがけない結果を招くことがあり、ときには壊滅的な変化さえ起こしかねないということである。そのような脅威はすでに気候変動で経験している。同じことは生物多様性の損失にもいえる。生物の多様性が生態系の生産性を向上させ、抵抗力を高めることは、基本的な知識として受け入れられている。ある地域の生態的ニッチにより多くの生物種が存在すれば、生物多様性に富んだその生態系は、外界からの衝撃を緩和しやすく、栄養循環の効率も上がり、より多くの太陽放射を受けとることができ、水資源をよりよく活用でき、一種類の捕食者、雑草、病原体による侵略を防ぎやすくなる。つまり、生物多様性を維持すれば、生態系に備わった機能のあらゆる側面を維持することにもつながるのだ。たとえば、特定の樹木を切り倒し、ある種の魚や動物だけを捕るようにして一つまたはそれ以上の生物種を生態系から排除すれば、生態系に連鎖的な変化をもたらすおそれがあり、ひいては突発的で思いがけない大惨事を引き起こすこともないとはいえないのだ。

残念ながら、人間の行動は往々にして、生態系を「単純化」しがちであり、ときには深刻な危機を招くこともある。近代農法では、作物を一種類だけ植える単作農業から、時期をずらして複数の作物を植える間作農業へと転じることが多く、生物多様性や種間の遺伝子多様性を失わせ、気候変動や植物病害への抵抗力を弱める結果になりやすい。市場価値の高い魚だけを捕ろうとする漁船は多いが、それらはたいてい食物連鎖の頂点に位置する大型の肉食性魚類で、成長するまでに時間がかかる。食物連鎖の一部を排除すると、生態系全体にその影響がおよぶ。漁の獲物はより小型になり（大型魚類が絶滅するため）、栄養レベルの低い種（獲物が肉食性の捕食者から、草食性の被捕食者に代わるため）が主体になる。漁場によっては、高栄養種を排除したために、連鎖反応のような変化が起こることもある。たとえば、アメリカの太平洋沿岸でラッコを乱獲した結果、ラッコの餌であるウニが大繁殖し、ウニの餌となる昆布が減少することになった。

ミレニアム・エコシステム・アセスメントは「回復不可能になるおそれのある急激な変化」をいく

つかあげている。その一例を以下にあげておく。

・動物と人間の接触によって発生した疫病。ＨＩＶ／エイズ（チンパンジーウイルスの突然変異体が人間に伝染した）、ＳＡＲＳ（感染したジャコウネコから人間に伝染したと思われる）、鳥インフルエンザ、西ナイルウイルス、リフトバレー熱など。

・窒素流入量が増加して藻類が繁茂し、魚類の大量死や酸欠海域の拡大を招いた（メキシコ湾がその一例）。

・漁業の崩壊。たとえば、カナダ沖ニューファンドランド諸島のタラ漁など。

・藻によって珊瑚が駆逐される例がさまざまな場所で確認されている。富栄養化、藻を餌にする魚類の減少、礁に生息する魚類の長期的減少、生物の繁殖力の全般的な低下が原因と見られる。

・土地の砂漠化。気候変動による土地の劣化、ならびにその他の影響による草原の消失、保湿力の低下、土壌構造の崩壊などが原因とされる。

・洪水、地すべり、嵐など、頻度および強度を増す自然災害に対する無防備さ(99)。

・害虫、病原体、生物多様性の損失（花粉媒介者の減少など）、土壌流出、水の汚染、低空（対流圏）のオゾン増加などに起因する農産物の不作。

生物多様性を守るための戦略

長期戦略の要として、ＨＩＰＰＯ（生息環境の破壊、侵略的な種、汚染、人口増加、過剰採取）および気候変動という厄介者をこの社会から追いださなくてはならない。自然の生息環境に人間がおよぼす影響を減らすよう大規模な行動をとる必要がある。国際的な移動経路（大洋横断船舶の底部に潜むことや、絶滅品種の違法取引など）への規制を強化することで侵略種の移入を防ぐ。人口増加を抑える。汚染を減らす。共有資源（海や湖の魚類、野生動物の肉、熱帯林など）の過剰採取を管理する。もちろん、気候変動の緩和も重要だ。長期的な生物多様性を守るための長期的な活動は、環境持続性を守るための活動と重なる。これらのきわめて広範かつ重要なカテゴリーにおいて、世界中が心を一つにして大きな課題に取り組み、時間をかけて解決を探る一方で、目の前の被害をなるべく小さくし、回復不可能な損失を防ぐために、いますぐできることはある。以下に、短期間で大きな結果が出せる六つの方法を紹介する。ここには、二〇一〇年までに生物多様性の低減を抑えるという目標をめざした新しい方向性がうかがえる。

保護生息地

優先的に保護すべき環境に対して、常識的ながら効果が得られる方法は、条例によって保護生息地を設けることである。国立公園やサンクチュアリの指定、保護地域および海域、共有地を地域社会が管理したり、営利と生物多様性の保全が両立できるエコツアー用の私有地へ移行したりすることが含まれる。公園やサンクチュアリについてはすでに実績がある。保護海域を設けるという最近の動向は新しい試みであり、興味がもたれる。これは一定の海域を定め、漁業権や商業採掘権を厳しく制限するというものだ。ブッシュ大統領は最近、ハワイにそうした保護地区を設けた。

森林伐採をやめる

効果のありそうな新しい取り組みとしては、熱帯雨林をもつ国々に対して、伐採を停止すれば国際社会から奨励金を出すというものがある。それらの国の森林伐採を促す形で（木材購入という形で）お金を出すのではなく、その地域の生物多様性を保護し、森林に炭素を隔離することへお金を出すのだ。熱帯雨林諸国連合は、森林伐採回避に炭素クレジット（訳注／国際社会で排出量を取引するときにクレジットとして用いられる）を設ければどうかと提案した。京都議定書によれば、森林再生や植林（それまで森が存在しなかった場所に森を作ること）によって、熱帯雨林諸国は炭素クレジットを得ると決められたが、伐採回避は対象にならなかった。この提案が通れば、伐採に傾く現在の流れを止めようと決意し、一定レベルの森林回復に向けて努力をした国々には報奨が与えられる。

農業生産性の向上

高生産性農業は生物多様性の保全に対立するものと思われやすく、実際、下手な農法をとりいれれば、生態系を破滅しかねない。しかし、より基本的に考えれば、耕地一ヘクタールあたりの生産量が高ければ高いほど、人口を支える食糧を産するのに必要な土地は少なくてすむのだから、高生産性農業は生物多様性の保全に役立つともいえる。アジアにおける緑の革命は、一ヘクタールあたりの農産物の収穫量を三倍に増やし、広大な土地の保全に一役買った。その一方で、緑の革命は環境に悪いこともたくさん導入した。たとえば、肥料の過剰使用（善意の助成によることも多かった）、地下水の過剰使用（無料の水や多額の寄付によって得た水がほとんどだった）、進んだ灌漑技術（細流灌漑など）が活用できなかったこと、難分解性殺虫剤や除草剤の大量投与などである。緑の革命の核となる概念は重要で、実際、極度の貧困から脱け出そうとするアフリカにとっては、欠かせないものになるはずだ。とはいえ、二一世紀の緑の革命は、最初から環境に配慮し、生態系への心配りを忘れずにいるものでなければならない。つまり、高収穫農業と持続可能な土地管理を組み合わせた新しい農業生態学の教訓をとりいれるべきである。農業生態学の技術としては、水が節約できる細流灌漑、化学殺虫剤の使用を減らすか、あるいは使わないことをめざした包括的な害虫対策、土壌の代掻きや結果として起こる土壌侵食を低減するための不耕起農業、大量の水を必要としない作物や種苗の開発がある。高い収穫量が見込めて、しかも環境への損害が少ないこうした農法の利点[100]は大きい。肥料については、富裕国の過剰消費を抑え、貧困国に適切な使用を促すような賢明な助成が必要だが、それに加えて、次のような改善策も組み合わせるべきだろう。

窒素循環を管理する

ふつう農地に撒かれた窒素の半分以上は水に溶けるか、大気中に取り込まれて失われる。幸いにも、そのような損失を減らすには、肥料を灌漑用水に混ぜる、地下に撒くといった方策がある。肥料の使い方をしっかり管理すれば、結果には大きな差が出る。また、不耕起栽培などの農業技術[101]によっても、湖、地下水、海などへの窒素の流出量はかなり減らすことができる。湿地帯や河岸地帯（陸地と川などのあいだに位置する植生地帯）は自然に窒素が溜まる場所だが、耕地に水を引くために、その水を抜くことは珍しくない。それらの湿地帯を守ったり、人工湿地帯を設けたりすれば、窒素をそこに溜めておくことができ、窒素が水に溶けて汚染物質になるのを防げる。アグロフォレストリーの技術（農業と林業を組み合わせた農法で、植栽した樹木間で農作物を育てること）も、土壌に窒素を固定し、地下水や川への流出を防止するのに役立つ。

持続可能な食糧供給

社会が豊かになり、都市化が進むにつれて、肉の消費量は増える。食に関するこの変遷[102]は、ヴァーツラフ・シュミルやその他の研究者によって詳細に分析されている。基本となる論点は、世界中の人びとに栄養を行き渡らせようとするとき、肉食ではまだるっこしく、エネルギー効率も悪いということである。牛の体重を一キロ増やすには、一頭あたり約八キロの穀類を与えなければならない。しかし、牛の体はほとんど骨と脂でできているので、可食部だけを考えれば、体重一キロあたり一三キロの飼料が消費されることになる。肉の消費が土地に大きな負担をかけていることは明らかだ。牛に草を食べさせるとすれば広大な放牧地がなければならず、穀物や大豆などの農作物を飼料にするなら広大な農地が必要となる。

いまのところ、肉を常食にする人びとは、肉食に起因する環境破壊のつけを払わずにすんでいる。肉食をめぐっては、土地の利用や淡水を得るためのコストが生物多様性を脅かし、工業生産される飼料や家畜類が環境を劣化させる（たとえば水路の富栄養化や、その結果として起こる海洋生物への被害）という問題がある。肉の生産にともなう環境コストを顧慮すれば、植物性の農産物に比して、肉の価格は低すぎると思われる。環境を規準にした適切な価格をつけ（使った水や放牧地での飼育に要する適切な価格を計上する）、消費者にもっと正確な情報を与えれば、肉の消費量はいまよりも大幅に減り、中国やインドなど、急速に肉の消費量が伸びつつある市場でもブレーキがかかるだろう。脂肪分の多い肉ばかりを食べる生活が健康にも悪いことを思えば、肉食を減らすのは公衆衛生の面からも利点は多いはずである。簡単で現実的な手段としてシュミルが提案するのは、蛋白質の摂取量を落とさずに肉食を減らすため、挽肉やソーセージなどの加工製品に植物性蛋白質を混ぜることである。

食生活の変化で達成すべきもう一つの大きな目的は、絶滅種を食べる習慣をやめさせることである。とくに中国ではそのような習慣が根付いており、希少種の蛙、亀、蛇などから、絶滅寸前の魚類や海洋生物、熊や虎など治療効果や強精剤になるといわれるものまで、さまざまなものが食べられている。中国国内の需要は大きく、収益も上がっているので、絶滅危惧種の市場はますます成長すると思われる。世界の監視制度はまだ十分ではなく、中国の消費需要の伸びに追いつけない。監視の手段、規制、意識の向上をはかるキャンペーンなどを充実させることで、環境に脅威を与える悪習に対抗すべきである。

世界の漁業を守る

世界中のおもな漁場で魚を獲りつくしてしまう前に、大急ぎで対策を講じなければいけない。漁場の管理は、国内法（通常、沿岸から二〇〇カイリの排他的経済水域に適用される）と、基本的に世界の誰もが利用できる資源とされる公海とに分けられる。排他的経済水域内では、各国政府が持続可能な漁場管理の責任を負うが、その能力や関心を十分に備えた国はほとんどない。排他的経済水域をのぞく海域は、ほとんど無法地帯である。先に述べたように、破壊された漁場を回復させ、衰退しつつある漁場を改善し、豊かさの残る数少ない漁場を保全するための経済的な手段や規制はいくつか存在する。たとえば、取引可能な漁獲割当制や許可制を設けたり、各漁場での漁獲量を一定に制限したりすることである。さらに、各国政府は、とくに脆弱な海域での商業活動をいっさい禁止して、そのような海域全体を保護するべきである。また、政府は、国内の漁船の活動停止に対して資金援助し、その一方で、持続可能な漁獲レベルに合わせ、これまで支出してきた漁業への巨額の助成金を削減するという手もある。

公海に関して、最も重大かつ実行可能な手段の一つは、底引き網漁の全面禁止である。底引き網漁は非常に破壊的な漁法である。トロール漁船は海底に大きな網を引きずり、ほとんど価値のない魚をわずかばかり獲るついでに、海の生態系を破壊してしまう。この漁法が存続する唯一の理由は、誰も見ていないということである。かけがえのない貴重な生態系に大損害を与えても、責任は問われない（口絵の図６・４は、被害のひどさを示している）。スペインやポルトガルなどの漁業国家は、あらゆる外交手段を駆使して、海底を略奪する権利を守ろうとしてきた。海底は、地球上の生態系のなかでもとくに豊かで、いまだ解明されていない領域である。これほど生態系を痛めつける所業はめったになく、社会の利益にも反する行為である。だからこそ、消費者や生産者に多大な犠牲を払わせることになっても、これだけはぜひ廃止にもちこみたい。

公海上での漁業をやめて、魚類などの養殖に切り替えれば、絶滅寸前の魚類やその他の海洋生物種を保護することができる。約一万年前に人類が狩猟採集から農業へ移行したように、いまや漁業でも同じような移行を果たすべきだろう。青の革命と呼ばれるこの転換は緑の革命に匹敵する。これによって海洋への負担の緩和も期待できるが、そのためには環境を損なわない適切な方法で水産養殖を管理しなければならない。水産養殖にはいくつかの種類がある。池を中心にした淡水魚（鯉、ティラピイア、ナマズ）、海魚（鮭）の養殖、海水でエビ、軟体動物、海魚などを養殖する海洋牧場、藻類や昆布などの海草養殖である。草食魚の養殖なら、養殖の導入によって海洋漁業の必要性は減る。鮭のような肉食魚の場合、一キロの鮭を育てるには海から獲ってきた魚肉一キロから三キロが必要になる。これで海洋への負担は相殺されるのがふつうだ。

中国を筆頭に養殖が盛んになった理由は、経済が好調であること、それに養殖の生産力を確実に伸ばす画期的な飛躍があったことである。中国で養殖されている魚のほとんどは草食（とくに鯉の類）で、養殖の総産出量は一九八〇年の約二トンから現在の約三五〇〇万トンにまで伸びた。世界的には、養殖は年間五〇〇〇万トンで推移しており、世界の海洋漁獲量の約半分に匹敵する。海洋漁業の漁獲量は一億トンで頭打ちである。過去一〇年間における世界の魚の消費量の伸びは、すべて養殖でまかなっている。

二〇一〇年までに世界の協力体制を再生する

呆れるほど無視されてきた生物多様性条約だが、この条約が掲げた二〇一〇年の目標をいくらかでも救う時間はまだ残っている。関係諸国の顔ぶれを見れば、なんの進展もなく二〇一〇年を迎えるのは悲しいことである。しかし、まさにそれが私たちの現状である。以下にあげた一〇の行動を結集させれば、世界が足場を固めることはまだ可能だ。

1　アメリカは生物多様性条約を批准すべきだ。アメリカが不参加なのは恥ずべきことであり、また悲劇でもある。新しい大統領は二〇〇九年初めに生物の多様性に関する条約を上院に提出してほしい。

2　人口管理、ミレニアム開発目標、気候変動（気候変動枠組条約で交渉される予定の京都議定書以後の新たな枠組も含める）に関する新たな世界協力体制を作り上げたうえで、二〇一〇年を迎えるべきである。このすべてが生物多様性の保全には欠かせない。

3　独特の脅威にさらされている生物多様性のホットスポットを中心に、陸地および海洋に新たな保護区域を設けるよう二〇一〇年までに合意を果たす。

4　生物多様性の保護区域を対象にした国際基金を毎年数十億ドルずつ増やし、増加分は地球環境ファシリティを通して最貧国に振り向ける。

5　京都議定書以後の新たな世界気候戦略において、森林伐採回避にあてる特定の世界基金を保証する。

6　公海での底引き網漁を禁止する。

7　現在、南極条約によって南極領域の生息地が保護されているように、差し迫った危機に直面している南極海も海域保護区域にすべきである。

8　外航船のバラスト水を熱処理する（これによって、潜んでいるかもしれない侵略種を撲滅できる）か、港湾ではなく公海で交換するよう義務付け、侵略種の主原因の一つを解消する。

9　水産養殖施設は持続可能な方法を導入すべしという規制を、生物の多様性に関する条約に含めるべきである。これには、侵略種の放流を避けるために在来種を沿岸水か外洋水で養殖すること、草食種に移行し、公海にかかる負担を増やさないような飼育方法に移行することなどを含む。

10　地球上の生物多様性保全に関する世界規模の持続可能な努力を確立すること。それにはいくつかの項目が含まれる。

・適切な世界価格と、世界的な影響を及ぼすエコロジカル・サービスに関する指針を勧告する生物多様性とマクロ経済に関する委員会。たとえば、絶滅危惧種の保護、侵略種の輸入に対する責任、絶滅危惧種の取引制限の実施、各種汚染物質の世界環境税ないし制限など。

・発展途上国の包括発展戦略に環境の持続可能性が含まれるよう、ミレニアム生態系基金を地球環境ファシリティなどに設置すること。この基金を使えば、現地の科学者が国内で包括的なエコロジカル・サービス評価を実施し、監視を続けることができる。世界の環境を持続可能に保つためのコストで銀行が破綻することはない。コンサベーション・インターナショナル[103]によれば、陸上動植物の七〇パーセントを実質的に保護するには、三〇〇億ドルを一度支出すれば達成でき、生物多様性という点で最も重要な、現存する野生熱帯雨林保護区域（アマゾン、コンゴ川流域、ニューギニア）など、地球上の二五か所を保護できるという。別の研究によれば、大洋の二〇パーセントから三〇パーセントを網羅する世界的な保全ネットワークには、年間五〇億ドルから一九〇億ドルの費用がかかるという。この金額は漁業産業への助成金を削減すれば十分まかなえる。

・ミレニアム・エコシステム・アセスメントは、継続的なプログラムとして組織化すべきである。アセスメントは、気候変動政府間パネルが気候に関して実施しているのと同様、少なくとも五年ごとに世界的な生物多様性の状況を最新報告として提出する義務を負う。

・生命に関するウェブ百科事典はE・O・ウィルソンの発案によるものだ。ウィルソンは賢明にも、成功のためのツールを作らないかぎり、生物多様性の保全はうまくいかないといっている。

必要とされる保全努力の目標と範囲を理解するために、世界中の生物種を網羅したウェブ百科事典(104)も、そのツールの一つである。

第三部　人口問題

7　地球規模の人口動態

世界の人口増加率は下がっているが、世界人口の増加について楽観視するのは早計だろう。世界人口は大幅に、しかも住民の健康や安定や繁栄を確保することが最も困難な地域で増加しつづけている。それでも最主流派の経済学は現在、この問題に関して大あくびをくりかえしている。たとえば世界的に信頼された週刊経済誌『エコノミスト』は最近、人口増加に関する懸念をこんなふうにはねつけた。

どうやらマルサスが予見したような破局を招く危機は回避できそうだ。[105] 人類は地球のいわゆる純一次生産量（光合成によって作られる植物組織のこと）のおよそ四分の一を所有しており、これは大量ではあるが、まだ消尽するレベルには達していない……原材料はいっそう豊富になりこそすれ、減ってはいない。たしかに人間が気候におよぼす影響は問題だが、解決策は人口規模の操作ではなく、化石燃料の消費を減らすことにある。

だが、人口増加は依然として懸案であり、それに対処するには、世界が一致団結して行動に出なければならない。この章では、以下の点について論じるつもりだ。

・世界の人口はいまだに増加のスピードが速すぎる。
・とくに人口増加が地球のエコシステムや生物多様性に与える影響を考えたとき、資源不足はきわめて現実的な問題となる。
・急速な人口増加は最貧国の経済開発を妨げ、貧しい国の子供たちを継続的な貧困に追いやり、地球規模の政治的な安定を脅かす。

貧しい家族が出生率を自発的に下げるための後押しとして、公共政策はきわめて有益な役割を果たす。過去に人口増加を抑制できた国々の成功例を見習って、とりわけアフリカ諸国を含む、現在とくに出生率が高い国々が、国際機関からの援助を受けつつ、自発的に出生率の低下をなしとげたら、経済発展も夢ではなく、さらに次の世代や世界の安全保障にも大いに寄与するだろう。このままだと地球上の人口は二〇五〇年までに九〇億を超えると見込まれるが、世界は人口抑制政策をみずから選ぶことで、その数を八〇億前後で安定化させるべきである。わずかな差に思えるかもしれないが、人口抑制の対象になるのが世界の最貧困地域であることを思えば、その影響はきわめて大きいはずである。

人口をめぐる議論

経済学者は三つの陣営に分かれる傾向がある。現在の人口増加が人類の発展にプラスになっているか、少なくとも中立的に作用していると主張する人口楽観主義者。人口増加がもはや悲劇を回避するには遅すぎるところまで来ていると考える人口悲観主義者。そして、第三のグループ（私自身もその一員である）は、人口転換を促進して最貧国の出生率を下げることが重要だと信じる人びとである。

「人口楽観主義者」は、テクノロジーの進歩が人口増加の先を行くはずだから、世界人口はいくら増えても大丈夫だという。このような楽観主義の変種の一つは、サイモン・クズネッツやマイケル・クレマー[106]といった経済学者の理論に支えられている。世界人口の増加と並行して、その人口を支えるのに必要なテクノロジーも進歩するというのだ。クズネッツらの考え方によれば、経済発展の肝心な部分は、その社会に生きる天才たちの科学的な発見、あるいは技術面での新発明によってもたらされるという。こうした天才たちは、全人口からすればほんの少数にすぎないが、社会にはつねに一定の割合で存在する。したがって人口一〇億の世界では、人口一億の世界とくらべて、天才の数も一〇倍になるはずだ。クズネッツやクレマーと意見を同じくする経済学者のグループによれば、経済発展の総体的な割合は、人口一〇〇万人あたりの天才の数（つねに一定である）ではなく、天才の総数にかかっているという。なぜなら一人の天才が公表したすぐれたアイデアは、全人類の利便につながるからである。先に述べたとおり、誰かが利用しても、他の人たちの取り分が減らないという意味で、新しいアイデアの利点は競合性をもたないことである。したがって一〇億の人間がいれば、一億の場合よりも、はるかにすばらしいアイデアや技術の進歩がもたらされるだろう。それが正しいとしたら、人口が多いほうが、少ないときよりも、成長の速度は速くなるはずだ。たとえば近代の経済成長の発端も、世界人口が増えつづけ、やがて一八三〇年には一〇億人に達したことだったのかもしれない。ひしめきあう人びとがいたからこそ、地球規模の技術革命が起こったとも考えられるのだ。

「人口悲観主義者」によれば、人類がこれまでアイデアを用いるだけでなく、とくに淡水や生息環境、動植物の捕獲といったエコシステム・サービスを含む天然資源を暴力的に、また継続的に奪い取ることで繁栄を享受してきたという。テクノロジーで天然資源の限界を克服できるとはかぎらず、いまのところ、激減する資源をなんとか活用することで、一時的に破綻を逃れているだけだというのが彼らの言い分である。悲観主義者にとって、昨今の楽観主義は、ビルの三〇階から落下する人が、一〇階あたりを通過するときに「いまのところ問題なし」と報告するようなものなのだ。こうした解釈によれば、試練は経済成長の最初の二〇〇年間ではなく、今世紀中にうまく解決方法が見つかるかどうかにかかってくる。

私自身も含まれる「人口転換論者」は、慎重な態度をとりながらも、基本的には楽観的な立場をとる。このグループは、議論にあたって、すぐれたアイデアや人工資源が、不完全とはいえ、限られた量の環境資源の代用になるという考えを支持する。たとえば生産性の高い改良品種や進んだ灌漑方法によって、一ヘクタールあたりの食糧生産量を高め、それによって少ない耕地面積でより多くの人間を養えるようになるだろう。それでも、急増する人口は、いまでも一定量の、または激減してゆく天然資源基盤や、とりわけエコシステムの機能にとって大きな負荷となっている。したがって、マイナスの面をもつ生態系の制約と、プラスの面をもつテクノロジーや人工資源による恩恵のあいだで、経済開発はどっちつかずの状態にある。全体としての成果は、人口増加に対する技術的進歩の割合と、天然資源の代用になる人工資源（たとえば灌漑）の能力にかかってくる。

人口転換論者は、出生率の自発的な低下を促すには、公的な介入が不可欠だと考えている。こうして、世界の主要な地域の人口が安定すれば、世界人口の安定化もすばやくなしとげられるだろう。目の前の問題を解決するには、技術の進歩だけに頼るのではなく、直接的な人口政策によって、人口増加という圧力を直接的に軽減すべきなのだ。

合計特殊出生率（TFR）と人口増加

この二世紀半のあいだ、世界は食糧生産と疾病対策という二つの分野におけるめざましい技術開発に起因する人口爆発をなんとか切り抜けてきた。一七五〇年以降の人口急増の第一段階では、現在の高所得諸国でとりわけ大きな進展が見られた。これらの社会では、食糧生産の技術的進歩と工業化が初めてなしとげられ、それによって死亡率が下がり、食糧供給の拡大とともに急増した人口を支えることに成功した。こうした技術的進歩はやがて世界中に広がり、結果として、人口の爆発的増加は先進国から開発途上国へと伝わっていった。この数十年間、開発途上国の人口増加は先進国のそれを大幅に上回り、比率でも、また絶対値でも、はっきりとあらわれている（図7・1）。富める社会では一九五〇年から二〇〇五年までに約四億の人口増加があり、増加率は約五〇パーセントだった。かたや開発途上国では三五億人も増え、二〇〇パーセントの増加率となっている。一九五〇年には先進国（アメリカ、カナダ、ヨーロッパ諸国、日本、オーストラリア、ニュージーランド）の人口が世界人口の約三分の一を占めていたが、二〇〇五年には約六分の一にまで下落した。

私たちの社会や文化はいま、幼児死亡率の低下と平均余命の伸びという幸せな驚きに慣れつつある。出生率の低下は死亡率の低下に大きく遅れをとっており、結果として、人口の大幅な突出が起こった。こうした一時的な人口増加は、生態学的な限界にもかかわらずほとんどの国でなんとか受け入れられ

図7.1　先進国と開発途上国の人口　1950-2005年

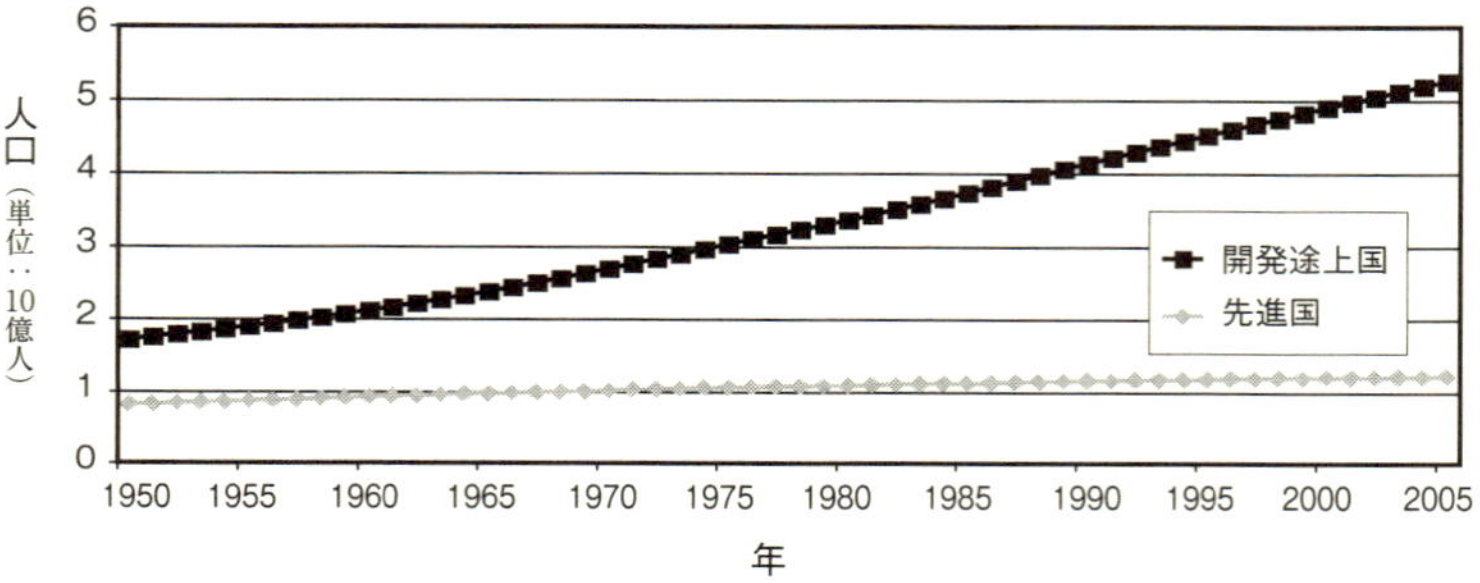

出典：国連人口部のデータ（2007年）。

た。しかし、世界的な人口増はまだ続いているので、この先、人口の増加によって人類の幸福に支障が出ることも考えられる。多くの開発途上国では人口増加があまりにも速く、予想もできなかった事態になっているため、政治や経済の安定さえ危うくなりつつある。

この数十年間、人口増加率（世界人口に対して増加した人口の割合）はほとんどの国でペースダウンしている。一九六〇年代、世界人口は約二パーセントの増加率だったが、現在では約一・二パーセントである。だが、こうしたペースダウンとは裏腹に、地球の環境収容能力に対する重圧をうかがわせる世界人口の絶対増加数は、いまもかなり高いままである。一九六五年の年間増加率は世界人口三三億の約二パーセントであり、年間増加数にすると約七〇〇〇万人となる。この数は、現在の世界人口六六億の増加率一・二パーセントにあたる七八〇〇万人にほんのわずか欠けるだけである。図7・2を見ると、人口増加率（右軸）が大きくペースダウンしたのに、年間の人口絶対増加数がいまも高い水準にあることがよくわかる。増加率は今後も下がっていくと思われるが、人口の絶対増加数は二〇二〇年まで、毎年七〇〇〇万人から七五

図 7.2　人口の増加　1950-2050 年

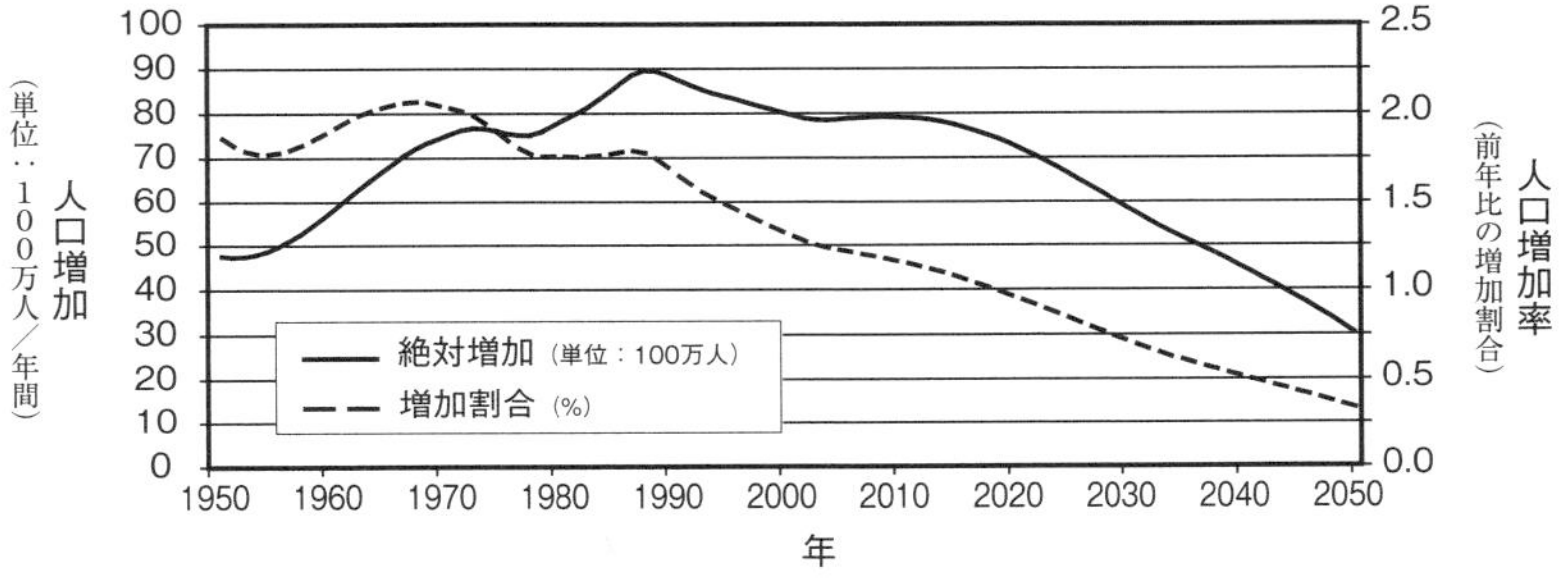

出典：国連人口部のデータ（2007 年）による。

○○万人のペースを維持すると予測されている。

世界人口の増加率の低減には、合計特殊出生率の低下が反映している。合計特殊出生率とは一人の女性が一生に産む子供の数のことである。世界の大半の地域で、女性たちが産む子供の数はしだいに少なくなっており、このことが人口増加率の低下につながっている。合計特殊出生率が下がった最大の理由は、幼児死亡率が低下したことである。新生児が死なずに成人まで生き延びられる確率が高くなれば、家族が出産を減らそうと考えるのも当然のことである。それ以外の動機もある。女性の権利拡大、労働力への女性の参入、進んだ避妊法、子供の数を減らすよう促し援助する家族計画プログラムの導入と普及などである。だが貧困の罠の場合と同じように、世界の一部、とりわけ最貧困国などでは、出生率の高さという人口の罠に囚われた状態が続いている。

世界人口の今後の流れは、合計特殊出生率の動向に大きく左右されるだろう。増えるにせよ、減るにせよ、現状に少しでも変化があれば、数十億単位の人口の増減につながるかもしれないのだ。その流れを説明しよう。ある社会で一人の女性が五人の子供を産み、そのうちの一人が幼児期に死亡し、残る四人は生き延びて成人すると仮定しよう。女性のもとには四人の子供が残るが、平均して、そのうちの二人は女の子である。つまり、一人の母親が成人する二人の女の子を育てることになる。こうして、次の世代には、一人の母親が二人の娘に「置き換えられる」。いいかえれば、人口が世代ごとに（およそ二五年で）倍になるということである。母親一人あたりの女児の平均出生児数は、純再生産率（ＮＲＲ）と呼ばれる。純再生産率が一のとき、人口の規模は世代から世代へと安定して移行することになるが、純再生産率が一より多くなると人口は増えてゆく。女児二人の例では純再生産率は二である。

合計特殊出生率が二前後で、ほとんどの子供が生き残るとすれば、女性は平均して一人の女児を成人まで育てることになる。この出生率が維持されるかぎり人口は安定しているはずだ。より厳密に、たとえば合計特殊出生率が二・一で、女児一〇〇〇人あたり五〇人（五パーセント）が分娩で死亡すると仮定してみよう。母親は平均して一・〇五（二・一の半分）人の女児を産み、そのうち〇・〇五人が死亡するので、純再生産率は一となる。この場合、次の世代には一人の母親が一人の娘に置き換えられる。これを「人口置換水準」と呼ぶこともある。そのため一般に、合計特殊出生率が二・一の場合を人口置換水準と考えることが多い。ただし、実際には、正確な数値は乳幼児死亡率に左右される。人口増加率を左右する重要な変数が出生率だといわれるのはこのためである。現在のアフリカの大半の地域がそうだが、合計特殊出生率が五を超えると、大まかにいって人口は世代ごとに倍増する。合計特殊出生率が二以下に下がると、人口は安定し、やがて減少するかもしれない。

図７・３は今日の合計特殊出生率の状況と、世界各地における今後の推移を予測したグラフで、「公式の」世界人口予測を続けている国連人口部が作成したものである。「先進地域」すなわち富裕

図 7.3　世界と主要開発グループの合計特殊出生率の推移（中位推計値）1950－2050 年

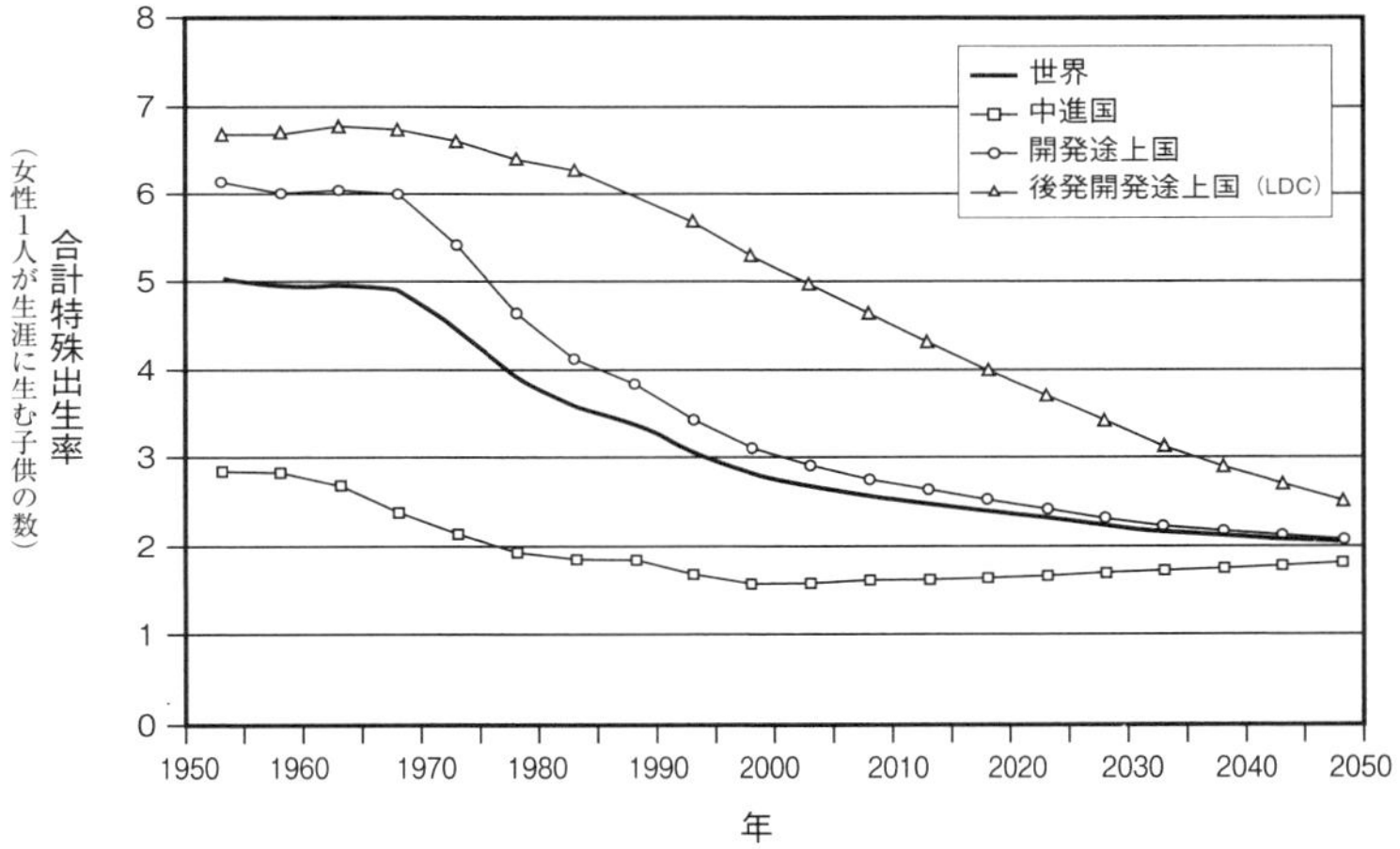

出典：国連人口部（2007 年）。

な国では、合計特殊出生率が一・六で、人口置換水準を下回っているのに、最も開発が遅れた国々（とくにアフリカ諸国）では約四・六である。ざっと〇・八人の子供が成人前に死亡するアフリカ諸国では、純再生産率が約一・八八となる（三・八四人の子供が生き延び、その半分が女児と考える）。この数字は、およそ三〇年ごとに人口が二倍になることを意味している。このグラフは、世界の全地域がしだいに人口置換水準に収束していくようすを示している。先進国の合計特殊出生率はいまの低い水準からゆっくりと上昇し、二〇五〇年には一・八になると予想されるのに対し、開発途上国の合計特殊出生率は二〇五〇年までに二・〇五、つまり人口置換水準と同じくらいまで下がると考えられている。最も開発の遅れた国の合計特殊出生率も二〇五〇年までには二・五に下がる見通しである。この数字は現在よりはるかに低いとはいえ、依然として人口置換水準を上回っている。

二〇五〇年の世界人口

二〇五〇年の世界人口の見通しは、おもに貧しい国々の合計特殊出生率の展開次第で決まるだろう。出生率が下がらず、いまのような高い割合が続くようなら、世界人口はほとんど想像を絶する水準にまで増大し、ほぼ確実に、マルサスのいう「積極的制限《ポジティブチェック》」（訳注／人口を抑制するためには、貧困や不平等がある種の必要悪であるとするマルサスの考え方）すなわち、戦争や病気や飢饉を誘発することになるだろう。出生率が中位予測か低位予測のように下降すれば、世界人口はほぼ半世紀以内に安定化できるかもしれない。国連人口部は今後の合計特殊出生率と人口について四通りの予測を立てている。このうち中位予測は、最も可能性が高いと見られるもので、これに低出生率パターンと高出生率パターンを加え、さらに今後も合計特殊出生率が変わらない場合を想定した四つめのパターンがある。低位予測は合計特殊出生率を中位予測より約〇・五人少なく見積もり、高位予測は同じく約〇・五人多く見積もっている。四つめをのぞいたすべての予測で、貧しい国の合計特殊出生率は今後しだいに低下し、今世紀半ばまでに現在の高い水準から人口置換水準に近づくとされている。

これら四通りの予測にもとづく世界人口の推移は、図7・4に示されている。中位（最も可能性の高い）の予測では世界人口が二〇五〇年に九一億に達するが、その状況はまさに世界人口のピークといってもいい。この予測を二〇五〇年以降にあてはめると、世界人口はわずかに増加したあと、じょじょに九一億程度まで減少し、その後は先に述べた合計特殊出生率の長期予測のとおり安定する。合計特殊出生率を〇・五人分多く見積もる高出生率パターンでは、出生率がごくわずか上っただけで、

図 7.4　異なる予測値による世界人口　1950–2050 年

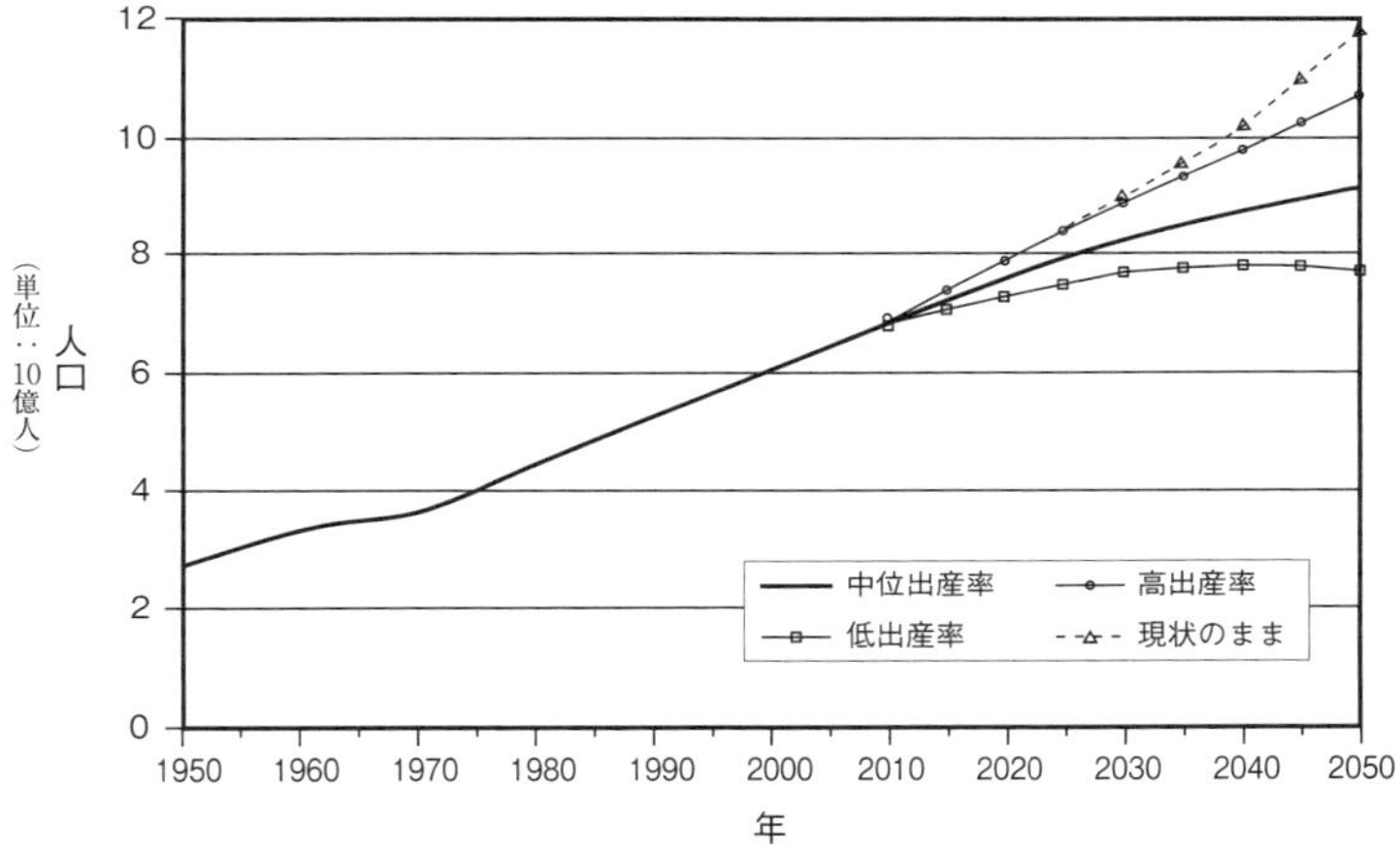

出典：国連人口部（2007 年）。

世界人口は一〇六億に達してしまう。開発途上国の合計特殊出生率がもっと速く人口置換水準まで下がると予測する低出生率パターンでは、世界人口はたった七八億にとどまる。合計特殊出生率が二〇五〇年まで変わらなければ、世界人口は一一七億という驚くべき数に達するはずである。とくに重要なのは、中位予測では二〇七〇年ごろまでに九二億で安定するとされているのに対して、低位予測では二〇三五年ごろまでに約七八億で安定すると考えられていることである。

驚くべき事実は、世界の人口増加がすべて現在の開発途上国（ただし、その大半は順調な経済成長によって先進国に変わっているだろう）で起こるということである。現在の高所得国では、人口の総体的変化はほとんど起こらず、約一二億人で推移するものと見られている。中位予測によれば、開発途上国の人口は五二億から七八億へと増えるはずだが、これは予測される全世界の増加率とほぼ同じである。増えた分の二六億のうち、なんと一〇億はアフリカ、一三億はアジアにおける増加なのである。ただ世界人口が増えるだけでなく、人口の割合が変化することで世界は再構成されるだろう。現在、アフリカの人口は世界人口の約一二パーセントを占めるが、中位予測ではこの割合が、今世紀半ばまでに二〇パーセント、二〇七〇年までに約二四パーセントまで上がるとされている。インドは中国を追い越し、世界最大の人口を擁する国になるだろう。

こうした予測は、その意味するところをじっくり読みこむべきである。出生率の中位予測と高位予測では世界人口がさらに二六億ないしそれ以上の増加を見るだけでなく、極度の貧困、病気、飢餓、暴力などで現在とくに苦しんでいる地域で人口が急増すると考えられているのだ。そこには因果関係がある。貧困が出生率の高さにつながり、出生率の高さによって貧困がますます長引く。その結果、世界の最貧国は、貧困の罠ばかりか、人口の罠からも脱け出せなくなるのだ。幸いにも、解決策はある。しかも、その解決策はきわめて有効である。世界が一致団結してこの問題に目を向け、すばやく対応しさえすれば、開発途上国における出生率をすみやかに、しかも自発的に、下げることができるだろう。

人口増加のはずみ

私たちが人口増加を抑えるためにどんな対策をとったところで、世界人口はまちがいなく増えつづける。それどころか、全世界の合計特殊出生率がなんらかの理由でたったいま人口置換水準まで下がったとしても、世界人口はあいかわらず一〇億以上の増加を見るはずだ。これは人口増加のはずみの結果である。その仕組みはこうなっている。ある国では、合計特殊出生率が五、幼児死亡率が一〇〇〇人あたり二〇〇人、したがって純再生産率が二となり、世代ごとに人口が倍増すると考えてみよう。現在、この国には高齢者が二〇〇万人、出産可能な大人が四〇〇万人、子供が八〇〇万人いる。総人口は一四〇〇万である。いま突然、合計特殊出生率が人口置換水準まで下がり、純再生産率も急に一まで下がったとする。いまの子供たちが親になれば、彼らが親に置き換えられる。次の世代では、高齢者人口が四〇〇万（現在の出産可能人口である四〇〇万が移行した）、出産可能人口が八〇〇万（現在の子供である八〇〇万が移行した）、そして年少人口が八〇〇万（新しい成人が出産した子供たち）となる。つまり次の世代の総人口は二〇〇〇万人である。わずか一世代で合計特殊出生率が人口置換水準まで下がったというのに、一四〇〇万の人口が二〇〇〇万まで増えたのだ！　しかも、次の世代で、人口はもう一度増加する。高齢者人口が八〇〇万、出産可能人口が八〇〇万、年少人口が八〇〇万となり、合計二四〇〇万人に増える。この時点で人口増加のはずみは収束し、ようやく人口二四〇〇万で安定する。合計特殊出生率が人口置換水準まで下がったあとも、人口増加のはずみによって当初の人口が一四〇〇万から二四〇〇万に倍増したわけだが、理由は単純である。当初の人口構成のうち、突出していた若年層がやがて成長して出産可能人口となり、さらに高齢者人口になったからである。

これが今日の世界の状況である。総人口は六六億である。いま、なんらかの理由で、合計特殊出生率が奇跡的に人口置換水準まで下がっても、世界人口は依然として（かなりの確率で）一〇億ほど増えつづけ、最終的には七五億前後で安定するだろう。先進国でいわゆるベビーバスト、すなわち出生率の急激な低下が起こった場合でも同じ計算がなりたつ。今後の数十年間、年少人口の突出が大きい開発途上国の人口増加のはずみは、高所得国の人口低下傾向を凌駕しつづけるだろう。だからこそ、開発途上国の出生率を下げるためのよりいっそうの努力が必要とされる。それが当事国の利益となり、ひいては世界全体の利益にもつながるのだ。

出生率と年齢構成

合計特殊出生率は、人口の増加率だけでなく人口構成を決定する大きな要因でもある。合計特殊出生率が、たとえば五以上の高さになると、成人層とくらべて、若年層の人口が突出して大きくなり、合計特殊出生率が二に近づけば、大人と子供の数がほぼ等しくなる（少なくとも、人口増加のはずみが収束したあと、すなわち長期的な展望でいえば）。人口年齢構成はいわゆる人口ピラミッドで示されるが、これは年齢集団ごとの男女の総数を図表にしたもので、年齢集団はふつう五歳ごとに分けられる。図7・5は、三か国の年齢別人口ピラミッドである。横軸は五歳ごとの年齢集団における男女の総数を総人口に占める割合（％）で示し、縦軸は年齢集団をあらわす。コンゴ民主共和国では合計特殊出生率が約六・七で、子供のおよそ五人に一人が幼少期に死亡する。母親は残った約四人の子供を育てることになり、したがって女児は平均して二人よりやや多い数になる。人口ピラミッドは基底部が広く（子供の数が親の約二倍）、頂部が狭い（高齢になるまで生きる人が少ない）形になっている。アメリカでは出生率が二で、一〇〇〇人に一〇人以下の子供が五歳未満で死亡するが、図形はピラミッドというより長方形に近い。親と子供がほぼ同数だからである。ドイツでは合計特殊出生率がわずか一・四で、人口置換水準を下回り、なんと子供の数が親の数を下回っている。そのため、図形

図 7.5　人口年齢構成の 3 つのパターン　2000 年

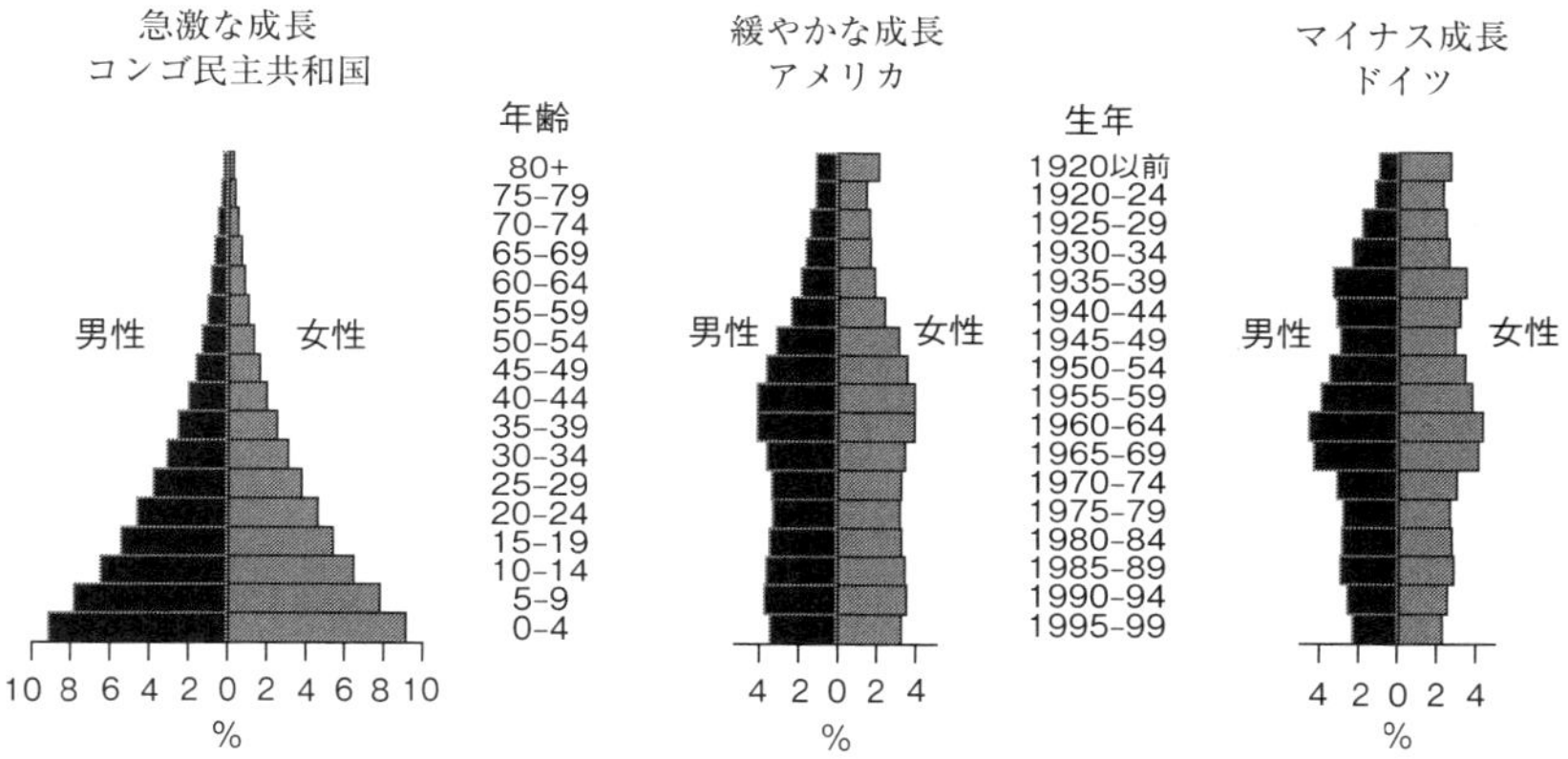

出典：国連人口部（1999 年）。

は一九五九年以降の人口に影響されて逆ピラミッドに近づいている。これは人口が将来、少しずつ減っていくケースの典型である。

コンゴのような人口ピラミッドは国内の安定や世界の安全保障には看過しがたい問題を示唆しているが、それについては次の章で扱う。年少人口が突出する地域は高齢者人口を抱える地域にくらべて不安定である。成人にくらべて若者が多すぎる。年上の男性が社会的により成熟し、平和主義になりやすいのに対し、とくに一五歳から三〇歳までの若者は潜在的に武力闘争に傾きやすい傾向をもつからである。貧困に陥り、まともな職につけない若者はとくに政治的な煽動者の標的となって、悪夢のような災厄を招きやすい。だからといって、最貧国の窮状を非難したり、恐れたりすることはない。ここで訴えたいのは、現在の高い出生率を低く抑えることこそ、彼ら自身にとって、そして全世界にとっても、安全保障の一環になるということである。

人口転換を促す

世界は人口のくびきに縛られているわけではなく、いまは転換のさなかなのだ。ただしその転換を果たすには数十年の歳月を要し、地域によっても大きな差が出るだろう。その考え方は人口転換理論と呼ばれ、モデルは図7・6に示されている。まず、ある社会における、きわめて高い死亡率（とくに幼児）ときわめて高い出生率からスタートする。高い出生率が高い死亡率で相殺されるため、人口はほぼ安定している。一例として合計特殊出生率が五で、五人に三人の子供が成人まで生きられない社会を想定してみよう。高い出生率にもかかわらず、純再生産率は一である。図では、こうした高い出生率や死亡率が合計特殊出生率や分娩一〇〇〇回あたりの死亡数ではなく、人口一〇〇〇人あたりの出生数と死亡数、すなわち人口統計学でいう粗出生率および粗死亡率で示されていることに留意してほしい。

人口転換理論によれば、幼児死亡率は合計特殊出生率より先に低下しはじめる。たとえば予防接種の普及、食糧生産の拡大、より安全な水の供給、抗マラリア剤や抗生物質の利用環境確保は、死亡率を子供五人につき三人から、五人に一人程度まで低下させる（それでも、現代の公衆衛生の観点からいえば異常に高い数値である）。図では、粗死亡率一〇〇〇人あたり四〇人から一〇〇〇人あたり一〇人への減少として示される。そしてこのあと、時間をおいて、合計特殊出生率が同じ程度に低下する。この間、つまり図7・6の二期では、粗出生率が粗死亡率を一〇〇〇人あたり三〇人程度上回り、両者の差は最大となっている。この期間に人口は急激な伸びを示し、年間増加率は三パーセントにも

図 7.6　人口転換モデル

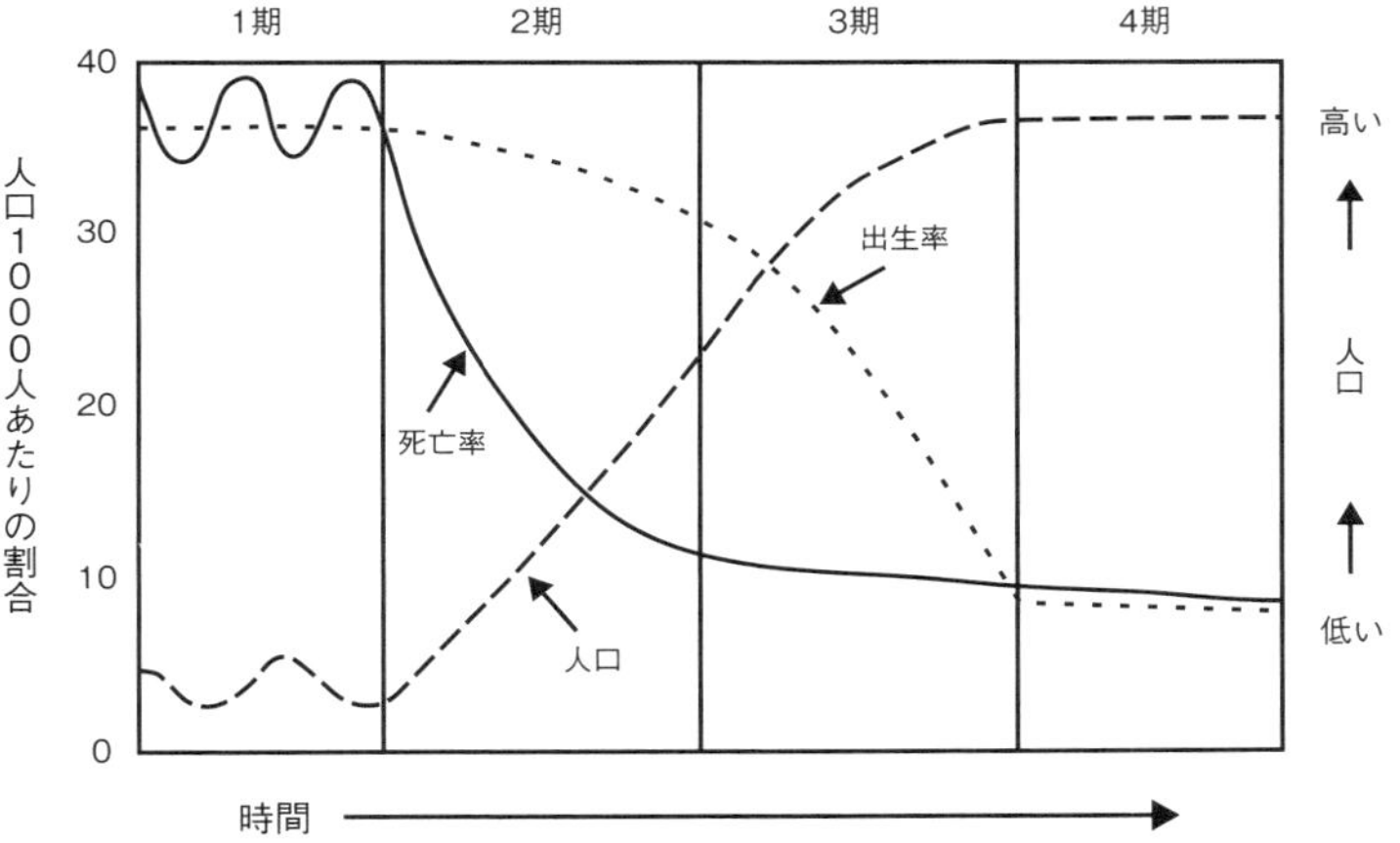

出典：ハゲット（1975 年）による。

およぶ。年間三パーセントの人口増加率は、二三年間で人口が倍増することを意味する。おおまかにいえば、三パーセントの年間増加率は純再生産率二前後に相当するのである。

二〇〇五年から二〇一〇年までのケニアの例を見てみよう。五歳未満の幼児死亡率は一〇人あたり一人（国連人口部の予測では、二〇〇五年から二〇一〇年まで、一〇〇〇人あたり一〇四人が死亡する）へと低下するが、これは粗死亡率にすると人口一〇〇〇人あたり一二人となる。合計特殊出生率は五とあいかわらず高いが、粗出生率にするとこれは一〇〇〇人あたり三九人となる。両者の差、三九引く一二は二七だから、年間の人口増加は一〇〇〇人あたり二七人になり、年間増加率は二・七パーセントである。合計特殊出生率が五、幼児死亡率が一〇〇〇人あたり一〇四人の場合の純再生産率は、二をほんのわずかに下回る一・九六となる。

人口転換の特徴は、時間差のある合計特殊出生率の低下によって、出生率と死亡率の高い社会がやがて出生率と死亡率の低い社会へと転換していく過程で、一時的に人口構成のある部分が大きく突出することである。転換の始まりと終わりの段階では、総人口の伸びはほとんど見られないが、転換中には人口が急増する。このような人口転換論によれば、この二〇〇年間、世界は転換期にあるということになる。いまから五〇年後に、または有効な政策を実行すればもっと早く、世界は転換を終え、人口安定の時代を迎えるだろう。図7・6の四期では出生率が死亡率をやや下回っていることも注目に値する。これは合計特殊出生率が人口置換水準より低いときに見られ、実際に起こりうることである。その場合、世界人口はいったん増加したあと、ほぼ三世紀をへて、減少に転じると考えられている。人口について考えるとき、世界人口をゆっくりと自発的に減少させることができないと決めつける理由は何もない。すでにヨーロッパでは、人口の長期的な減少が始まっているように思える。

次の章で説明する政策決定のきっかけにもなった大きな問題は、なぜ出生率の低下が死亡率の低下に遅れをとるのか、そしてそれに対して何ができるか、何をすべきか、ということである。ここで得た三つの答えは、どれも現実の状況に役立つものである。一つめは、出生率の選択が文化に影響されることである。結婚適齢期、家族がもつべき子供の数への社会からの期待、出産適齢期の始まり、避妊具の利用、出生間隔などは、経済的な選択と同じように、文化や社会に規定される。その選択にあたっては、社会規範や社会からの期待が大きくかかわってくる。たとえ出生率を左右する根本的な要因、たとえば幼児死亡率の著しい低下などの変化があっても、結果として、実際の出生数に影響が出るまで、一世代以上も時間がかかる場合もあるのだ。

二つめは、親たちが幼児死亡率の低下をなかなか実感できず、認識のずれが生じることである。親たちは、万一に備えて、いつまでも大勢の子供を産みつづける。死亡率の低さが本当に確信できて初めて、出生率の低下に加速がつくのである。三つめは、おそらく最も重要な点だろうが、幼児死亡率の低下に続いて起こる出生率の転換は放っておいてはけっして達成できないということである。出生率の選択は、家族の積極的な決意がなければできない（父と母とで、意見や関心事の違いがあるだろう）。死亡率が低下したあとも依然として出生率の高さが維持されるとき、その背景には家族の社会・経済的状況を顧慮した両親の計算があるかもしれない。ある家族が自給自足農業で生計を立て、子供たちが労働力や老後の保障を支え、母親や娘たちにそれ以外の生計手段がほとんどない場合は、出生率の高さが女性たちの選択として、また少なくとも夫や地域社会に強いられた決断として、受け入れられるかもしれない。最低の生活を送る貧しい家族には、金のかかる避妊などとても受け入れられないだろう。医療や家族計画について相談できる機関が存在しないこともある。

もう一つの例をあげよう。子供が親の老後保障の主たる担い手になる場合で、とくに地方でよく見かける例である。家族は老後の保障を確保するため、生き残る確率がなるべく高い状態で息子を得ようとするだろう。ここでは、仮にその確率を九七パーセントとする。家族は、少なくとも九七パーセントの確率で生き残る息子を確保するため、必要な子供の数を選択することになる。子供一人あたりの死亡率が五分の一（二〇パーセント）なら、息子一人だけでは九七パーセントの生存率を確保できない。死亡率が二〇パーセントとすれば、息子一人が生き残る可能性は八〇パーセントで、これでは親たちの老後保障に十分な水準にはならない。息子二人でも十分ではない。二人とも死ぬ確率は二〇パーセントの二〇パーセント、すなわち四パーセント（それぞれの生存率がたがいに干渉しあわないものと仮定して）になる。したがって、息子一人が生き残る可能性は九六パーセント（一〇〇パーセントから四パーセントを引く）となり、九七パーセントにはまだ足りないからである。

息子を三人もてば目的は果たせる。三人全員が成人せずに死ぬ確率は二〇パーセントの二〇パーセント、さらにその二〇パーセントだから〇・八パーセントとなり、少なくとも一人の息子が残る確率は九九・二パーセントになるからである。三人の息子を得るには、男女三人ずつ、平均六回の出産が必要だ。このケースでは幼児死亡率が二〇パーセント（出生一〇〇〇件あたり二〇〇件の死亡）なので、合計特殊出生率は六となり、人口は急増の一途をたどることになる。六人の子供のうち、平均して四・八人が生き残り（六人の子供の二〇パーセント、つまり一・二人が死亡するため）、母親は（平均して）二・四人の娘を育てる。人口はなんと一世代ごとに二倍以上のペースで増えていくことになる。

幼児死亡率が二〇パーセントから三パーセント（出生一〇〇〇件あたり三〇件の死亡）に下がったとして、その意味を考えてみよう。この場合、息子が生き残る確率は九七パーセントになる。両親は平均して一人の息子か、せいぜい二人の子供を育てることで満足するだろう。合計特殊出生率は二となり、人口は安定化に向かう（実際にはやや減少するはずである。九七パーセントの娘しか生き残らないと、総再生産率が〇・九七になるからである）。

要するに、幼児死亡率を下げれば、リスクを嫌う親も安心して子供の数を減らす気になるということである。死亡率が出生一〇〇〇件あたり三〇〇件なら、親は六人の子供を産もうとする（その理由は上述したとおり）。死亡率が一〇〇〇件あたり三〇〇から二〇〇件に下がっても、やはり六人の子供を産むという選択をするだろう。出生率が低下しないかぎり、人口増加率は加速しつづける。死亡率がさらに低下し、一〇〇〇件あたり三〇件になったとき初めて、親たちは子供二人だけで満足するのである。

出生率を大急ぎで下げなければいけない理由

最貧国における人口転換は急を要し、私たちも大急ぎで手を貸さなければいけない。その理由は四つある。第一の最も重要な理由は、出生率を下げないかぎり、貧しい家族は極度の貧困を脱け出せないからである。親は老後の保障手段を確保しているつもりかもしれないが、実際には、大勢の子供のせいで脱出できない極度の貧困と引き換えの保障なのだ。アフリカの農村部で最低の生活を送る貧しい家族には、六人の子供に十分な栄養を与えて健康に育て、教育を受けさせることなどとうてい不可能だ。これは経済学でいう「質量の交換」にあたる。子供が六人いるとき、貧しい家族は子供一人あたりの投資額を厳しく制限しなければならず、中等学校まで進めるのは一人だけだろう（たいていは長男で、娘は除外される）。子供全員が慢性的な栄養失調状態に陥るケースも珍しくなく、家族に基礎的な医療を受けさせたり、地元の病院に救急搬送したりする金銭的な余裕がないため、子供たちがマラリアなどの致死性疾患にかかるケースもある。大家族ほど貧困に陥りやすいことを示した調査報告もいくつかある。因果関係が作用しあって、貧困が大家族を生み、大家族が貧困を悪化させるなかで、大家族が子供たちの幸福を妨げる傾向にあることは明らかな事実といえるだろう。

第二に、家族にとっての真実は、社会全体にとっての真実でもある。貧しい国には世代ごとに倍増する住民に応じた学校、診療所、新しい道路、その他の公共施設を備えたコミュニティを作り上げるだけの予算がない。急増する人口を抱えた国は、経済成長どころか、増えた人口に対処するための資金不足で、厳しい試練にさらされているのである。

理由の三つめは、人口急増によって、生態系が受ける被害、またそれと密接に関連する収入の減少が壊滅的な結果をもたらすことである。最貧国のほとんどは農村経済で、脆弱な生態系をもち、とくに乾燥地帯にあることが多い。極貧の自作農は人口急増のあおりを受けて農場をしだいに縮小せざるをえなくなっているが、もとの耕地自体がすでに小さく、最新技術をもってしても一家の生計を支えられない状態にまでなっている（アフリカの一部には〇・二五ヘクタール以下という農場もある）。アフリカの農場規模を平均すると、すでに世界最小となっている（図7・7）。農場規模の縮小は一家族あたりの所得の減少を意味する。こうなると、一ヘクタールあたりの生産価値が急騰しないかぎり、事態の好転は見られないということになる。世界中の農場が、いまのアフリカの大部分と同じように規模を縮小せざるをえなくなったら、農業所得で貧困を克服することはきわめて困難になる。その結果、コミュニティは薪を得るために森林を伐採し（たとえばエチオピアではこれまでに八〇パーセントの樹木が伐採されている）、地下帯水層を過剰に汲み上げ、土壌養分を枯渇させ、放牧地に過放牧するなどして、生き残りを賭けた絶望的な闘いのために生活環境を破壊しつくしてしまうかもしれない。耕地が減るため、農民は土壌の養分が回復するまで何年間か休閑地にしておくこともできなくなる。こうした問題を克服するには、貧しい農家が改良型の技術や多角的な所得戦略を導入できるよう援助するなどの手段があるとはいえ、それだけでは世代ごとに倍増する人口への対策としては十分ではない。

最後に、四つめの理由は、貧困国の人口増加が世界全体にとっての脅威になることである。急激な人口増加が圧力となって、集団移住や地域紛争などを引き起こすことは大いにありうる。現在のアフ

図 7.7　大陸別の平均農場規模　1930－1990 年

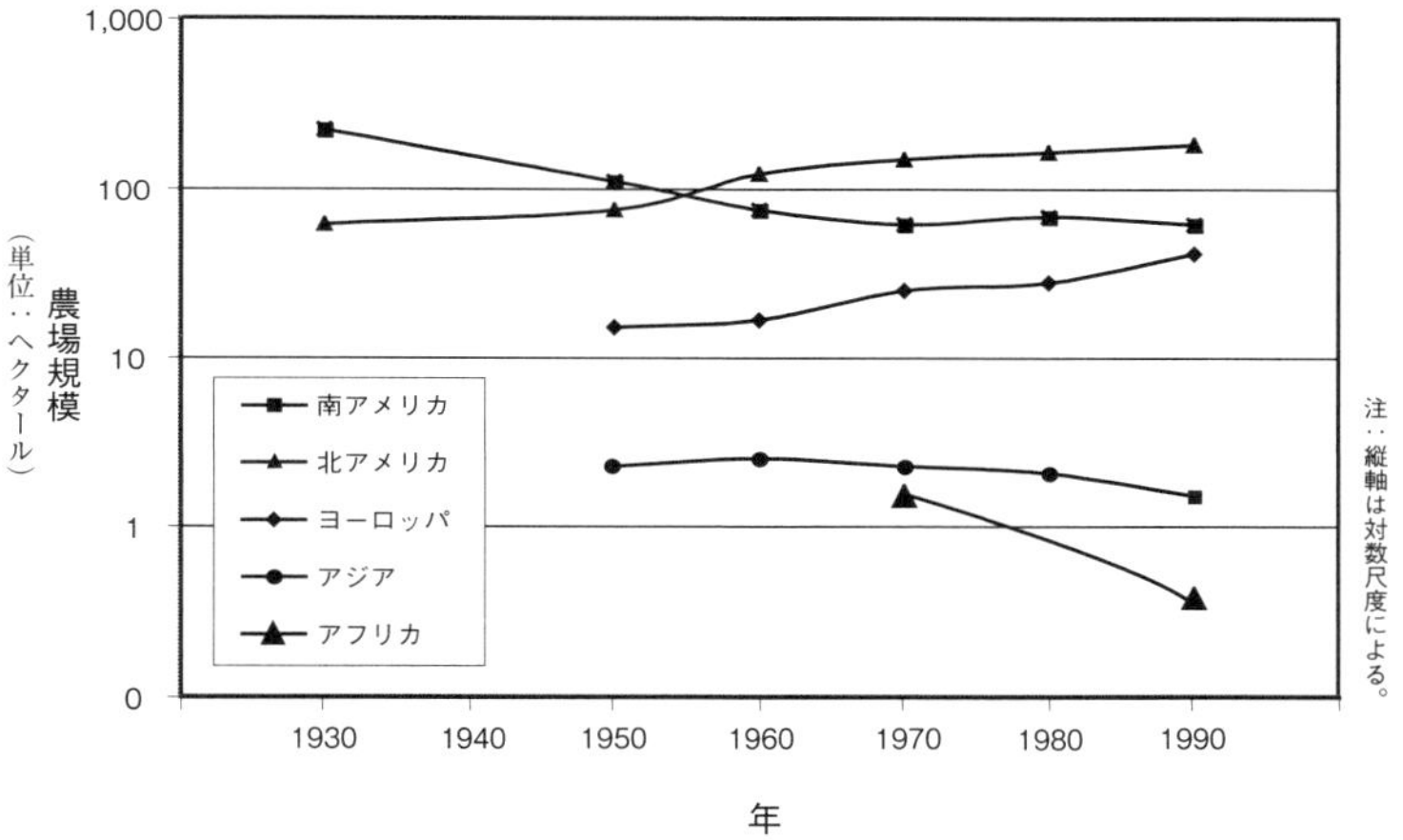

出典：イーストウッド他の推計（2004 年）。

リカに見られる数々の紛争も、飢餓や貧困に悩むコミュニティの秩序の悪化に端を発したものが多い。暴力は貧困だけでなく、人口年齢構成にかかわる問題でもある。先に述べたように、出生率が高いほど、人口ピラミッドは基底部が広く、頂部が狭くなる。つまり、若年層が多く、高齢層が少なくなる。このことが暴力の増大、ひいては戦争の危険にさえつながるのだが、これについては次章でさらに考察するつもりである。

出生率の高さと経済成長の遅れ

ここでは、ミクロ経済においてもマクロ経済においても、出生率の高さが一人あたりの経済成長を妨げる事実を見てきた。家族レベルで見た場合、出生率が高いほど子供一人あたりへの投資（栄養、医療、教育などを含む）が減らされる傾向があるが、国家レベルで見た場合も、人口増加が急激なほど、その人口に見あうだけの学校、診療所、舗装道路などのインフラストラクチャーを拡張するのに多くの資本投下が必要となり、その分だけ（一人あたりの）平均的なサービスの向上に費やす金額が減ることになりがちだ。経済学用語でいえば、一人あたりの資本金を増やすための「資本深化」ではなく、人口増加に対処するための「資本使用の拡張」に投資をしなければならなくなるのである。

それをたしかめるには、経済成長を国ごとに比較すればよい。そうすれば、出生率の高い国が本当に一人あたりの所得の伸びが低いかどうか検証できる。規準となる調査[107]にあたったのは経済成長論の第一人者であるロバート・バローとザヴィエル・サラ＝イ＝マーティンである。その統計モデルには、各国の一人あたりの平均的な年間の所得増加率[108]がその国のさまざまな指標とともに示されている。たとえば一人あたりの所得水準、平均的な教育程度、平均余命、「法の支配」指標などだが、さらに合計特殊出生率といった変数も含まれる。合計特殊出生率は、経済成長に対して大きな影響をおよぼし、また統計的に有意なマイナス効果を与えるものとみなされている。仮に、ほとんどの面で似ているが、出生率だけ差がある二つの国を考えてみよう。出生率が、ある国では六、もう一つの国では二である。バローとサラ＝イ＝マーティンによる調査によれば、出生率の高い国は一人あたりの所得増加率が年一・三パーセントであり、この数値は低出生率の国よりも低いという。これこそ、出生率の高さがもたらす大きなマイナス効果[109]ではなかろうか。

人口政策と出生率の低下

出生率の選択は人間の意思決定のなかでもとりわけ私的な領域に属するものだから、（強制する場合は別として）政府が口出しする問題ではないと思う人もいるだろう。たしかに社会は人口転換の過程にあるかもしれないが、それは政府による政策ではなく、個人の意思によって選ぶことができ、また自覚的に選ぶものであるべきだ、と。現に二〇世紀のあいだに西ヨーロッパやアメリカなど、現在の富める国々が経験した人口転換は、おもにそれぞれの家族が選んだことの結果だった。

だが、貧しい国々ではそうはいかない。貧困国におけるこれまでの人口転換は、政府の積極的な介入によって推進されることが多く、ときには最初のきっかけさえ政策に頼ってきた。これまで政府は、たとえば国民に予防接種や安全な飲み水を提供することで、幼児死亡率を急激に低下させるのに大きな役割を果たしてきた。その延長で、政府は出生率を早急に下げ、それにともなって死亡率も下がることを期待して、積極的に関与せざるをえないのだ。それまでの経験から、家族には法律上の権利（避妊の権利など）を自覚させ、技術的な選択肢に気づかせる必要があることはわかっていた。この数十年のあいだに、さまざまな避妊法が開発され、ピル、避妊リング、注射用避妊薬、インプラントなどが選べるようになった。政府によるプログラムは、国民にこれらの安全性や利便性や効果を教えるために欠かせないもので、とりわけ避妊にお金が出せないほど貧しい開発途上国では、無償で避妊具を配ることさえある。政府の支援がなければ、出生率はいつまでも望ましい水準をはるかに上回りつづけるだろう。また、出産に関する選択が社会規範に縛られるケースもあり、大家族を好みがちの旧弊な慣習を打ち破るのに、政府主導のキャンペーンが大きな力になることもある。なんといっても、大家族の慣習は何世紀も、あるいは何千年も前、伝染病で子供たちがばたばたと死んでいた時代から連綿と続いてきたのだから。

政府の指導により出生率が下がるという事例は、一九六〇年以降、世界中でじょじょに受け入れられるようになった。旧植民地が独立をかちえ、家族計画の成功例が国から国へと伝わっていったせいである。一九五一年、初めて家族計画プログラムを導入したのは、ジャワハーラル・ネルー首相のインドだった。すぐにパキスタンが続いた。やがて私立財団や非政府組織もその動きに加わった。たとえば、一九五二年の人口協議会（ポピュレーション・カウンシル）の創設や、一九五九年からのフォード財団によるインド人口計画への資金援助などである。貧困国の急速かつ継続的な人口増加は、一九六〇年代には地球規模の脅威とみなされるようになった。アメリカ政府もこのことを正しく理解し、出生率の極端な高さから、若年層が著しく突出することになり、その結果、政治的な安定が脅かされ、ときには国民に貧困、飢餓、農村部の失業といった重荷を負わせることを認めていた。それればかりか、世界人口が急増して食糧供給量を上回り、一世紀半以上も前にマルサスが予測した陰鬱な見通しがついに現実化するのではないかと懸念が高まったのである。

アメリカ政府にとって産児制限を優先事項として受け入れるのは難しいことだった。政治家たちは、世間の反対を押し切り、異論の多い危険な領域に踏みこまなければならなかった。一九五九年になっても、ドワイト・アイゼンハワー大統領は、開発途上国における産児制限プログラムを支援すべきだという特別委員会の提言をはねつけている。「私がこの座にあるかぎり……わが政府の政治信条として、産児制限に関するプログラムを推進するつもりはない。われわれの関知するところではないからだ」[110]。だが、その三年後、ジョン・ケネディ大統領は、政府の支援活動を家族計画にまで広げるべきだという大統領顧問団の意見を入れた。さらに、アメリカ初のカトリック教徒の大統領でありながら、有力な教会関係者がそのような政府の活動にあからさまな批判を浴びせないよう、前もって手を打ちさえした。アメリカによる支援は、一九六七年の国連人口活動基金（ＵＮＦＰＡ）の設立へとつながり、この基金はのちに改称されて国連人口基金（略称は変わらず）となった。国連は主として家族計画の専門家や人口統計学者を養成することに力を入れ、地球規模での活動を支援する地域的な人口統計センターも設立した。

出生率の急激な低下は、一九六〇年代にアジアの多くの地域で、さらに一〇年ほどのちにはアフリカ北部でも見られるようになった。識字率、女性の権利、一人あたりの所得などが高水準にある国ほどすばやく人口転換が進んだが、農村部に貧困が蔓延し、性別による社会的な役割が厳密に固定化され、識字率が低いといった問題を抱える国々で、急速な変化を促すには、家族計画プログラムも一役買っている。低出生率への転換はすみやかに進むことが多い。たとえばタイでは、合計特殊出生率が一九六〇〜六五年に六・四だったのが、一九八〇〜八五年には二・九に下がった。エジプト、インド、インドネシア、ネパールなど、社会経済の発展がやや遅れていた国々でも、政府主導の熱心な家族計画運動のおかげで、出生率は急激かつ自発的な低下を達成した。

こうして、一部の国のごく少数の専門家による活動だった家族計画は、全世界に広がっていった。一九五〇年代に国を挙げて家族計画プログラムに取り組んだのはインドとパキスタンの二か国だったが、それが一九六〇年代には一二か国以上に増え、さらに一九七〇年代には、数十か国にまで広がった。人口に関する大規模な世界会議も開かれるようになり、世界各国の政策を転換させるきっかけになり、また理論的な根拠にもなった。世界人口会議は、第一回が一九五四年ローマ、第二回が一九六五年ベオグラードで開かれたが、このときはまだ政策とは関係のない、主として科学的な集まりだった。一九七四年には、国連の主催による世界初の大規模な政府間人口会議がブカレストで開催された。

三五か国からの代表が、二〇年後の達成をめざした世界人口行動計画を採択した。その内容は、各国が政策として人口計画を立案し、行動に移すこと、そして国際社会はそのために支援を惜しまないというものだった。具体的な行動計画では、出生率については家族が自発的に選択すべきこと、さらに人口政策は視野を広くもち、出生率、死亡率、教育、調査などに関連する政策まで含むべきであることが強調された。そして最後に、このような政策はそれぞれの国の問題であり、国際社会が強要するものではないとはっきり述べられていた。ブカレスト会議で重要な役割を演じたアメリカは、この大胆な人口計画を受け入れるよう各国に訴えかけ、援助は惜しまないと断言した。

その一〇年後、各国政府はメキシコシティーでふたたび結集し、ブカレストで採択された行動計画がどれくらい達成できたか、それまでの経緯を総括し、軌道修正のための中間報告がなされた。成果は大きかった。開発途上国の出生率はきわだって低下していた。だが政治状況にも多少の変化があった。ロナルド・レーガンが大統領だった当時のアメリカの代表団は、出生率の低下を発展による自然の帰結であり、家族計画が果たした役割はそれほど大きくないと見なした。さらに、人口増加は経済成長全般に対する「中立的」な影響にすぎないといい、出生率の高さが長期的な発展を妨げるというそれまでの（より正確な）意見をくつがえしたのである。それでも、他の国々は長期的で持続可能な発展のためには出生率の低下が必要だという見解を捨てなかった。こうした意見の相違や、妊娠中絶権という特殊な問題をめぐる激しい駆け引きがあったとはいえ、この会議の結論としては、引き続き世界各国で家族計画対策に取り組み、とりわけブカレストで採択された行動計画を進めることで合意が得られた。

一九九四年、世界各国は次の人口会議の開催地であるカイロに結集したが、このとき政治情勢はさらに変化していた。今回のおもな議題は、世界各地の積極的な活動グループによる働きかけで、人口政策を出生率という狭い枠組にとどめず、性の健康（セクシャル・ヘルス）や妊娠・出産に関する健康（リプロダクティブ・ヘルス）というはるかに広範かつ総合的な取り組みへと拡大することが求められた。この背景には、女性の権利が大きく拡大したという事情があった。この国際人口開発会議（ＩＣＰＤ）では、家族計画そのものは従来どおりとされたが、安全な妊娠・出産、より広い意味での性の健康（性感染症への対策を含む）なども視野に入れた「性の健康と妊娠・出産に関する健康」政策の一環として家族計画を捉えるべきだと提言された。実をいえば、これらの問題はすでにずっと前から論じられてはいたのだが、この国際人口開発会議で変更されたのは言葉遣いと力点の置き方だった。家族計画に関して、この国際人口開発会議で実現した最も重要な取り決めは、二〇一五年までに世界中の誰もが「性の健康と妊娠・出産に関する健康」サービスを受けられるようにすることで、そこには家族計画も含まれた。この取り決めの背景には、貧困国への開発援助の増額や、とりわけ二〇一五年までに世界中の誰もが「性の健康と妊娠・出産に関する健康」を確保できるような水準まで援助を増やすことを求める声があった。

半世紀にわたる家族計画の提唱、資金援助、組織化の結果を総括した報告書で、第一線の人口学者たちも、世界が協力して取り組んだことが成果につながったことを認めている。ジョン・C・コールドウェルとその共著者[11]はこう書いている。

国家規模での家族計画プログラムは、世界における出生率の低下を加速させ、総世界人口をおよそ一〇〇億人以下に抑えるための重要な武器となっている……。

現代の家族計画プログラムに取り組んできたわれわれは、このプログラムの支援がなかったら人びとが出生率を管理することはとてもできなかったと確信し、また、その親にあたる世代が出生率を管理できなかったのは、その時代に家族計画プログラムがなかったせいだということがわかって、これらのプログラムの威力を再確認した。

家族の規模についての新しい考え方が広がり、避妊具の利用だけでなく、政府による支給まで合法化されつつあるのは、けっして偶然ではない。国際的な組織の役割はますます重要さを増している……。

妊娠・出産に関する健康とミレニアム・プロミスの実現

国際人口開発会議の行動計画（通称、カイロ行動計画）は、ミレニアム・プロミスのなかでもとくに重要なものである。人口政策は、世界全体の持続可能な発展にとって、欠かせないものなのだ。この行動計画をまとめた国連の報告書によれば、「人口増加を抑え、貧困を減らし、経済成長を果たし、環境保全を促し、持続不可能な消費や生産のパターンを削減する努力は、相互に補完しあうもの」だという。行動計画は、その目標の一つとして「人口増加率と社会・経済・環境における目標とのあいだに不均衡が見られる国々で、なるべく早く人口転換を果たす」こと、そして、それによって、「世界人口の安定化に」寄与することをあげている。さらに、「妊娠・出産に関する健康」にさまざまな側面があることを強調し、誰もが利用できるとはどういうことかを、次のように述べている。

すべての国は、遅くとも二〇一五年までに、できるかぎり急いで、出産可能年齢にあるすべての国民が基本的な医療サービスを通じて、妊娠・出産に関する健康を確保できるよう努力すべきである。医療サービスには、以下のようなものが含まれる。家族計画に関するものとしては、カウンセリング、情報提供、教育、連絡、サービスなど。妊娠中のケア、安全な分娩、出産後ケア、とくに授乳と母子の健康管理に関する教育およびサービス。不妊の予防と治療。妊娠中絶。感染症や性病など、生殖に関連する病気の治療。性行為や妊娠・出産、親としての責任感などについての教育とカウンセリング。

人口開発会議では、同じくらい重要なこととして、世界中の人が性および妊娠・出産に関する健康サービスを受けられるようにするという目標を達成するには、富める国から貧しい国への資金援助を初めとして、国際協力が必要だと訴え、きわめて明確な財政目標が掲げられている。

国際社会は、国民総生産（ＧＮＰ）の〇・七パーセントをＯＤＡ（政府開発援助）の総額にあてるという合意済みの目標を実行に移し、また行動計画の目的および目標を達成するために必要な活動の範囲や規模に合わせて、人口対策および開発プログラムに費やす資金を増額するよう努力すべきである……国家規模の人口対策や開発プログラムに必要な財源の規模と、受益国が国内の財源から生み出せるはずの金額を考えると、ドナー国（資金提供国）が出すべき補足的財源の必要額は次のようになる（一九九三年の米ドル換算）。二〇〇〇年には五七億ドル、二〇〇五年には六一億ドル、二〇一〇年には六八億ドル、二〇一五年には七二億ドルである。

国連ミレニアム・プロジェクトの「性の健康と妊娠・出産に関する健康」についての特別報告（二〇〇六年）では、安全な出産、緊急時の産科治療、家族計画を含む基本的な性および妊娠・出産に関する健康サービスが貧しい国々でも広く利用できるような環境をととのえるのに必要なドナー活動の規模が算出されている。その金額は、年間約二五〇億ドル（二〇一五年）だが、これはドナー国の所得の約〇・〇六パーセントに相当する。これだけあれば、避妊法や家族計画だけでなく、安全な出産にも確実な対策をとることができ、二〇一五年までに妊産婦死亡率を四分の三削減するというミレニアム開発目標を達成する大きな足がかりになるはずだ。だが悲しいかな、いまはまだこの財政目標は達成されていない。家族計画と出生率低下のために、いますぐ国際協力を復活させようではないか。

8　人口転換の完成

この一〇年来、人口政策は近視眼的なイデオロギーにのっとられてきた。アメリカ宗教界における右派の指導者たちは、家族計画への政府の援助を打ち切るよう求めている。その要求がすべて入れられたわけではないが、ブッシュ政権は国連人口基金への援助金を減らしたうえに、家族計画政策のための予算削減を提案した。これほど的外れな政策変更は考えられない。紛争やテロの回避という、アメリカにとってきわめて重要な利益に反するだけでなく、より広い意味でいえば、経済的な発展や環境保全への努力を根底から無視するものである。

世界人口の将来の動向は、運命ではなく、選択によって決まる。新しい政権に変わってからのアメリカを含めて、豊かな国がカイロ行動計画を尊重し、貧しい国々の家族計画やもっと広範な妊娠・出産に関する健康への援助金を増やせば、世界人口を約八〇億程度で安定させることは可能なのだ。表8・1はその過程を大まかに示している。現時点での国連による中位出生率予測によれば、世界人口は二〇五〇年に九二億に達し、その後はほぼ安定する。だが別の政策をとりいれれば、開発途上国の人口転換はさらに加速され、国連による低位出生率予測のような結果が得られるだろう。中位予測と

表 8.1　人口転換が速まった場合の世界人口（単位：10 億人）

地域	2005年	2050年（中位予測）	2050年（低位予測）
先進国	1.22	1.25	1.25
開発途上国	5.3	7.95	6.73
世界	6.52	9.2	7.98
インド	1.13	1.66	1.39
サハラ以南のアフリカ	0.77	1.76	1.52

出典：国連人口部のデータ（2007 年）による。
開発途上国は低位予測を適用、先進国は両列とも中位予測

くらべて、低位予測では合計特殊出生率が〇・五、低く設定されている。それをもとに予測すると、世界人口は約八〇億で安定することになり、八〇億まで減った分のおよそ半数は、インドとサハラ以南のアフリカにおける人口増加率の低下によるものとみなされている。アフリカを初めとして、いま出生率の高さで知られる地域でも、一人あたりの経済発展は大きく向上するだろう。地球環境も最初に、そして最も重要なことに、極貧地域で改善され、やがて世界中に保護が行きわたるだろう。だが、アメリカがあくまで家族計画に反対したり、あるいは、いまのように国際的な協力体制を無視したり、資金をカットしたりといったことを続けていけば、戦争という現実に直面させられる危険は高まる。

急激な人口増加がいっこうにやまない現状を見ると、マルサス流の悲観主義に毒されて、アフリカの苦境は避けがたい運命だと思えるかもしれない。なかには、疾病対策や食糧生産の増大という形でアフリカを支援しても、扶養すべき人口を増やすだけで、解決にはならないという人びともいる。近年、講演のあとで私に近づき、遠慮がちに、むしろ後ろめたそうに小声で質問してくる人びとは大勢いた。「子供たちを全部救ったとしても、結局のところ、飢えた大人を増やすだけではないのですか？　人口爆発に

つながるおそれはないのでしょうか」というのである。この疑問は深いところから発したものではあるが、理論的には欠陥がある。アフリカでも、他のどんな地域でも、出生率の高さは決まったものでもなく、避けがたいものでもない。そんな質問をしてくる人びとは、私が三つの点を説明すると心の底から安堵してくれる。第一に、アフリカの出生率は、他の国々と同じように、すばやく、しかも自発的に下げることができる。第二に、公共の医療サービスや栄養の向上で子供たちの命を救えば、出生率低下の大きな要因になる。親は子供が無事に成長するとわかれば、出産の回数を減らすようになるだろう。第三に、アフリカなど、高出生率の地域への開発政策は、経済発展（医療、農業、教育、インフラストラクチャーなど）への援助に加え、家族計画も含めるべきである。出生率の転換と経済発展の過程は、切り離すべきではない。

人口転換を成し遂げる

一九五〇年代から世界各国の政府が先導して進めてきた家族計画プログラム、すなわち避妊や公共医療サービスの活用によって家族が自発的に出生率を下げるよう促すための政策は、現代における偉大なサクセスストーリーである。この努力がなければ、世界人口の重圧は今日、はるかに深刻なものになっていたはずだ。これまで世界が積み重ねた豊富な経験と研究を通じて、私たちは中位または高位の予想を低位の予想に変えることが、貧困を終わらせ、世界政治の安定につながるという事実を確認してきた。とりあえず目標とすべきは、図８・１（口絵参照）のように、あいかわらず高い出生率を保っている地域である。サハラ以南のアフリカ、南米の内陸国（ボリビアやパラグアイ）、イラン

図 8.2a　幼児死亡率と合計特殊出生率　2005 年

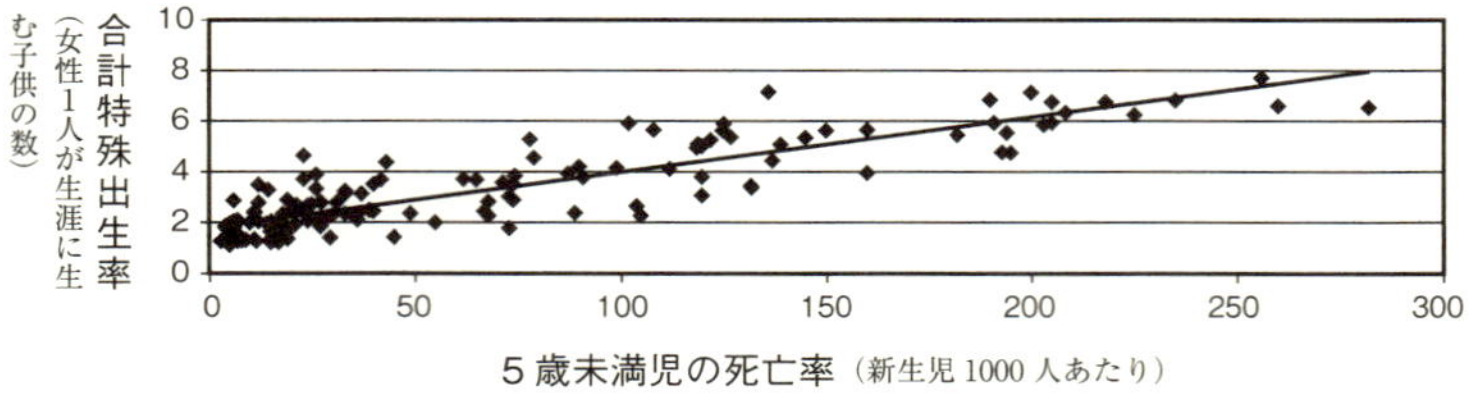

出典：世界銀行のデータ（2007 年）。

をのぞくペルシャ湾岸諸国（くわしくは後述）、南アジアおよび東南アジアの一部では、いまだに出生率は四以上という高さである。いまや合計特殊出生率の全国平均値が三前後になっているインドのような国々でも、人口増加はまだ急速に進んでおり、とくに農村部では合計特殊出生率が四を上回っている。

出生率をすみやかに、また自発的に低下させるには、各方面の努力を組み合わせた一貫した政策が必要だが、それには、低所得国で避妊具を無料で配布するなど、家族計画の範囲内で収まる場合もあれば、幼児死亡率の低下、労働市場における女性の権利拡大、政治家や名士や実業界による国単位のリーダーシップの涵養といった、より広範なものになる場合もある。どちらにしても、家族の規模を小さくしたほうが、経済投資の観点から親には好ましく（とくに子供が成人まで生きられる可能性が大きくなる）、子供にとってはさらに好ましいという点では変わりがない。

出生率を急速に、または少しずつでも、低下させる要因となるものは九つある。そのすべてが必要なわけではないが、そのどれもが、すみやかで自発的な出生率の低下に役立つものである。

子供の死亡率を下げる

図 8.2b　人口増加と幼児死亡率　2005 年

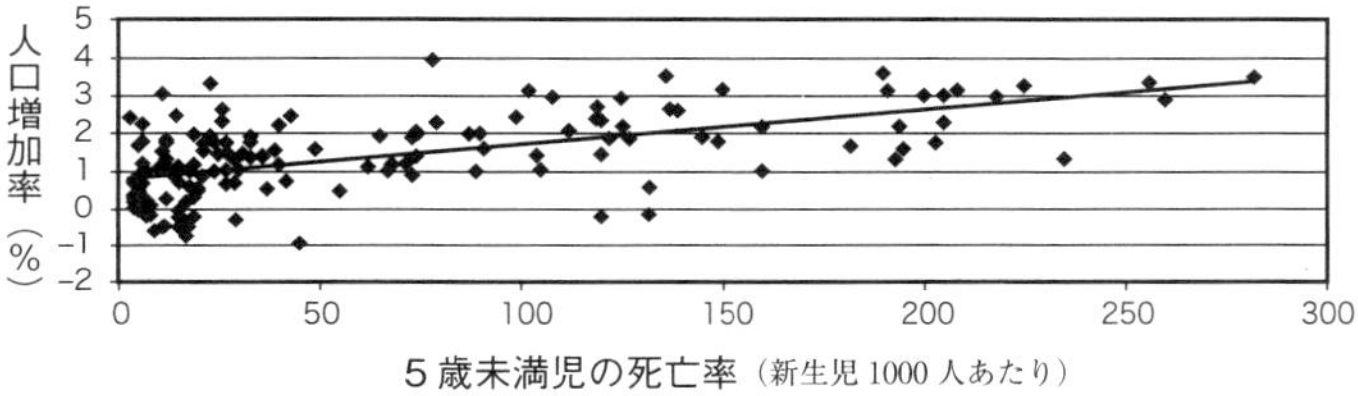

出典：世界銀行のデータ（2007 年）による。

乳幼児の死亡率を下げることは、貧しい家族の出生率を低下させるための最も重要な第一歩だろう。子供がちゃんと成人できると親たちが納得すれば、家族として、量より質を重んじるようになるからだ。一五〇か国を散布図に示した図８・２ａを見ると、五歳未満児の死亡率がより低い国では、合計特殊出生率もより低くなっていることがわかる。同じく散布図の図８・２ｂでも、五歳未満児の死亡率が低くなるほど、人口増加率も低くなることがわかる。こうして、死亡率が低下すれば、それにともなう出生率の低下は、相殺以上の効果をもたらす可能性が示された。相関関係イコール因果関係ではないが、[112] さらに調査を重ね、より高度な統計分析を進めれば、いずれ因果関係も明らかになるはずだ。乳幼児の死亡率を下げれば、結果として出生率を低下させることができる。社会はたんに子供たちの命を救うだけでなく、同時に人口を安定化させる手助けもできるのだ。

女子教育[113]

女子教育が人口転換への決定的な出発点になるという事実は、これまでにもたびたび証明されている。女子教育にはさまざまな利点があるが、そのすべては一つの方向に収束する。それは出生率の低下である（図８・３参照。合計特殊出生率が低い国ほど女子就学率が高くなっている）。

図 8.3　女子の中等学校在籍率と合計特殊出生率　2005 年

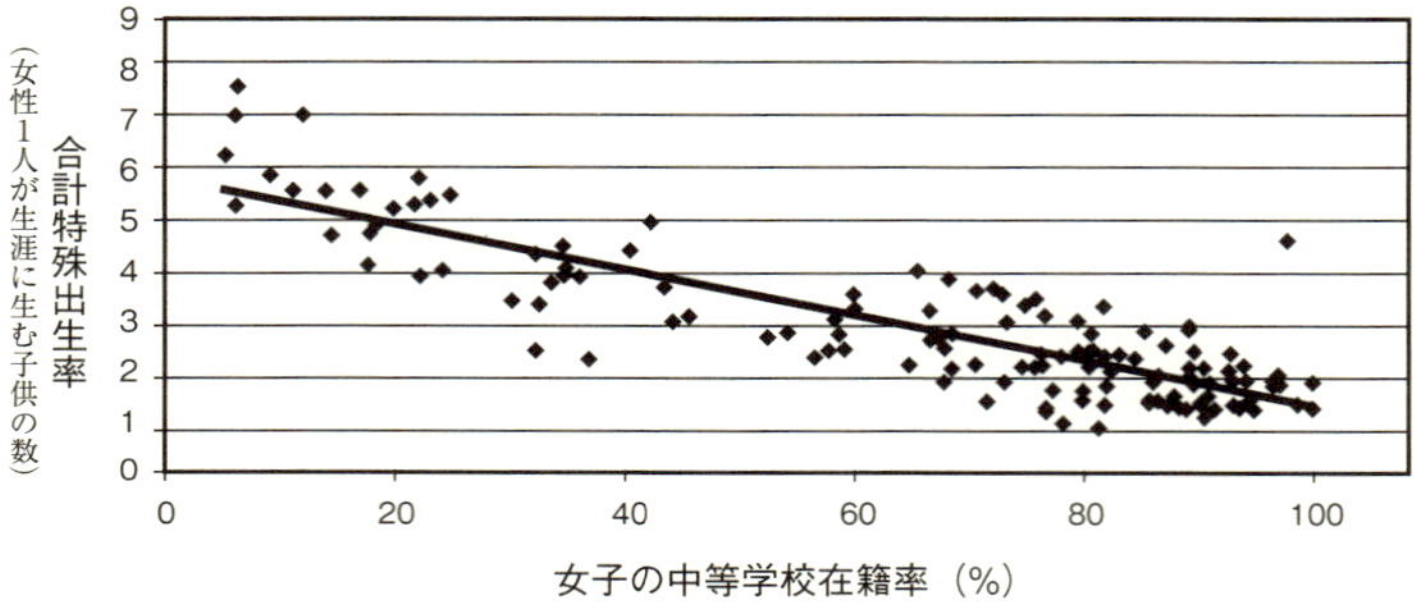

出典：世界銀行のデータ（2007 年）。
注：2005 年のデータがない場合、入手できた最も新しい年のデータを用いた。

なかでも、はっきりと目につく効果がある。就学した女子、とくに中等教育まで受けた女子は、就学しなかった女子よりも結婚年齢が遅くなり、したがって子育てにとりかかる時期もずっと遅れがちになることである。もちろん、教育の内容も大きく関与する。女子児童には、性の健康と妊娠・出産に関する健康、あるいは避妊法の選択肢について教育することが可能だし、また教育すべきである。家族単位での量から質への転換について知識をもてば、古臭い社会の偏見を乗り越えやすくなるだろう。これは大事なことだ。なぜなら、社会や文化の既成概念は、従来の人口学（たとえば、幼児死亡率がきわめて高いことなど）にもとづいて築かれてきたのかもしれず、もはや時代遅れになっていることも多いからである。女子教育を通じて若い女性は自信をつけ、子供を何人産むかというような問題でも配偶者と対等に論じあえるようになる。最後に、長期的にはこれが最も重要になるはずだが、教育によって労働市場における女性の力が強まるという点がある。労働市場で求められる技能を身につけることで、女性たちの時給も高まる。母親が熟練した技能をもつほど、労働市場での価値は高くなり、彼女が子供の養育にかけた時間の機会費用（つまり、その分、市場で稼げたはずの収益）も高くなる。市場価値が高く、したがって子供の養育にかけた時間の機会費用も高い女性は、平均的に、産む子供の数を減らす傾向がある。

それとは別に、もっと微妙な効果も考えられる。女子教育によって、娘たちが将来市場で稼げる収益がより高まるのだ。とくに低所得の家庭で顕著だが、その結果、息子の収入だけを頼らずにすむようになる。たとえば、ある家族が生計を維持するのに三人の息子の収入が必要なら、平均して六人（女児三人、男児三人）の子供を産む必要に迫られるだろう。だが、男女ともに金が稼げるなら、性別に関係なく、三人の子供がいればいい。そうなれば、子供の数を半分にしても生計は維持できる。そんなわけで、男児尊重主義が影をひそめるにつれ、合計特殊出生率も低下することになる。

女性の権利拡大

法的保護（たとえば暴力に対する保護）、財産権（土地や財産の相続）、マイクロファイナンス（小規模ビジネスへの貸付）、労働市場（差別の撤廃）などの分野における女性の権利拡大には、二つの役割がある。女性の権利が拡大されれば、労働市場でも女性の機会が大きく広がる。その結果、母親の時間に対する機会費用がはるかに高くなるので、子育てにあたっても量から質への転換がなされる。妻たちが労働市場で稼ぎ手になれば、夫も子供の数を減らすことに同意しやすくなる。このように力をもった女性たちは、夫婦のあいだで意見の相違があったとき、夫とも対等に議論できるようになるだろう。

妊娠・出産に関する健康サービスを利用しやすくする

家族が子供の数を減らしたいと望んでいる場合でも、それを実現するには家族計画や避妊法などの妊娠・出産に関する健康サービスの提供が必要とされる。だがアフリカの大部分や、その他の極貧地域では、それらの公共医療サービスを利用できないことが多い。貧しい家庭には、避妊具を定価で買ったり、避妊相談ができる診療所へ行ったりする余裕がないのである。ソーシャル・マーケティング（訳注／公益を目的とした広報・宣伝活動）を展開して、貧しい人びとにも補助金付の安価な避妊具を入手できるようにすれば、一部の貧困層には効果があるかもしれない。だが、極貧層はそれでも手が届かないだろう。極貧層は家計にまったく余裕がないので、補助金付の安い避妊具でさえ買うことができない。また、これまでの経験から、村の診療所の役割が大事であると同時に、地域に密着した熟練のヘルスワーカーによる家庭訪問サービスを加えれば、もっと効果的だということがわかっている。貧困地域では、女性の多くが権利を認められず、公立の診療所へ行って相談を受けることさえ遠慮してしまうことが多い。だが、ヘルスワーカーが家庭訪問サービスで自宅まで来れば、女性たちはプライバシーをさらさずに大事な選択が下せるだろう。

緑の革命

農業生産性の拡大には二つの効果がある。一つははっきりしたもの、もう一つはもっと迂遠なものである。明らかな効果は、農業従事者の時間価値が上がることである（アフリカではほとんどの場合、農作業は母親の仕事である）。母親の時間価値が上がれば、量から質への転換によって子供の数が減り、子供一人あたりの投資額が増えることにつながる。二つめの効果は、子供たちを何年間かよけいに学校へ通わせることで生じる経済的利益の拡大である。農業中心の村落が協力して改良型の技術をとりいれれば、付加的な通学による利益はもっと大きくなるだろう。共同社会が緑の革命の技術を導入すれば、村全体にさらに利益が増え、子供たちをもっと長く学校に通わせて、より高度な教育を受けさせることができる。子供たちを学校に通わせることは、親にとって金銭的な負担となる。そのため、親は子供の数を減らし、子供一人ひとりにより高い教育を受けさせようと考えるだろう。ここでも、量より質をとることになる。インドの緑の革命は、農業生産性を高める技術に支えられて出生率を下げることに成功したが、これはアフリカでも可能だし、そうすべきである。

都市化

一般的に見て、都市部に住む家族は、農村部に住む家族より子供の数を少なくする傾向があり、家族ごとの社会経済のあり方にも違いが見られるようだ。農村部で子供たちが経済的資産と見なされるのは、早い時期からさまざまな農作業を手伝わされるからである。だが都市部では、一般に子供にかかる純費用はもっと高くなり、家庭内での生産に寄与する補償的な価値はほんのわずかである。都市化それ自体が政策目標になるわけではないが、都市化の傾向が人口転換を促す要因の一つになることは事実である。

合法的な中絶

避妊法が広い範囲で利用できるようになったとはいえ、多くの妊娠は偶発的で、また望まれないものだろう。世界各地を見てもわかるとおり、これからも合法、非合法を問わず、中絶は行なわれるだろう。非合法で中絶した母親が死ぬリスクは高く、そんなリスクや高い中絶費用のせいで、望まないまま出産を選んだり、大勢の女性が中絶の失敗で命を落としたりする不幸を招いている。合法中絶サービスをとりいれている国では、両親にとってよりリスクとコストの小さい選択肢が与えられる。しかも、中絶を合法化すれば、その国の合計特殊出生率が平均〇・五人分と大きく下がり、また母親の死亡率もはっきり低下することがわかっている。

老後の保障

政府の政策によって高齢者への社会保障を確実なものにすれば、人びとが大家族を求める理由の一つがなくなるはずである。貧しい国でさえ、高齢者に少しずつ年金を支給し、現在の若い世代に、今後の経済発展にともなって年金の支給範囲がより広がっていくという自信をもたせることは可能である。

公的な指導

出生率の選択は市場における個人の価値の変化だけでなく、若い男女の「適切な」ふるまいに関するコミュニティの規範にも影響を受ける。結婚年齢、出産の間隔、家族ができてからの長期的な避妊方法としての不妊手術（精管切除術や卵管結紮術など）の可否、労働力としての女性を共同社会がどう見るかといった問題は、すべて文化や社会によって条件づけられる。権威をともなう公的な指導が自発的な出生率の低下を目指した場合、これまでも文化的な規範を変える（たとえば現代的な避妊法を受け入れるなど）のに大きな役割を果たしており、伝統に縛られがちな農村部で家族計画サービス

図 8.4　イランの人口転換

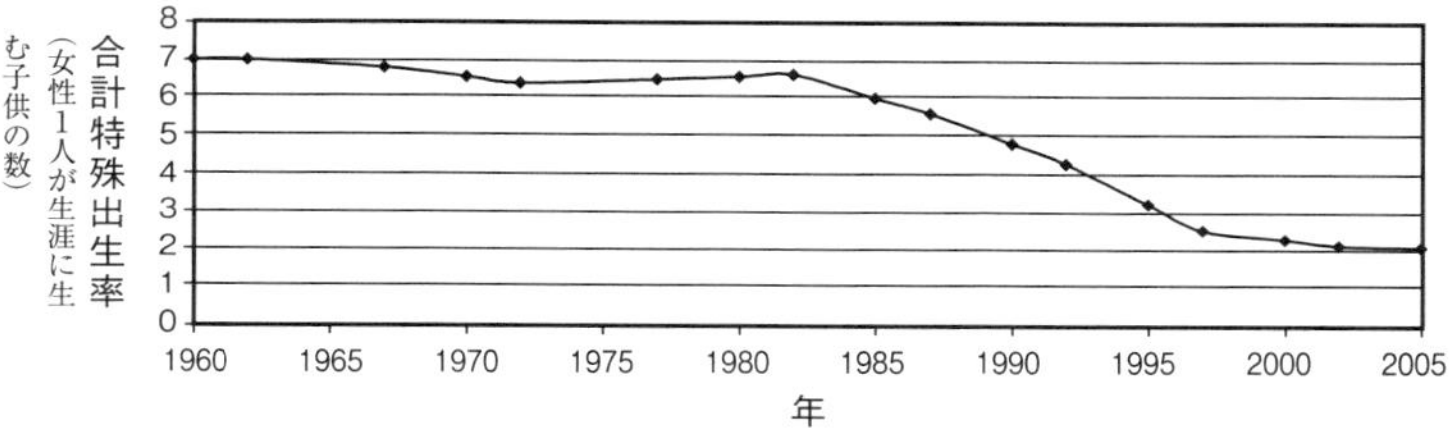

出典：世界銀行のデータ（2007 年）。

を求める女性たちの支えになっている。一方、宗教指導者など、権威をもった人びとが避妊法や家族計画に反対している地域では、出生率の転換もなかなか進まないようだ。

以上、九つの要因が出生率の決定に影響をおよぼしているわけだが、そのすべてが一致して出生率の低下に向かえば、その国はわずか数年間で自発的な人口成長の低速化という劇的な成果をあげることができるだろう。それだけではない。成功の実例は世界のあらゆる地域、あらゆる文化、あらゆる宗教におよんでいる。たとえば、イスラム社会では出生率は下がらないという通説があったが、それさえ一九七九年のイラン革命以降の動きを見ればくつがえされる（図８・４）。イランは一九七〇年代に家族計画プログラムとその実施を始めたが、利用する人はごく少数だった。だがイラン革命が起こると、新たに権力の座についた宗教指導者は、出産を奨励する政策に転じた。だが、彼らの統治は短期間しか続かなかった。暴力的で血なまぐさいイラン・イラク戦争によってさらに加速がつき、家族計画はますます妨害され、出生率を低下させようという動きは鈍った。結果として一九八〇年代半ばごろまで、出生率はやや増加する傾向を見せた。一九八〇年から一九八五年の合計特殊出生率は平均して六・六だった。だがこの直後、政治・宗教指導者の方針が家族計画の推進へと転換し、そのうえ従来よりも熱心な取り組みがなされ、文化的にも正しいと評価されるようになった。合計特殊出生率は一九八〇〜八五年の六・六から、二〇〇〇〜〇五年の二・一へと驚くべき急落を示した。これには家族計画サービスの利用環境が拡大したことや社会的な環境の変化や都市化など、多くの要因がかかわっているが、興味深いことに、大きな要因の一つに女子就学率の増加があった。革命以後、宗教的に保守的だった父親たちが娘たちを学校に通わせるようになったのが理由のようだ。女性の就学率や識字率が高まるにつれて婚期が遅くなり、望まれる子供の数が減ることになった。ブッシュ政権による家族計画への取り組みが、多くの意味で、イラン以上に原理主義的に見えるのはなんとも皮肉な話である。

アフリカの展望

アフリカの出生率の低下は、世界の他の地域よりもはるかに遅れている。現実に進んではいるが、そのペースはあまりにも遅い。二〇〇〇〜〇五年のアフリカの合計特殊出生率は平均すると約五だが、これは世界で最も高い数値である。アフリカのなかでも極貧国ではもっと高くなり、六・〇を超えることさえあり、たとえば、チャドは六・五、マリは六・七、ブルキナファソは六・四、シエラレオネは六・五、ニジェールは七・五となっている。しかも、このすべてが、考えられるかぎりの危険因子をもつ国々なのだ。幼児死亡率はとても高く、農村部の人口比率が高く、国民のほとんどは読み書きができず、女性の権利獲得は遅れ、農業生産性はきわめて低く、そのため母親の時間は市場価値が低く、女子就学率も低い（記録上は増えていても、実際の出席率はいまだに低いままのこともある）、公的な医療制度や避妊法の利用環境がほとんど、またはまったく確保できていないこと、さらには公共のセーフティ・ネットが整備されていないことなどである。

こうした基本的な障害に加えて、アフリカの人口転換を遅らせる原因となっている、より微妙な問題もある。一つめは、アフリカが世界でも例がないほど深刻な病気という重荷を負わされ、乳幼児の死亡率がきわだって高いせいで、そのような高い死亡率への補いとして、大家族を望む[114]という文化的な規範ができあがっており、それが強い束縛になっていることである。昔から、アフリカ文化は多産を奨励しており、ほとんどすべての女児が結婚し、ごく低い年齢で結婚生活や子育てを開始しており、また男児の誕生が強く望まれた。そのため、多くの子供を欲する願いや、大家族の価値や、生き残る男児の重要性（たとえば葬儀を執り行なうのは男子に限られる）を強調するさまざまな宗教儀式があるほどだ。二つめは、現在ではもはやあてはまらないが、二〇世紀を通じて、農場を拡大することで増えつづける農村部の人口を吸収できるだけの余剰地が十分に存在したことである。だが、一世代ほど前から、増えつづける人口のせいで、農場のサイズは極限まで削りとられ、もはや分割不可能になっている。両親の住む家ではなく別の場所で子供たちを育てる習慣も含めた拡大家族のあり方、それに土地を村で共有するという社会慣習のせいで、子供の数と子育てのコストがじかに結びつかなかったという事情もある。[115]核家族と違って、コミュニティ（または拡大家族）は、土地を分けるときにも増加する人口の重荷に耐えてこられたのだった。一部の地域で見られる一夫多妻制では、子育てのための経済的な責任を生物学上の父親に負わせず、生物学上の母親が負うものとされている。父親は責任を負わないので、出生率を下げようとする意欲をもたない。こうした社会は往々にして男性支配社会なので、最終決定権は父親にゆだねられていることが多い。一夫多妻制では、花嫁としての女性の価値が高くなるので（花婿の家族は花嫁の家族に金を支払う）、親にとっては商品としての娘を「供給」することが、多産を望む遠まわしの要因になるかもしれない。

さらにアフリカ特有の事情としては、強力な影響力をふるう宗教指導者の存在が見逃せない。宗教団体にはさまざまな種類があるが、そのほとんどが避妊法や家族計画について公に論じることを非難し、場合によっては、それらに対して正面から反対する。性に関して公の場で論じることは昔からタブーとされてきた。サハラ以南のアフリカの大半では、中絶は違法とされている。これらの問題に加えてとどめの一撃になったのが、国際通貨基金および世界銀行による構造調整である。一九八〇年から二〇〇〇年にかけて、家族計画を含む公衆衛生に関する構想は大幅にカットされることになった。この時期、ワシントン主導のさまざまな政策によって、公衆衛生サービス部門が解体され、公衆衛生に関連する施設の使用手数料などが値上げされることになった。貧しい国々にとっては、公衆衛生サービスの利用状況を改善することがまさに最優先されるべき時期だったというのに。

それでも、いまでは、このすべてを一気にくつがえすことが可能だし、また、そうすべきである。アフリカの指導者たちも人口政策の必要性は認めている。構造調整による医療部門の予算削減は旧に復しつつあり、公衆衛生も大規模に改善されている。避妊具が安い値段で目立たずに入手できるなら、アフリカの若い女性も抵抗なく使うようになった。アフリカがこの好機を逃さず、世界がそれをしっかりと支援するなら、文化、政治、経済のあらゆる面で、いまや振り子はすみやかで自発的な出生率の低下というチャンスに向かって振れつつある。とはいえ、アフリカ諸国が貧しい農村部の出生率を確実に下げようとするなら、国際的な支援を後ろ盾にした総合的な戦略が必要とされるだろう。というのも、出生率の高さを長びかせるような多くの危険因子がまだたくさん残っているからだ。

現在進行中の大きな変化は三つある。一つは、エイズの時代以降、性や出産に関する話題がもはやタブーではないことだ。子供の数、性行為、一夫多妻制、避妊具の利用といった問題も日常的な議論の対象になった。増加する人口が重圧となって、農場が削られてどんどん小さくなり、都市化率が高まるなかで、アフリカの指導者たちも人口問題に真剣に取り組む覚悟を決め、これまで避けてきた手段も受け入れざるをえなくなった。あいかわらず高い出生率が続いているアフリカは、世界規模で見ると、いまや唯一の例外となっているが、アフリカの指導者たちは、このような不幸な「例外」的状況をはっきりと認識するようになっており、他の開発途上国での成功例を視野に入れて、すばやく自発的な出生率の低下が実現できると考えている。また、人口急増によって生じた数世代分の人口で農村部が過密になり、いまや農場規模や環境保全を脅かす危険な状態になっていることも悩みのたねである。

二つめの変化は、アフリカの世代としては初めて、包括的な開発戦略を立ち上げようとする動きが出てきて、しかも自信をもって対処しているように見えることである。この戦略には、疾病対策、家族計画、妊娠・出産に関する健康サービス、女子教育、農業生産性など、多分野にまたがる相関的な課題が盛りこまれている。ミレニアム開発目標は、自発的な出生率の低下を達成するために必要な、まさにこのような包括的な取り組みを後押しするものである。後半の10章で述べるミレニアム・ビレッジのモデル構想は、このような一括した介入が実現可能だということを裏づけている。ミレニアム・ビレッジにおける出生率の変化は、アフリカ農村部でもすばやく自発的な出生率低下が達成できることを実践してみせるだろう。運営の初年度でさえ、ミレニアム・ビレッジで広く避妊具が普及しはじめたとたん、近隣の他の村でも便利な避妊具の利用率が急に上がるという結果が出ている。

三つめの変化は、私たちが過去の経験から学んだ貴重な教訓はプログラムの実施に役立つはずなので、それを駆使してアフリカでの開発戦略をいっそう加速させられるということである。とりわけ重要なのは、女性たちが文化的な規範に縛られて、家族計画の相談のために診療所へ行きにくい地域で、コミュニティのヘルスワーカーによる個別訪問を可能にすることだろう。ジョン・C・コールドウェルとパット・コールドウェルによれば、アフリカでは女性が人に知られずに避妊具を利用できることがとても重要だという。[116] そのような状況では、コミュニティのヘルスワーカーによる個別訪問は大きな意味をもつ。ところが、皮肉なことに、こうしたプログラムが効果を発揮しようとしたまさにそのとき、ドナー（資金提供者）による援助がむりやり削減されてしまったのだ。さらにコールドウェルらは、家族計画プログラムを既婚者にかぎらず、若者たちにも広げる必要があるといっている。偉大な人口学者のコンビである二人は、家族計画プログラムによって出生率の低下を推進するために必要とされる七つの条件[117]をあげている。

・国の指導者たちは、このプログラムを支持すること。
・国際的な援助を継続するか、またはさらに充実させること。
・家族計画のサービスが受けられる施設は、簡単にアクセスできる身近な場所に設けること。
・いくつかの選択肢を提供すること。
・避妊具は処方箋なしで入手できるようにすること（プライバシー保護のため）。
・若者、成人男性、男女の独身者の必要を満たす付加的な手段も用意すること。
・中絶の合法化。

図 8.5　サハラ以南のアフリカの幼児死亡率予測　2005–2050 年

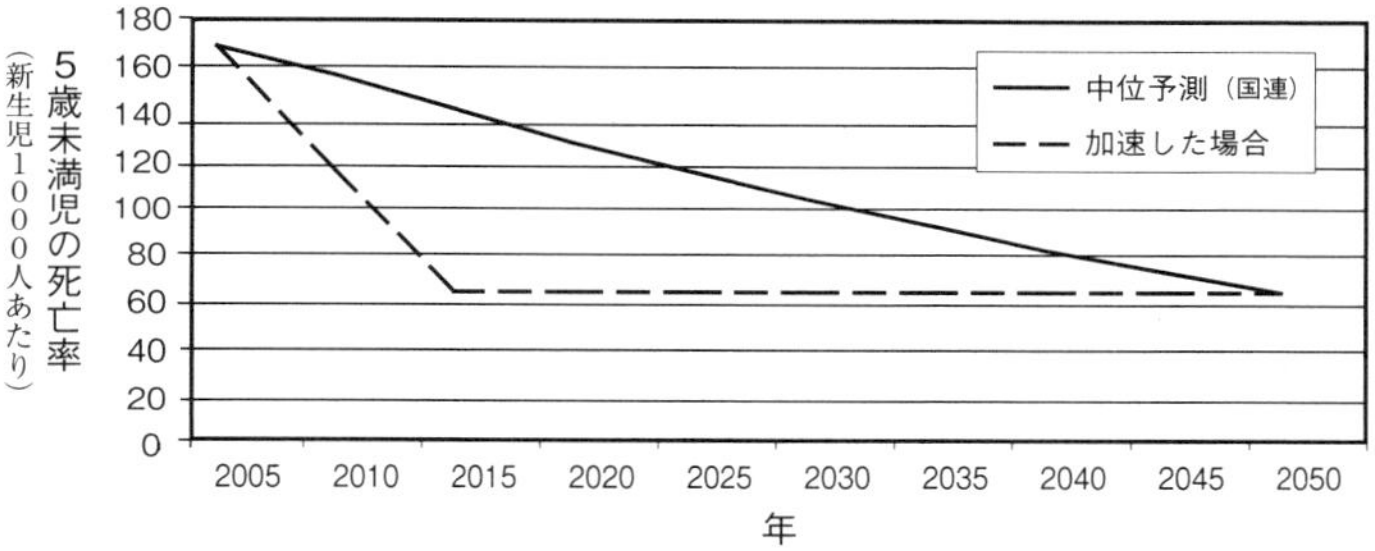

出典：国連人口部のデータ（2007 年）と著者の計算による。

合計特殊出生率が今日でも六という高さを維持するアフリカのいくつかの国では、たとえば合計特殊出生率を二〇一五年から二〇二〇年に、三以下まで下げるというような思い切った目標を掲げるべきではないだろうか。そんな大胆な政策が、乳幼児の死亡率低下という同じくらい大胆な目標を掲げるミレニアム開発目標と結びついたとき、何が達成できるかを見てみよう。

　大胆な開発計画を進めるなかで死亡率と出生率の両方が急降下したら、そのときアフリカの人口はどんなことになっているだろうか？　もっと具体的に、たとえばアフリカ諸国の幼児死亡率が一九九〇年とくらべて、二〇一五年には三分の二だけ減ったと考えてみよう。これはミレニアム開発目標が掲げる数値でもある。さらに詳しく、五歳未満児の死亡率が二〇〇五年の一〇〇〇人あたり一六七人から二〇一五年の一〇〇〇人あたり一四一人まで漸減するという従来の予測のかわりに、図8・5のように二〇一五年には一〇〇〇人あたり六三人まで急減すると考えてみよう。同時に（まったく現実的ではないが、例証のために）五歳未満児の死亡率が二〇五〇年まで現状のままで推移し、その時点でようやく従来どおり漸減してきた死亡率が、急激に減った場合の死亡率

図 8.6　サハラ以南のアフリカの合計特殊出生率予測　2005−2050 年

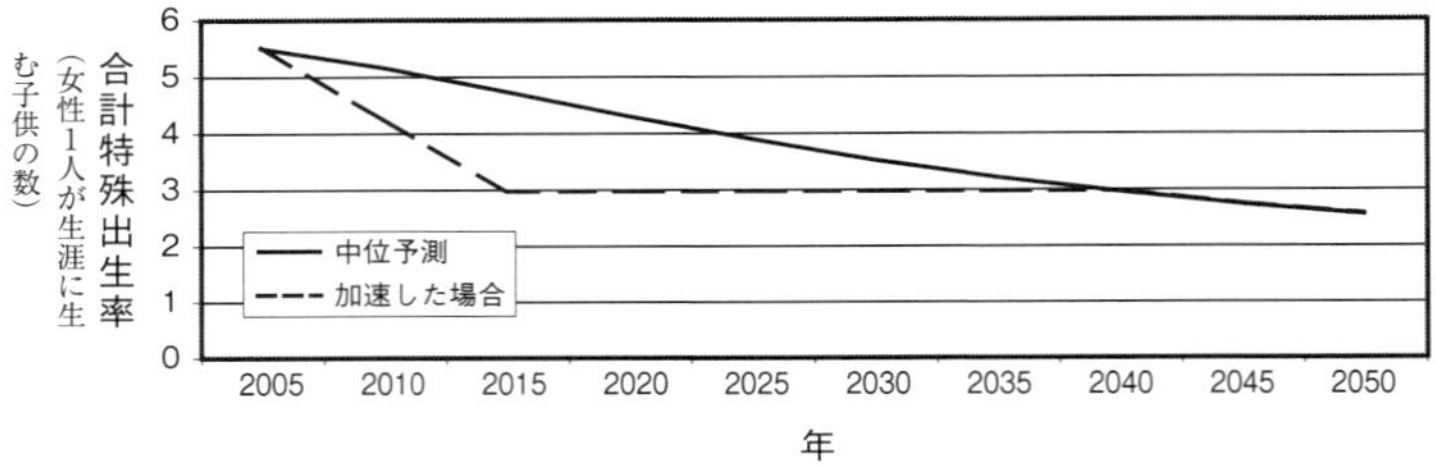

出典：国連人口部のデータ（2007 年）と著者の計算による。

の推移に追いつく場合も考慮に入れてみる。さらに、合計特殊出生率も同じように急速に下がり、二〇〇五年現在の平均値五・五が二〇一五年には二・九になるものと考える。さらに、これも予測というより具体的な数字をあげることが目的なのだが、その合計特殊出生率はさらに低い水準を保ったまま二〇四〇年になり、その時点で従来どおりの推移が合計特殊出生率をさらに低下させると仮定する。そして二〇四〇年以降は従来どおりの推移になる。ここにあげた合計特殊出生率の二通りの推移パターンを図８・６に示した。

私はそれが可能だと信じているが、思い切った政策によって死亡率と出生率の両方が急激に低下すると仮定してみよう。ここで問題となるのは、結果のプラスマイナスを正確に割り出すことである。幼児死亡率が急激に下がり、同時に出生率も急激に下がった場合、人口は増えるのだろうか、それとも減るのだろうか。死亡率および出生率の低減を目的にした合同プログラムを導入した場合、アフリカの今世紀半ばの人口は、従来どおりの推移をたどった場合（図８・７）よりも減ると予測されることから、出生率の低下という効果のほうが大きい。思い切った介入策をとれば、二〇五〇年までにアフリカの人口は従来どおりの推移をたどった場合とくらべて、およそ三億人は減ることになる。たとえ合計特殊出生率が急落しても、

図 8.7　アフリカの予測人口　2005–2050 年

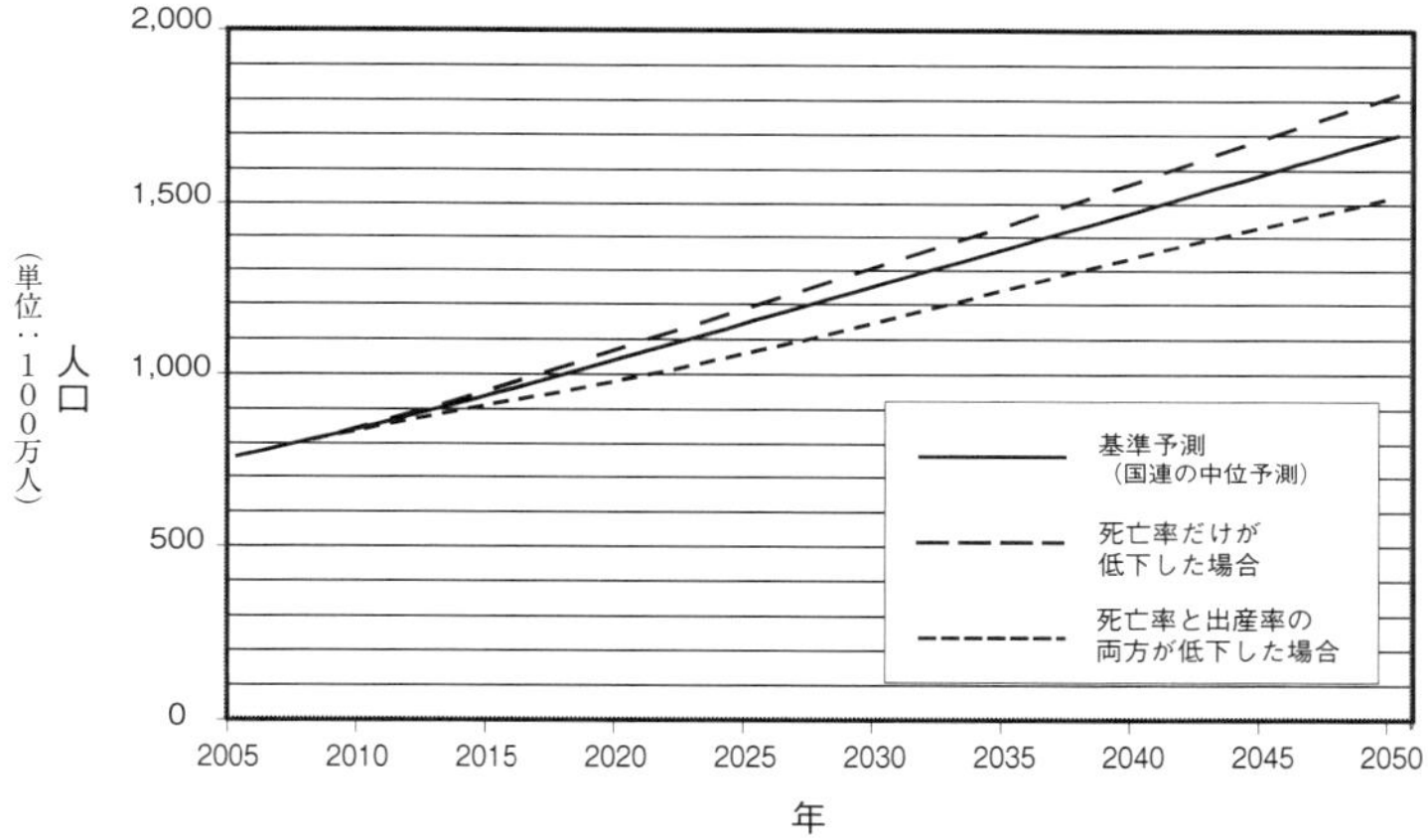

出典：国連人口部のデータ（2007 年）と著者の計算による。

当分のあいだアフリカの人口が増えつづけるのは「人口増加のはずみ」が並外れて大きいからだが、それでも従来どおりの成長率だった場合とくらべて、はるかに人口は減る。この分析結果は、国連人口部の低位出生率予測と中位出生率予測の関係によく似ているが、国連人口部による二〇五〇年の人口予測は、低位の場合、中位とくらべて二億八〇〇〇万少なくなると見なしている。

アフリカが幼児の死亡率低下の計画だけを導入し、合計特殊出生率を下げるための計画をとらない場合、人口は従来どおりの推移以上に増えることにも留意したい。だからこそ、人口削減という目標を成し遂げるには、出生率と死亡率の両方を下げなければいけないのだ。幸い、出生率を下げるためには、死亡率を下げることが肝要だということには、確実な証拠がある。

これだけはいえる。子供たちの命を救いながら、アフリカの人口を減らすことは可能だ。それどころか、子供たちの命を救うことは、出生率を自発的に下げるための必須条件でもあるのだ！　したがって、アフリカの各国政府や開発パートナーが家族計画の普及に向けて熱心に活動するかぎり、私たちはマルサスの不吉な予想など気にせず、疾病対策や食糧生産の拡大をめざして大胆に前進することができる。

ブッシュ政権による家族計画への攻撃

だが悲しいかな、今日、これらの取り組みは夢物語になってしまっている。低所得国での家族計画サービスに向けたアメリカの資金援助は、この二五年間、宗教右派によって骨抜きにされてきた。その結果、家族計画サービスへの全般的な資金投入が妨げられ、国連人口基金への支援は削減され、さらに合法的な人工妊娠中絶や中絶手術に関する相談を引き受けていた団体への寄付をいっさい禁止するとした、いわゆる言論統制法へとつながった。図8・8はインフレ分を修正したうえで不変ドルに換算したグラフだが、これを見ると、人口問題への支援金の額が一九七〇年以来、小さな上下はあるにしても、ほぼ同レベルに留まっていることがわかる。最も開発の遅れた国の人口がこの間に二・五倍に増え、いまなお出生率がきわめて高いままであることを考えれば、こうした総合的な援助の凍結は最も貧しい住民一人あたりが受け取れる援助の大幅削減を意味している。人口問題への支援金総額は現在、約四億五〇〇〇万ドル（一九七四年のドル換算で一億二〇〇〇万ドル）であり、最も開発の遅れた国の住民一人あたり約六〇セントに相当する。もちろん、このうち現地のサービスや商品として利用されるのはごく一部にすぎず、大部分は諸経費として霧消してしまう。ブッシュ政権は二〇〇八年度予算の概算要求[118]で、こうした予算枠の二五パーセント削減を要求した。

図8.8　アメリカによる人口計画への政府開発援助

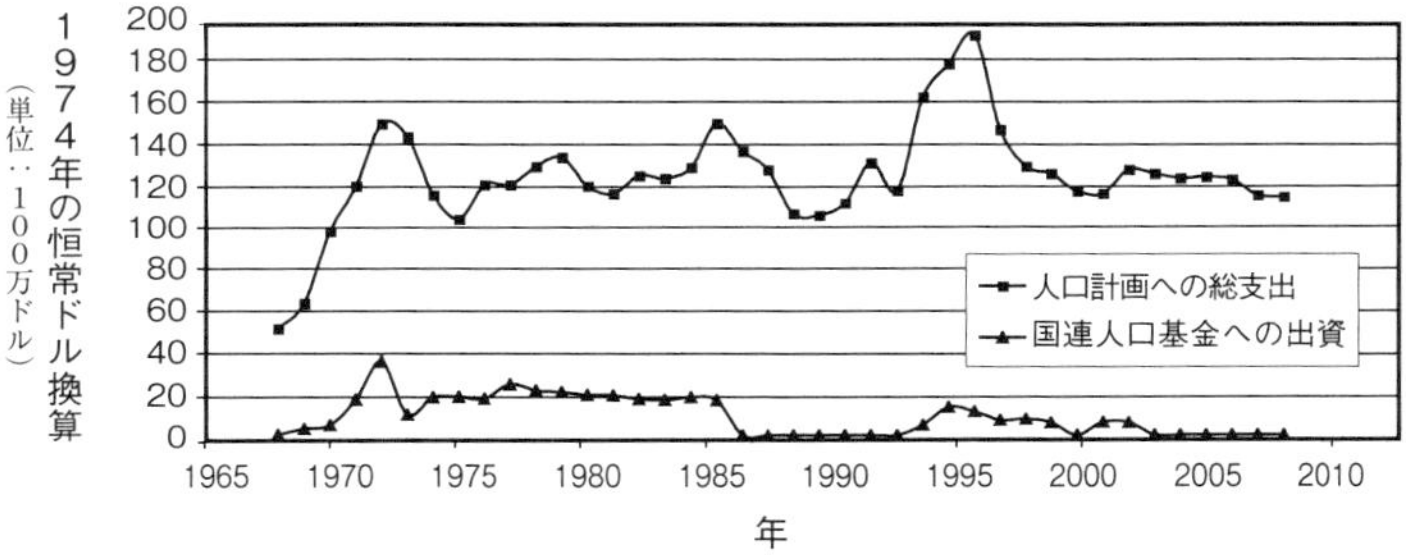

出典：PAIのデータ（2007年）。

アメリカ政府は長年にわたって執念深く、国連人口基金を軽んじてきたが、そのことは図8・8を見てもよくわかる。そのような軽視は、レーガン政権およびブッシュ・シニア政権の時代から始まり、ブッシュ・ジュニア政権にも引き継がれ、それ以前のクリントン政権下の数年間にいくらか回復しかけたという程度である。ブッシュ政権は、国連人口基金が独断で中国を援助した――これは事実ではなかった――と難癖をつけて[119]、国連人口基金に対する援助をすべて打ち切るという暴挙に出た。国務省は調査に乗り出し、二〇〇二年には援助を復活するよう勧告したが、それでもホワイトハウスはかたくなな態度を変えなかった。アメリカにプラスとなる外交政策よりも、視野の狭い政界の力関係のほうが優先されたのだった。

破綻国家が大きな脅威になっていることを思うと、アメリカの無策ぶりは驚かずにいられない。高出生率国における若年層の突出、つまり成人人口（一五歳以上）に占める若年層（一五歳から二四歳）の人口が極端に多いことは、政府主導で取り組むべき問題である。なぜなら、ポピュレーション・アクション・インターナショナル（ＰＡＩ）[120]や人口学者ヘンリック・アーダルによる信頼できる報告書が述べているように、若年層の突出は内戦につながりやすいからである。その理由は、意見の相違が起こったとき、中高年は仲裁しようとするが、若者は暴力に傾きがちで、そんな若者が多くなれば争いごとも増えるというわけだ。とりわけ直接的な影響としては、失業中の若者たちが民兵、ゲリラ部隊、テロリスト集団、軍隊などに加わりやすいということである。ＰＡＩの分析によれば、現在の人口学では、内戦の引き金になりやすいストレス要因が三つあるという。若年層の突出、住民一人あたりの耕地不足、都市部の急成長である。もちろん、この三つはどれも継続的な高出生率と深くかかわっている。

市民の不安について調査したアーダルは、その結果を次のようにまとめている。

私が実施した内紛モデルの調査結果(121)によれば、突出した若年層の存在が武力衝突の危機に大きく関与することが示唆された。この統計上の相関関係は、国の開発レベル、民主主義、紛争の歴史といった多くの要素を考慮して調整したあとでもはっきり認められ、また個々の専門的な条件に照らしても揺らぐことはない。成人人口に占める若者の割合が一パーセント増えるごとに、紛争が起こる危険性は四パーセント以上高まる。多くの開発途上国では若者の数が成人人口の三五パーセントを超えることが珍しくないが、その場合、先進国のように人口構成に占める若者の割合が少ない国と比較して、武力衝突が起こる危険性は一五〇パーセント増しとなる。

さらにアーダルは、若い兵士たちへの聞き取り調査というミクロのデータがマクロな結果に通じることも指摘している。「若い兵士たちの話を聞くことから得られた最近の調査結果(122)は、貧困、学校教育の欠如、他に収入を得る手段がないことなどが反乱軍に加わる大きな理由にちがいないという仮説を裏付けるミクロ・レベルの証拠になっている」

各国の若年層の割合を比較してみるのも参考になるだろう。アフガニスタンでは総人口の三七パーセントが若者である。イラクとソマリアはどちらも三四パーセント、パキスタンは三五パーセントを占めている。アメリカ、西ヨーロッパ諸国、日本など、国連が高開発国（高所得国）として分類する国々では、若年層[123]は成人人口の一六パーセントにとどまっている。

昨今、アメリカは開発途上国における家族計画の推進運動にブレーキをかけているが、かつて一九六〇年代初めにアメリカが家族計画を世界に広めるリーダーだったことを考えると、いっそう皮肉なことに思えてくる。アメリカ国際開発庁（ＵＳＡＩＤ）やフォード基金、人口協議会（ポピュレーション・カウンシル）の先導により、国家規模の家族計画はブラジルやバングラデシュなどで大成功を収め、わずか一世代で出生率を劇的に下げることができたのだ。たとえばブラジルの合計特殊出生率は、一九六〇～六五年の六から、一九九〇～九五年には二・五へと急落した。バングラデシュでも、農村部の絶望的な貧困にもかかわらず、似たような結果がもたらされ、合計特殊出生率は一九七〇年の約七から一九九三年の三・四まで下がった。アジアやラテンアメリカの全域でも、包括的な家族計画プログラムによって合計特殊出生率ははっきりと低下し、人口増加率は停滞するようになった。これはキリスト教、イスラム教、仏教、その他、どんな宗教にも関係なく、また文化や環境にも左右されずに出た結果である。とりわけ重要なのは、こうした出生率の変化が自発的に、つまり選択の自由を侵害せずに達成されたことである。

図 8.9　高所得国の高齢者依存率と幼児依存率　2000—2050 年

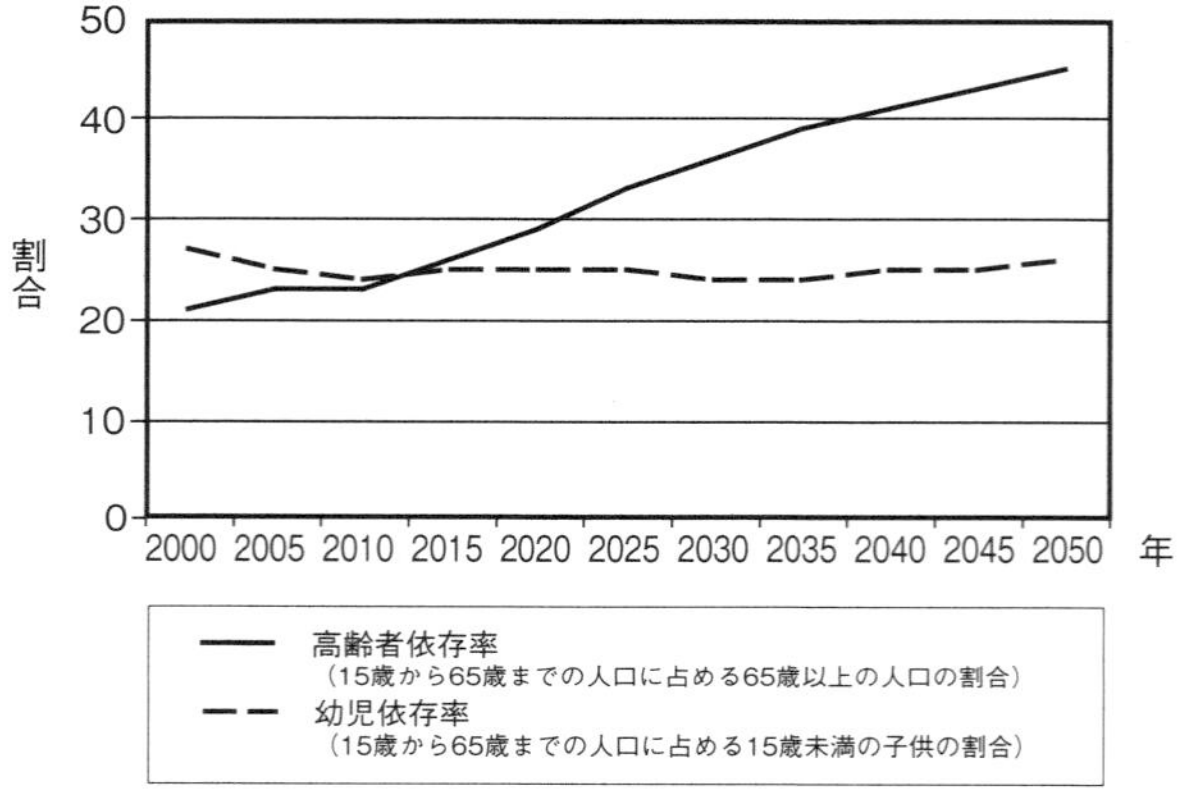

出典：国連人口部のデータ（2007 年）。

出生率の急落《ベビーバスト》は豊かな世界を危機に陥れる？

今世紀半ばまでにこの地球上には新たな二五億の人口が増えると予測されているが、そうなる前に、最貧国の出生率を下げることは差し迫った課題である。だが、その一方で、豊かな世界で出産を奨励する政策がまかりとおっているのは筋が通らないのではないだろうか。豊かな国、とくにヨーロッパや日本では、かなり前から出生率は人口置換水準より低くなっており、このまま人口が減っていくものと予測されている。アメリカの合計特殊出生率は人口置換水準より低くはならず、同じ程度で推移しているうえに、国外から入ってくる移民の数がいまでも多いことから、ヨーロッパ諸国や日本での減少傾向とは違って、人口は今後も増えてゆくと予想される。国連の中位予測によれば、ヨーロッパ（西ヨーロッパ、東欧、ロシア、ウクライナ、モルドバなどの旧ソ連圏も含む）の人口は、現在の約七億三一〇〇万から二〇五〇年には六億六四〇〇万ほ

図 8.10　高所得国と最低開発国の年齢中央値　2000—2050 年

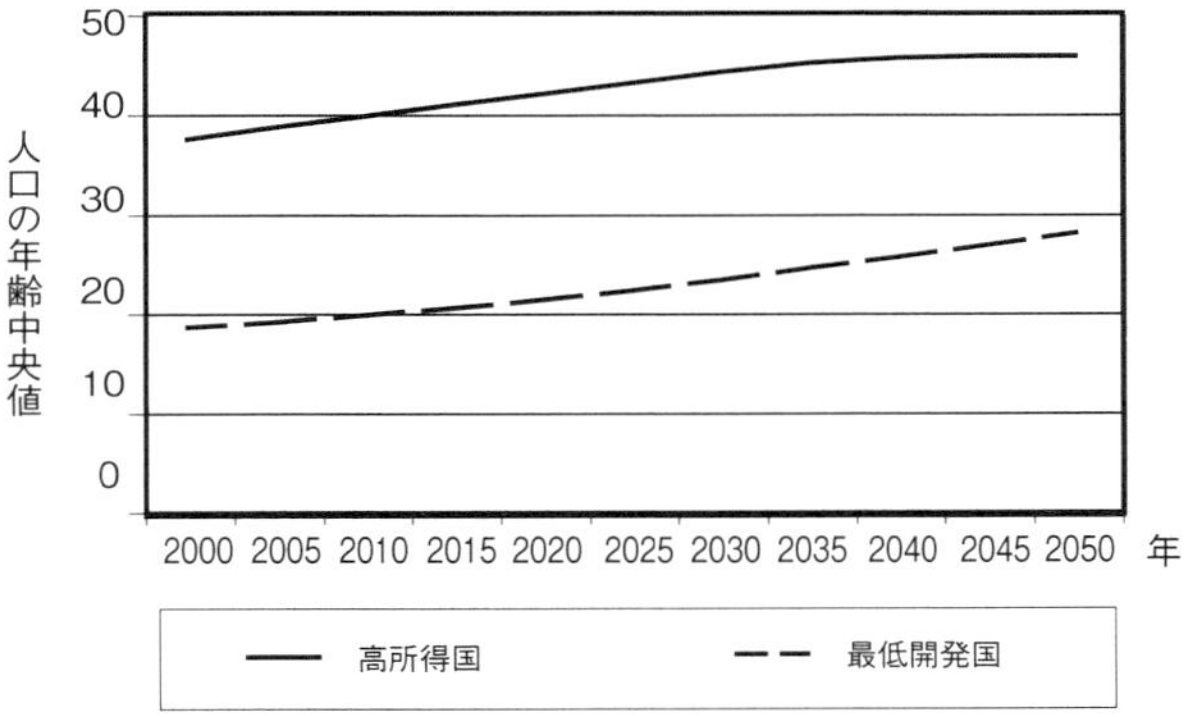

出典：国連人口部のデータ（2007 年）。

どに減少すると予想される。長期的に見れば、人口置換水準以下の出生率が驚異的な意味をもつであろうことはたしかである。たとえば、国連の計算によれば、イタリアが現在の合計特殊出生率一・三を二三〇〇年まで維持すれば、イタリアの人口は五八〇〇万から、なんと六〇万になるというのだ。だからといって、悪いことばかりではない。国民全員が土地とぶどう畑をもてるかもしれない。だが、そんなにうまくいくとは思えない。

ほとんどの人が抱いている懸念は、先進国の社会保障制度が破綻するのではないかということだろう。退職者が増え、いまより長生きし、老人を支える現役労働者の数がどんどん減っていくからだ。ここには、いくらかの真実がある。一五歳から六五歳までの人口に対して、六五歳以上の老人の割合を老年依存人口比率と呼ぶが、図８・９に見るとおり、高所得社会ではこの老年依存人口比率が急速に高まると予想されている。この割合が現在の約二三パーセントから約四六パーセントへと倍増する一方で、年少依存人口比率（一五歳から六五歳までの人口に対して、一五歳以下の年少者の割合）はやや下がると予想される。

こうした変化が年金制度を圧迫するのはたしかだが、その費用が単純に増えてゆくわけではない。第一に、人口増加率がゆるやかになり、はっきりと低下傾向を示せば、人口成長に見あうだけの基幹インフラ（道路や電力など）への投資が不要になる。その結果、社会は大きな貯蓄をもつようになる。第二に、定年退職の年齢が上がり、より柔軟なフレックスタイム制も導入されるだろう。ありがたいことに、寿命が延びただけでなく、生活の質もよくなり、健康なまま長生きできるようになっている。体力と生産性の点で、いまの六〇歳が昔の四五歳に等しいとすれば、この先の数十年で、はたしてどんな七五歳が登場するのか、誰にも想像がつかない。定年退職の年齢は、数年ごとに見直されていくだろう。もちろん、全体的な経済生産性がこのまま伸びていけば、総労働時間を減らすことができ、余暇の拡大という形で、私たち一人ひとりがその恩恵にあずかれるかもしれない。ここで、自信をもっていえることが一つある。人間の寿命は今後もますます延びるだろうということである（図８・10）。中位出生率予測による年齢中央値は、先進国では二〇〇五年の三八歳が二〇五〇年には四六歳になり、低開発国では一九歳が二八歳になるとされているが、仮に低位出生率予測が当たるとすれば、低開発国の年齢中央値は一九歳から三一歳まで上昇することになる。亀の甲より年の功という諺もあるくらいだから、大いに期待できるはずだ。

第四部　すべての人に繁栄を

9　経済開発のための戦略

前述のとおり、二一世紀は繁栄を分け合う世紀、偉大なコンバージェンスの世紀になりうる。世界経済は、富める国と貧しい国の所得格差がめだって縮まると予想されるが、それも先進国の所得が減るからではなく、貧しい社会が急速に追いついてくるからである。繁栄が共有できれば、現在いわれもなく極貧に囚われている人びとの大きな苦しみが取り除かれるだけでなく、同時に、地球上により安全で民主的な世界を築くことにもつながる。所得が増えれば、政治的な安定がもたらされ、より開かれた社会を築く支えにもなるはずだ。しかも、さまざまな所得グループや異文化社会のすべてが、繁栄するグローバル経済の恩恵を受けられれば、階級や民族間の敵意も薄らぐだろう。特定の地域やグループが仲間外れにされたら、結果として、憎しみや争いが生まれるのは当然のことである。

この繁栄が世界中に広がるだろうと確信する根拠は、先進国の繁栄の基盤となった科学技術が、もともと世界のどの地域でも利用できるはずのものだからである。先進国が豊かになった原因が、電力、医療、輸送、建築などの最新技術を導入したことだとしたら、貧しい国々でも同じような最先端の技術を導入すればよい。何度もいうように、テクノロジーは誰もが利用できる貴重な財産なのだ。人であれ、ビジネスであれ、国家であれ、誰もが、他の人びとの利用を邪魔することなく、自由に利用できるのがテクノロジーである。量の限られた石油の場合、誰かが使えば他の人の分が減ることになり、すべての人を満足させることはできないが、ヒトゲノムやインターネットといった科学技術の成果なら誰にでも利用可能で、しかも知識には量的な制限がない。それどころか、インターネット、コンピューターのOS、予防接種、マラリア予防の蚊帳、携帯電話など、先端技術の多くは、大勢の人が使えば使うほど便利さを増していくというのが特徴だ。このような技術はネットワーク・テクノロジーと呼ばれ、大量利用によって得られる利益をネットワーク外部性という。私たちはいまやネットワーク時代に生きており、これらのテクノロジーがまさに花開こうとしている。

技術の進歩に重点をおいた発展は、貧乏人を搾取することで富が築かれるという時代遅れのマルクス主義の考え方とはまったく違うことに注目してほしい。貧しい者から搾取することによってのみ、富める者が財を築いたとする説の基盤には、世界の所得がほとんどつねに変わらず、すべての経済行為は量の一定した経済的な利得を分け合うだけだという概念がなければならない。マルクス自身もそう考えていたようだ。しかし、世界が生み出す所得はかならずしも一定ではない。技術の進歩によって、世界は一定していると思われていた従来の所得をはるかに上回る経済的価値を生み出すようになっている。前章までに述べたとおり、世界の一人あたりの平均所得は一八二〇年の約六五〇ドルから一九九八年の約六〇〇〇ドルへと九倍の伸びを示しているのである。

先端技術の活用

表 9.1　地域別の 1 人あたり国民所得の増加　1820−1998 年

地域	所得の増大（増大率）
世界	9*
アフリカ	3.5
アジア	3
中国	6
インド	4
東ヨーロッパ	9
旧ソ連	7
ラテンアメリカとカリブ諸国	8.5
中東	9
西ヨーロッパ	16
アメリカ	22

＊ 1820 年から 2006 年までの増加率は 11 倍である。

出典：マディソン（2001 年）と世界銀行（2007 年）のデータをもとに算出。

繁栄の基盤になる知識はすべての人に利用可能だとはいっても、いまのところ世界中のすべての地域が豊かだとはいえない。むしろ、現状はそれどころではない。一八二〇年以降、世界の一人あたりの平均所得[124]が約一〇倍に伸びているなか、一〇倍をはるかに超えて成長した地域もあれば、一方で、遠くおよばない地域もある。一八二〇年から一九九八年までの一人あたりの所得の実質増加率を表9・1にまとめた。ここでは、世界の主要な地域をあげ、一八二〇年を基準にした所得の増加率が見られる。

経済発展を分析するうえでとくに重要な課題は、このような地域格差について解明することだろう。もう一つの課題は、発展が遅れている地域で、どうすれば経済発展をスピードアップできるかを突き止めることである。アフリカでは、一八二〇年から一九九八年までに、一人あたりの所得の増加が三・五倍にとどまっているのに、アメリカでは二二倍もの成長率を示したのはなぜだろう。今後のアフリカは、経済発展をスピードアップさせて、一人あたりの所得に見られる先進国との大幅な差を縮めることができるのだろうか。同じように遅れをとったその他の地域は？

新しいテクノロジーを活用しようとするとき、経済が乗り越えるべきハードルが四つある。このハードルを理解しなければ、地域ごとに異なる活用法も含めた経済発展に関するさまざまな謎は解き明かせない。実際、この四つのハードルを認識し、適切に対処することによって初めて、国家規模の政策も効果を発揮する。その結果、国家単位の経済成長に加速がつき、地球に役立つ先端技術もますます発展するはずである。

貯蓄と投資

新しいテクノロジーの大半は、特定の機械（新型のコンピューターや携帯電話など）や、特定の技能（医学訓練など）として具体化される。つまり、テクノロジーの背後にあるアイデアそのものは世界中のすべての人にとって利用可能とはいえ、その技術を実際に使うためには物的資本（機械類）と人的資本（技能）への投資が必要なのである。投資するには原資がなければならない。機械を購入したり、新しい技能を身につけるのに訓練を受けたりするには、資金が必要だ、その資金を作るために、現在の所得の一部を蓄え、それを毎日の消費ではなく、投資に回さなければならない。投資に使う一ドルは、生計に必要な金とは別にとっておいた一ドルである。したがって、毎日の生活に追われて貯蓄の余裕などない貧困地域では、技術を取り入れたくても、金がなくてできないという場合がある。

輸出と輸入

たいていの場合、新しいテクノロジーは本来の開発地である海外からもたらされる。たとえば、ブラジルの政府ないし私企業が、アメリカ発の資本財を注文するとしよう。品物を輸入するときはドルで支払うが、ブラジルにとって外貨であるドルは海外への輸出品と引き換えに入ってくる。したがって、海外の技術を導入したいなら、海外に売れる輸出品をもっていなければいけない。[125] 逆に、輸出市場が開拓できなければ、その国は世界の技術の進歩からも取り残されてしまうのだ。

公的資本と民間資本

科学技術の開発に民間部門が力を入れている場合でも、新技術が活用できるかどうかは、原則として、公的部門が投資にどれだけ熱意を注ぐかによって大きく左右される。たとえば、自動車を走らせるには道路が必要だし、電気機器を動かすには確実な電力供給が欠かせない、最貧国に医薬品を送りこんでも、公立の病院や診療所がうまく機能しなければ役に立たない。政府が当事者としての責任を自覚せず、適切な公共投資から背を向けているようでは、民間部門も新技術を活用するための投資ができなくなる。したがって、破綻国家、公共投資のための予算をもたない赤字国家、政府が腐敗しきった国などでは、民間部門における科学技術の発展も停滞するだろう。

地域の環境に合わせる

科学技術は一般に、地域の自然環境とは関係なく、独自に機能するものである。その一方で、地域の生物学的環境を顧慮し、適応しなければならない場合も多々ある。農作業、公衆衛生の手段、建築モデルや建材、インフラ施設の設計などの場合、国際的な慣例を各地の現状に合わせて調整しなければばいけない。そのような調整のために、現地においてかなりの投資が必要になることも多い。その最たるものは、ある特定の生態ゾーン（たとえば、アメリカ、ヨーロッパ、日本などの温帯地域）で開発された新技術を、まったく異なる生態ゾーン（たとえば熱帯地域）に適応させる場合である。残念ながら、貧しい国には世界各地の新技術を現地の条件に合わせて調整するのに必要な資金がない。

したがって、経済発展を果たすには、これら四つのハードルを乗り越えなければならない。国内にかなりの貯蓄があること、輸入した科学技術への支払いに必要な外貨が稼げる競争力のある輸出部門をもつこと、安定した政府財政によって必要なインフラストラクチャー（道路、電力、診療所など）を築き、民間部門の投資が支えられること、世界中で開発されている新技術を自国の環境や社会に適応させられることである。国内貯蓄が不足だったり、輸出で競争力をもたなかったり、公共部門に投資する力がなかったり、世界の新技術を国内に適応させる能力に欠けていたりすると、その国はなかなか貧困の罠から脱け出せない。

開発の梯子を上る

現実に経済がどのように発展していくのかを知るために、経済成長の基本となる四つの段階を見ておくのもいいだろう。この段階を一つ上がるごとに、収入と開発の水準はより高くなる。この四段階は、自給自足経済、商業経済、新興市場経済、テクノロジー経済の順に進んでいく。段階が進むにつれて、福祉の水準と一人あたりの資本レベルは上昇する。

まず「自給自足経済」から始まる。この経済の特徴は、農業生産性が低いこと、公益事業やインフラ整備が十分とはいえないこと、輸出の量が少なく、その内容も狭い範囲の一次農産物（園芸品、原綿、毛糸など）に限られることである。生活形態はほぼ自給自足で、それ以下のこともある。収入のほとんどを生計のために費やすので、貯蓄をする余裕はほとんどない。個人は貯蓄ができないので、民間投資はほんの少しか、あるいはまったくない。国民が貧しいので、政府はろくに税金も徴収できない。その結果、公共投資もごく限られている。基幹インフラも整備されていない。まともな道路は少なく、電力網も（とくに農村部で）不十分なうえに、安全な飲み水も手に入らず、公衆衛生の普及も遅れている。前の章で述べたように、成長するのは人口だけという状態なので、世代が変わるごとに、受け継ぐ農地はどんどん小さくなってゆく。一人あたりの平均所得は、年間およそ三〇〇ドルである。

自給自足農業のまま、貧困の罠に陥って停滞している地域は珍しくない。その一方で、経済発展をなしとげる地域もある。貧困から脱け出せた地域は、農業環境がかなり良好なために貧しい農家でも将来に向けて貯蓄ができ、また政府も税収によって公共投資に力を入れることができたのかもしれない。あるいは、画期的な技術革新が起こって、農業の分野に緑の革命が起これば、農業生産力が上がり、その結果、小規模自作農も貯金できるようになり、資本がもてるかもしれない。または、その地域が、石油からの収入、外国からの援助、観光産業など、農業以外の資源を活用できるようになって、収入を貯蓄や投資に回すゆとりをもつことで、自給自足農業から脱出できる場合もあるだろう。豊かな国がすぐそばにあって、そのインフラや市場需要を利用することで、経済成長に必要な仕事の場や収入を確保するという例もあるにちがいない。

十分な貯蓄ができ、投資が可能になると、政府は道路、電力網、便のよい海港、基礎的な教育制度や医療制度の構築にとりかかる。民間部門は生産性を高め、輸出向きの事業に投資できるようになる。輸出用の農産物には換金作物（香辛料、飲料、精肉加工品、食物繊維など）が加わる。工業部門の輸出品には加工製品（木綿の布製品、菓子類、エタノールなど）や、さらに工場で作られる大量生産品（衣料品、靴、その他の皮革製品、電子機器の部品など）が加わることもありうる。また一般に、輸出部門は、海外から導入されたさまざまな物やアイデア（機械類、技術的なノウハウ、工程改善など）から大きな利益を得ることが多い。

こうして経済が成長すると、その次は「商業経済」へと移行する。農村部も都市部も区別なく、すべての家族が貨幣経済の一部として組みこまれる。農村と都市の両方で、貯蓄と投資が可能になる。輸出所得が増え、輸出品の種類も限定された一次産品だけでなく、もっと多彩になる。家族が産児制限を理解するようになり、人口増加率は下がりはじめる。政府が教育制度の拡充に力を入れるにつれて、教育水準は上がり、家族もより高い教育達成度を求めるようになる。若年層の識字率の高まりは、ほぼ世界共通になる。平均的な年収は一人あたりおよそ一〇〇〇ドルである。

輸出と国内貯蓄の伸びが十分なところまでいくと、商業経済からこんどは「新興市場経済」へと移行する。この経済の特徴は、基幹インフラ（道路、電力、電気通信、港湾）や基礎教育（識字率の向上や初等教育）、基本的な公共医療制度、安全な飲み水、公衆衛生などが、ほぼ完全に整備されるところである。この国は、すでに工業製品とサービスの両方を輸出するようになっている。輸出されるものには工業製品（自動車部品、半導体製品、消費財など）や情報関連サービス（ビジネスプロセス・オペレーション、ソフトウェア、経営コンサルティングなど）が含まれ、これに建設業が加わる場合もある。経済発展において、海外からの投資がますます大きな役割を占めるようになる。海外の投資家は、資本だけでなく、ノウハウ、テクノロジー、グローバルな生産および分配システムとの連携ももたらす。政府の負うべきおもな責任は、中等教育および職業訓練の拡充、港湾業務の改善（たとえば、ペーパーレス関税手続や効率的なコンテナ輸送）、金融部門の促進（堅実な規制を運用するなどして）、経済発展の初期段階で生じた環境上の損傷を食いとめ、改善するための多様な環境投資などである。この段階になると、平均的な年収は一人あたり四〇〇〇ドルになっているだろう。

所得が中位の新興市場経済へ移行するころには、国内における技術革新もかなりの規模で進んでいる。これまでのように、ただ海外から技術を輸入するだけでなく、それを改良し、技術にもとづいた製品やサービスを輸出できるようになる。高等教育は、大学生に相当する年齢層のおよそ一〇パーセントから二〇パーセントまで普及しているだろう。国立の研究所がいくつも設立される。国内の科学者が国際的な研究チームに加わるようになっている。外資系企業もこの国に研究開発の活動の拠点をおくようになるが、初めのうちは規模も小さく、現地の人びとの訓練がおもな目的になるだろう。

高所得の国へ移行するための最後の大きなステップは、科学にもとづく技術革新を完全に自立した経済活動へと転換させることである。そのような「テクノロジー経済」の特徴は、高等教育の普及（大学生に相当する年齢層のおよそ三〇パーセント以上）、科学研究への大規模な公共投資（GNPの一パーセント以上）、民間部門の主導による本格的な研究開発（これもGNPの一パーセント以上）、進歩した情報化社会（インターネットの利用率が高く、日刊紙が大量に流通し、携帯電話が国民のほぼ全員に行きわたり、学校内でもコンピューターの利用が一般的になる）などである。海外からの技術の輸入は依然として続いているが、外貨の獲得手段には知識や先端技術の輸出が加わる。一人あたりの年収は一万五〇〇〇ドルまで上がるだろう。国内経済は豊かな国よりもやや速いペースで確実に成長していくので、「リーダー」と見なされる先進諸国との格差はますます縮むだろう。

自給自足経済から商業経済へ、そして新興市場経済をへてハイテク経済に至るまで、どの段階においても、公共部門と民間部門の両方がそれぞれの責任を負っている。経済成長は市場が基盤だという考え方は正しいかもしれないが、それでは事実の半分をいったことにしかならない。政府の行動も、長期的な経済成長の基盤を築くのに欠かせない。社会および物的インフラの必要不可欠な部分を整備し、効率的に機能させるのは政府の役割である。経済発展の初期の段階で、政府が負うべき責任は、基幹インフラの構築、なかでも道路、電力、小学校、診療所、飲料水、公衆衛生設備への投資である。次の段階になると、政府の責任は、高速道路、インターネット接続環境、コンテナ輸送、複合輸送（海上・航空・陸上輸送のための仲介サービス）といった分野へシフトされる。さらに、その次の段階では、科学の発展や高等教育に対する大規模な投資が政府の務めとなる。

経済発展のあらゆる段階で、さらに政府に求められるのは、市場経済がうまく機能するように基本的な条件を維持することである。たとえば、通貨の安定をはかること、金融危機を回避できるような金融制度の確立、人や財産の安全を守ること、契約や財産権が保護されるような法体制の維持、公務員の汚職を抑えこんで監視することなどである。この世に完璧なものはない。高所得国でさえ完全とはいえないのだから、社会秩序や法の支配がまだ発展の段階にある国ではなおさらである。それでも、いつか開発の梯子を上るという希望をもちつづけるために、完全な無法状態や暴力は排除しなければいけない。

地理的条件はどんな影響をおよぼすか

地理的条件が経済発展に大きく関係することには、見るからに明らかな、わかりやすい理由がある。たとえば、自給自足経済を考えてみよう。土地が痩せていて、降雨が不規則で、農産物の品種も先進国（先端技術が利用できる）のものと大きく違っている場合、その経済圏は極度の貧困から脱け出せなくなるおそれがある。農民は十分な量の食糧を生産できず、金銭的な余裕もないので、貯蓄をしたり、公共投資の財源になる税金を払ったりすることができない。また、その国が熱帯にあれば、ヨーロッパ、アメリカ、日本など、温帯に位置する先進国から輸入した先端技術を現地の環境に適応させるのに大がかりな作業と高いコストが必要になるが、そのような適応処理ができる科学関連機関は、たとえあったとしても、ごく限られているはずだ。

内陸部に位置する国や海港から遠く離れた国では、問題はさらに複雑になる。陸路による輸送は長い距離を踏破しなければならず、苦労が多いはずだ。ろくに整備もされず、危険に対して警備も不十分な道路では、運輸業者も二の足を踏むだろう。たとえ港があっても、国際的な主要航路から外れているため、海上輸送をする貨物はいったん、最も近い貿易中心地（香港、シンガポール、ドバイなど）まで運んで、積み替えなければならず、そのための費用が高くつくかもしれない。だが、こうした地理的障害は乗り越えられる。道路は作れるし、内陸国と沿岸国のあいだで契約を結ぶこともでき、農業環境は研究開発によって改善できる。地理的条件は運命ではない。ただ、地理的条件によってコストが生じ[126]、投資が必要になる。経済発展の梯子をもう一段上るために、それは欠かせないものなのだ。

ある地域の経済的な発展が成功するか、失敗するかを大きく左右する地理的条件には、以下のようなものがある。

農業生産性

農作物の生産性には生態系のさまざまな条件が関与している。土壌、利用できる水、地形、疫病や病原菌、その土地で育つ作物の品種などである。世界にはさまざまな土地がある。十分な深さをもつ肥沃な土壌、豊かな水利性（降雨および河川による灌漑）、急峻なところのない平原地帯、長期にわたって収穫ができるなど、条件に恵まれた場所もあれば、痩せた土壌、旱魃、灌漑がしにくい地形、険しい山の斜面、収穫期間が短いといった不利な条件を負わされた場所もある。たとえば、アジアとサハラ以南のアフリカを比較すると、地理的条件に大きな違いがある。サハラ以南のアフリカでは、小規模自作農の住む地域は旱魃にみまわれやすく、河川による灌漑を利用することも難しい。ところが、アジアでは河川を利用した灌漑が広く普及している。南アジアでは農地の約三九パーセントが灌漑され、中国では四八パーセントが灌漑されているのに対して、サハラ以南のアフリカでは灌漑率がわずか四パーセントにとどまっている。

エネルギーと鉱物

経済発展も含めて、無秩序から秩序を生みだすときには、どの段階でもエネルギーが必要になる。人類の歴史の大半を通じて、エネルギーは食糧という形でもたらされた。人間が活動し、動物が力を出すためには食糧が不可欠だ。それより微量とはいえ、風力や水力も利用されてきた。近代における最大の大事件といえば、新しいエネルギー源を発見したことだろう。石炭に始まり、その他の化石燃料（石油や天然ガス）から、原子力に至る各種のエネルギーである。さらに風、水、太陽光などを電力に変換する手段もますます効率的になっていった。一次エネルギー源に恵まれた地域が、エネルギーに乏しい地域よりも経済的に優位に立つのは当然とみなされ、これまではおおむねそのとおりに推移してきた。一九世紀には、(127)石炭が掘れるかどうかが、その土地の工業化にとってほぼ必須条件に等しかった。だが二〇世紀になると、石炭よりも石油や天然ガスのほうが重んじられるようになった。

だが、この法則には、いくつかの付帯条件があった。第一に、特定のエネルギー資源を活用するには、それに必要なテクノロジーが使えなければいけない。蒸気機関が発明されるまで、石炭は十分に活用されていなかった。水力の大半も、発電機が発明されて落下する水を電力に変換できるようになるまで、ほとんど使い道がなかった。石油の価値が上がったのも、内燃機関が発明されてからだった。二一世紀には、たぶん太陽光が中心となって、ソーラーエネルギーがもっと有効に使われるようになるだろう。第二に、ほとんどのエネルギー資源は商品になる。そのため、主要なエネルギー資源を欠く国でも、輸出によって外貨を獲得できるかぎり、必要なエネルギーを輸入でまかなうことができる。したがって、エネルギー資源が豊富なことはプラスにはなっても、必須条件とはならない。第三に、エネルギー資源は、その他の財産と同じく、浪費されることがある。豊かな石油埋蔵量をもつ国は、戦争、クーデター、富の寡占などを招きやすく、それが「資源の呪い」(128)と呼ばれる所以である。エネルギー資源に恵まれた国が恵まれない国より優位に立つことは事実だが、恵まれた国の大半とはいわないまでも、その多くがエネルギー資源の使い方を誤った結果、もてる能力を十分活かしきれていない。

ほかにも、エネルギー資源と同じような経済効果をもつ希少鉱物がある。銅、ダイヤモンド、金、プラチナ、その他の希少鉱物資源に恵まれた国は、確実な収入が見込める輸出品をもっているわけだから、それと引き換えにエネルギーその他の必要なものを外国から輸入できる。だが石油の場合と同様、希少鉱物資源は量が限られているため、政争の原因になったり、暴力事件の引き金になったりする。ダイヤモンドは、アフリカ南部のボツワナやナミビアでは経済を大きく発展させるための資金源として役立ったが、シエラレオネなど、アフリカ西部の国々では、戦争のきっかけになり、軍資金としても利用された。

輸　送

貿易は経済発展に不可欠のものである。先端技術を輸入するにも、商品やサービスを輸出して輸入品の支払いにあてるにも、貿易が必要だ。商品の輸送にかかるコストは、貿易を促進するか、停滞させるかを分ける大きな鍵になる。経済発展はこれにかかっているといってもいい。輸送費は船を使ったほうが陸の上を運ぶより安くつく（航空便はさらにコストがかかる）。海上輸送にかかる費用は、主要な貿易ルートを使ったほうが、ルートを外れた僻地を経由するより安くなる。もちろん、近隣の市場に運ぶほうが、遠くの市場に運ぶよりもコストは節約できる。そのような条件の違いから、シンガポールは、たとえばフィジーのような場所とくらべて、経済的に優位な立場にある。シンガポールはヨーロッパとアジアを結ぶ国際貿易ルートの拠点となっている。たとえば日本の大阪からオランダのロッテルダムへ向かう船はマラッカ海峡を通過するときに、かならずシンガポールに立ち寄る。とところが、フィジーはこのルートから遠く離れた南太平洋にある。エキゾチックな旅情はかきたてても、経済発展のためにはマイナスだ。

表9・2は、二〇〇五年の時点における世界の最大規模のコンテナ港をトップから二〇位まであげてある。このうち一三はアジアにあり、ヨーロッパは三つ、アメリカも三つ、残る一つは中東のドバイで、アフリカやラテンアメリカの港は一つも入ってない。もちろん、アフリカの経済が発展するにつれ、大きな港も発展していくだろう。とはいえ、大規模な港を建設し、その周囲に主要産業を築きあげることには、「卵が先か、鶏が先か」というのと同じジレンマがつきまとう。港湾業務や海上輸送はともに、大きなスケールメリット（訳注／生産規模を拡大することによって製造原価を下げること）をもつ。小さな港や小型船は、大規模な港や大型船と比較したとき、操業コストが高くなりがちなのだ。つまり、港が小さいうちはコストが高くつき、そのことが港湾地域一帯の発展を停滞させる要因になりかねない。ところが、その港がある程度の規模まで大きくなると、利用者一人あたりの操業コストは大幅に低下し、さらに大規模な事業展開につながっていく。要するに、操業規模を十分に拡大できるまで、コスト高に耐えて経済開発を維持できるかどうかが大きな鍵となる。

世界人口の四分の三が北半球のユーラシア大陸に集中しているために、ヨーロッパ、中東、アジアの沿岸地域に住む人びとは巨大な海上交通路の恩恵にあずかっている。一方、アフリカに住む人びとは、仲間はずれにされた感がある。同じく、南米にくらべれば、北米はもともと輸送の便に恵まれている。遠くにあるのに繁栄しているオーストラリアとニュージーランドは例外に思えるかもしれない。しかし、この二つの国の場合、広大な陸地にごくわずかな人口しかいないことがプラスに働いている。一人あたりの土地占有率が適切なため、高所得を維持する一因になっているのだ。

表 9.2　世界で最も混雑したコンテナ港　2005 年

順位	海港	国	TEU (単位:1000)
1	シンガポール	シンガポール	23,192
2	香港	中華人民共和国	22,427
3	上海	中華人民共和国	18,084
4	深圳	中華人民共和国	16,197
5	釜山	韓国	11,843
6	高雄	台湾（中華民国）	9,471
7	ロッテルダム	オランダ	9,287
8	ハンブルク	ドイツ	8,088
9	ドバイ	アラブ首長国連邦	7,619
10	ロサンゼルス	アメリカ合衆国	7,485
11	ロングビーチ	アメリカ合衆国	6,710
12	アントワープ	ベルギー	6,482
13	青島	中華人民共和国	6,307
14	クラン	マレーシア	5,544
15	寧波	中華人民共和国	5,208
16	天津	中華人民共和国	4,801
17	ニューヨーク ニュージャージー	アメリカ合衆国	4,785
18	広州	中華人民共和国	4,685
19	タンジュンペレパス	マレーシア	4,177
20	ラエムチャバン	タイ	3,834

注：TEUは20フィート換算単位、つまり長さ20フィート（約6メートル）の出荷用コンテナ1基をあらわす。したがって長さ40フィート（約12メートル）のコンテナは2TEUとなる。

出典：アメリカ港湾管理協会のデータ（2005年）。

疾病生態学

深刻な病気という重荷は、さまざまな面で経済発展を妨げる。早死にするとまではいかなくても、病気になれば個人の生産性は下がらざるをえないだろう。子供時代に病気になれば、成長してからも健康に不安を抱えるかもしれない。病気が発生しやすい地域は、観光客、熟練技術をもつ移民たち、海外からの投資などにとっても魅力に欠ける。先に述べたように、子供たちの死亡率が高い地域では、高出生率から低出生率への移行が遅れやすい。子供が誕生後の数年間を無事生き延びると確信できないかぎり、親はなかなか子供の数を減らす決心ができないからだ。意外に思う人も多いだろうが、世界を見渡すと、国によって国民に提供される医療の種類が大きく異なるばかりか、土地によって流行する病気の種類もさまざまに異なるのである。世界共通の病気はたくさんあるが、それとは別に、熱帯気候ではマラリアを初めとする昆虫媒介による感染症が猛威を振るっているため、温帯地方とくらべて熱帯地方では、伝染病全般から受ける被害がずっと大きい。生態学的な理由がいくつも重なった結果、熱帯に位置するアフリカは、世界でも例がないほど深刻な熱帯病の重荷を負うことになった。何より重要なのは、マラリアを媒介する蚊のなかでも、アフリカに生息するもの[129]がきわめて危険だという点である。他の大陸では、マラリアを媒介する蚊はヒトだけでなく動物も咬むのに、アフリカではヒトしか咬まないように進化してきた。その結果、アフリカでは世界中のどこよりもマラリア感染率が高く、マラリアという病気の重荷は耐えがたいまでになっている。

自然災害

ハリケーン・カトリーナの被害によって、ニューオーリンズの経済は数年分も後退し、ひょっとしたらその遅れは数十年分にもなるといわれる。同じような理由で、自然災害に見舞われやすい国は、経済発展が長期にわたって阻害されるというリスクも抱えている。経済が何度も打撃を受けたせいで、貧困の罠からなかなか脱け出せないということもありうる。もちろん自然災害にもいろいろあり、水害（水に関係した災害）は、あらゆる面において最大の被害をもたらす。旱魃は人間や家畜の生活に深刻な被害を与え、洪水はそれ以上に大きな混乱のもとになる。この二つの災害に同時にみまわれる国も多く、国内の別の地域で同時に、または同じ地域で一年の別の時期に旱魃と洪水を経験する場合もある。ほかにも気候による災害には、ハリケーン（アジアでは台風）、竜巻、熱波など、さまざまな種類がある。災害のもう一つの大きなカテゴリーとしては、地震に関係した災害があるが、これには火山の噴火、地震、津波などが含まれる。

アジアや南北アメリカの大陸棚に近い熱帯・亜熱帯経済圏は、地震関連の災害と水害という最悪の組み合わせでリスクを負っている。たとえば、フィリピンは台風、旱魃、洪水、火山、地震などの深刻な脅威に直面しており、同じことは中米諸国についてもいえる。アフリカは旱魃にみまわれやすく、広大な大陸のさまざまな地域がくりかえし甚大な被害を受けてきた。さらに、この四半世紀では旱魃の頻度も増していて、その原因の一つは長期的な地球の気候変動だと考えられる。

地理的条件は運命ではない

地理的条件をめぐる議論は、これまで二つの点で大きな誤解を受けてきた。その一つめは、地理的条件を第一とする運命論のように受け取られ、ある国の運命がその地理的条件によって方向づけられるだけでなく、決定づけられるという誤った議論が展開されてきたことである。地理的条件について考察する目的は、運命を受け入れることではなく、与えられた自然条件が障害になる場合、それを乗り越えるための具体的な方法を考えだすことなのだ。伝染病学によってマラリアの深刻な重荷が突き止められたら、その次にとるべき行動は、諦めることではなく、マラリア撲滅のための議論だろう。変動の激しい降雨のせいで作物の生産量が安定しないのなら、なすべきことは、乾期にも使える灌漑事業に力を入れることではないだろうか。また、内陸部に位置するために貿易が発展しないことがわかったら、海港に通じる道路を作り、海岸沿いにある隣国との外交関係を打ち立てるよう努力すべきである。要するに、地理的条件の不利な点を理解することは、諦める理由にはならず、公共投資をどう使うべきか、最優先事項を決めるのに役立たせるべきものなのだ。

二つめは、地理的な条件をめぐる議論への誤解は、世界のある場所がつねに他の場所より有利だという説を支持していると思われてきたことである。それに対する反論として、歴史上、世界の指導的国家と追随国は何度も入れ替わってきたのだから、地理的条件はそれほど重要ではないとする考えもある。だが、この考え方は的外れである。運命論はさておき、地理的条件の良し悪しはテクノロジーの変化と連動しているからである。蒸気機関が発明されるまで、石炭の鉱床があるかどうかはそれほど意味をもたなかった。内燃機関が発明される前の石油についても同じことがいえる。コロンブス到来以前のアメリカではヨーロッパの先進技術を利用しにくいことが悩みの種だった（一方で、ヨーロッパの流行病が入ってこないことは幸運だった）。インターネットが出現する前の内陸地域は、もっとずっと不利な状況にあった。インターネットが普及した世界では、インドのバンガロールのような内陸の都市でも、航路が使えないことで頭を悩ませる必要がなく、インターネットを通じて知識基盤サービスを国際市場に輸出することができる。いいかえれば、テクノロジーの変化は、地理的条件の優位性をシフトする（たとえば石炭から石油へ）と同時に、地理的条件における不利を排除するのである（たとえば、航空輸送やインターネットがよい例である）。

正しい認識のもとで地理的条件を分析すれば、その国の開発戦略を立てるのに大いに役立つだろう。最優先すべき公共投資の対象を突き止め、基本的な生産費がどのように産業構造を形成していくかを理解する一助になるからだ。地理的条件によって、その国は軽工業か重工業か、製造業かサービス業か、農作物の品種をどれにするか、都市化区域か貿易区域かの選択を決定づけられる。天然資源の埋蔵状態、疾病パターン、気候、土壌などはどれも、適切な開発戦略を立てるのに欠かせない条件になるのである。

開発戦略を立てる

教科書によれば、自由市場を確立するには、国家が市場を開放し、財産権を保証し、マクロ経済の安定性を確保すればいい。そうすれば、経済発展はあとからついてくる、ということらしい。ところが現実には、自由市場経済の大国たるアメリカも含めて、こんなやり方で開発政策を進めている国など世界のどこを探してもない。それもそのはず。発展のあらゆる段階で、また開発のあらゆる部門において、公共部門と民間部門が相互に支えあっているというのが実情だからである。道路、診療所、学校、海港、自然保護区、公共施設など、公共部門によって投下された資本は、民間部門で工場、機械類、熟練労働者のために投じられた資本が生産に結びついたときに初めて生かされる。経済発展は、市場動向と公共部門の計画および投資が絡み合った複雑な相互作用なのである。

貧困から発展に至る軌跡も一つとは限らない。たとえば、アイスランド、インド、インドネシアはアルファベット順に並んでいるが、発展の軌跡がこれほど違う国も珍しい。北大西洋上の小島嶼経済圏であるアイスランドは、豊富な漁業資源と地熱エネルギーを活用してめざましい発展を果たしたが、数の少ない国民に高等教育や熟練技能を授けるためにそれらの天然資源から得られる収入を再投資してきたことが決め手になった。また、大西洋中部にあってアメリカへも西ヨーロッパへも近いという地の利を生かし、有能な学生、ビジネスマン、芸術家、企業家などがこの二つの巨大市場のあいだを自由に往来して故郷と同じように活動できるような開かれた社会を築こうと努力してきた。

インドの人口はアイスランドの五〇〇〇倍もあり、まさに対極にあるといっていい。インドが抱える課題もアイスランドとはまるで違っていて、人口過密な自給自足農業の亜大陸を現代的な都市型の社会に転換することだった。貧困層の国民の数は数億にのぼる。人口増加率も高く、一九五〇年から二〇〇〇年までに総人口は三億五〇〇〇万から一〇億へとほぼ三倍になった。この二〇年でようやくインドは待ちに待った飛躍的な発展を成し遂げた。一九六〇年代および七〇年代に農業生産性が爆発的に伸びたのは、海外からの科学技術や資金援助によるところが大きかった。その結果、それまで主体だった自給自足農業の大半が、商業用の農業へと変貌し、一九八〇年代には少しずつ、そして九〇年代に入ると急速に、いくつかの大都市が工業製品や情報サービスの輸出で国際的な競争力をもつようになった。出生率が下がり、識字率は上がった。そんな動きもインド経済の移行を支える一助になっている。それでも、国民の約七〇パーセントは依然として農村部で暮らし、大きな生態系ストレスにさらされている。いまなおインドは経済発展と移行にともなう大きな課題に直面している。

第三の例であるインドネシアは熱帯の群島国だが、インドと同じように多くの人口を抱えながらも、島国という地形を生かして国際貿易に門戸を開いてきた。人口の約九五パーセントが海岸から一〇〇キロ以内の場所で暮らしており、インドのわずか三八パーセントという数字とはきわだった対照を示している。人口が沿岸部に集中していることから国際貿易が盛んになり、結果として国民総生産に占める輸出の割合が二〇〇三年には三一パーセントに達したのも意外ではないだろう。インドでは一四パーセントにすぎない。同じく、沿岸部に人口が集中しているために、都市化もすばやく進み、同じく二〇〇三年には、都市化の比率が約四六パーセントになったが、インドではわずか二八パーセントだった。

概略だけ述べた三つの例は、国ごとに、異なる地理的条件、人口、歴史にもとづいた多様な問題があることを示している。とはいえ、少なくともいくつかの共通項をあげてみることは意味があるだろう。第一に、どの国でも、堅実な開発戦略を立てるにあたって、地理に関係する三つの領域に注意を向けたことである。その三つとは、地方（おもに農業部門）、都市（おもに製造業およびサービス部門）、国内インフラ網（道路、電力、電気通信）である。国内インフラ網は国内経済の全部門を相互に関連づける一方で、国内経済を近隣諸国や世界市場に結びつける役割も果たす。

第二に、生きるのが最優先の自給自足経済から知識を基盤にしたテクノロジー経済へと移行するとき、あらゆる段階において、公共部門と民間部門がおたがいに補完しあう形で重要な役割を果たしたことである。公共部門による適切な投資と指導がなければ、民間部門もうまく機能しない。発展とは本来、市場動向と公共政策の相互作用なのだ。成長の原動力は民間部門にあると思いこむことは多いが、基幹インフラなど、成長に不可欠の公共財を整備するのは公共部門の役割である。民間市場だけでは公共財の建設はできず、公共財がなければ民間部門の繁栄もありえないのだ。

公共部門の仕事として、とくに重要なものは以下の六点である。その一、貧困層（最貧国では人口のかなりの割合を占める）を援助し、生きていくのに必要なものを与え、さらに開発の梯子に足をかけられるよう後押しすること。そのためには、基本的な医療、十分な栄養、初等教育、安全な飲み水など、最低限の日用品が国民全員に行きわたるよう公的な資金を投入しなければならない。その二、基幹インフラ（道路、海港および空港、電力、電気通信、ブロードバンド接続環境など、すべて民間部門の繁栄に必要なもの）だけでなく、伝染病対策や環境保護といったその他の公共財もすべて、公共部門が管理すること。基幹インフラが民間市場の力に委ねられた場合、供給不足、独占価格、貧困層の排除といった状況が起こりやすく、疾病対策など、その他の公共財についても、市場の力だけではとても管理しきれないだろう。その三、通貨の安定、財産権の保護、契約実施、国際貿易の門戸を開くなど、堅実なビジネス環境を確保すること。その四、社会保障を確実にし、やがて直面するはずの経済的な混乱のなかでも、国民が経済的な安定や幸福を維持できるような環境を整えておくこと。その五、現代的なテクノロジーの促進と普及。インフラの場合と同じく、科学研究も市場の力に委ねることは可能だが、その場合、新しい知識の恩恵を社会の隅々まで行きわたらせることに支障が出やすい。それらの知識の利用が、利潤を守るための著作権や特許権によって制限されるからである。その六、自然環境の適切な管理。

これら六つの課題の重要性は、表9・3でわかるとおり、開発の梯子を上がるにしたがって変化してゆく。まず、梯子のいちばん下の段では、公的部門が国民の生活必需品を提供しなければいけない。公共部門による科学技術への支援は、発展のあらゆる段階で重要だが、経済が発展するにしたがって、確実に拡充すべきである。同じく、基幹インフラや初等教育も、開発の低い段階ではきわめて重要だが、開発が進むにつれて、大学などの高等教育を大勢の人が受けられるようにすることが必要になってくる。

開発戦略を展開するにあたっては、統治（ガバナンス）も重要な役割をはたす。まず、何よりも基本的な課題は、政府とその政策が開発を支援するものであることだ。第二次世界大戦前、アフリカとアジアの大半では、ヨーロッパの帝国による支配が開発を妨げる大きな要因になっていた。帝国の支配者たちは、植民地の天然資源を搾取することしか頭になく、長期的な経済開発には目もくれなかったからである。これらの国々が独立を果たすと、今度は良い統治（グッド・ガバナンス）という新しい課題が突きつけられることになった。統治の失敗にはさまざまな理由が考えられる。内戦、大規模な腐敗、民族の分裂、責任を負わない一握りのエリートによる権力の独占などである。まずい政策も深刻な脅威になる。貧しい国々では、為政者が悪意からではなく、まずい政策をとってしまうことも多く、農場や工場を一方的に国有化したり、貿易障壁を設けて先端技術の流入を妨げたりする例も見られた。

統治（ガバナンス）に問題がないとしても、もう一つ、大きな課題が残っている。それは国家財政である。開発を成功させるには公共投資が必要だが、貧しい国の政府は資金難に苦しんでいる。借金を抱えていて、最低限の投資にまわす現金がないことさえある。政府が道路や電力網などの基幹インフラを築けなければ、民間部門も勢いを失う。結果として、貧困のせいで公共投資が満足にできず、

表 9.3　開発の梯子を上る

梯子の上昇

開発の各段階	公共部門の課題	民間部門の課題	特筆すべき地理的課題
技術革新経済	大学の拡充、科学への公的資金投入	知識労働者や被雇用者の生活の質の管理	一流大学や娯楽、海外旅行、市場の利用環境をともなう「創造的な」都市区域での高い生活の質の確保
新興市場経済	金融市場や商法、公共部門による年金、司法制度、大学と専門学校の高度化	研究能力や物流システム、品質管理、職業訓練の創出	競争力のある輸送・通信サービスや、国内経済と海外の供給者・消費者との結びつきの必要性
商業経済	うまく機能する工業団地・地帯の設置／海港や空港、電気通信、インターネット、電力の普及促進／中等教育の一般化／人口転換の完成／労働法	輸出金融、工業地帯の稼働、海外の買い手や供給者との合弁事業を含む契約関係、労働基準の導入	輸送・通信条件の確保、電力の信頼性、都市インフラの促進、政策による迅速な都市化の促進
自給自足経済	道路、電力、医療初等学校、教育大学などの基本的ネットワークの構築／初等教育の一般化／教育、医療、農業、インフラ分野の熟練労働者の訓練	換金農業や小規模の地方企業、マイクロファイナンスの普及促進	旱魃や伝染病、農業病害虫、その他の災害への脆弱性

公共投資の不備によってさらに貧困が助長されるという財政上の貧困の罠に陥ってしまう。このような財政破綻は、最貧国の経済開発が挫折する大きな要因になっている。最貧国は地理的な障害を抱えていることが多く、救済のための投資が不可欠なのに、財政的な余裕がないため、この罠はますます泥沼化する。財政破綻は、さらに進んだ悪い統治（プア・ガバナンス）の原因にもなりやすい。財政能力のない政府が国民の基本的なニーズを満たせなければ、国民は政府に失望し、激しい派閥抗争が起こり、ときには内乱やクーデターにさえ発展するかもしれない。

開発の失敗を診断する

この五〇年間、すみやかに、また持続的なペースで順調に経済開発を達成しているのは東アジアと東南アジアの開発途上国だけである。その他の地域、とくに南アジアでは、近年ようやく発展のスピードが上がっている。アフリカの状況はむしろ悪化して極度の貧困に陥り、ラテンアメリカはアジアやアフリカより豊かとはいえ、この数十年間はこれといった飛躍もなく停滞している。すみやかな開発の妨げになる障害を突きとめ、その障害を克服するための政策を発動させることは、開発経済学の大きな課題である。前作『貧困の終焉』では、問題同定のプロセスを臨床医学における鑑別診断になぞらえて提示し、実行にあたって役立ちそうな体系的なサンプルを紹介した。世界のおもな地域が直面する全般的な問題のいくつかを以下にあげておく。

ラテンアメリカの抱える大きな障害は、地理条件の不利やガバナンス（統治）の悪さではなく（どちらも完全に解決されたとはいいがたいが）、分裂した社会と経済戦略のまずさだろう。ラテンアメリカの社会は、人種、民族、階級によって分裂しやすい。何世紀ものあいだ、ヨーロッパ人の子孫があらゆる領域で支配権を握り、アメリカ先住民やかつて奴隷だったアフリカ系の人びとの子孫に向けた教育、医療、経済的な支援には、ほとんど関心がもたれなかった。その結果、社会には激しい軋轢が生じ、教育、技能、公衆衛生への投資は長年にわたっておろそかにされてきた。政治は大衆の側に立つ左派ポピュリストと、富裕層の特権を守ろうとする権威主義的な右派のあいだで揺れ動いた。一方で、エリート層は科学技術や高等教育への投資の重要性を過小評価してきたが、これは彼らが天然資源や大規模農場からの収入で生活することに慣れ親しんでいたからである。こうして、ラテンアメリカ経済は長い停滞に陥り、一九七〇年代からつい最近までそんな状態が続いた。

だが、事態はようやく変わりはじめた。古い階級や民族的な分裂は民主主義の力のもとで消えつつある。政治家も保守派のエリートだけでなく、より広い社会全体の利益を考えるようになった。教育や知識への投資に対しても、ラテンアメリカ全域で、評価はずっと高まっている。いまだにポピュリズムや不安定性という危険が残るとはいえ、ラテンアメリカはようやく、教育の普及やハイテク社会に向けて、現実的な移行政策にとりかかれる段階に達したようだ。

対照的に、アジアのほとんどの国は、この一五年間に、あるいはもっと長い歳月にわたって、急速な経済発展をなしとげてきた。一九六〇年代と七〇年代にはすでに、東アジア諸国と大半の南アジア諸国が自給自足経済から商業経済への移行に成功していた。これらの国々は、この四半世紀のあいだに、経済開発の梯子をもう一段上り、農業中心の経済から産業・サービス部門中心の経済へと転換を果たしている。外国からの投資と科学技術の大量流入が、めざましい成長を促す引き金になった。基幹インフラもほとんどの地域で整備されており、そのような地域では経済開発のスピードが速まる傾向がある。政策の推進者もとりわけ技術革新に重点をおき、その結果、アジア地域は早々と情報化時代に適応することができた。

この先、アジア経済のコンバージェンスが危機に直面したとき、重要な役割を果たすのは地理的な条件だろう。アフガニスタンや中央アジアの旧ソビエト諸国のような内陸国や山岳地帯は、沿岸諸国にくらべて大きく遅れるだろう。同じく、水ストレスにさらされた地域は、灌漑が行きわたった地域よりもはるかに開発は遅れるはずだ。しかも、ほとんどの地域が気候変動にきわめて弱い。温暖化のせいで熱帯や亜熱帯の作物生産量が減り、気候変動によって農業や家庭用の水を確保するのが難しくなるかもしれない。

中東の状況は、他の地域とはまったく異なる。明るい側面としては、ヨーロッパとアジアの中間に位置するため、まちがいなく国際貿易や文化交流の一大拠点になれることである。なにしろ、一〇〇〇年前にはそれがこの地域の使命だったのだし、アラブ首長国連邦が中東の貿易や観光の中心地としてみごとに再生されつつあるのもその延長にほかならない。だが同時に、「ミドル」に位置すればこそ、近隣諸国および遠くの強国から干渉やお節介を受けやすい。周囲のどこからも攻撃されるので、国防という点では困難を抱えることになる。

二〇世紀になって、外部からの干渉は一段と脅威を増し、現在もその状況が続いているが、原因はといえば、この地域に大量の石油が埋蔵されていることである。第二次世界大戦の前にはヨーロッパの帝国主義列強が、そして大戦後にはアメリカが中東に干渉の手を伸ばしたが、どちらの場合も、狙いはつねに戦利品《プライズ》だった（中東の石油産業史を描いたダニエル・ヤーギンの本のタイトルが『ザ・プライズ』（訳注／邦訳は『石油の世紀――支配者たちの興亡』）というのもうなずける）。外国からの干渉は、仲介する権力者に石油の支配権という一時的な利益をもたらすが、その一方で、現地に慢性的な政情不安をもたらし、干渉してきた大国への反感を募らせる。いま、アメリカは現地の激しい反米感情をみずから煽りつつ、たとえばある年はサウジアラビア、翌年はイラク、その次の年はイランという具合に、その場かぎりの無節操な態度でその地域に高性能兵器を売りつけることで、火に油を注いでいる。

だが、本当の意味でこの地域の特徴というべきは、あらゆるものの基盤となる生態系である。中東は乾燥地帯だが、この先の気候変動につれて、乾燥の度合いはさらに進むと思われる。豊富な石油をもつ国々は、石油で築いた富を脱塩によって作った世界一高価な真水に変えることができる。だが、その他のイエメン、シリア、ヨルダン、パレスチナなどでは、深刻化する水不足という恐ろしい試練に直面している。つい最近まで、並外れた人口増加のせいで、生態系によるストレスがさらに強まっていた。中東の人口[130]は一九五〇年の五〇〇〇万から、二〇〇五年には二億一二〇〇万に増えている。幸い、この数十年間、中東のほとんどの地域で出生率は大幅に低下し、合計特殊出生率も一九五〇〜五五年の六・五から二〇〇〇〜〇五年には三・二へと下がった。そして、とくにアラブ首長国連邦など一部の国は、ものすごい勢いで世界貿易の一大拠点へと変貌しつつある。

一方、地理的条件、財政難、ガバナンスといった多くの問題が絡み合って、世界の経済発展の足を引っ張っているのがアフリカである。この一世代のあいだ、アフリカは、貧困、飢餓、病気、環境ストレスなどの増加に苦しみつづけてきた。地理的条件は、地域を問わず、アフリカ全体の開発に影を落とし、熱帯という環境は貧困と結びついて、世界で最も深刻な病気という重荷をこの地域に負わせている。人口の大半は海岸や船の通れる河川から離れた地域に住んでいる[131]が、これは一つには過去数世紀にわたって奴隷にされるのを恐れた人びとが内陸部に移動してきたこと、そしてもう一つには、内陸の高地のほうが農業に向いていたことが理由だと思われる。乾燥地やサバンナ地帯では旱魃の危険性が高いが、人口の三分の二はそれらの地域に集中している。だが、そんなアフリカでさえ、貧困の罠を断つための解決策はある。農業、健康、教育、インフラストラクチャーに公共投資を注ぎこめば、農産物加工業、製造業、サービス業への民間投資も盛んになるだろう。アフリカには飛躍する力があるはずだ。次の章ではその可能性を探っていく。

10　貧困の罠を終わりにする

アフリカは、経済発展を妨げる三つの困難に直面している。穀物生産高を見るかぎり、農業実績は世界で最も低い水準にある（図10・1は一ヘクタールあたりの食糧生産高を示している）。この半世紀のあいだ、生産高はほとんど変わらず、一ヘクタールあたり一トン前後で足踏みを続けている。人口が急増しているのに、それに応じて耕地が拡大できないため、農場規模は縮小する一方だ。生産量の停滞と一人あたりの耕地面積の縮小が結びつくことで、世界の他の地域とは対照的に、一人あたりの食糧生産高が減少した（図10・2）。結果として、アフリカは慢性的な飢餓に苦しむことになった。

同じように、病気という重荷も世界に類のないものである。平均余命は四六歳で、高所得国の平均にくらべるとおよそ三三歳も低い。五歳以下の幼児死亡率は一〇〇〇人につき一七九人で、生まれた赤ん坊一〇〇〇人のうち一七九人が五歳の誕生日を迎えずに死ぬことを意味する。高所得国の一〇〇〇人につき六人という数字とくらべてほしい。子供の死亡率が高いせいで出生率も下がらないことは、これまでの章で説明してきた。サハラ以南のアフリカでは二〇〇〇〜〇五年の合計特殊出生率が平均五・五だが、高所得国では一・六である。

図 10.1　穀物生産高　1960−2005 年

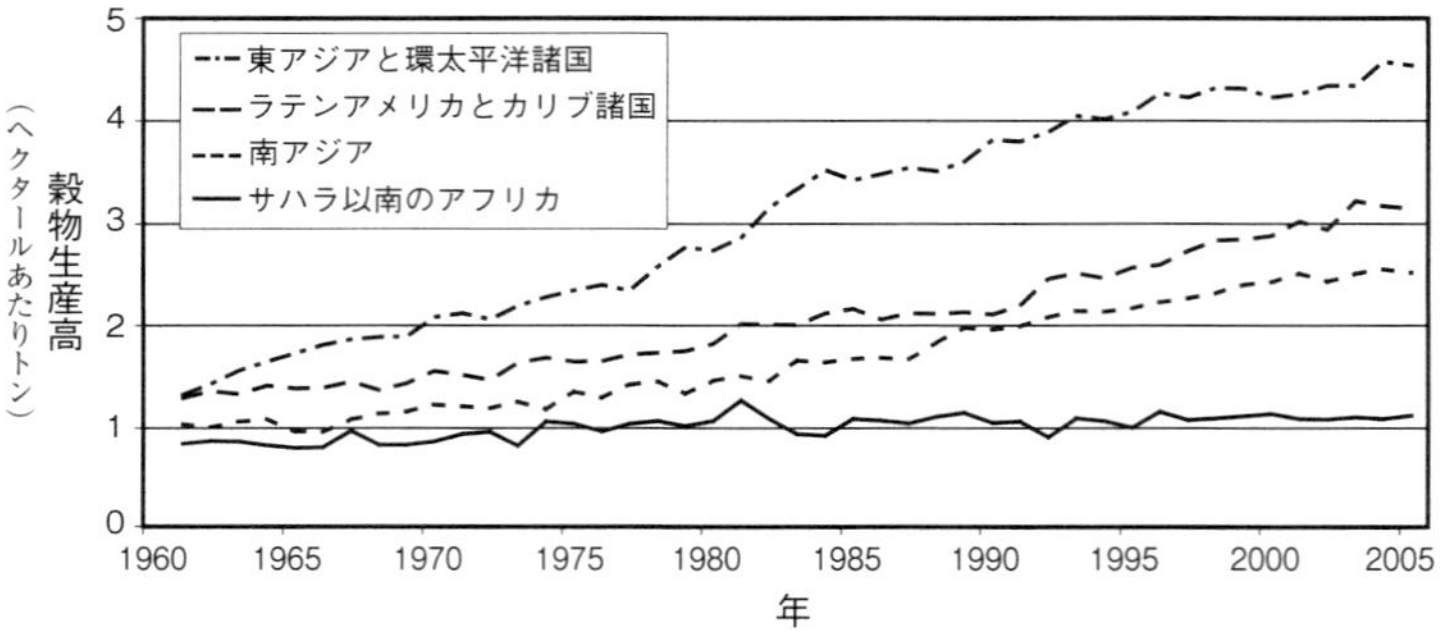

出典：世界銀行のデータ（2007 年）。

同じく、世界市場との結びつきも、地理的条件や歴史の重荷に邪魔され、現在では極度の貧困そのものが壁となっている。ユーラシア大陸とは異なり、サハラ以南のアフリカは、サハラ砂漠にさえぎられ、また大洋から内陸部に通じる航行可能な河川がないために、昔から孤立してきた。さらに、植民地として支配してきた帝国が内陸部のインフラ整備に力を入れなかったという過去もある。インドではイギリス統治の時代に緻密な鉄道網が敷かれ、地方の道路と連結することもあったが、これは一つには、農村部で産する綿花を本国の工場に送るためだった。だが、アフリカでは、鉄道は村に通じるためではなく、ダイヤモンド鉱山や金鉱への連絡手段として建設された。そのため、鉄道網というより、農村部の住人にはほとんど利用できない断片的な鉄道線路にしかならなかった。図10・3aと10・3bを見ると、対照的な二つの植民地の遺産がどれほど違っているかがわかる。インドの緑の革命では、パンジャブに肥料を運び、そこで生産された余剰食糧をインドの別の地域で売るために輸送手段が必要になったとき、鉄道網が大きな役割を果たした。だが、アフリカにはそんなチャンスがなかった。

図 10.2　地域別の 1 人あたり穀物生産高　1961－2004 年

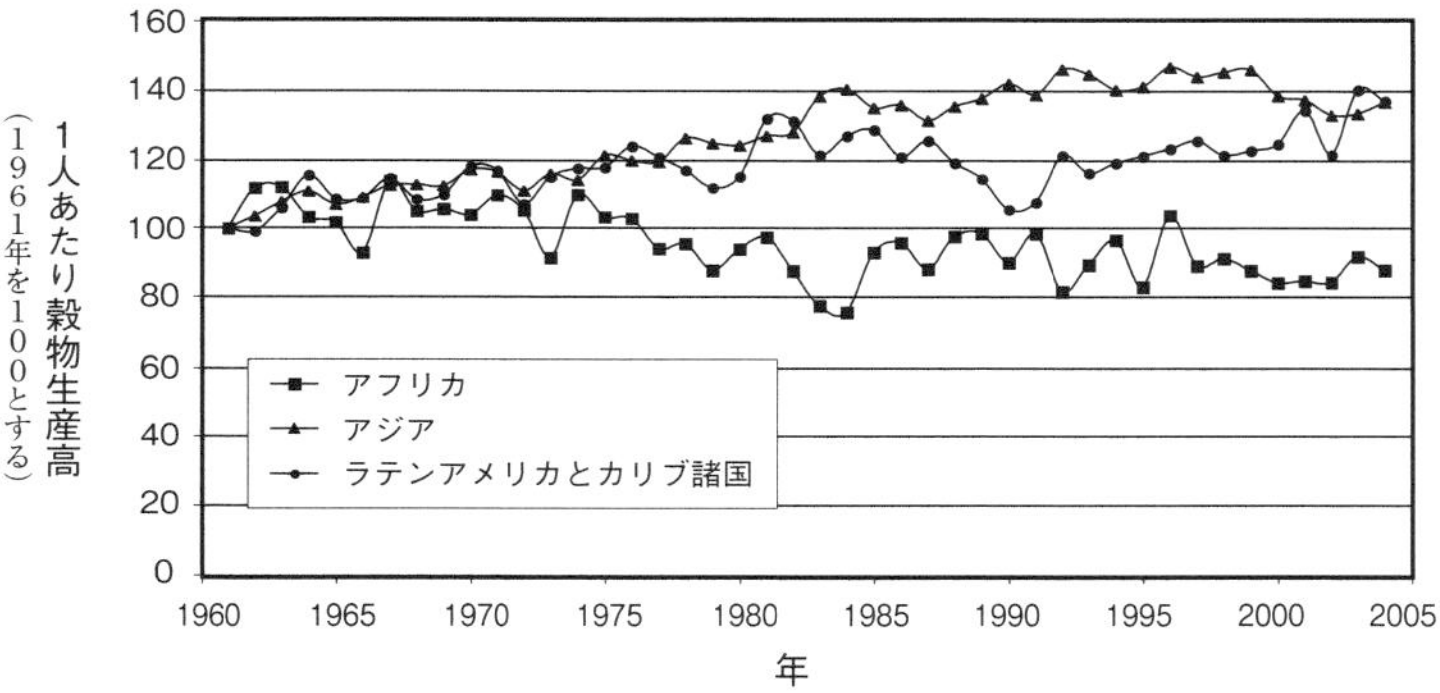

出典：食糧農業機関（2007 年）と世界銀行（2007 年）のデータによる。

貧困からの脱出

だが、これらの重荷は克服できる。しかも、コストは驚くほど少なくてすむ。食糧の生産高は増やせる。病気は予防できる。教育と識字能力を高め、青年層に行きわたらせることは可能である。道路、電力、水、公衆衛生といった基幹インフラの整備もできる。それどころか、プロジェクトを実行に移せば、目標はあっというまに達成できるはずだ。統治のまずさ（プア・ガバナンス）が邪魔をしているいくつかのケースもあるが、ほとんどの問題で壁になっているのは財源である。なすべきことがわかっていても、金がないために実行できない場合がある。生きるのに必要なもの（食糧、安全な水、医療など）さえ満足に入手できないとすれば、将来のために貯蓄し、投資する余裕などとてもないだろう。そんな場所こそ、対外援助の対象にすべきである。数年にわたって、一時的に援助額を増やし、適切に投資すれば、生産性を恒常的に伸ばすことができるはずだ。さらには、自立的

図 10.3a　アフリカの鉄道

出典：ミシガン州立大学アフリカ研究所。

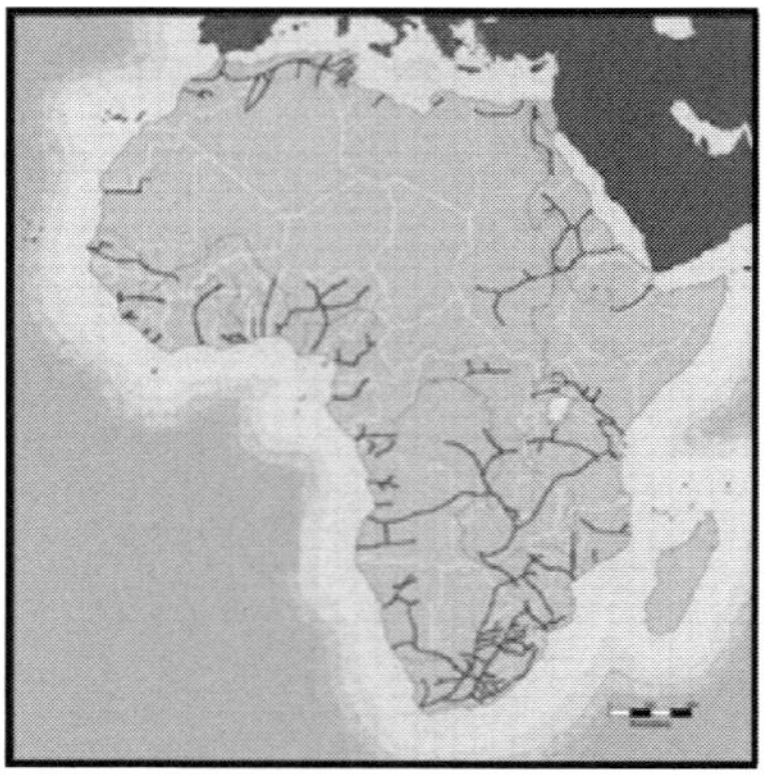

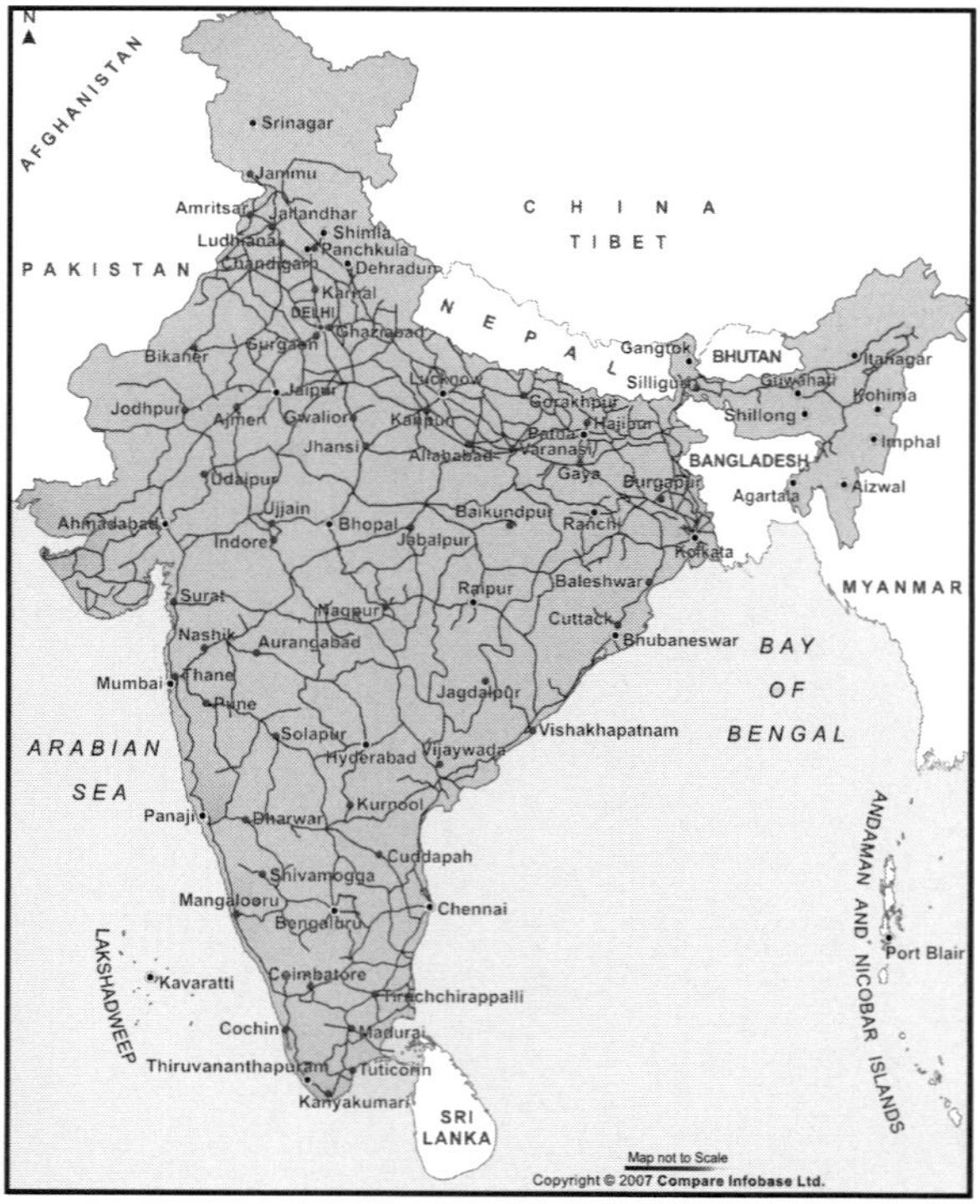

図10・3b　インドの鉄道網

図形の縮尺は正確ではない。

な経済発展にもつながるだろう。その連鎖は以下のようになる。

一時的援助→生産性の急上昇→貯蓄と投資の拡充→持続的成長

極度の貧困から脱け出すには、四種類の基本的な投資が不可欠である。第一に、生計の基本となる農業の生産性を上げることである。有名な緑の革命がその一例で、まず小規模な自作農を自給自足経済から一歩上の段階に引き上げなければいけない。第二は公共医療の整備である。これには、予防や治療のための公共医療サービスを通じて伝染病や栄養失調や危険な妊娠出産といった致死要因をなくすことも含まれる。第三は教育である。教育に力を入れて、国民がグローバル経済を生き抜いていけるよう、必要な技能を身につけられるようにする。第四は基幹インフラの建設である。あらゆる領域の生産性を上げるために欠かせないものであり、これには電力、道路、安全な飲み水、公衆衛生、電話とインターネット接続、港湾業務などが含まれる。農業生産性の急成長は往々にして万能の解決策とみなされ、長期的な成長の引き金になる例がよく見られる。対外援助によって口火が切られることも多く、たとえば、アメリカが初期調査を援助し、改良品種や肥料のために多額の資金を投入したことがきっかけとなって、一九六〇年代後半のインドにおける緑の革命がスタートしたという例もある。都市部では、初期投資が農業ではなく、製造業やサービス業に向けられるだろう。成長を促す引き金としては、通商を盛んにするための道路整備、アパレル部門の起業を促す港湾の改良、工場生産に不可欠な電力供給のための発電所などがある。ただし、どんな場所へ投資をするにしても、考え方は一貫している。自給自足を上回る規模に生産性を高め、おのずと持続的な経済開発が進んでいくようにすることである。

外の世界が、出発点となる農業、医療、教育、基幹インフラへの投資を財政的に支えれば、状況はすばやく、しかも決定的に変化していくはずだ。まず、農業へ投資することの利点を考えてみよう。図10・4（口絵参照）は、アフリカで農業の生産高が上がる可能性を示した注目すべきグラフである。ヨハン・ロックストロムは九か国において、小規模自作農、公式資料、調査研究所、商品生産（大規模）農家という四種類の対象から収穫量のデータを収集している。そのデータによると、小規模自作農の出した平均収穫量は一ヘクタールあたり約〇・五トンである。一方、公式資料によれば、収穫量は一ヘクタールあたり約一トン、つまり小規模農家の出した量のおよそ二倍である。注目すべきは三番目の調査研究所のデータである。ここでは実験用の区画に、肥料を与え、最も有効と思える農業手法（列植など）を応用し、小規模の水管理技術を取り入れた。その収穫量はなんと小規模自作農の一〇倍にもなり、一ヘクタールあたり五トン以上である。さらに商品生産農家ではそれ以上の収穫量が記録されている（ただし、資料は限られている）。

一ヘクタールの農場を改良するのに必要な投資の総額は約二〇〇ドルである。その結果、食糧生産量は一トンから二トン以上にも増え、市場価値では四五〇ドルを上回る額になる。したがって、肥料や高収穫種[132]を導入すれば、めざましい収益率が期待できるのだ。しかし、小規模自作農には投資のための現金も信用力もないので、まだ実現には至っていない。

同じように、健康への投資から得られる見返りも驚くほど大きい。最貧困層が抱える深刻な病気を克服するには、どちらかといえば少数の原因をなくせばよい。伝染病、栄養失調、危険な出産（母子ともに死亡する例が多い）などに対処することだ。伝染病にはエイズ、結核、マラリア、下痢性疾患、呼吸器感染、ワクチン予防が可能な病気（はしか、ポリオ、破傷風、ジフテリア）、蠕虫《ぜんちゅう》（寄生虫）などがある。農業の場合と同じように、効果が証明されている投資をすれば、死者を減らし、地域社会の医療水準を上げ、活力を取り戻し、生産性を急速に高めることもできる。一例として、マラリアについて考えてみよう。マラリアは数ある伝染病のなかでも、アフリカの子供にとっては最も危険な致死病である。年に三〇〇万人の死者を出し（その大半が子供である）、患者数は一〇億人にもなる。しかし、マラリアは予防が可能で、処置のタイミングさえ誤らなければ完治できる。予防は、ひたすら蚊に刺されないよう注意することだが、その方法には二つある。殺虫剤を家のなかに撒くことと、殺虫剤処理した蚊帳を使うことである。治療については、症状が現れたらすぐに対処することが肝心だ。治療効果の高い薬（とくに中国産のハーブ薬であるアルテミシニン剤）もあるが、その場合も、致命的な合併症が出る前に処置しなければならない。一般に、発熱したあと数時間以内に治療を始めるべきだとされている。

地域社会は、殺虫剤の散布や蚊帳や薬など、マラリアから身を守る方法があることを知っていても、農業の場合と同じく、それを導入できるだけの財政的なゆとりがない。だから、外国からの援助が増えれば、世界エイズ・結核・マラリア対策基金（二〇〇三年創設）やタンザニアのザンジバルにある二つの島に対するアメリカの援助（二〇〇六年から始まった）のように、すばらしい成果を出せるはずだ。ザンジバルの例を紹介しよう。ザンジバルでは二〇〇三年から効果の高い薬剤の新世代版を国民に広く普及させる政策が導入された。二〇〇五年からは、この二つの島で、大量の蚊帳を無料で配布することになった。二〇〇六年半ばには、蚊帳の普及政策に加えて、アイコン（ＩＣＯＮ）という屋内用殺虫剤を全家庭に散布するキャンペーンが展開された。この殺虫剤は一度散布すると四か月か

図 10.5　ペンバ島アブダラ・ムゼー病院のマラリア臨床件数

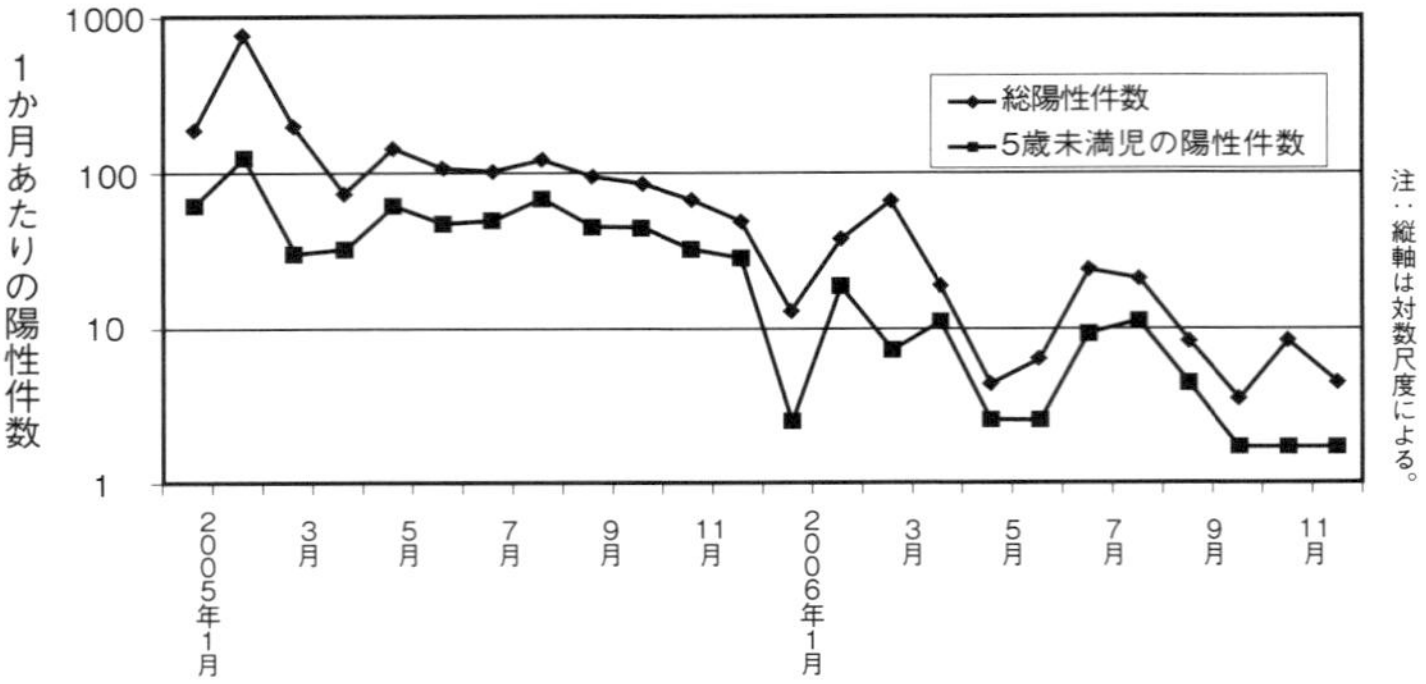

出典：ザンジバル政府健康省。

ら六か月間は効果が持続する。このキャンペーンが開始されるまで、ザンジバルのおもな死因および病因はマラリアで、五歳未満児の死者のおよそ半数、外来診察件数の約四〇パーセントを占めていた。だが、対策キャンペーンはすばらしい成果をあげた。具体的な数値は、北側のペンバ島にある主要な受け入れ病院、アブダラ・ムゼー病院のデータ（図10・5）に示されている。二〇〇五年の上半期には、平均して月に一〇〇人を超える患者が出て、そのうち数十人が五歳未満児（最も死亡率が高い集団）だった。二〇〇五年一〇月にこの島の北部地区で蚊帳の大量配布が開始された。二〇〇六年一月に蚊帳が島内の全域に行きわたると、患者数は急速に減って、二〇〇六年の上半期にはおよそ二〇件となり、そのうち、ほぼ半数が幼児だった。薬剤散布キャンペーンのあと、マラリアの患者数はさらに減り、一桁になった。この結果はめざましく、また励みにもなるが、マラリア撲滅キャンペーンの例としては、けっして珍しいものではない。思い切った対策プログラムを実行に移しさえすれば、驚くべき成果はかならずついてくるのだ。

同じように、めざましい成果は、教育と識字能力の向上によっても得られる。教育や識字能力は、繊維、アパレル、農産物の加工処理、組立作業など、さまざまな産業の新分野において、雇用と輸出の機会を一気に拡大するのに役立つ。学校教育の拡充によって生産性アップの見返りが得られることは、この数十年間の調査によって証明されている。同じように、基幹インフラの拡充も、経済の移行にとって大きな助けになる。電力、水、近接する海港、便利な輸送手段など、工業地帯の環境を新しくすれば、外国からの投資を引きつける。それだけでなく、基幹インフラが整えば、現在の孤立した農村部を都市の経済に連結することもできる。

地域開発のための戦略

地理的条件というストレスを抱えた貧困地域は、経済開発の梯子のいちばん下の段に足をかけるために、一時的な手助けを必要としている。こうした地域は、輸出の容易さ、農業生産力の高さ、疾病率の低さといった好条件に恵まれないせいで、貯蓄や投資ができない状況に追いこまれやすく、そのため、世界の他の地域からさらに遅れをとることになる。外国からの投資は、これらの地域が基礎的な生産力をもつまで手助けすることを目的にしている。しかし、一九八一年ごろから数十年にわたって、アメリカはおもに内政面での理由から開発援助を大幅に削減し、その結果、対外援助の取り組みは停滞を余儀なくされた。その後の援助は小規模なものにとどまり、イデオロギーの点でも敵対する人びとの攻撃にさらされている。

後進地域に手をさしのべるという考え方は、たいていの場合、国内にも適用できる。政府系機関が遅れた地域に財政的な支援をすれば、国内全域に十分なインフラを普及するきっかけにもなる。後進地域は、住民の国内移動によっても利益を得るだろう。とくに若年層は、労働条件の不利な場所を離れ、もっと好条件の場所で働き口を見つけ、あとに残った家族に仕送りをすることが多い。対外援助は国境を越えた外国への投資ではあるが、遅れた地域を助ける一般的な地域開発政策の一環とみなすべきだろう。しかし、経済原則と政策上の動機づけは、だいたい共通するものである。国内の豊かな地域が貧しい地域を手助けする動機があるように、対外援助の場合も、豊かな国が貧しい国を助けるには、それなりの動機があるはずだ。

外国からの開発援助がどれほど大きな成果を出すか理解するために、地域開発プログラムの成功例を二つ紹介しよう。アメリカのニューディール政策のなかでとくに有名なプロジェクトがテネシー峡谷開発公社である。これは、複数のダムからなる水力発電ネットワーク、洪水対策プロジェクト、テネシー峡谷を航行する水路の建設など、さまざまな事業を監督する機関で、アメリカ南東部の七つの州をまたぐものだった。深刻な経済恐慌のさなか、この開発公社は膨大な数にのぼる雇用の場を創出したばかりか、大量の安価な電力、通商航行が可能な水路の改良、峡谷の住民を洪水から守る大型ダムのネットワークといった貴重なインフラストラクチャーをアメリカ南東部に築きあげた。しかも、それまでこの一帯で蔓延していたマラリアを絶滅させる一助となり、地域全体の環境保護活動にも弾みをつけたのだった。

実際のところ、このテネシー峡谷開発公社は、公共投資によって農村部の貧困をなくそうとする総合的なニューディール政策の一環だった。一九三五年創設の農村電化事業団（ＲＥＡ）は、農場、牧場、その他の農村地帯への電力供給をめざして活動する農村部の協同組合に、政府の公的資金または財政支援を取りつけるための橋渡しとなった。世界大恐慌のさなかだというのに、その成績は目をみはるばかりだった。一九三五年にはわずか一一・六パーセントだった農場への電力供給率が、一九四〇年には三〇・四パーセントに、一九五〇年には七七・二パーセントに達したのだ。[133] 一九四九年、さらに農村電化事業団は、農村部における電話網の拡大工事に資金を配分することになった。サービスの対象範囲はわずか一〇年間で倍になり、一九四九年の三六パーセントから一九五九年には六四パーセントへと伸びた。だが、このときアメリカ農村部へのインフラ導入にあたって財政支援をした連邦政府の役割は、自由市場を支持する人びとのあいだで、ほとんど評価されていない。また、アフリカの農村部やその他の貧困地域にある公共施設を完全民営化するよう主張するアメリカの官僚や世界銀行幹部のあいだでも完全に無視されている。

もっと最近では、世界で最も大規模な地域開発プロジェクトとして、中国西部開発計画があげられる。中国政府は、この計画によって、現在急成長している沿岸地帯から、内陸部の後進地域まで経済成長が広がるだろうと期待している。二〇〇〇年以降、中国政府は西部地域の開発に一兆元（一二五〇億ドル）以上の資金を投入してきたが、なかでもインフラストラクチャー（二五万キロの高速道路と四〇〇〇キロの鉄道を建設）、対外投資の誘致、教育、環境保護（おもに森林再生）に重点をおき、西部地域の発展を後押ししている。その努力は実って、二〇〇〇年から二〇〇六年までに中国西部の生産量はほぼ倍増し、年間成長率は一〇パーセントを超えた。同時に、内陸部から沿岸部へ、また農村部から都市部へと、大規模な住民移動が起こり、二つの形で発展のプロセスを加速させる結果となった。一つは、移動した一億人以上が職を得て、所得が増えたことである。彼らの大半はそれまで故郷の村では働き口がなく、職についたとしても所得はきわめて低かったのだ。もう一つは、増えた所得の一部が故郷の村に仕送りされた結果、村の消費や起業を促し、家庭や農場への投資も可能になったことである。ただし、移動にともなうコストも無視できない。大量移動によって家族が離散し、母子だけが村に残されて、二度と夫の顔を見ることができない場合も多いのだ。

国境を越えた移動の利点と限界

絶望的な地域にとって、一つの救済案は国外への移民である。中国の貧しい内陸部で確実な解決策といえば、国外への移動、投資、仕送りの組み合わせである。一つの国に、地理的条件のストレスを抱えた地域と、地理的条件に恵まれた地域の両方が存在するとき、不利な地域から有利な地域へ移動する人が出てくるのは当然であり、また歓迎すべきことでもある。中国人は西から東へと移動する。ブラジル人は昔からずっと、乾燥した北東部から温暖な南東部へと移動を続けている。イタリア人は亜熱帯の南部から温帯に属する北部へと移動してきた。だが、国の全域が地理的条件のストレスを抱えている場合、状況はもっとずっと複雑になる。人びとが国境を越えて移動するからである。

東南アジア、中東、一部のアフリカ諸国などでは、貧困国同士の大規模な移動がすでに恒常的になっていて、監視や管理が行き届かないことも多い。ふつう、内陸国の労働力の大半は、沿岸部の裕福な国々へ流れこむ。移動が平和に営まれることもあるが、ときには民族間の紛争を引き起こすきっかけになり、悪くすれば戦争にまで発展する。一九九〇年代のコートジボワールでは、経済危機にみまわれたブルキナファソから大量の労働者が流入したせいで緊張が高まった。その結果、ついに二〇〇二年にはコートジボワールで内戦が始まった。

さらに問題が多いのは、ラテンアメリカからアメリカ、アフリカからヨーロッパというような、貧しい国から豊かな国への移民ルートである。移民問題はつねに発火寸前の火種を抱えている。先進国はいつでも、またどの国からでも、医師、看護師、コンピューター技師など、熟練度の高い移民を歓迎する。それどころか積極的に獲得しようと努め、最貧国から数少ない医師や看護師を呼びこもうとしている。一方で、熟練度の低い労働者を大量に受け入れることについては、先進国の内部でも意見の相違が見られる。だが、このような移民導入がもたらす経済的効果は、政治的な問題よりもずっとプラスが大きい。

経済用語でいう「低度熟練労働者の移入」は、結局のところ、送り出し国、受け入れ国、移民という関連する三者にとって有利に働くことが多い。豊かな国に流入した熟練度の低い移民は、すぐに所得の大幅アップ(134)を経験し、その規模は一〇倍以上になることさえある。移民の職場はおもに受け入れ国の労働力を補うような環境であることが多い。たとえば、低コストの労働集約的サービス（個々の家庭のメイドや雇い人、配達係、ウェイター、子守）などで、受け入れ国の国民にとっても大きな助けになる仕事である。働いて得た収入の一部は仕送りとして本国に送られ、故郷の村に残った家族の消費能力を大いに高めることにつながる。熟練度の低い移民が、同じように熟練度の低い受け入れ国側の労働者と競合したあげく、賃金の低下を招く場合も考えられるが、どちらかといえばその傾向は少ない。ふたたび経済用語でいえば、移民は受け入れ国の労働力の代替財というよりも、むしろ補完財になることのほうが多いのである。

だが政治や社会学的な面を見ると、移民問題はもっと複雑になる。熟練度の低い移民は往々にして現地の住民と融合できず、あるいは融合することが許されない。なぜなら、移民たちの経済レベル、法的な立場、居住地、言語、宗教、文化などが、ばらばらだからである。合法と非合法とを問わず、移民たちの多くは家族を本国に残して来るから、妻子との別れなど、つらい経験を強いられる。法的に不安定な立場におかれ、財産権もなく、強制送還などの措置を恐れながら暮らしていかなければならない。移民の大半は基本的な医療サービスも利用できない。子供がいる場合、学校や基本的な医療制度を利用する機会もごく限られる。分断、差別、おたがいに抱く恐怖の念が暴力の発火点になることは、これまでのアメリカやヨーロッパの例を見れば明らかである。

もちろん、移民や仕送りだけでは、送り出し国の発展を妨げている問題の解決にはならない。二〇五〇年までに開発途上諸国の人口はいまより一〇億から三〇億ほど増える見通しだが、現在の先進諸国の総人口が、それと同じ、およそ一〇億であることに注目しよう。先進諸国へ合法的に入国できる移民は、貧困国の未熟練労働者のうち、ほんの一握りにすぎない。非合法的に入国する移民の数を加えてもごく少数でしかない。仕送りによる所得増で、送り出し国の経済状態が多少はよくなるにしても[135]、それだけでは十分な公共投資を実行するための財政的基盤にはならず、せいぜい民間投資のごく一部をまかなう程度である。したがって、ここで理解すべきは、より貧しい地域が自立的な経済発展を果たすためには、移民問題とは別に、中心となる政策を打ち出すことが緊急の課題だということである。

ミレニアム・ビレッジ戦略

恵まれない地域を極度の貧困から救うためには、すばやく、しかも実効性のある投資が必要だという考え方は、国連ミレニアム・プロジェクトの提言の軸となるものだ。私はありがたいことに、元国連事務総長コフィ・アナンから、このプロジェクトの指揮をまかされた。このプロジェクトでは、農業、医療、教育、インフラストラクチャーなど、経済の各部門において、導入が簡単で、監視しやすく、現地の状況にすぐ応用できそうな具体的な投資の対象をあげている。つまり、すぐに効果が出て、監視によって腐敗を防ぐことができ、信頼のおける投資という形をとった援助である。それどころか、先述のとおり、援助に対して批判的なウィリアム・イースタリーでさえ、これらを勧めているほどだ（彼は「明白な物資[136]」すなわち「ワクチン、抗生物質、栄養補助食品、改良種、肥料、道路、掘り抜き井戸、水道、教科書、看護師」などへの援助を呼びかけている）。このような、実効性のあるすばやい投資に重点をおくという計画は、二〇〇五年の国連世界サミットでも各国の政府から支持を受け、このサミットで国連ミレニアム・プロジェクトの核となる提言が公式に採択された。

さらに、国連ミレニアム・プロジェクトはすぐに提言の実施に向けて動きだし、どんなことが可能かを示そうとした。こうしてミレニアム・ビレッジ・プロジェクトが生まれた。コロンビア大学地球研究所、「ミレニアム・プロミス」（ミレニアム開発目標の推進を目的にしたNGO）、国連開発計画の三者が共同で設立し、指揮をとって、アフリカの地域コミュニティを対象にしたもので、国連ミレニアム・プロジェクトの財務分析が適用されている。外部ドナー、地域コミュニティ、NGO、政府が予算を分担して、貧困にあえぐアフリカの村に、すみやかで実効性のある一連の投資計画が実施されることになったのだ。五年計画によれば、人口およそ五〇〇〇人の地域コミュニティで、住民一人あたり年間約一二〇ドルの資金を投入し、最終的な目標としては、持続可能な長期的成長への足がかりを作ることだった。一二〇ドルは、農業、医療、教育、インフラストラクチャーという四つの主要部門に振り分けられ、資金の分担はだいたい次のようになる。村民一人につき、六〇ドルは外部ドナー、三〇ドルは受け入れ国の政府、一〇ドルは地域コミュニティ（現物支給で）、二〇ドルはNGOを含むその他の共同出資者である。ミレニアム・ビレッジ・プロジェクトは、民間の慈善団体や日本政府からの財政援助も受けており、日本政府はさらに外部ドナーの分担金六〇ドルも拠出している。

二〇〇六年末の時点で、村の数にして七八、人口およそ四〇万の村民がこのプロジェクトの支援を受けている。図10・6の地図（口絵参照）でわかるとおり、二〇〇六年末現在、ミレニアム・ビレッジはアフリカの一〇か国[137]、合計一二の区域に分布している。これらの区域が選ばれたのは、極度の貧困にあり、また受け入れ国の政府がこのプロジェクトへの共同出資に賛同したからである。さらに、各ビレッジがアフリカに見られる多様な農業生態学的区域に分布しているため、基本的な環境の違いによってどんな結果が出るかを学ぶ機会にもなる。水の豊かな熱帯雨林に位置する村もあれば、極度の乾燥地に属する村もある。エチオピア、ウガンダ、ルワンダには高原地帯があり、アフリカ西部には低地が広がっている。二〇〇七年には、このミレニアム・ビレッジ・プロジェクトに、リベリア、モザンビーク、マダガスカルの三か国が新たに加わった。

初年度には各ビレッジに五つの目標が設定される。改良型の資源（多収穫種や肥料）の導入によって生産量を上げること、蚊帳や薬剤によるマラリア対策、必要な場合は公共施設の新築も含めた臨床医療サービス、家庭用の水源の確保、給食プログラム（できれば地元でとれた食材を使う）の導入による子供たちの学校出席率の向上である。これらの目標は、達成すべき量を定め、それに応じて予算を立て、評価が下される。初期の成果はとても良好だった。表10・1は、ケニア、エチオピア、マラウイにおける最も長期にわたったビレッジ・プログラムで達成された初期の食糧生産の一部が示され

表 10.1　ミレニアム・ビレッジでの食糧生産高

ミレニアム研究ビレッジ	年	穀物生産高（ヘクタールあたりトン）	作付面積（ヘクタール）	総生産高（トン）	増産率（倍*）
サウリ（ケニア）	2004*	1.9	220	418	
	2005	5.0	325	1,625	3.9
	2006	6.2	364	2,257	5.4
コラロ（エチオピア）	2004*	0.13	1,067	139	
	2005	0.58	1,970	1,148	8.3
ムワンダマ（マラウイ）	2004-5*	0.8	690	552	
	2005-6	6.5	1,272	8,268	15

＊その村でミレニアム・ビレッジ・プロジェクトが開始される前の年のデータを参照。

出典：サンチェス他のデータ（2007 年）。

ている。どの地域でも、プログラム開始前の収量は潜在能力を大きく下回っている。ところが、高収穫種や肥料を導入したあとでは、収量が急増している。収量の増加と作付面積の拡大が結びついて、全体的な食糧生産量が大きくアップし、たとえばエチオピアの村は基準年の約八倍、マラウイの村は一五倍の伸びを示した（この二つの例もそうだが、基準年が旱魃だった場合、倍数値はやや高くなりうる）。他の多くの村でも同じような結果が出ており、[138] そこにはマラリア対策の急速な発展や学校給食プログラムの実施なども含まれる。効き目が長く続く殺虫剤処理済みの蚊帳やよく効く抗マラリア薬をすべての村に配布したとたん、マラリア罹患率や寄生虫血症（マラリア原虫による血流の汚染）も急激に減った。児童の通学率と国家試験の得点も、学校給食プログラムが導入されてから大幅な伸びを示している。

　ミレニアム・ビレッジ・プロジェクトから得られた初期の成果は早くもいくつかの受け入れ国政

府に強い印象を与えている。これらの政府は、このような総合的かつ現実的なコミュニティ基盤の開発計画をさらに拡大しようと模索している。拡大には四つの流れがある。その一、主要と思われる物資の配布、たとえばマラリア対策用の蚊帳の大量配布を村だけでなく全国規模に拡大し、さらに他国にも広げること（現在、エチオピア、ケニア、ニジェール、トーゴでは全国に配布されるようになった）。その二、現在のビレッジを拡大し、人口およそ五万を抱えるビレッジの集団からその一〇倍ほどの規模をもつ地域全体を対象にすること。その三、ドナーの支援の範囲内で、ミレニアム・ビレッジの集団をそれぞれの国のあらゆる地域に作りだすこと。そして最後に、まだプロジェクトに参加していない国が、参加の意思を表明しつつあることである。二〇〇七年にはミレニアム・ビレッジの参加国は一三を数え、二〇〇八年までにさらに数か国が参加する予定である。私としては、二〇一〇年までにサハラ以南のアフリカのほぼすべての国が同じようなプログラムを導入してほしいと願っている。

例によって、問題はドナーの財源である。ミレニアム・ビレッジ・プロジェクトそのものは五年計画で村民一人あたり年間六〇ドルが必要だ。この金額は、G8で約束されながらまだ実行されていない援助水準の範囲内に十分収まる。二〇〇五年にスコットランドのグレニーグルズで開かれたG8サミットでは、二〇一〇年までに対アフリカ援助を年間五〇〇億ドル、つまり二〇〇四年の援助水準の二倍に引き上げると約束された。アフリカの農村部の人口を約五億人と推計し、対象となる村民一人あたり年間五〇ドルの援助が必要だと仮定すると、ミレニアム・ビレッジ戦略をアフリカの農村部全域に広げるために必要な総費用は年間約二五〇億ドルになる（つまりG8の公約援助額の約半分）。したがって、障害となるのは、必要な資金が足りないことではない。その資金はすでに約束済みなのだ。経済大国が約束どおり援助を実行すれば、ごく短期間で極度の貧困をなくすための決定的な一歩が踏み出せるだろう。ミレニアム・ビレッジという考え方をさらに拡大し、農業、医療、教育、インフラストラクチャー、民間部門の開発などを対象にしたその他さまざまな活動と組み合わせれば、ミレニアム開発目標を達成するための新たな原動力になるはずである。

今日の勝者と過去の援助

「喉元すぎれば熱さを忘れる」という言葉は、対外援助の本質をあらわしているかもしれない。現在のドナー国の大半、成功を収めた国のほとんどは、その歴史上、危機的な局面で外部ドナーの援助を受けてきた。あるとき、私のもとに非難のｅメールが届いた。それによると、その送り手が理想の国家とみなすイスラエルが独力で発展したというのに、アフリカにだけ援助を奨励するのはいかがなものかというのである。この人にはわかっていないようだが、人口がアフリカの約一〇〇分の一しかないイスラエルに対して、アメリカはアフリカ大陸全体に送った援助額とほぼ同じ額の援助をしてきたのである！　同じように、インド、韓国、台湾が「独力で成功をなしとげた」という話もよく聞くが、一九五〇年代と六〇年代のアメリカの対外援助が日本からの投資と組み合わされて、経済開発が遅れていたこれらの国々の発展を後押ししたという事実は忘れられているようだ。もちろん、今日のヨーロッパのドナー国も、かつてはマーシャル・プランの受益国だった。一九四〇年代後半から五〇年代前半にかけて、ヨーロッパ人は平均して一人あたり年間約八五ドル（二〇〇四年のドル換算）の助成金を受け取っていたのだ。興味深いのは、このマーシャル・プランの八五ドルという金額が、Ｇ８によるサハラ以南のアフリカへの援助額（約束はしたが、まだ実行されていない）とほぼ同じだということである（五〇〇億ドルを約六億人で分配する）。

　韓国、インド、台湾のケースは、とりわけ注目に値する。というのも、これらの成功した経済圏とアフリカの貧しい経済圏のあいだで、単純化された不公平な比較が適用されるケースが目につくからである。たとえば韓国や台湾は、ガーナと露骨に比較されることが多い。この三つの経済圏は一九六〇年には、ほぼ同じ出発点に立っていたのだから、結果的な実績の違いはその国自体に原因があり、アジアの成功はより優れた経済ガバナンスや経済運営の所産だという論さえある。だが実際には、韓国と台湾が一九六〇年代に経済的な発展をなしとげたのは、植民地時代の日本の投資によって築かれた基礎の上に、一九五〇年代後半から六〇年代前半にかけてアメリカからの資金援助で構築されたインフラストラクチャーのおかげなのである。もちろん植民地支配の負の側面は軽く見るべきではないが、とりわけ重要なのは、日本の政策と投資によって韓国と台湾の高生産農業の基礎が築かれ、その結果として、食糧の確保と工業化の基盤ができたという事実である。

　アジアにおける工業化の成功を専門とする有名な経済学者ロバート・ウェードは、台湾の農村部で日本がなしとげた重要な投資のいくつかについて、次のように総括している。

　すぐれた情報インフラ[139]が築かれた。それも、一次原料を確保するという狭い目的ではなく、日本で求められていた米と砂糖の小規模自作農による生産を拡大する目的で設計されたものだった。こうした政策のもとで、「灌漑と排水路の拡張、改良種や高級種の播種、そして肥料や堆肥の利用拡大がきわめて精力的に推し進められ、その際、警察部隊の支援を受けることさえあった。統計から、こうした傾向が継続し、また強化されたことが読みとれる」。［引用元は石川滋。一九六七年、一〇二頁］農民は農業共同組合、水利組合、地主小作人組合に所属させられたが、これも専門知識の普及を促すことと、彼らを管理下におきつづけることが目的だった。

一九四五年に日本の植民地支配が終わると、台湾はアメリカの援助に後押しされて、農村部のインフラストラクチャーと灌漑施設に重点を置いて投資した。ふたたびウェードの総括を引用する。

農業生産高[140]は一九五四年から一九六七年までに年間四・四パーセントの伸びを示したが、これはおおむねアジアのどの国よりも迅速な成長率だった。急激な農業成長は地方部での国民党政権に対する不満を和らげ、産業投資熱を安定させる一助ともなった。一作柄あたりの米の収穫高は一九六〇年には一ヘクタールあたり三トンに達し、これも日本を除けば、アジアで最も高い水準だった。こうして、農業の成長によって、他の経済領域に投資できるだけの余剰資産が生じ、一九五〇年代にはそれらを輸出にも回せるようになった。

ガーナの農業にそんな投資がなされたことはなく、それをいうなら、アフリカの大半の国も同じである。一九五三年から一九六一年にかけて、韓国がアメリカから一人あたり年間約六五ドル（二〇〇五年のドル換算）の援助[141]を受けていたのに対して、同じ時期のアメリカによる対ガーナ援助は一人あたり年間わずか二ドルだった。一九六〇年の初期条件においてもこれほど違っていたのである。韓国と台湾は、識字率、食糧生産性、平均余命のすべてを向上させた。ところが、ガーナは正反対であ

表 10.2　ガーナと韓国の開発指標　1960 年

	ガーナ	韓国
出生時の平均余命（歳）	46	54
五歳未満児の死亡率（1000人あたりの死亡件数）	215	127
穀物生産高（ヘクタールあたりトン）	0.8	3.2
肥料消費量（ヘクタールあたりキログラム）	0.4	155
1953年から61年までのアメリカによる援助（2005年の不変ドルに換算した受益者1人あたりの年間額）	2.2	65.2

出典：世界銀行（2007 年）と米国際開発庁（2007 年）のデータから算出。

る。韓国と台湾が早くも一九六〇年に一ヘクタールあたり三トンの穀物生産高[142]を記録したのに、ガーナは一ヘクタールあたりわずか〇・八トンだった。同じように、一九六〇年という早い時期に韓国の農民が一ヘクタールあたり一五五キロの肥料を投入していたのに対して、ガーナでは平均して一ヘクタールあたり一キロ以下だった（表10・2）。

インドも独力で発展をとげた国としてよく引き合いに出されるが、実際には、ここでも対外援助が大きな役割を果たした。韓国や台湾と同じように、植民地時代に築かれたインフラ、とくに鉄道網がプラスに働き、近年の爆発的な経済発展を推進する力になった。さらに重要なのは、一九六〇年代と七〇年代のインドにおける緑の革命が積極的な対外援助によって推進されたことである。インドはもともと優れた科学力をもつ国ではあるが、ロックフェラー財団が小麦品種の改良のための支援活動に乗り出したことも大きかった。ロックフェラー財団のノーマン・ボーローグと一九六〇年代のインドの小麦研究所長M・S・スワミナサンという二人の偉大な科学者が協力して開発にあたった。ボーローグはメキシコで初めて小麦の改良種を開発していたが、その改良種をインドの土壌に植えつけ、スワミナサンのチームがそこからインドの環境に合う品種を選び出したのだ。この研究は、一九六四年から六五年にかけて何度もみまわれた旱魃に向けた緊急の対策でもあった。この旱魃のせいで、インドはアメリカから大量に送りこまれる緊急食糧援助に頼らざるをえなかったのである。

ボーローグはインドにこんなメッセージを送った。国内の高収率農業を大きくスケールアップする必要があり、そのためには、政府の一貫した強い支援が何よりも大事だ。まず、農家に肥料と高収穫種を配布し、資金を貸し出し、生産物の価格の安定を保証しなければならない。ボーローグは一九六八年にこんなスピーチをしている。「私は自分がインド議会のメンバーだったら、と思います[143]。そうだとしたら、私は数分おきに指名なしで立ち上がり、大声で叫ぶでしょう。『いまインドに必要なのは、肥料、肥料、肥料、貸付金、貸付金、貸付金、そして適正価格、適正価格、適正価格です！』」

ボーローグの呼びかけに応えて、アメリカ政府はこの重要な投資に財政的な援助をした。アメリカ国際開発庁長官ウィリアム・ゴードは一九六八年にこう語っている。

開発途上国は[144]、その政府、関係諸機関、農民なども含めて、対外援助なしでは緑の革命を持続していく力がない。必要な適応研究を進めるための技能もない。肥料工場を建設するための資金もない。人びとに新しい手法を教えるのに必要とされる施設や技術者も不足している。この農業革命を成功させたいなら、なんとしても先進国と開発途上国のあいだに優れた協力関係を築かなければいけない……

国際開発庁のプログラムにおいて、肥料が最も重要な要素として急速に脚光を浴びているのは、そのためである。食糧生産の拡大を求めて模索する国々に肥料工場を建設しようとするアメリカ企業への国際開発庁による支援が増えているのは、まさにそのためである。インド向けの肥料は、一九六〇年代末のアメリカ国際開発庁の予算のうち、単一の項目としては最大の額を占めていた。一九六〇年以降、インドが受け取った対外援助は総額およそ一六〇〇億ドルにのぼった。緑の革命を成功させ、インフラストラクチャーを築き、疾病対策を進め、科学や高等教育を強化するうえで、この援助は決定的な役割を果たした。

規模と持続可能性

独力で発展をなしとげたという神話のほかにも、対外援助には規模と持続性にまつわる二つの神話がある。対外援助は大規模よりも小規模のほうが成功しやすいという説、それにデモンストレーション・プログラムは必ずしも持続的な成功には結びつかないという説をよく耳にする。だが、こうした一般化は的外れである。緑の革命を一例として、大規模に展開される援助プログラムは数えきれないほどあり、それどころか、緑の革命は小さな試みから全国規模へと広がり、さらに全大陸規模へと急速に発展していったという事実がある。これらの事例には、天然痘撲滅（世界規模で実施された）、マラリア撲滅（亜熱帯やその他の低・中感染性地域で成功を収めた）、ワクチン普及（一九八〇年代から現在までユニセフを中心に進められている）、家族計画と避妊（一九七〇年代から八〇年代にかけて、援助をもとに世界的な規模で展開された）などが含まれ、さらに特定の疾病対策プログラムは無数にのぼる（ポリオ、オンコセルカ症、ハンセン病、ギニア虫などは、大規模な対策を講じた結果、この二〇年間は実質的に消滅状態にある）。

規模を拡大するためのコストもけっして法外なものではない。国連ミレニアム・プロジェクトの検証によれば、農業、医療、教育、インフラストラクチャーなど、主要部門への投資の総額は、最貧国への援助を前提に推計するかぎり、ドナー国の総所得の〇・七パーセントを開発援助にあてるという国際公約の範囲内に収まるはずである。豊かな世界の年間所得を約三五兆ドルとすると、国民総生産（GNP）の〇・七パーセントは年間およそ二四五〇億ドルだが、実際に送られる援助額は年に約一〇〇〇億ドルである。したがって、年に一四五〇億ドルの援助を追加すれば、ミレニアム・ビレッジ、疾病対策、全国規模のインフラ整備などを妨げる資金難という問題は解決できる。

もう一つのさらに根強い神話は、援助に一時的な効果はあっても、持続ができないというものである。援助によって開発が進んでも、その援助が打ち切られたとたん頓挫するというのだ。そうだとすれば、援助が十分ではないか、受益国が貧困の罠から脱け出せるような仕組みになっていなかったのだろう。だが、援助によって貧困の罠から脱け出したなら――もちろんそうなるべきなのだが――その援助はすでに目的を果たしているし、段階的に収束させてもよい。自力による持続可能な経済開発への移行も可能だろう。家計が潤うことで税収が増えれば、政府はそれまで対外援助に頼っていた診療所、学校、農業への資本投下、インフラ構築のための出費を自力でまかなうことができ、継続的な公共投資も始められる。そのような進歩をさす言葉が「援助からの卒業」だ。インドは援助から卒業しつつある。中国は一九八〇年以降、全ドナーから合計約六〇〇億ドルの対外援助を受けてきたが、すでに補助金の交付からは卒業しており、現在では十分に豊かになったので、世界銀行の融資を利用する立場へと成長した。今後、市場ベースのローンはいくらでも可能になるだろう。

ここから、一つの法則が導きだされる。一人あたりの国民所得が購買力平価（ＰＰＰ）で約四〇〇〇ドル、市場価格で約一〇〇〇ドルに達したあと、その国は援助からの「卒業」に向かって経済開発の道をたどりはじめるのだ。たとえば、中国の所得は二〇〇三年に一人あたり五〇〇〇ドル（ＰＰＰ）に達した。卒業が可能になるこの到達点を、サハラ以南のアフリカにおける現在の所得、一人あたり約一四〇〇ドル（ＰＰＰ）とくらべてみよう。アフリカが援助から卒業するには、一人あたりの所得をおよそ三倍にしなければならない。年間七パーセントの成長率を維持すれば、アフリカは今後の一六年で一人あたりの所得を三倍に伸ばすことができる。サハラ以南のアフリカにおける一人あたりの経済成長率をこの先もずっと年間七パーセントで持続させるためには、インフラ整備、公衆衛生対策、高い農業生産性、初等・中等教育の普及など、必要な前提条件を対外援助によって満たすことが必須になる。つまり、断固たる努力と、必要に応じた十分な援助さえあれば、アフリカは二〇二五年までに援助から卒業できるのである。実際、これこそ私たちの目標であるべきだ。その達成をめざして、当分は十分な資金援助を維持しなければいけない。

幸いにも、その約束はすでに交わされている。二〇一〇年までに対アフリカ援助を二倍にするというＧ８の明確な公約のほかにも、主要なドナー国がそれぞれ「政府開発援助を国民総所得の〇・七パーセントまで拡大するために具体的な努力を重ねる」ことをモンテレー合意で公約しているのだ（二〇〇二年三月採択）。二〇〇五年、欧州連合（ＥＵ）はこの目標を二〇一五年までに達成することを確約した。オーストラリア、日本、アメリカなど、他の国々もこれにならうべきだろう。ドナー国の国民所得の合計は現在、年間約三五兆ドルだが、二〇一五年までに約四四兆ドルに達するという見方もある。したがって、国民総所得の〇・七パーセントという公約を守れば、二〇一五年には年間援助額が合計約三〇〇〇億ドルに達し、そのうちの一二〇〇億ドル（四〇パーセント）はアフリカに送られるはずである。二〇一五年にアフリカの受益者をおよそ八億人と仮定すると、援助額は一人あたり年間約一五〇ドルになる。ドナーが二〇一五年までに援助額をこのレベルに上げ、二〇二五年まで持続すれば、アフリカの農村および都市部に投資できるチャンスが増えて、基幹インフラ、医療、教育などを築くことができ、それによってアフリカは二〇二五年以降も自立的な成長を続けていけるだろう。

行動を起こさなかったら

先にもふれた（「水ストレスと紛争」参照）エドワード・ミゲル他の編による優れた論文集『極度の貧困が平和を損なう』は、極度の貧困がどのように暴力、テロ、住民の大量移動に結びつくかを解説している。編者による記述を引用してみよう。

> 境界線や国境があいまいになり、見たところ遠くにある脅威が身近な問題になりうる世界で、地球上の貧困をなくすための闘いが、生存をめぐる闘いになっている——個人の倫理観がそれを要求するだけでなく、国際的な安全保障がそれを求めるからでもある。
>
> 極度の貧困によって、[145] 統治機関は疲弊し、資源は枯れ、指導力は弱まり、希望は挫かれる——絶望と不安がないまぜになった一触即発の空気を生み出す。貧しく脆弱な国家は爆発して暴力を呼び寄せたり、一気に崩壊したりして、市民と近隣諸国とより広い世界を危険にまきこむ。生活

は破綻し、投資家は逃げ出し、無法地帯は世界を脅かすテロ、不正取引、環境破壊、病気の温床となる。

9・11以前の夏、私も同じ観点から[146]「国際的な不平等の戦略的な意味」という論文を書いたが、当時はまだ、この問題がこれほど急激に、またこれほど痛ましい形で表面化するとは思っていなかった。アフガニスタンは、まさに絶望と不安がないまぜになった状態で、国際テロ活動の温床になったのである。もちろん、大国はアフガニスタンの貧困を救うための手をさしのべず、それどころか、食い物にしていた。ソ連は一九七九年にアフガニスタンへ侵攻し、アメリカはこれに対抗して、宗教の違いを理由にした反乱を焚きつけた。そのせいで、アメリカはそれから何年も、テロという報復に悩まされることになった。米軍とNATO軍がアフガニスタン侵攻を強行したあとでさえ、アフガニスタンは極度の貧困のせいで、いまだに安定を得られないでいる。

アフガニスタン危機は、何十年もくすぶりつづけたあげくに爆発した。窮状は昔もいまも変わらない。アフガニスタンは、乾燥、砂漠化、過放牧、土壌の浸食や劣化、森林伐採など、生態系の深刻なストレスを抱えている。山がちな中央アジアの内陸部に位置するため、孤立している。人口は、一九五〇年以降、八〇〇万から二五〇〇万へと三倍に増えている。なんと、人口の三分の二は二五歳未満で、合計特殊出生率は七である。

アフガニスタンの例からわかるのは、貧困、人口過剰、環境破壊といった問題を数十年間放置しておくと、ひどく貧しい国がぎりぎりまで追い詰められるということである。数十年前なら効果があったかもしれない解決策は、いまや使えない。国土が人口を支えられなくなっており、もはや麻薬の原料となるケシの栽培など、絶望的な手段しか残っていないのだ。今日、不穏な地域として最も広い範囲を占めるのは、アフリカから中東をへて中央アジアにいたる乾燥地帯の国々で、牧畜を主たる生計の手段としている。サヘル（セネガル、ブルキナファソ、マリ、ニジェール、チャド）、アフリカの角（エチオピア、エリトリア、ソマリア、スーダン）、東アフリカ（ウガンダ北部、ケニア北東部）、中東（イエメン）、アジア諸国（とくにアフガニスタン、パキスタン、ウズベキスタン、タジキスタン）などであり、どの国も軍隊では解決できない問題に直面している。たとえば、驚くほど急激な人口増加、総人口における若年層の突出、深刻な環境劣化、代替経済の欠如などである。貧困の罠と政情不安は、世界が手をこまねいているあいだに深まっていくばかりだ。

開発課題としてのダルフール

現在、極度の絶望が集団暴力に結びついた例として、唯一アフガニスタンに対抗できるのはダルフールだろう。ダルフールで起こったハルツーム政府に対する反乱や多くの集団を巻きこんだ残酷な暴力事件は、生存に必要なものさえ得られない住民たちの絶望を反映している。世界各国の政治家はスーダンの対応から目を離さず、この紛争の野蛮さを国際社会に訴えかけているが、それでも肝心な点が見すごされているようだ。ダルフール紛争を根本から解決する手段は、世界各国の援助による経済開発しかないという事実である。

これまでの事情をざっと振り返ってみよう。ダルフールはこれまでずっと、貧困国のなかでも、とくに開発から取り残されてきた。スーダン西部の内陸に位置するため、国内のもっと開発が進んだ地域に築かれた灌漑施設や電力網や輸送網からも除外された。イギリス支配の時代も、また独立後も、スーダン国内でとくに貧しい地域にとどまっていた。ダルフール北部および南部では、貧困率が四一～六〇パーセントだが、チャドと国境を接するダルフール西部では六一～七二パーセントにもなっている。

近代に入っても、ダルフールは基幹インフラ（道路、電力、安全な飲み水、公衆衛生など）を欠くばかりか、政治的にも無視されつづけた。大英帝国時代には、灌漑でナイル川の水を引いた綿花プランテーションが重視される一方で、ダルフールはないがしろにされてきた。この地域で着実に伸びてきたのは人口だけで[147]、二〇世紀初頭には一〇〇万人足らずだったのが、現在では六〇〇万から七〇〇万に増えたものと推計されている。だが、人口が急増するにつれ、土地の収容能力は下がるばかりである。しかも、慢性的な降雨不足が問題を悪化させていることは、ダルフール北部のエルファシエル測候所によるデータが示すとおりである（図10・7）。このグラフは毎年七月から九月までの降雨量を示しているが、注目すべきは一九六〇年代末から降雨量が減っていることで、これはサヘル全域で見られる現象である。近年、ややもちなおしたとはいえ、降雨量は依然として少なく、とくにこの一世紀間に人口が七倍に増えたことを考えると事態は深刻である。結果は、予想どおり惨憺たるものとなった。土地や水をめぐる争いがついに武力抗争へと発展した。家畜用の水を求めてチャドとダルフールのあいだを移動する遊牧民の集団が、しだいに定住農民の領域を侵すところまで追いこまれたのだ。ダルフール北部出身の多い遊牧民と南部の農民は、もともと民族としても言語のうえでも断絶があった。そのため、両者の衝突はしだいに民族的・政治的な色あいが強まっていった。スーダン政府は、おもに定住農民からなる集団が起こした反乱を容赦なく鎮圧し、民族浄化という恐ろしい手段に

図 10.7　サヘル（エルファシエル測候所）の降雨量　1917―2006 年

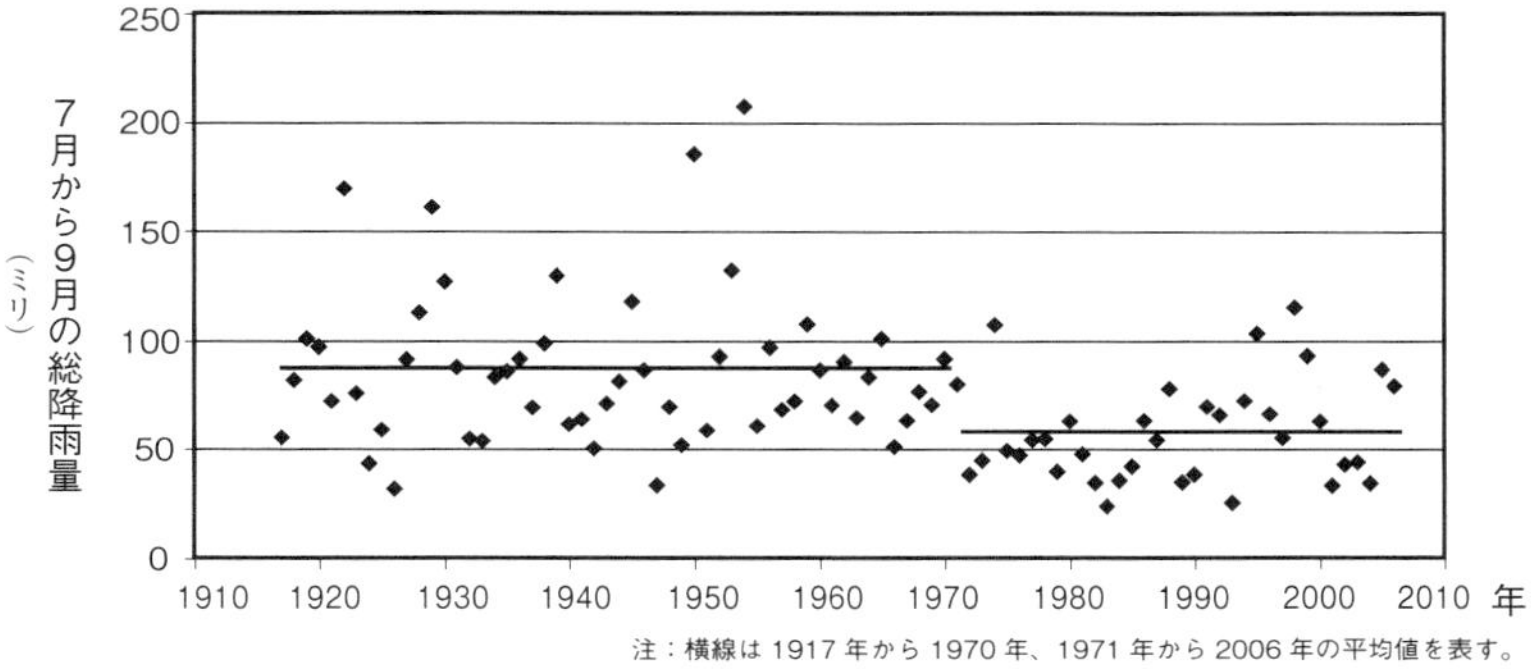

出典：ウォス他のデータ（1992 年）。

よってこの紛争を収めようとしてきた。

　スーダンの環境と紛争の関係を論じた近年の最も信頼できる研究でも、生態系ストレスと紛争との関連性がはっきり指摘されている。国連環境計画による優れた報告『スーダン――紛争後の環境アセスメント』は、「ダルフールの土壌劣化と砂漠化と紛争のあいだにはきわめて堅固な結びつきがある」と述べており、さらに、ダルフール北部は「生態系の破綻が原因と思われる社会崩壊の悲劇的な実例とみなされる」ともいっている。そして、「これらの密接にからみあった基本的な環境および生活にまつわる問題を解決しないことには、この地域の長期的な平和[148]は達成できない」と結論づけている。この報告書は、砂漠化、土壌の劣化、気候変動などを「紛争のおもな要因[149]」として強調する一方で、賢明にも「それらは、おおむね寄与因子であり[150]、軋轢を招いた唯一の原因とはいえない」と補足している。

　そんなわけで、アフガニスタンと並んで、ダルフールはもう一つの危険な事例ということになる。ここでは、また別のタイプの安全保障という考えが必要になる。制裁措置や平和維持軍のようなものでは、問題の解決にならないのだ。ダルフールの悲惨な紛争を完全に終わらせるには、紛争の原因を探ることが大事だが、それはこの地域の極度の貧困にほかならない。ダルフールの極度の貧困と経済的な不安定さを克服するために、取り組むべき主要な開発課題とは以下の五つである。基本的な公共サービスおよび基幹インフラの欠如、水資源の不利と急速な砂漠化、農業および畜産の生産性がきわめて低いこと、統治のまずさ（プア・ガバナンス）と紛争解決に向けての機能停止、生態系および経済を悪化させる人口の急増。

ダルフールに平和をもたらすには、当面の安全保障と人道的な配慮に加えて、開発の危機を乗り越えるための手段が必要になるだろう。安全、人道的な救済措置、開発という三つの方向からの解決が必要なことは、現地の専門家からも広く同意を得ているが、政治的な議論ではおもに短期的な安全保障や人道的な介入にばかり目が行きがちで、長期的な開発の必要性には、ほとんど、またはまったく注目されないのが現状である。

この危機に経済開発で対処するとしたら、ミレニアム・ビレッジで用いたのと同じ、即効性のある援助から始めるのがよいだろう。二、三年のうちに安定化をなしとげ、それに続いて、ミレニアム開発目標にもとづく長期戦略を立てれば、包括的かつ現実的な基盤ができ、一定量の目標を定めることもできるだろう。政府と反乱軍の両者を含むダルフール和平合意の当事者[151]が、長期的な平和への鍵として経済開発に大きな重点をおいていることは注目すべきであり、希望をもたせるものでもある。彼らは、ミレニアム開発目標をダルフール開発の基盤とみなしている。「われわれはミレニアム開発目標の達成を視野に入れつつ、できるだけ短期間のうちにダルフールを人間開発の国内平均レベルにまで高めることをめざして努力すると約束する」

即効性の戦略の核になるのは、農業と家畜の生産性を持続可能な手段ですばやく高めることだが、これにはダルフールの深刻な環境劣化の速度を遅らせ、やがては完全に食い止めるための方向転換も含まれる。そのうえ、非農村部の生活を向上させることも必要となるが、これには食肉加工や通商も含まれる。おもな公共サービス（医療、教育）や統治（ガバナンス）の改善、基幹インフラ（とくに輸送）も、こうした即効性のある戦略を支える基盤になるはずだ。すぐに効果を発揮する戦略には以下のようなものが考えられる。

・小規模な貯水施設や浅い掘り抜き井戸の建設、壊れたり使えなくなったりした水管理用のインフラを修理することで、水利環境を改善する。
・マラリアを防ぐ蚊帳や必要不可欠な治療（予防注射、経口補水塩療法、抗生物質、抗マラリア薬、抗蠕虫《ぜんちゅう》薬など）の普及による疾病対策。第二段階では、村のヘルスワーカーを三か月から六か月間の教程で訓練する。それによってミレニアム開発目標の達成に必要な医学的介入の五〇パーセントをまかなえるはずである。
・学校の開設または復活（必要に応じて、移民たちの子供を寄宿させる場合も含む）によって、子供たちと家族を、ある程度まで通常の生活状態に戻し、すべての子供が初等教育を受けられるようにする。
・地元で産する食材を（できるかぎり）使った総合的な学校給食プログラムの実施によって、栄養状態を改善し、それにともなって教育の成果も向上させ、さらに地元産の食材の需要を創出する。
・改良種（モロコシや雑穀）、肥料、改良された農具、動物に牽かせる犂、小規模な雨水栽培法（これらは農産物の生育期間中でも簡単に導入でき、しかも食糧の生産量を二倍にすることも可能である）を広く普及させることにより、農業生産性を上げる。

・無償で、簡単に獣医の診察が受けられるようにし、品種改良をとりいれることで、家畜の健康状態を改善する。

・耕地への害を最小にとどめて、紛争のたねを減らすため、乾期に北から南へ移動する家畜のために、安全な回避通路を設ける。

・低コストで運営する測候所、この地域の海の状況や大気条件を知るための気象衛星データへのアクセス、気象予報用ソフトウェアなどによって、スーダン西部の旱魃を予測する早期警報システムを導入する。

・道路、橋、ビルの修理と建設、その他の公共事業のための現物支給ないし労働集約型の建設プログラムを導入する（現物支給プログラムの場合、食糧はできるだけダルフール地域から調達し、現地産食材の需要を高めるべきである）。

・携帯電話サービスの導入（ダルフールのように広く、人口がまばらな乾燥地帯では、住民のほとんどが半遊牧民で、都市部から遠く離れていることが多い。そんな場所では、携帯電話の登場は、新しい好機となる。携帯電話があれば、寄宿学校にいる子供が親に連絡でき、緊急の医療サービスや医療施設への搬送の助けにもなり、市場情報、天気予報、自然災害の注意報なども知ることができる）。

・身に危険を感じた女性や少女のための避難所や安全キットを用意することで、家庭内暴力や女性の弱い立場をなくす。また、薪や飲み水を配給することで、女性を薪拾いや水汲み労働から解放する。

・地雷や爆弾など、戦争が残した爆発物を除去し、法の支配を確立させ、安全な地域を広げる。住民たちが物資や重要書類などを保管できる安全な家をもてるようにすることも含まれる。

　ダルフール紛争や、その他さまざまな危機的状況を終わらせるには、新たな方法論が必要になるだろう。これから先、その方法論こそ、安全保障の軸になるはずだ。ダルフールのような地域が危機に陥ったときは、まず危機の根底にある原因について考えなければいけない。その原因は極度の貧困や欠乏にあることが多い。それがわかれば、その次に、具体的な投資について考えることになる。人びとの命を救い、将来に向けて希望を与えるのだ。軍隊、平和維持軍、制裁措置は、外交手段として最初にとるべき手段ではなく、最後の手段にすべきである。危機の根底にある原因にまず目を向けさえすれば、私たちにはそれを解決する力があるということ、そしてその力が自分で思っていたよりずっと大きいことに気づくだろう。

11　変動する世界における経済的な安全保障

ある国が極度の貧困から脱け出そうとして闘っているとき、国家が果たすべき役割は明らかだ。国民の基本的なニーズ（食糧、安全な飲み水、住まい、公共医療サービス、栄養）を満たす手助けをし、農業や基幹インフラ（道路、鉄道、電力、電気通信、インターネット、港湾）へ投資して、民間部門の主導による経済成長の基盤を築くことである。その国が極度の貧困から脱け出し、富を蓄積するようになったら、公共部門の新たな役割が加わる。それが社会保険である。社会保険によって、社会的保護の概念は広がった。最も基本的なニーズを超えて、より広範な医療サービスを誰もが使えるようになり、また義務教育のレベルを超えた教育（幼稚園、中等学校、専門学校、高等専門学校、成人学校、職業訓練校など）を誰もが受けられるようになり、さらに失業保険や老齢年金、さまざまな自然災害を補償する保険、失業保険、障害年金、その他の理由によって貧困に陥った場合の生活保護などが導入されたのである。

ピーター・リンダートは大部の歴史書『公共機能の高まり――一八世紀以降の社会支出と経済成長』で、高所得経済圏の社会支出が拡大してきた経緯をみごとに描きだしている。医療、教育、年金、それに失業保険、労災保険、退職後の年金といった社会保険に向けた公共の支出は一九世紀から始まり、二〇世紀になって本格的に発展した。ドイツの宰相オットー・フォン・ビスマルクは、一八八九年に初めて老後保障制度を成立させた人物として、よく名前があげられる。これは給与から天引きしたものを財源にした公的年金で、当時、大衆のあいだで社会主義への共感が広まりつつあったことに対する政治的な戦術の一つでもあった。一九一一年には、イギリスもこの先例にならい、独自の拠出型年金制度を創設した。高所得世界の社会支出は、一九世紀半ばまでほとんどゼロに等しかったが、今日ではどの国でも国民総生産（GNP）の四分の一以上を占めるまでになっている。

福祉国家への賛成論と反対論

社会的セーフティ・ネットをどこまで広げるかについては、長年のあいだ活発な論議が交わされている。どれほど寛大になるべきか？　あまりに気前がよすぎて、勤勉さや個人の意欲を損なう限界のようなものはあるのか？　その問題は今日とくにアメリカとヨーロッパで声高に論じられている。政治的に右派の陣営は、減税と公共支出の見直しによって経費削減をはかり、保障の対象をはっきりと貧困層だけに絞るべきだと主張する。片や、左派陣営は、税収を増やして、それをより大規模な社会支出に振り向け、万人向けのプログラムによって保障の対象を貧困層だけでなく社会全域まで拡大すべきだと主張する。だが、ほとんどの場合、この議論は明確な証拠を出さないまま進められる。つまり、事実よりもイデオロギーを重んじた議論なのだ。ここでは、そんな弱点を補っていきたい。

興味深いのは、このような議論が、グローバル化の推移にともなってしだいに高まっていることである。グローバル化が進行するにつれて、高所得世界の労働者階級はより高学歴の知識労働者にくらべて大きな所得格差を実感するようになり、そこから激しく対立する二つの考え方が生じた。自由市場論者は、国際市場における競争がいっそう激しさを増すだろうと警鐘を鳴らす。海外との競争によって国内の繁栄が脅かされるかもしれないと感じたら、経済的な競争や成長を見直さなければならない。事業の発展や貯蓄や投資を妨げるものは取り除かれる。減税などの措置をとり、利潤をあげることが優先される。世界経済を基盤にするかぎり、社会支出が高額になりすぎれば、その国は崩壊するというのである。しかし、これとは正反対の意見もあり、社会的投資を推進する立場の人びとは、社会支出を飛躍的に増やすべきだという。まさしくグローバル化によって、経済的な平等という仕組みが崩れかけているからだ。たとえば、熟練労働者と非熟練労働者の所得格差が広がっているのだから、より収入の多い熟練労働者には高い税金をかけ、取り残された人びとの社会保障の財源にするべきだ、と。

経済学者の多くは、技術革新への意欲や自己責任の意識を妨げないよう、社会的セーフティ・ネットには限界を設けるべきだと主張する。経済学者で政治理論家でもあったヨーゼフ・シュンペーターは、一九四〇年代に創造的破壊という理論を展開して、経済界に大きな影響を与えた。その理論によれば、本来、経済が発展してゆくには、ある部門が破綻することによって、つねに新しい主導的な部門の誕生を促すという流れが欠かせない。新しいアイデアはたえず市場に入りこみ、古いアイデアと競って、打ち負かすことが多い。その過程で、弱い労働者や事業や産業は消えていく。そのように、経済の成長や開発はもともと、創造的破壊による犠牲者の痛みをともなうものなのだ。別の解釈によれば、社会的セーフティ・ネットは遅れた部門から主導的部門への移行を遅らせ、起業家精神や技術革新からの見返りを減らすという。一方、対極の見方として、スウェーデンなどの社会福祉国家が支持するのは、きわめて浮き沈みの激しい資本主義経済にたえず翻弄される国家経済を公的に支援するためには、社会的セーフティ・ネットが不可欠だという考え方である。さらに、社会保障なしでは、経済が保護主義に傾きやすく、人びとは市場経済に反する雇用の保障を求めがちだという論につながる。

右派が福祉国家を批判するときの根拠にするもう一つの大きな主張は、国家が個人の自由を妨げているということだ。経済学者のフリードリヒ・ハイエクは、ベストセラーとなった『隷属への道』で、国家が経済に対してあまりにも大規模な介入をすると、個人の自由がなくなるといっている。このような批判は、最初のうち、共産主義国家の中央計画経済や産業の国営化が対象だったが、のちには福祉に多額の国費を投じるいわゆる社会民主主義にも批判の矛先が向けられた。

アメリカやヨーロッパでも、政治的右派はたいてい、社会支出を経済効率や個人の自由に対する脅威だと主張する。社会プログラムは、市民や企業に重い税負担を強いるものと見なされる。とくに大規模な（そして費用のかかる）社会プログラムは、市場原理をくつがえし、経済の健全な成長や活動に欠かせない意欲を損なうものとされる。こうした考え方によれば、この世の勝者のかげには敗者の存在があって当然ということになる。福祉国家が提供する社会的な保障サービスのほとんどは、市場にまかせておけばいいのだ、と。これに対する反論によれば、大規模な社会的セーフティ・ネットがあればこそ、将来に対する自信が生まれ、人びとがリスクを負うことを恐れず、さらに富の再分配が可能になって、行きすぎた経済格差が解消されるはずだという。富を再分配できれば、ひどい不平等も避けられる。それでも不平等は残るだろうが、最低水準の暮らしをする極貧層が消えると同時に、その対極に位置する途方もない大金持ちもやがて消滅するだろう。

また、高水準の福祉国家を支持する人びとは、社会の最底辺におかれた人びとを救いだす役目を市場に負わせるのはとても無理だという。豊かな国でさえ、市場は貧困層の人びとに手を差し伸べない。貧しい人びとは収入が極端に少ないので、健康保険にも入れず、洪水で壊れた家を建て直すこともできず、失業したら家賃も払えなくなる。政府が提供するセーフティ・ネットがなければ、貧しい人びとは自力でなんとかしろと突き放され、悲惨な状況で置き去りにされる。第二に、市場にはそもそも、市場擁護派がいうような十分な保護能力など備わっていない。失業保険を制度化したり、大きな自然災害にみまわれたときに復興用の資金を工面したりということが可能なのは政府だけだろう。そのような突発的な緊急事態に直面して、困窮する人びとのために、市場が適切な保護を与えるだろうと考えるのは愚かというものだ。

経済的な安全保障をめぐる議論は、貧困、環境、持続可能な発展をめぐる議論に似ている。事実の裏付けを欠いていることが多く、議論は大げさな言辞で白熱するわりに、ほとんど決着がつかないのである。だが、社会支出に関しては、議論に参加する人びとが思う以上に、また、知っていても認めたくないのかもしれないが、はるかに多くのデータが集まっており、証明（や反証）も進んでいる。証拠を直視しさえすれば、豊かな国にとっての選択肢が、アメリカの自由市場信奉者の言い分よりもずっと幅広いということがわかるだろう。資本主義は、社会保険に多少の投資を割いたくらいで壊れるような軟弱なものではない。もっと堅牢なのだ。高水準の所得、成長、技術革新を、高度な社会保障と組み合わせることは可能である。北欧のスカンジナビア諸国はすでにそれを達成しており、その経験は他の国々がとるべき道を明るく照らすだろう。

社会福祉と自由市場戦略

ここで三つのタイプの資本主義社会について検証してみよう。最初のグループはデンマーク、フィンランド、ノルウェー、スウェーデンの社会福祉国である。どの国も高度な社会保険制度をもち、国民総生産（ＧＮＰ）における社会支出の占める割合がきわめて高い。第二のグループは欧州連合の中核をなすヨーロッパの国々で、オーストリア、ベルギー、フランス、ドイツ、イタリア、オランダが含まれる（ただしオランダは混合経済と社会福祉モデルの両方を兼ね備えている）。ここでは、このグループを混合経済と呼ぶが、それはこれらの国が社会福祉制度と自由市場制度の中間に位置するからである。第三のグループは、（どちらかといえば）自由市場の国々で、オーストラリア、カナダ、アイルランド、ニュージーランド、イギリス、アメリカなどを指す。この国々は自由市場が信奉されており、社会保険はやや軽く見られがちだ。ＧＮＰに占める社会支出の割合も、混合経済や社会福祉国家にくらべて、はるかに低い。図11・1は、三つのグループのＧＮＰに占める政府支出の割合を示している。このグラフのとおり、自由市場国家では政府支出の割合が最も低く、およそ三八パーセントである。混合経済のＧＮＰに占める政府支出の割合はおよそ四九パーセントだが、それに対して社会福祉国家では最も高く、五二パーセントとなっている。政府支出の総額に見られる差が、おもにＧＮＰに占める社会支出の割合の違いによるものであることもこのグラフから読みとれる。

図 11.1　国民所得に占める平均政府支出　2004 年

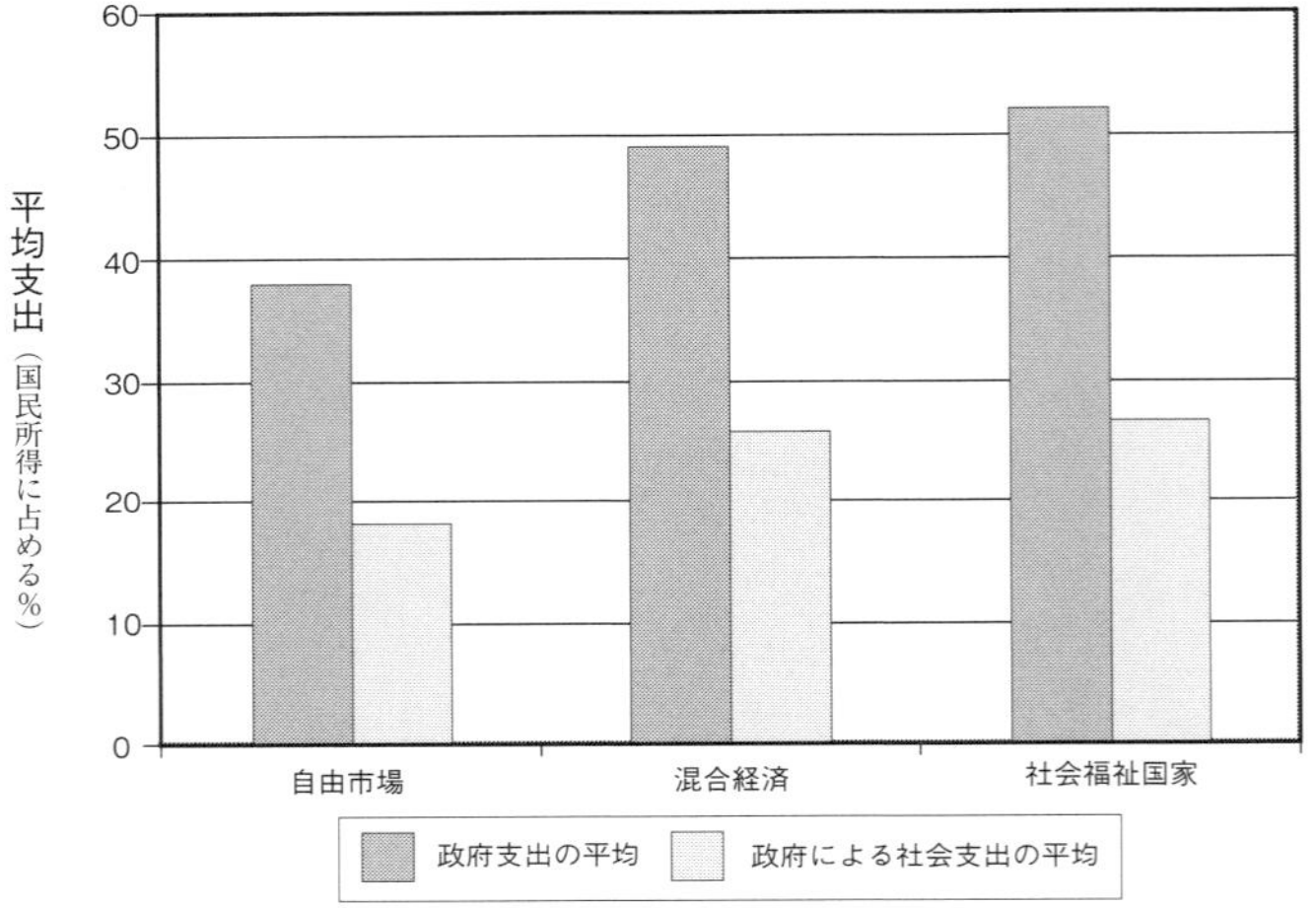

出典：経済協力開発機構（OECD）経済展望（2006 年）。

社会保険への支出

公共部門による社会支出を分類するなら、現金移転、政府による直接的なサービス提供、労働市場への積極的な介入（職業訓練、公共部門の雇用プログラムによる政府雇用など）となる。現金移転は、退職者に向けたもの（年金や遺族給付金）と労働年齢の家族向けのものに分けられる。政府による社会事業は、医療サービスと非医療サービス（幼児保育や身体障害者への保障など）に分けられる。社会支出の主要カテゴリーについての調査結果が表11・1である。最初の二つのカテゴリー（現金移転と政府による直接的なサービス提供）を合わせて、直接的な公的社会支出と呼ぶ。これに加えて、労働市場への積極的な介入のための支出を加えたものが、公共部門支出の総額になる。

社会福祉国家は、社会支出全般が高い水準に

表 11.1　国家所得に占める公共部門による社会支出の概要　2001 年

国家群	送金	政府によるサービスの直接提供	積極的な労働市場政策	公共部門による社会支出の合計
自由市場	9.8	7.2	0.4	17.4
アメリカ	7.9	6.7	0.2	14.8
混合経済	16.8	8	1	25.8
社会福祉国家	14.2	11.4	1.2	26.8

出典：経済協力開発機構（OECD）のデータ（2004 年）。

あるだけでなく、直接的なサービスの提供でも、めだって高いことが見てとれる。幼児保育や老人介護などの政府による直接的なサービス提供は、サービスそれ自体だけでなく、結果として創出される公的な雇用現場の確保という意味でも重要である。社会福祉国家はこの二〇年間、労働市場政策の一環として、他の国なら職を得られないような大勢の人びと（身体障害者や学業成績の低い者など）を政府の社会部門に雇い入れている。

社会支出と経済効果

社会福祉国家のように社会支出に多額の予算をあてれば、貧困や不平等を減らし、健康と繁栄を促進するのに大きな効果があることは、証拠を見ても明らかだ。表11・2は、三タイプのグループを三種類の貧困指標であらわしている。一つは貧困率（その国の平均的な家計所得の半分以下で暮らす人びとの割合）、二つめは全人口における最も貧しい二〇パーセントが得る可処分所得（税引き後）の割合、三つめは所得のジニ係数、つまりその国でどれほど平等に富が分配されているかを示す数値である（〇なら完全な平等、一〇〇なら完全な不平等を意味

表 11.2　不平等・貧困指標　2004 年

国家群	貧困率（%）	最下層5分の1が受け取る可処分所得の割合（%）	ジニ係数
自由市場	12.6	7.3	32
アメリカ	17.1	6.2	35.7
混合経済	9	8.4	28
社会福祉国家	5.6	9.7	24.7

出典：フォスターおよびミラ・ド・エルコレのデータ（2005 年）。

する)。この表からわかるとおり、社会福祉国家は三つの指標すべてで他の二つのグループを抑え、トップに立っている。続いて、第二位はヨーロッパの混合経済である。二〇〇四年の社会福祉国家の平均貧困率は五・六パーセントだが、ヨーロッパ諸国では九パーセント、自由市場国家では一二・六パーセントである。アメリカは一人あたりの国民総生産（GNP）ではトップだが、貧困比率でもトップで、平均的な家計所得の半分以下で生活する国民の割合が一七・一パーセントという高さになっている。

自由市場を支持する人びとは、これまでずっと福祉国家を批判してきたが、彼らの論旨は、多額の社会支出をまかなうために税金も高くなり、そのために雇用への熱意が下がり、貯蓄や投資への意欲も低くなって、その結果、経済の発展が妨げられるというものだった。だが、その主張には裏付けとなる証拠がない。意外なことに、社会福祉国家の雇用率（労働年齢人口に占める労働者の割合）は自由市場国家のそれより上回っているのだ。とはいえ、自由市場諸国では混合経済の国々より雇用率が高い。ここで大事なのは、社会福祉国家では労働力に占める女性の割合がきわめて高いことである。社会福祉制度によって託児所や学童保育が確保されているため、母親たちにも労働市場に参入する時間や手段が与えられるのだ。

社会福祉国家がきわめて高い雇用率を維持できているのには、ほかに二つの理由がある。一つは、労働年齢人口に対する社会的支援に、政府の事業関連での雇用の場を確保できるような特定の政策が含まれていること。もう一つは、最終的な手段として、政府そのものが大きな雇用主になりうることである。高齢者、未熟練労働者、身体に障害のある人びとにとって、公共部門は貴重な職場であり、なかでも地方自治体が運営する保育所、医療施設、身体障害者の支援といった公共部門の社会事業で働く人は多い。こうした政策があればこそ、社会福祉国家は政府事業をうまく活用し、雇用率を上げることに成功しているのだ。

資産や一人あたりの所得という点でも、社会福祉国家は、高い税金のせいで生活水準が低くなるという既成概念を打ち破っている。一人あたりのＧＮＰ（国民総生産）は、平均して、社会福祉国家のほうが自由主義国家よりも高く、混合経済はさらに低く三位に甘んじている。社会福祉国家の高い税負担が経済破綻の原因になっていないことはたしかである。さらに、平均所得だけでなく、それが国民のあいだでどのように配分されているかを見た場合も、社会福祉国家は所得が高いだけでなく、富の分布もきわめて平等である。社会福祉国家では、最も貧しい二〇パーセントの世帯が国民所得のおよそ九・六パーセントを得ているが、自由市場国家ではわずか七・三パーセントしか分配されていない。もっと具体的にいえば、各グループで最も貧しい二〇パーセントの世帯を見た場合、社会福祉国家では平均所得が年に二万四四六五ドルだが、自由市場国家ではわずか一万七五三三ドルなのである。

つまり、社会福祉国家では、高い所得、貧困率の低さ、自由市場社会よりも平等な所得配分を達成

表11.3　所得に占める技術指標と研究開発費　2006年

国家群	世界経済フォーラム技術指標での平均順位*	2003年の（国内総生産に占める）研究開発費
自由市場	16	1.8
混合経済	24	2.0
社会福祉国家	6	3.0

＊1が最上位。

出典：世界経済フォーラム（2006年）とOECDのデータ（2006年）。

しているのである。これは、高度な社会福祉国家を推奨する有力な証拠になるだろう。これらの国々は統治（ガバナンス）や経済面でも、いくつかのめざましい成功を収めている。腐敗率の低さや行政組織への国民からの信頼度の高さも抜きん出ている。国際的な競争力や世界経済フォーラムその他のランキングでも、高く評価されている。重い税負担にもかかわらず、国民の貯蓄率も高い。社会支出が多いのに、予算の均衡がとれているのは、高い公共支出を十分な税収で補えるからである。要するに、活力にあふれた、よく機能する民主主義を築き上げた結果、国民全員にきわめて高いレベルの社会福祉を確実に提供できるのである。

もう一つ、社会福祉国家について注目すべき事実は、技術面での躍進がきわだっていることだ。スウェーデンとフィンランドは、情報通信技術のハイテク部門で大きな成功を収め、とくにエリクソンとノキアが有名である。表11・3は、世界経済フォーラムにおける技術指標の順位だが、この評価は技術革新、研究開発、情報・通信技術の流通などを規準にしている。社会福祉国家はこの指標でも高い評価を受けている。研究開発や高等教育の分野には有力な投資家が存在し[152]、一人あたりの特許取得率もきわめて高い。

最後に指摘しておきたいのは、社会福祉への支出を増やすことは、

図 11.2　高所得国での国内社会支出と対外援助　2005 年

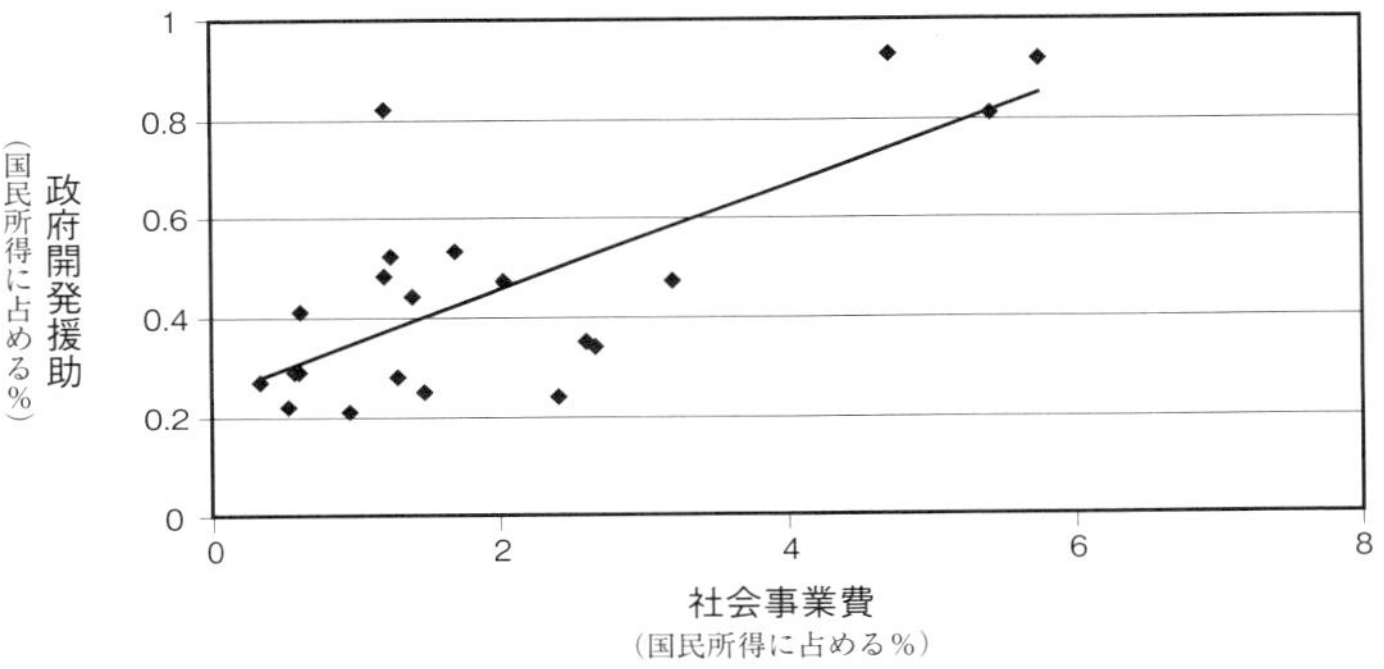

出典：経済協力開発機構（OECD）、開発援助委員会（2007 年）のデータから、医療分野以外の社会支出の項目を利用。

豊かな社会において不平等や不安感の解消につながるばかりか、人びとのあいだに自信や信頼感を育てるのにも役立ち、その結果、国際社会でもより寛大な態度がとれるようになるということである。そのような国家は、世界中の貧しい人や弱い人びとを、自国の国民と同じように扱うだろう。いまのアメリカは、社会保険という考え方をひたすら抑圧することで、恐怖と弱さの蔓延する社会を生み出している。そんな社会は国際貢献に乗り出そうとはしないだろう。アメリカの主流派は、国内で所得の格差が広がりつつあることに不安を募らせ、世界の貧困層を救うための援助など眼中にないというありさまだ。

図11・2は、国内の社会政策と国際援助政策の関係を示している。横軸は国民所得に占める社会支出の割合、縦軸は国民所得に占める開発援助の割合である。両者が正比例していることに注目してほしい。国内の社会支出がきわめて低い水準にあるアメリカのような国では、国際開発援助も低い水準にとどまっている。社会支出がきわめて高い水準にあるスウェーデンのよ

うな国では、国際援助も高い水準になっている。要するに、国家は自国内の貧困層と海外の貧困層を同じように取り扱うのである。社会支出を通じて十分な援助を与える（たとえばスウェーデンのように）か、さもなければ自分たちでなんとかしろといって貧困層を放置する（たとえばアメリカのように）かである。その意味で、社会福祉国家は、先進国のあいだでも、また富める国と貧しい国のあいだに健全な関係を築くうえでも、「開かれたグローバル化」のための重要な手がかりになるだろう。

社会福祉モデルは移転可能か、そして持続可能か

社会福祉国家をめざしたスカンジナビア諸国の取り組みには長い歴史があり、その起源は少なくとも第二次大戦後の政治状況までさかのぼれる。一九五〇年以来、ほとんどの年月、北欧諸国では社会民主党が政権の座についてきた。社会福祉国家では、国民総生産（ＧＮＰ）に占める社会支出の割合は、少なくとも四〇年間、どちらかといえば高い水準を維持してきた。その意味で、社会民主主義による社会福祉モデルは長い年月に耐えうることを証明したといえる。この章でも、高い社会支出をともなう社会福祉モデルが、長期的な政治経済の劣化に結びつかないことはすでに述べてきた。それどころか、社会福祉国家は各種の経済指標や統治指標において、他の国を上回る傾向がある。

それでも、別の場所に社会福祉モデルが移転できるかどうかは重要な問題となって残る。スカンジナビア諸国が社会福祉国家として成功できたのも、民族の同質性という大きなプラス要因があればこそだという点には疑問の余地がないだろう。アルバート・アレシナらによる一連のすぐれた記事によれば、社会支出の金額が最も高くなるのは、社会的および人種的な分裂が最も小さい地域であること

が多いという。これはアメリカ国内でも、また世界各国にもあてはまるだろう。たとえば、アフリカ系アメリカ人の人口が多い州に住む白人たちは、多額の社会支出には反対しがちだという。[153] アレシナらはこの点について次のように述べている。

人種の違いは、貧困層に対する考え方を決定するときに重要な役割を果たす。アメリカの最貧困層では、マイノリティーの数が圧倒的に多数を占めており、したがって、所得を規準にした再分配では、マイノリティーを中心に分配がなされることになる。再分配に反対する人びとは、左派の政策に異論を唱えるとき、往々にして、人種を理由にした言説をふるうのが常である。世界中のどんな国でも、人種の分裂は、再分配の行方を占う重要な材料となる。アメリカ国内でも、アメリカの福祉政策を支持するかどうかを決めるときに、人種が最も重要な要素になっている。アメリカの場合、人種間の関係が紛糾しているという事実こそ、福祉国家になれない大きな原因の一つである。[154]

最後にもう一つ、社会福祉モデルが一種の信頼感にもとづいている点に触れておこう。国民は一般に、自分たちとよく似た人びとを援助するプログラムに税金が使われていることを知れば、高い税率でも我慢する傾向があるようだ。社会福祉国家では、貧困層も他の層と同じような文化的・民族的背景をもっており、そのため、貧困層を援助するプログラムを政策として推進しやすいという事情がある。こうした社会福祉モデルから、福祉国家が成功するには、一般の国民が政府プログラムの受益者にどれだけ共感できるかが重要だということがわかる。社会および経済面での分裂が、人種や民族的な分裂と重なっていれば、共感を生むチャンスは低くなるだろう。これは大事なポイントである。人種差別の代償は高くつく。アメリカや、大多数のラテンアメリカ諸国では、人種や民族の多様性という特徴と分裂した不平等な社会が結びついている。それが福祉国家として成功できない理由の一つになっているのだ。このような人種的に分裂した社会で、貧困や不平等をなくす闘いに挑むときは、人種差別や狭量さとも闘わなければならない。

アメリカについての考察

この四半世紀のアメリカの政策に関して最も奇妙な事柄は、所得格差がますます広がり、貧困家庭の数が減らずに停滞し、刑務所の収監者の数が急上昇し、底辺層の暮らしが前よりもさらに困窮しているというのに、アメリカの政治が富裕層ばかりを優遇していることである。たとえば、大規模減税、貧困層への支出の削減、医療制度の受給者を広げるプログラムが存在しないことなどである。民主主義は国民の大半にとって利益にならず、大金持ちだけが甘い汁を吸っている。とはいえ、いまさら驚くことではないのかもしれない。所得格差の拡大は、それ以上に容赦なく国政に大金が浸透してきた経緯と歩みを一にしているからである。だが、これまで見てきた証拠は、アメリカにおける所得不平等の拡大が生産性の高い経済にともなう必然的な代償だという誤った認識をくつがえすものである。社会福祉国家では、生産性の高さを保つと同時に、経済面での公平さはアメリカよりずっとまさり、貧困ははるかに少ないのである。アメリカの大富豪が個人資産や莫大な消費力という恩恵を享受しているのはたしかだが、その他の国民にとっては、社会支出を倹約する政府の態度が喜ばしいものかどうかはわからない。

　アメリカの政策を論じた近年のすぐれた著作『二パーセントの解決法』で、マシュー・ミラーは、アメリカの貧困層のニーズを満たすための取り組みに大きな変更を加えても、それほど費用はかからないことを証明してみせた。社会福祉に重きをおいた戦略を大々的にくりひろげなくても、不平等という厳しい現実になんらかの処置を施すことはできる。それは、豊かな国が対外援助を増やすことで、世界の貧困国の状況を変えられるのと同じことなのだ。この本のタイトルも、アメリカの国民所得の二パーセントを社会支出に回せば、アメリカ社会の深刻な不平等になんらかの手が打てるということから来ている。とくに、誰もが受けられる医療サービスを拡充し（これには国民所得の一パーセント弱を追加するだけで足りる）、貧困層や労働者階級の子供たちが通う公立学校の内容を改善することは十分に可能なのだ。ジョージ・W・ブッシュ大統領が実施した減税は富裕層にとって圧倒的に有利なものだったが、その規模が年間国民所得のおよそ二パーセントに等しいことも忘れてはいけない。イラク戦争にかかった費用は、[155] 一年につき直接的な支出として国民所得のおよそ一パーセントを占めている。したがって、減税を中止し、イラク戦争を終わらせれば、国内の貧困対策により多くの資金が回せる。たとえば、公共医療の拡充と公立学校の改善がそれだけで達成できる。しかも、世界の貧困をなくすための支出も公約どおりＧＮＰの〇・七パーセントまで増やせるはずだ。

　最近出版された説得力のあるもう一冊の本、ジェーコブ・ハッカーの『リスクの大転換』は、今日のアメリカには最低限の社会保険制度さえ存在しないばかりか、過去四〇年間、なんとか維持されてきたわずかばかりの制度も解体されかけていると断じた（社会保険に最も力が注がれたのは、リンドン・ジョンソンが貧困対策に乗り出した一九六〇年代半ばだった）。さらに、アメリカでは貧困層ばかりか、中流階級さえ大きなリスクに直面しつつあり、中流階級のかなりの比率が貧困に陥るおそれがあるといっている。また、社会保険に反対して右派が激しい攻撃を浴びせた結果、医療、雇用保障、育児支援、住宅手当、退職後の年金といった社会福祉に関連する領域が自動的に狭められてきた経緯を生き生きと、また説得力のある筆致で描きだしている。近年、アメリカの政策を支配しているように見える狭い意味での自助努力の勧めや、市場重視の解決法についても、その誤りを一つ残らず指摘している。

わが国の社会保障の枠組は、圧倒的に高齢者が中心となっている。ところが、若年成人や子供のいる家族はきわめて大きな経済的重圧にさらされている。社会保障はあいかわらず短期離職に重点を置いているが、実際には、長期におよぶ失業、解雇、技能の衰退のほうが深刻化している。家族を支える役目は、家庭に親の存在が必要になったときに簡単に職を離れられる二次的な稼ぎ手——ふつうは女性——が引き受ければよいという時代遅れの考え方さえ、ところどころに見られる。結局のところ、公共プログラムが取りこぼした隙間は、職業を基盤にした民間の保険で埋めればよいという考え方が根底にあるのだが、そんなことは不可能だという現実が日々明らかになっている。[156]

アメリカおよびその他の国々の社会保険について、五つの結論をまとめておく。

・アメリカは、継続する高い貧困率を、活発な市場経済につきものの代償として受け入れる必要はない。社会保険と生産性の高い市場経済は同時に達成できるのだから。
・アメリカは、国内の貧困層か、世界の貧困層か、という選択に悩まされる必要はない。その両者は同時に救済できる。しかも、コストはそれほどかからず、確実な財源のあてもある。
・アメリカは、社会福祉国家の成功から、社会の調和を高め、公共組織への信頼感を育むことを学ぶべきである。
・アメリカの社会保険制度は、見た目よりもずっと壊滅的だが、その原因は、アメリカの家庭が収入の不安定さに悩まされ、さまざまなリスクに直面していることである。
・方針の大きな修正にかかるコストは、アメリカの国民所得にくらべたらわずかである。

これらの教訓は、もちろんアメリカだけでなく、他の高所得国にもあてはまり、高所得国への発展の途上にある中所得国にとっても役立つだろう。アメリカに重点をおいたのは、世界の高所得国のなかでは珍しく、明らかな証拠に目をつぶってまで、社会保険への激しい攻撃を何十年も続け、悪いほうへ、悪いほうへと進んでいるからである。

第五部　地球規模の問題解決

12　外交政策を再考する

二一世紀に入ったいま、すべての国が外交政策を考え直すべきである。だが、環境、人口、世界の貧困といったグローバルな課題に正面から向き合おうとする国はいまだにない。正しい決定を下すのに必須の複雑な科学情報を扱うのにふさわしい部署を設けた政府もまだない。この章では、とくにアメリカの外交政策をとりあげる。というのも、今日の世界でアメリカがおかれている立場と、本来ならグローバルな問題の解決に取り組んでいるはずのアメリカの立場とのあいだには途方もない隔たりがあるからだ。これらの問題を解決することは、アメリカ国内の安全にとっても、またもっと広い世界にとっても、得るところが大きい。アメリカは、外交政策に関して間違った道を行き、自国と世界を危険にさらしている。教訓は一つの国だけでなく、外の世界にも通用する。すべての国が以下に述べる路線にしたがって、国際戦略を見直すべきである。

ジョージ・W・ブッシュ政権の外交政策は、とりわけ誤った方向へ進んでいたが、欠陥はブッシュ政権に限ったことではない。アメリカの政治指導者たちは、冷戦後の世界とこの過密化した地球が直面する真の課題について、まったく見通しをもっていない。冷戦終了後のアメリカはリーダーの座から滑りおち、世界の貧困、環境や気候変動への対策、エネルギー政策、世界の人口変動といった問題に手をこまねいている。エイズがアフリカで大流行したとき、クリントン政権は援助したが、ブッシュ政権の行動は、あまりにもわずかで、しかも遅きに失し、イデオロギーに縛られすぎていた。中東におけるアメリカの外交政策は失敗をくりかえし、アメリカと世界を危機に陥れた。外交の不手際から始まったイラク戦争は、コストの浪費、人類の悲劇、人材の無駄遣いという点でベトナム戦争に匹敵する。

民主党も共和党もそろって、アメリカを世界の巨人、たぐいまれな強国、現代のローマ帝国、二一世紀の覇者、唯一の超大国だと自負している。こうした見方は当たり前のこととして、議論にさえならない。アメリカ人はイラク戦争の行方について激論を交わしているが、なぜ泥沼に足を踏み入れたのかについては深く分析していない。アナリストたちは、イラクでのしくじりを、不十分な軍備、開戦前の計画不足、アメリカの請負業者からの過剰な賄賂など、戦術の失敗にあったと分析しているが、アメリカが直面する本当の危険についてはまるで理解していない。私たちの問題点は、アメリカ政府が世界で形を成しつつある新たな現実を受け入れず、やみくもに突っ走ってきたことである。アメリカの政策決定の本質を検証してみれば、それも驚くにあたらない。政府が海外からの重要なデータを受け入れ、正しく処理する能力をもたないだけの話である。

アメリカの安全保障を脅かす五つの点について説明しよう。その一、軍事面への投資が多すぎる。外交政策上の大きな課題は、政治、経済、環境に関するものであり、軍事力では解決できない。その二、世界の安定を促す手段としての対外援助の力を見過ごし、さらに悪いことに、侮ってさえいる。その三、アメリカの力を強調する国内の報道を信じこんで、今日の世界でアメリカにはそれほどの力がないことを認めようとしない。その四、敵対する人びとを侮蔑し、対話や交渉を拒否している。交渉を妥協だと決めつけ、そうではない証拠がたくさんあるのに、態度を改めようとしない。その五、政府の構造がまずいため、うまく機能しない。アンテナなしで、危なっかしい綱渡りをしているようなものだ。

アメリカ政府の外交戦略と組織を根本的に立て直さなければならない。軍事力だけでは、国家の確実な安全保障を手に入れることはできない。それよりも国際協力や国際親善のほうが重要だし、破綻寸前の脆弱な国家を安定させることが何よりも大事だ。開発援助を利用して、世界の安全を促進しなければいけない。最後に、政府を建て直すことが必要である。有能な政府があってこそ、極度の貧困、破綻国家、環境への脅威といった、世界平和を妨げる大きな障害に知恵と力をふりしぼって取り組むことができるのだ。

軍事力の限界

図12・1のグラフは驚くべき事実を示している。アメリカの二〇〇六年の軍事支出は、「世界のその他の国々すべて」の軍事支出の合計にほぼ等しいのだ。現在、二〇〇七～〇八年度の予算が大幅に増えた結果、アメリカの軍事支出は、世界中の国の軍事費を足した総額を上回っているだろう。アメリカの人口は世界人口のわずか五パーセントだから、一人あたりの軍事支出は世界平均のおよそ二〇倍になる。

アメリカの安全保障政策の特徴は、防衛、外交、開発を三つの柱にしていることだが、政策の本質

図 12.1　主要国における軍事支出（2006 年）

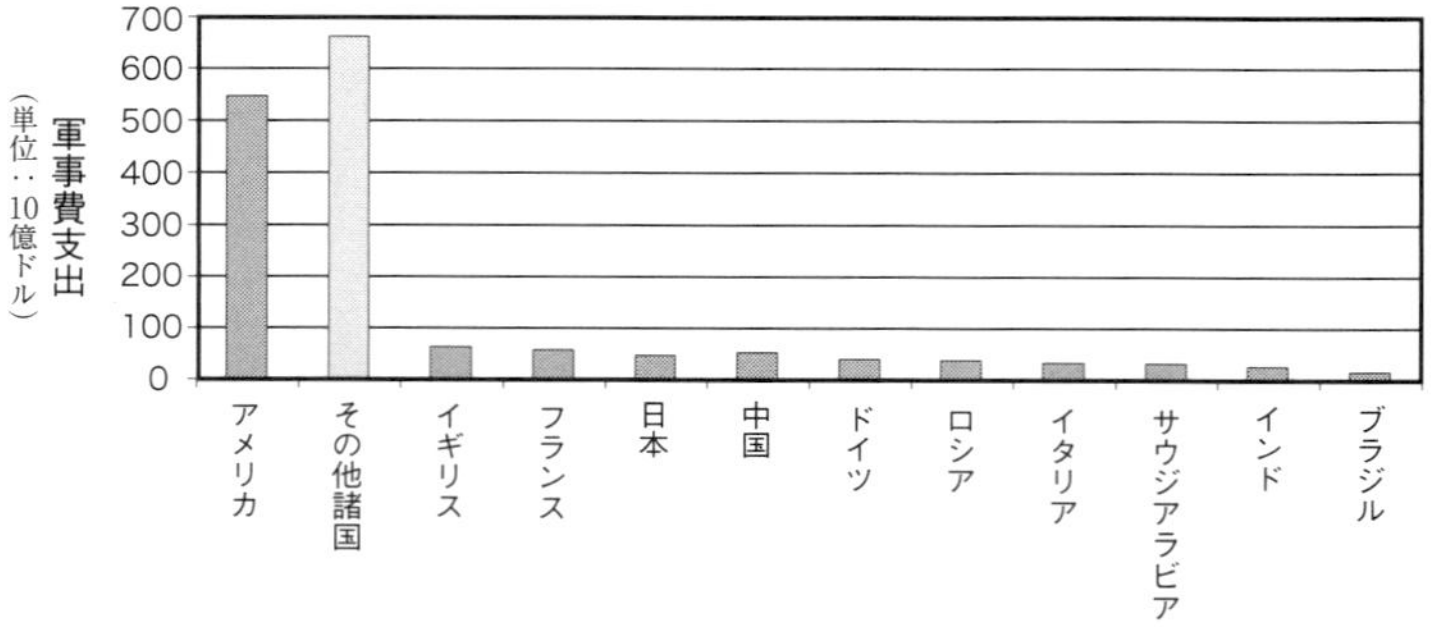

出典：ストックホルム国際平和研究所のデータ（2007 年）。

を理解するには、金の流れを見るとよい。図12・2でわかるとおり、アメリカの二〇〇七年度予算は、およそ五七二〇億ドルを軍事費に、一一〇億ドルを国際安全保障（イラクやアフガニスタンなどへの安全保障援助）に、一四〇億ドルを開発と人道支援に、一一〇億ドルを外交機能（国務省、大使館など）に支出している。このグラフには、国家安全に対する投資のかたよりが驚くほどはっきりとあらわれている。

　こうした配分は国家安全保障に対する「投資の選択」と見なせるが、驚くほど、そして危険なほどアンバランスだ。一例をあげよう。アフリカにおける大きな開発課題の一つは疫病対策で、マラリア対策はとくに優先すべきものである。マラリアは多いときで年に一〇億件も発症しており、一〇〇万から三〇〇万の人びとが死んでいる。この病気のせいでアフリカの経済発展は妨げられている。ブッシュ政権もこれを優先課題とした。では、資金の流れを追ってみよう。

　アフリカのマラリア感染地域には人の眠る部屋が三億もある。これらの寝室を、効果が長続きする殺虫剤処理済みの蚊帳で守らなければならない。最近の技術進歩のおかげで抗マラリア効果は五年に伸びており、価格は一張り五ドル、一家

図 12.2　アメリカの軍事費および海外における支出（2007 年）

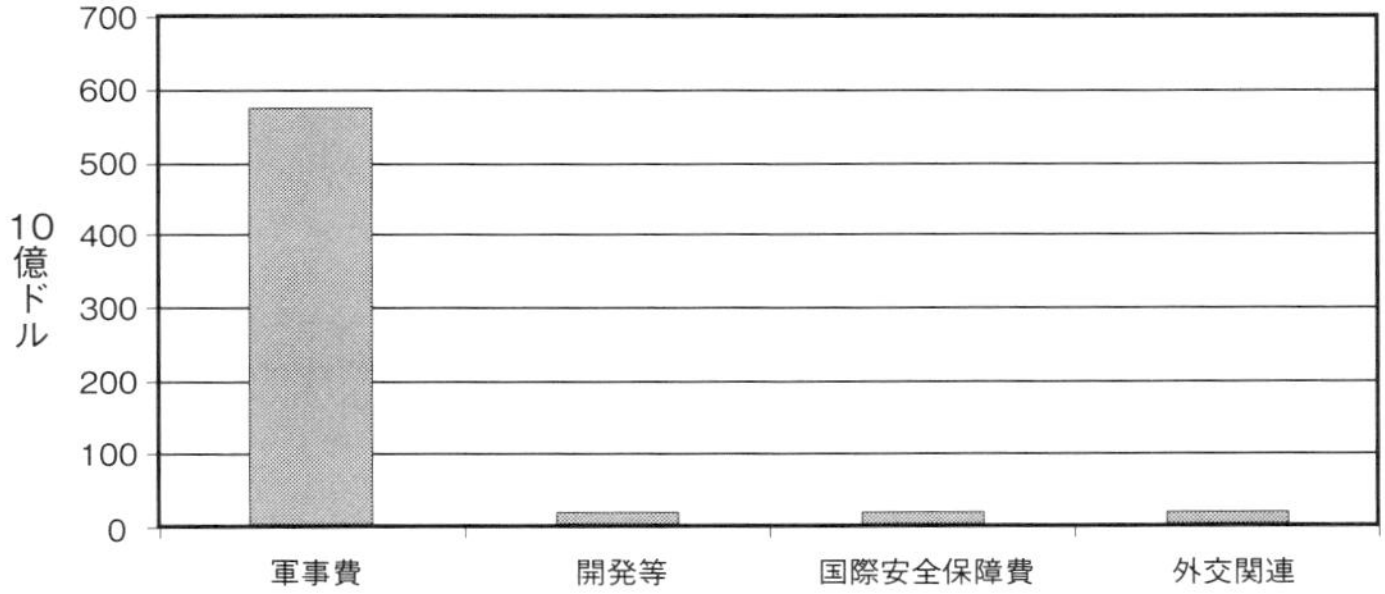

出典：ホワイトハウス行政管理予算局のデータ（2007 年）。

五人を保護するには平均して三張り必要だ（一家五人が住む家には平均して三つの寝室があり、それぞれに蚊帳を吊る必要がある）。結果として、一年につき一人あたり六〇セントの費用がかかる。一つ五ドルという安い値段でも、貧困にあえぐ数億の人びとには手が届かない。アフリカのすべての寝室に五年間使える蚊帳を配布するための総費用は、一五億ドル（三億×五ドル）である。それでも、この額はブッシュ政権下の国務省が一日に使う経費よりも少ない（二〇〇七年度の国務省予算は五七二〇億ドルで、一日あたり一六億ドルになる）。この驚くべき事実をよく考えるべきである。国務省が一日に消費する金で、アフリカのすべての寝室に五年分の抗マラリアの蚊帳を提供するのに十分な費用がまかなえる。

　アフリカのサハラ以南の全域に総合的なマラリア抑制プログラムを実施すること、具体的には、蚊帳と薬品の配布、地域の保健士の育成と診断器具の供与、室内用の殺虫剤散布などに必要な費用は一年でおよそ三〇億ドルと推計されるが、これは国務省の二日分の経費より少ない。ブッシュ大統領が出すと決めたのは、必要経費の総額の一〇パーセントにも足りない額、つまり年に二億四〇〇〇万ドル程度である。その

図 12.3　アメリカ国防省支出とマラリア撲滅に必要な額

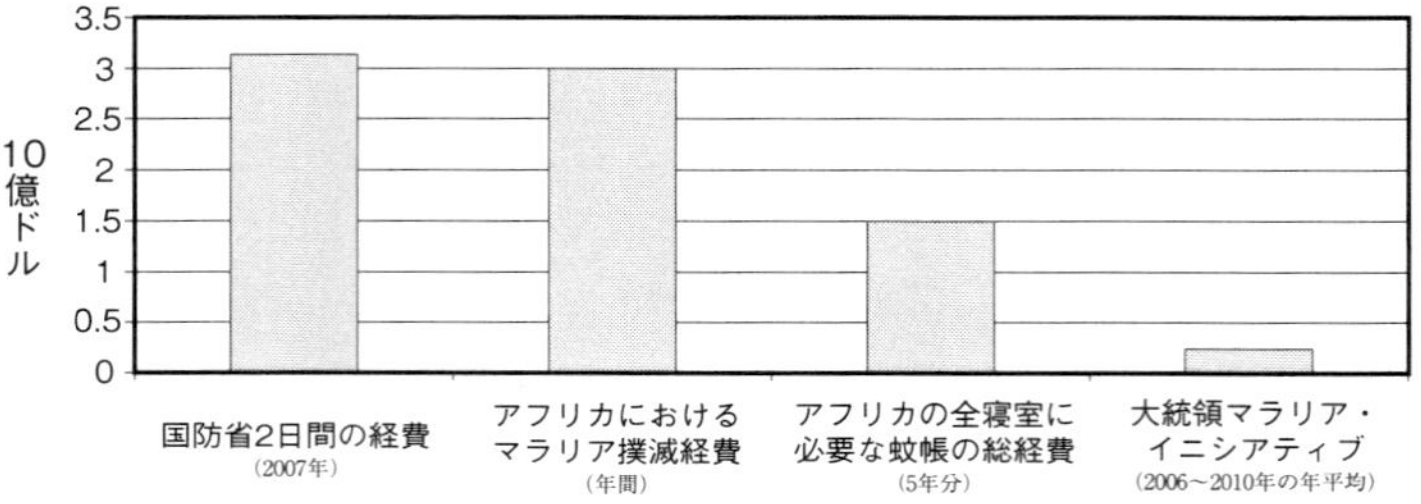

出典：ホワイトハウス行政管理予算局（2007 年）、Teklehaimanot, McCord, and Sachs (2007)。

明細は図12・3に示した。

この予算を決めたのは、これ以上はとても無理だという苦渋の選択からではない。国際赤十字とその協賛者（ユニセフ、アメリカ疾病管理予防センター、各国政府、その他、非政府組織を含む）は、ごく短期間のうちに、ごく辺鄙な最も貧しい地域も含めて、驚くほど広い範囲に蚊帳を配布できるという実例を示してみせた。とはいえ、国際赤十字が先導して実績が証明されたこの全国的なキャンペーンでさえ、蚊帳など必要な品物を買うための資金集めには苦労しているにちがいない。運動の規模を拡大するのに、妨げとなっているのは資金である。物資輸送の問題点、政治的な対立、受け入れ側の不備など、さまざまな言い訳がなされるが、じつは金の問題なのだ。

もちろん、アメリカの安全保障にとって軍事費が突出するのは当然だという議論も成り立つ。なにしろアメリカはテロとの戦いのさなかにある——と、ブッシュ大統領はいう——のだし、戦争には金がかかるものだ。困るのは、二一世紀に真の安全保障を得るにはどうすべきかを、まったく理解していないことだ。いま重要なのは、昔ながらの軍隊に勝つことではなく、不安の根本原因を取り除くことだ。この基準からすれば、国務省の支出は見当違いである。アメリカが費やしている金は、失望と憤りを導くだけで、国内や世界の安全保障には役に立っていないのだ。

アイデンティティをめぐる戦争

イギリスの有名な軍人で政治家のサー・ルパート・スミス将軍は、近年の著作『軍事力の役割』[157]でこう指摘している。二一世紀に安全保障上の深刻な危機に直面したとき、従来の軍事力は無効になるかもしれない。実際、過去五〇年の戦争ではそれが何度も証明されてきたというのだ。スミスによれば、現代人の戦争観はいまだにナポレオン戦争、第一次世界大戦、第二次世界大戦を引きずって、大軍同士の「産業力の衝突」という見方に縛られているという。ところが、この数十年ほど、国家は従来とはまったく別種の安全保障問題に直面しており、今後もそんな状態が続くはずである。スミスはこれを「人間同士の戦争」と呼んでいる。戦争は「もはや軍事力によって決せられる一大イベントではなく、その結果として明確な政治的結論を引き出せるものでもない」というのだ。戦場での勝利だけでなく、政治的に優位に立ち、世論を味方につけることが同じくらい大事なのだ。戦いには終わりがない。国同士の争いではないことさえある。そんな状況では、米軍のもつ巨大な産業力もあっさりと無用の長物になりかねない。

表12・1を見れば、ここ数十年間にアメリカが関与した戦争がすべて発展途上国で起きており、政治に悲惨な影響をおよぼしたことがわかる。アメリカは、ベトナム、レバノン、ソマリア、イラクでの戦争に負け、アフガニスタンでも敗色が濃厚である。このすべては、アメリカが軍事力で優位に立

表12.1　1959年以降のアメリカによるおもな軍事行動

対象国	軍事行動を実施した年	軍事的、政治的結果
ベトナム	1959〜1975年	アメリカ軍の敗北、撤退
カンボジア	1970年	一時的に侵攻、その後クメール・ルージュによる大虐殺発生
イラクおよびクウェート	1991年	イラクをクウェートから撤退させることには成功したが、サダム・フセインは政権を維持した
レバノン	1992年	自爆攻撃事件の後、アメリカ軍は撤退
ソマリア	1992年	ブラックホーク多用途輸送ヘリコプターが撃墜された後、アメリカ軍は撤退
アフガニスタン	2001年	内戦と反政府勢力による暴動が続く。政権不安とヘロイン取引が増加
イラク	2003年	内戦と反政府勢力による暴動が続く。政治的解決策はみあたらない

出典：複数を参照。

ちながら、政治的な目標は達成できなかったという例だ。ただし、アメリカだけが何度も敗北を喫したわけではない。第二次世界大戦後にヨーロッパの諸帝国が植民地から撤退したのは、軍事的に敗北したせいではなく、軍隊だけでは植民地の支配や正当性という政治的な目標を持続できなかったからにほかならない。

肝心なのは、根源的な政治問題である。第二次世界大戦が終結したあと、数十年ないし数百年間の植民地支配が終わると、途上国ではナショナリズムや民族自決を求める声が高まり、抑えがたくなった。人間の尊厳を守るには外国の支配から脱しなければいけないという考えは、いまでは最も強い政治的信念になっている。こうした考えがしっかりと根づいたのは、識字率の向上、情報量の増加、多少の経済発展のおかげである。それでも、アメリカは自由の尊重を基本理念として掲げながら、かつて自らがとった反植民地主義な態度を軽んじ、現代史の自明の事実から目を背けている。こうして、アメリカはフランスの代理となって、独立を求めるベトナム人と戦った。そして、ベトナムが国の自由をかちとるために戦っているのだという事実をついに理解しなかった。イラン、イラク、サウジアラビアなど、中東の産油国では、イギリスに代わってアメリカが外国の仲介勢力のリーダーになったが、中東諸国の政策に干渉しようとするたび、反植民地主義の強力な抵抗に遭うことが、どうしても理解できなかった。

ブッシュ大統領は、アメリカがイラクを解放したと考えているが、イラク人からすれば今度はアメリカに占領されたとしか思えない。事実、アメリカはイラクのかつての宗主国であるイギリスの同盟国なのだ。さらに、アメリカが理解しようとしないのは、アラブが植民地主義の押しつけとしてイスラエルを忌避する態度の根底に何があるのか、ということである。紛争の当事者双方にとっては、妥協が唯一の建設的な方途であるにもかかわらず、アラブの側は固有のナショナリズムや反植民地主義を捨てようとしない。こうした理由から、イラク戦争のような力ずくの賭けは失敗せざるをえない。開戦に傾きつつあった二〇〇三年、私はできるかぎりこのことを訴えようとした。

「アフガニスタン、レバノン、ソマリア以上に」悪化した状況のもとで、アメリカは泥沼化したイラクの悲惨な内輪もめに足を踏み入れようとしている。イラクでは、何万人にもおよぶ怒れる若者たちがなんとしても占領国を排除しようとするだろう。わが軍のスマート爆弾は、地上一万メートルの上空ならともかく、地上ではそれほど役に立たない。[158]

最初からイラクに軍隊を送るべきではなかったのだ。必要なのは外交力であり、戦争ではない。

暴力を煽るもの

たしかに、伝統的な軍隊から身を守るための強力な軍隊がアメリカには必要だ。とはいえ、一九六〇年以降、アメリカ軍が関与した事件は、ほとんどが開発途上国で起きており、それらの国々は近年、破綻に追い込まれている。図12・4のグラフを見れば、二〇世紀後半には内紛が急増している一方で、国家間の紛争はきわめてまれだということがわかる。

開発の遅れと国家の破綻は明らかに関連がある。あまりにも貧しくて医療サービスのような基本的ニーズを国民に提供できなかったり、肥料や灌漑の助けがなければ農業ができないほど自然環境に恵まれていなかったりする国家は、ほんのわずかな変化でも、社会を追い込み、絶望の淵に落としかねない。5章で述べたように、ぎりぎりの瀬戸際で生き延びている社会では、大雨のようなごく単純な出来事から、内戦が勃発するかもしれないのだ。8章では、若年層の突出について論じたが、人口に占める割合として、争いを仲裁しようとする大人よりも煽動されやすい若者のほうが多くなり、その結果、小さないざこざが内戦へと発展しやすい。経済活動が停滞し、そのほかに収入を得る道がないような場合、若者は武装集団に加わって、暴力的な手段に出ることさえある。同じような流れで、コリン・カール[159]は最近の著作のなかで、人口または環境面でのストレス――人口の急増、環境悪化、再生可能な資源の不公平な分配など――によって急激な国家破綻が生じたり、利益を追求する一部のエリートが暴力を煽動したりするようすを描いている。とりわけ、民族、宗教、階級などによって分断

図 12.4　内戦および国家間紛争の年間勃発数（1946–2001 年）

内戦は国家間紛争の数を大きく上回っている。1950 年代以降、国家間紛争は増加も減少もしていないが、内戦は倍以上に増加し、1990 年代初めに最多となった。

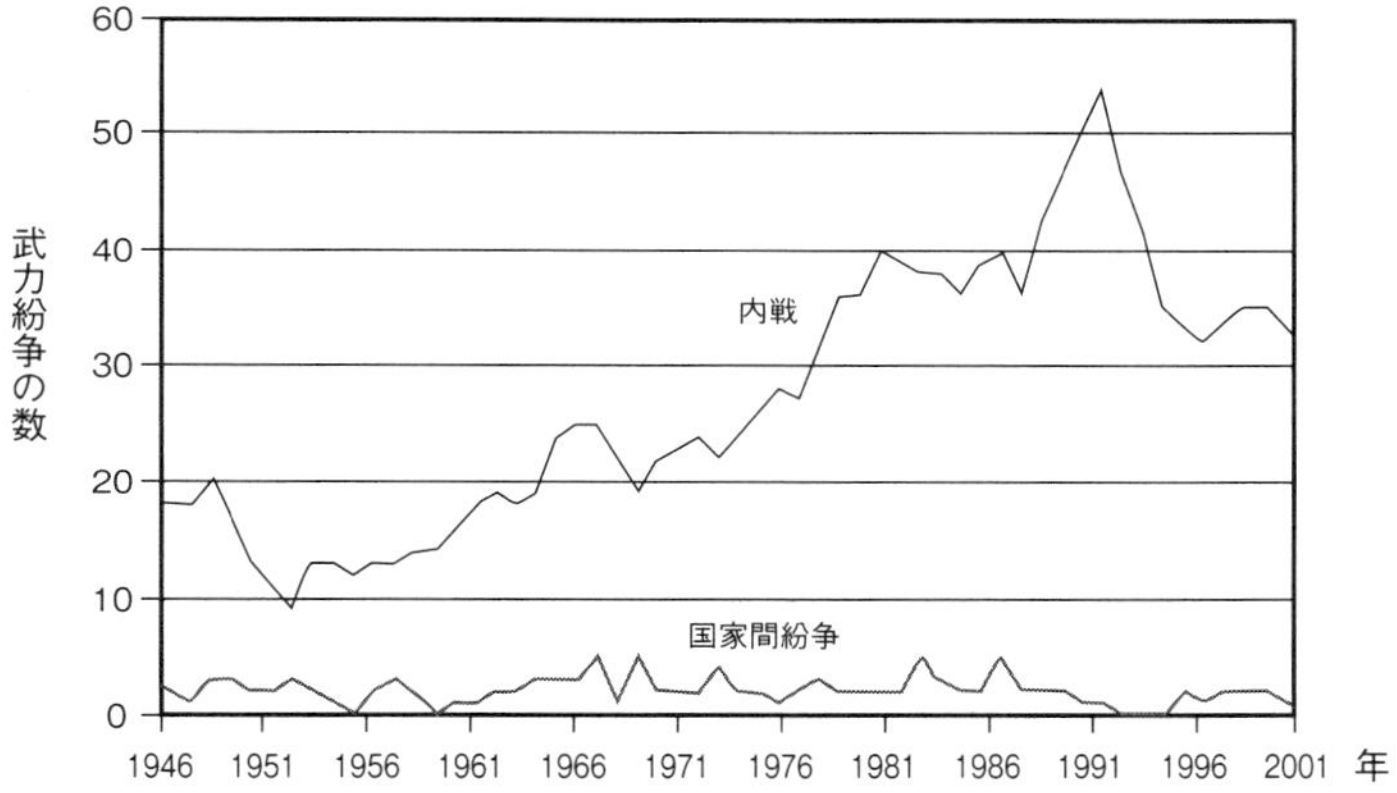

出典：国連国際人口行動研究所のデータ (2003 年)。

されている社会や、国民の大半が政府にほとんど影響力をもちえない社会では、人口または環境ストレスのために国家の破綻を招きやすいという。

破綻国家が抱える問題の核は、貧困、若年層の突出、急速な都市化などであり、これらすべてを解決する方法は持続可能な開発しかない。先進国の軍隊はたしかに強力だろうが、これらの問題を軍事力で解決することはできない。他の方法、たとえば適切な目標を設定した海外援助によって、開発を促し、環境の保全をはかるといったやり方のほうが、はるかに効果的である。そうすれば、人びとは絶望から脱け出し、経済活動が促進され、紛争のたねもなくなって、アメリカ軍の干渉を免れるだろう。

海外援助とアメリカの安全保障

今日、アメリカの政治家が海外援助について考えるとき――考えることがあるとすれば、の話だが――ほとんどは、ごく初歩的な観点からしか事態を見ようとしない。だが、かつてのアメリカには輝かしい伝統があった。第二次世界大戦後の黎明期に、ジョージ・C・マーシャル将軍は、戦後の世界でアメリカが主導的な立場をかちえるには、ヨーロッパへの支援が必須だと考えたのである。マーシャルの有名な言葉を引用しよう。

当然ながら、アメリカは世界経済をかつての健全な状態に回復させるために、できるかぎりのことをしなければならない。健全な経済なくしては、政治的安定も確固たる平和もありえないからだ。われわれの政策は、特定の国家や主義にではなく、飢餓、貧困、絶望、混乱に向けられている。その目的は、自由な制度を確立できる政治および社会的な諸条件が整うよう、世界に活発な経済を復活させることである。こうした援助は、さまざまな危機が起こるたびに断片的になされるものであってはならない(160)。

トルーマンによるギリシャとトルコへの援助、アイゼンハウアーによる台湾と韓国への援助、ケネディが創設した平和部隊、ジョンソンが実行したインドの緑の革命への援助は、この指針が生きていることの証拠である。経済の復興と開発のために援助を活用し、それによって関係諸国が長期的な安定と友好関係を築きあげる。今日のイラク支援やイスラエルとエジプトに対する継続中の資金供与とは違って、黄金期の援助は同盟国へのたんなる報奨ではなく、開発を後押しする有効な手段と見なされていた。貧困が暴力や社会不穏の原因になることは疑いの余地がない。だからこそ、開発を助けるという援助の最終目標について、まじめに考慮すべきなのである。

今日でさえ、アメリカの安全保障政策は、援助が海外の安定に役立つこと、そして結果として、アメリカの安全保障にも貢献することを公式に認めている。二〇〇六年度の国家安全保障戦略は、次のように述べている。

効果的な経済開発とは、恒久的な依存ではなく、責任ある独立国としての自立を促すことであり、わが国の国家安全保障にとっても利益が大きい。脆弱で貧しい国家や統治不在の地域は、その国民にとって脅威となり、地域経済を束縛するだけでなく、テロリスト、独裁者、国際犯罪の温床になりやすい。われわれは脅威にさらされた国家を支え、危機にあたっては救いの手をさしのべ、開発途上国に対しては能力の向上を支援して、進展を促すよう努力する。(161)

それなのに、アメリカはそんな支援を実行していない。貧しい国々が貧困から脱するのを支援すると何度も約束したのに、実現には至らず、わずかばかりの例外的なプロジェクトが実施されただけである。二〇〇二年、ブッシュ大統領が出席した国際会議で採択されたモンテレー合意で、アメリカは「ＧＮＰ（国民総生産）の〇・七パーセントを途上国向けのＯＤＡ（政府開発援助）に出資するという国際目標の達成に向けて努力する」と表明した。だが、のちにアメリカ政府の高官たちはその目標を拒否し、それに向けた努力をしなかった。アメリカの言い分は、必ずしも数値目標に縛られる必要はないというのだ。会議で採択された合意も、欧州連合が実現に向けて定めた目標期限も、完全に無視である。

海外援助をひどく軽んじるアメリカの態度は、二〇〇五年の国連世界首脳会議の準備中に露わにされた。アメリカの国連大使ジョン・ボルトンは、貧困との戦いにおいて核心ともいうべきミレニアム開発目標そのものをサミットの成果から消し去ろうとしたのだ。威信の失墜という多大な犠牲も省みず、アメリカ政府は、世界共通の目標を反故にするという暴挙に出た。とたんに、ほぼすべての国連加盟国から、アメリカの提案に反対する激しい非難の嵐が巻き起こった。猛烈な抗議を受けて提案は撤回されたが、アメリカの受けたダメージは大きかった。アメリカ政府は醜い一面をさらけ出した。いまにもイラクとの戦争に乗り出そうとしているのに、世界で最も貧しい人びとや死につつある人びとを救うために、最低限の約束さえ果たせないというのである。皮肉なことに、サミット初日の二〇〇五年九月一三日、ブッシュ大統領はミレニアム開発目標に賛同する（「われわれはミレニアム開発目標を守る」）と宣言しただけでなく、ハリケーン・カトリーナの被害に対して一一五以上の国と十数の国際組織から送られた援助に感謝の意を表した。

ブッシュ大統領は最貧国向けの支援を活性化させたとして賞賛されることもたまにあるが、そのほとんどは、ごく少額の援助から始まったものであり、大国であるアメリカの支援努力にふさわしい規模ではない。大統領は十分な資金をもつ開発計画――大統領エイズ救済緊急計画――を始動させたが、その取り組みさえも、右派のイデオロギーの介入によって挫折した。彼らは、ＨＩＶウイルス感染予防のためのコンドームの使用に同意せず、非科学的で効果のない禁欲を説く一方だったのだ。大統領はそのほかにも、ミレニアム・チャレンジ・アカウントと大統領マラリア・イニシアティブという二つの計画を立ち上げたが、どちらも十分な資金が集められなかった。それ以外の援助についていえば、大統領はイラク戦争の費用にまわすため、アフリカ向けの支援プログラムを削減したというのが実情である。また、すでに述べたように、右派の支持者から何度もせっつかれたあげく、ブッシュ政権は家族計画への海外援助さえ骨抜きにした。

アメリカにとって真に必要な安全保障

アメリカにとって、外国の軍隊による武力侵攻の脅威は存在しない。少なくとも現在、近代戦争の時代は終わっている。今日の脅威は、もっと複雑で、軍事力では解決できないものである。その一、核拡散という大きな危険がつねに目の前にある。その危機をもたらすのは政府のこともあり、または国際世界から仲間はずれにされた国から武器を入手しようとする「ならず者」一味のこともある。その二、アメリカばかりか世界の国々を危機にさらす地球環境の悪化は大きな脅威である。その三、ソマリアやアフガニスタンなど、破綻国家という脅威もある。破綻国家は国境の外まで紛争を広げ、病気や難民を生み出し、テロの温床になる。

こうした問題は、どれも単独では解決できない。すべては長い年月にわたって、緊密な協力ネットワークを日々積み重ねることでしか解決は得られない。安全保障とは、共同の努力を通じて日常的に達成すべきものであり、決然たる戦闘や体制変革によって勝ち取るものではない。それでも、協力には信頼が欠かせず、信頼を築くには、当事者同士がたがいの求めるものを理解しあい、支えあわなけ

図12.5　アメリカの影響力に関する世論

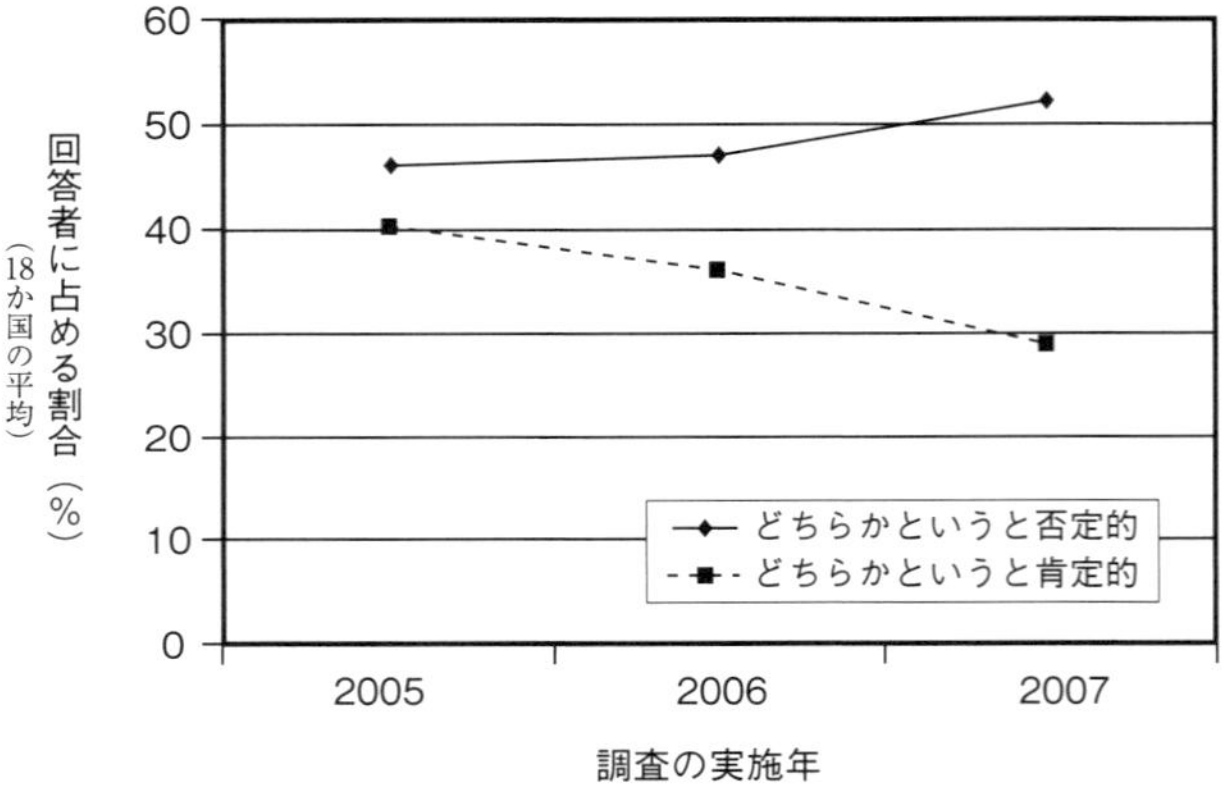

出典：BBC-PIPA- GlobeScan の調査データ (2007)。

ればならない。近年、アメリカはこうした態度を捨て、国連の諸条約（京都議定書など）を放棄し、国連安全保障理事会の反対を押しきってイラク戦争に乗り出し、拷問に反対するジュネーブ条約などの基本原則から外れ、国際刑事裁判所の権限を無視している。

その結果は一目瞭然であり、また愕然とさせられる。世界共通の難問に取り組むための協力体制を作るどころか、いまやアメリカの評判は地に落ちたも同然だ。アメリカは地球にとって希望ではなく最大の脅威だと、世界中の人びとに思われている。世界のほとんどの国が、アメリカを信頼できるパートナーとは思っていない。図12・5のとおり、最近のBBC国際世論調査[162]によれば、アメリカの評判は惨憺たるものである。

合計一八か国の一万八〇〇〇人にのぼる回答者のうち、半数以上がアメリカに「やや悪い」印象をもっており、二〇〇五年の四六パーセントよりも増えている。もっと目につく変化は、「やや良い」という回答の割合が二〇〇五年の四〇パーセントから、二〇〇七年には二九パーセントにまで低下したことだ。意外な結果ではないが、七三パーセントという圧倒的多数がアメリカの対イラク戦争に反対している。これまでアメリカと友好関係にあった国々でも支持率が下がっている。たとえば、ドイツでは、アメリカにやや良い印象をもつと答えた人がわずか一六パーセントで、前年の二一パーセントからの下落は驚くばかりだ。イギリスでは、五七パーセントがアメリカの行動をやや悪いと答えている。昔からアメリカに肩入れしがちなポーランドでも、二〇〇六年には肯定的な答えが六二パーセントを占めたのに、二〇〇七年には三八パーセントまで下がってしまった。エジプトでは、肯定的な答えが二一パーセントから一一パーセントに減った。こんな状況では、相互の協力関係を築く長期的な戦略など、とても無理である。外国の政府が、アメリカが唱導する外交政策をあからさまに支持すると、国内政治において猛烈な反発を招くことになる。たとえば米軍基地の拡大、領空通過権、あるいはアメリカ主導の軍事行動に参加するときなどは、とくに異論を呼びやすい。

協力関係の基盤となるのは助け合いの精神である。あなたが力を貸してくれるなら、私も力を貸す。だが、アメリカの態度は違う。「味方か、敵か」と、ブッシュ大統領は相手の事情など顧みずにそう詰め寄った。アメリカはテロとの戦いに加わるよう要求している。その一方で、貧困、病気、気候変動といった世界共通の闘いに協力の手を差し伸べようとはしない。右派は、アメリカの主権を脅かすといって、たえず国連に非難を浴びせている。自分たちの目的は自分たちだけで果たせるとでもいうのだろうか。そんな態度はいまや自滅につながるだけである。

個々の指針

アメリカは二一世紀に向けて、安全保障政策を実効のあるものへと変革するため、以下の六つの課題に取り組むべきである。

・他の国々と協力関係を築き、国際法を遵守する。
・「持続可能な国際開発省」を設立する。
・軍事費を世界の持続可能な開発のための予算に振りかえる。
・人口問題と環境問題に取り組む。
・核拡散防止の取り組みに活力をふきこむ。
・中東を理解し、適切な対応をする。

他の国々と協力関係を築き、国際法を遵守する

ネオコン（新保守主義）の過ちは、アメリカの力を読みまちがえたことだ。すべてを手に入れられるのに、なぜ協力など必要なのか？　だが、そんな思い上がりは的外れだ。四年の歳月をかけ、五〇〇〇億ドルを費やしても、イラクの安全は達成されず、何万人もの死者を出した。核拡散、テロ、気候変動、鳥インフルエンザなどの疫病といった世界的な脅威という話になれば、独善的な態度はさらにばかげている。もともと、この種の難題を解決するには、息の合ったきめのこまかい協力体制が必

要となる。そのような協力体制はすでに国際条約や世界規模の規制といった形で確立されている。たとえば、公衆衛生に関しては、疫病を世界に拡散させないための国際協力は、一連の国際的な医療協約[163]として法文化されており、世界保健機関（ＷＨＯ）は加盟各国の政府に緊急対策を要請できる。関係する政府は協力して一歩を踏み出さなければならないが、政府を動かすのは、最終的にその国の国民である。したがって、アメリカの目的は、表面的にではなく、深いところで、世界の人びとがそれを支持するかどうかにかかっているのだ。よく引き合いに出されるローマの格言がある。「我らを憎むがいい、我らを恐れているかぎり」。アメリカがそう思っているとしたら、大きな間違いだ。

持続可能な国際開発省

このところ、アメリカがまっとうな外交政策をとれずにいる理由は、一つには政府が目隠しをされて綱渡りをする巨人のようなものだからである。政府は、貧困、環境、開発途上国の政情不安といった複雑にからみあう問題の本質を理解していない。これらの問題は独裁者や暴徒たちのせいであり、政治、経済、環境から来るものではないと「説明」されてきた。テロは政治とはまったく関係がなく、神学の定義めいた「善悪」にかかわる問題だと思いこむふりをしてきた。アメリカが設けた援助機関である国際開発庁は、かなり前から有能な人材が払底しており、いまではコンサルティング会社への人材派遣もどきの活動しかしていない。この一〇年間、国際開発庁は一度としてまともな分析報告を出していない。本来、彼らは多くの試練に耐えてきた有能な開発専門家の集団であり、宗教がらみの政策や、最近の援助金の特徴ともいえる軟弱さという障害を乗り越えてきたというのに。

次期政権は、イギリスの国際開発省やスウェーデンの国際開発庁を見習うべきである。どちらも閣僚級の省庁で、分析と実行に携わる高度な専門家チームを擁している。彼らの任務は、政策に一貫性をもたせ、さまざまな目標を関連づけることである。たとえば、開発援助、ガバナンス、国際的な目標（とくにミレニアム開発目標）、貿易政策、地球規模での公衆衛生、環境政策などである。彼らは、開発途上国を研究し、知り尽くしている。

開発のための資金援助

開発援助は友人を金で買うものではなく（悪名高い一例は、冷戦時代にザイール（訳注／現コンゴ民主共和国）の独裁者モブツ・セセ・セコに資金が流れていたことである）、長期的な開発の促進のために使うべきである。経済成長が民主主義につながり、紛争を減少させることは、はっきり証明されている。経済開発が進むにつれて政情は安定し、貧困や病気が広がれば国家は破綻しやすい。これまでの章で見てきたように、ダルフールやソマリアに危機をもたらした最大の原因は開発の失敗と理解すべきであり、政治の失敗はそれに次ぐものでしかない。長期的な開発の見通しもないまま、このような危機を平和維持部隊や経済制裁だけで解決しようとするのは、化膿した傷痕に絆創膏を貼るようなものだ。一時的に血は止まるかもしれないが、化膿した部分はますます悪化し、ときには死を招くことさえある。

貧困国の政府は余力がないため、治安の維持、法の遵守、国境警備などに手が回らない。脅迫や経済制裁では長期的な問題は解決できず、むしろ政情不安を募らせるだけだ。実際のところ、経済開発は社会の安定のためにきわめて重要ではあるが、その一方で、それを達成することはとても難しい。だからこそ、ほとんどの場合、制裁措置を軽々しく用いるべきではない。経済を停滞させるだけで、政治的には得るところがないからである。慢性的な政情不安に対して着実な解決策を求めるなら、制裁や投資の中止という鞭よりも、開発援助という飴のほうが効くだろう。

アメリカの二〇〇八年度予算は、軍事費に六〇〇〇億ドル以上、開発援助には約二〇〇億ドルとなっている。援助の約半分はテロとの戦い（イラク、パキスタン、アフガニスタン、パレスチナ）に向けられ、アフリカ全体に費やされるのはわずか四〇億ドル程度だ。少なくとも年に一五〇〇億ドルの軍事費を削減し（イラクから撤退し、核兵器開発への支出を削減すればよい）、削減分の約半分を開発援助に振り向ければ、国民総生産（ＧＮＰ）の〇・七パーセント（現在、経済規模は一三兆ドルなので約九〇〇億ドルに相当する）を政府開発援助に当てるために努力するという公約が実現できる。これに加え、ヨーロッパでの増額分を合わせれば、適切なガバナンスのもとにあるすべての貧困国家を極度の貧困から脱け出させるのに必要な資金がまかなえる。先の見えない軍事作戦に湯水のように費やされる資金のごく一部を回せば、スーダン、ソマリア、アフガニスタンなどで起きている危機は解決できるのだ。

人口と環境

すでに述べたように、ブッシュ政権は人口問題への予算を極端に減らしている。このことは、アメリカの安全保障上、まったく利をもたらさない。出生率の高い国で若年層の人口比が突出すると、社会が暴力に傾倒しやすくなるというリスクが高まる。アメリカは長期的なリスクを承知のうえで、無計画な出産を放置している。とりわけ貧困国では、人口増加によって環境がますます劣化し、生活の維持が不可能なほど農地が小さく分割されることになる。環境面の脅威を無視したり、軽んじたりすることは、さらに大きな危険を招く。気候変動はすでに地球全体におよんでいて、世界各地で旱魃や洪水が増えている。そんな現状にもかかわらず、アメリカは気候変動の緩和や適応のための計画にほとんど関与していない。開発と安全保障の戦略を経済政策と連動させれば、生態系、気候、農業、人口、公衆衛生といった問題はすべて総合的な政策に集約されるだろう。

核拡散防止

最も深刻なテロの脅威といえば大量破壊兵器であり、とくに核爆弾の誤射は恐ろしい。今日の核技術は、爆弾一つの製造にも国家の全面的な支援が欠かせず、少なくとも核分裂性物質を入手する必要がある。したがって、私たちは各国政府がきちんと核拡散防止のために努力するよう監視し、また国家保有の核兵器が個人ないし犯罪者の手に渡らないように見張っていなければならない。これには、核分裂性物質が軍事施設からもちだされないよう厳重な管理体制を敷くことや、核拡散防止条約に各国が賛同するよう外交努力を続けることも含まれる。だが、アメリカの軍備拡張主義は、そのような努力を頭から無視している。「ならず者国家」には、核兵器の製造を中止するよう説得するかわりに、脅迫的な態度で迫り、交渉の席につこうともしない。だからこそ、彼らはますます核兵器製造に固執する。二〇〇六年に北朝鮮との交渉が再開されて、ようやく事態は進展しはじめた。それらの国々、たとえば一九九〇年代には南アフリカやブラジルが、もっと最近ではリビアが孤立状態から脱したのは、外交と前向きなインセンティブのおかげである。とくに、外交面で広い範囲の承認をかちえ、アメリカの支援によって貿易、投資、開発を進めてきたことが大きい。

核拡散防止の現状もけっして足なみがそろっているわけではない。アメリカはイスラエルの核兵器を容認しながら、他の中東諸国に対しては頑として認めない。同じように、アメリカは核拡散防止条約——核保有国に核兵器の廃絶を要請するもの——にも熱心とはいえない。それどころか、核兵器の廃棄をめざすという約束に背いて、新たな核兵器開発を続けているのだ。

中　東

中東はおよそ一世紀のあいだ、ヨーロッパ列強から干渉されつづけてきた。イギリスとアメリカは政権を転覆させ（一九五三年にはイラン、一九六八年にはイラク）、戦争を支援し（一九八〇～八七年のイラン・イラク戦争）、自分に都合がよければ独裁者を容認し（一九七〇年代と八〇年代のサダム・フセイン）、都合が悪くなると引きずりおろした（二〇〇三年のサダム・フセイン）。アメリカはアフガニスタン内戦のさい（ソ連に対抗するため）、ウサマ・ビンラディン一派を支援し、結局はアルカイダの誕生に力を貸すことになった。アメリカとヨーロッパは当たり前のように、ときには賄賂込みで、大量破壊兵器を売りさばいているが、それらの兵器は、政権が崩壊したあとで敵の手に渡ることも多い（一九七九年以降のイラン）。一九六七年以降、イスラエルが国連決議に反して、また和平にとって明らかな障害になると承知のうえで、西岸およびガザ地区に入植地を拡大したことは、大きな犠牲をともなう過ちだったが、このときもアメリカはイスラエル側に立った。このような状況にあってもなお、西洋諸国は自由、優れた統治、民主主義を掲げていたのである。

実行可能な中東政策は、まず基本原則から再出発すべきだろう。一九六七年当時に戻ってイスラエルとパレスチナの国境線を引きなおし、両国とも首都はエルサレムとする。また、核兵器のない中東を目指して、イスラエルとアラブ諸国は核兵器の廃棄をはっきりと誓う。この地域全体に必須である緊急の経済開発に重点を置き、とくに人口で突出している若年層の雇用創出と、深刻な環境ストレスの緩和に取り組む。なかでも家庭用の飲料水と産業用水、農業用水の不足は大きな課題である。

世界戦争を避けるために

二一世紀初めのいま、世界平和を脅かす三つの要素が考えられる。三つとも他者からの武力侵略というより、みずから暴力の罠に陥った結果といえるかもしれない。第一の脅威は、いうまでもなく中東における紛争の拡大であり、へたをすれば世界が容易に巻きこまれるだろう。9・11以降、アメリカの政治指導者たちは、二〇世紀初頭のドイツが陥ったのと同じような自己充足的な被害妄想に囚われている。リチャード・チェイニー副大統領はワン・パーセント・ドクトリン(164)なるものを紹介した。アメリカへの脅威が一パーセントでもあれば、現実性が低いと考えるのではなく、確実なものとみなして警戒するというのである。だが、協力関係が簡単に崩れるこの世界で、チェイニー副大統領がいうような、低い現実性でも脅威とみなすという病的な（と思える）強迫観念は、みずから争いを招く危険のほうが大きく、アメリカの真の安全保障にはつながらない。案じたとおり、チェイニーの恐れから、必要もないのに、悲惨きわまるイラク戦争が始まった。二〇〇八年になっても不和は収まらず、いつなんどき暴力の炎が燃え上がって、数億の人びとを巻きこみかねない状況が続いている。同じように、アメリカの対イラン政策はいま、最初から最悪の事態を予想するという罠にはまっているようだ。アメリカの指導者たちは、イランの指導者との交渉に応じようともせず、ただイランの一挙手一投足を疑いの目で見ているだけである。こんな態度をタフな現実主義だと思う人は多い。だが、実際のところ、こんなやりかたでは戦争に向かって転がり落ちて行くだけだ。

第二の脅威は、最初の脅威と密接な関連をもつものだが、核兵器が野放しになっていることだ。核拡散防止条約は用をなさなくなっているように見える。または、少なくとも転換点に差し掛かっている。核保有を目指すイランの動きは、インド、パキスタン、北朝鮮などに核兵器が広がった最近の流れに沿っている。核兵器を求めるどの国にも、それなりの言い分がある。最も大きな理由は、それぞれの敵国がすでに核兵器を保有しているということだ。

第三の脅威は、二〇世紀に先進国と新興勢力のあいだで起こった悲惨な軍事競争の再来ともいうべきものである。ただし、いまや新興勢力は中国で、アメリカは現状を守ろうとする先進国の役回りだ。二〇世紀にドイツや日本などの産業国家がなしとげたように、二一世紀に急成長した中国はやがて地球上の政治地理学を変えてしまうだろう。人口過密で資源に乏しい工業国の中国は、貴重な天然資源を守るために、やがて国際市場と外国同盟諸国に目を向けるようになるだろう。まさに、二〇世紀のドイツと日本がそうだったように。

中国の影響力が増すこと自体は、何も恐れるに足りない。強国となった中国は、同盟国となって、世界への責任をより多く引き受けられるだろう。とはいえ、アメリカ人の多くはまちがいなく、中国の急成長に不安を感じるだろう。中国が対アメリカの外交交渉で切り札を出すたび、たとえばアジアやアフリカの油田を保有したり、他の国に軍事兵器を売ったり、国際的な交渉の場でアメリカの意見に異を唱えたりするとき、アメリカ人は不満を募らせるだろう。すでに右派からは、中国の封じ込めを求める声があがっているほどだ。だが、経済成長の速さで世界一を記録し、一三億という国民を抱える国を封じ込めることなどできるだろうか。そんな声は中国の指導者たちの耳にも届いており、中国はアメリカの脅威に対抗するため、軍事力の強化をはかっている。もちろん、中国の軍備増強は、恐怖に駆られて転がり落ちる破滅への道に続いている。二〇〇六年のアメリカの書店には、『迫り来る中国戦争——彼らはどこで戦い、いかに勝利するか』『決定的対決——中国はなぜアメリカとの戦争を望むのか』『来るべき米中戦争——台湾を巡る衝突』（訳注／三冊とも未邦訳）といったタイトルの本が並んだが、それは無理からぬことかもしれない。

これからもずっと生き延びていくには、中東、中国、インドなど、世界の国民の大多数が求めているのは——アメリカの国民と同じく——自分たちの繁栄と安全だけであり、他者を支配するつもりなどないのだということを理解しなければいけない。恐怖は、人の最良の部分さえ歪めてしまう。だからこそ、自分たちの世界観に頼るだけでなく、他の人びとがこの世界をどんなふうに見ているかを理解できるよう、自分自身を鍛練し、正しい外交政策をとらなければいけない。この地球上で、共通の運命と共通の富を享受するには、それが何より重要な鍵となる。

13　グローバル・ゴールを達成する

ミレニアム・プロミスは持続可能な開発に向けた世界的な目標であり、私たちの共同行動の指針となるはずだ。この目標を達成するには、世界を巻きこんだ複雑なプロセスを経なくてはならない。それは政府だけ、あるいは、社会の一部門だけでできることではない。グローバル・ネットワークの時代において、こうした分野を超えた目標を達成するには、社会を構成する全員の行動力や能力を駆使することが必要になるだろう。

この章では、ミレニアム・プロミスを達成するための一般的な青写真について説明する。このプロセスには、科学者、起業家、活動家、政治家、一般市民など、さまざまな主体の関与が必要になる。第一段階で重要なプロセスは、この問題を扱う科学を活用することである。第二段階では、企業家精神が必要とされる。多様なインセンティブがあれば、現実的な対策を思いつくビジネス、革新者、社会起業家が出現するだろう。第三段階は規模の拡大である。有効だとわかった対策を全世界で実施できるようにするのだ。幸いにも、科学を取りこんだ例や現実に即した革新、規模拡大など、過去の成功例は数え切れないほどある。私たちはこうした過去の成功例を重ねていけばよい。

地球規模の問題への取り組み

私は本書で、環境の持続性、人口安定、貧困削減といった各分野での進展について述べてきた。各分野で世界的に成功した例はあるが、このプロジェクトはまだ完成には至っていない。それでも、地球規模で有効だと証明されたパターンを見出すことはできる。

第一に、公共部門、民間部門、非営利部門（財団や学会など）には必ず、グローバルな問題解決に連動する役割がある。とりわけ、持続可能な技術の開発に関しては、それがいえる。公共部門のおもな役割には以下の四つがある。

・基礎科学への資金投下。
・技術の初期段階における開発と実演の促進。
・解決に向けてのグローバルな政策枠組の立案。
・実績のある発明や技術を拡充させるための財政支援。

民間部門の役割はおもに次の二つである（利益を出すことは当然として）。

・研究開発への投資。ただし、公的資金と両立させることも多い。
・公共部門と共同で、大規模な技術革新を実施する。

非営利部門の果たす五つのおもな役割は以下のとおりである。

・一般に向けた啓蒙活動。
・社会起業家として、問題解決に貢献する。
・解決のための資金集めを呼びかける。
・政府および民間部門に対して説明責任を要求する。
・とくに学術機関における科学研究の促進。

こうした各自の役割は、さまざまな動きが複雑に交錯するステージの上で演じられる。その動きをタイミングよく、調和を保てるよう交通整理できる指揮者はめったにない。明確な共通目標をしっかりと掲げていればこそ、何層にも重なった個々の活動が一つの方向に進むことができ、グローバルな成功が導かれるのだ。

こうした活動を成功に向けて収束させる方法を考えてみよう。まず、問題そのものから始めなければいけない。たとえば、砂漠化、人為的な気候変動、高い出生率、極度の貧困などである。最初に問題を認識するのは専門家である。ふつうは熟練した科学者が問題に気づく。科学的な分析は、一般の理解より、一〇年以上も先んじていることが多い。科学者はまず仮説を立てる。気候変動の危険性が高まっているのではないか、オゾン層が消滅しつつあるのではないか、あるいはＨＩＶ／エイズが蔓延しているのではないか、というような仮説である。その仮説が実証されると、その報告は世間に広まり、政策立案者にも伝わる。何らかの事件（飢餓、熱波、大嵐、オゾン層の破壊を示す証拠写真など）が起これば、人びとの注意を引く決定的な一撃になるだろう。

グローバルな政策の集合体は、すばやい反応を引き出すことができる。枠組だけなら、地球規模のゆるやかな協力体制も作りだせるだろう。だが、そこからさらに一歩を踏み出すことが難しい。環境、疾病、人口、貧困など、これまでにとりあげたすべての例で、科学研究の進歩や世論の高まりとともに、国際合意は早々とできあがったが、問題の深刻さにくらべて、その内容は空疎なばかりである。オゾン層や気候変動に関する国連の枠組条約は重要な一歩ではあるが、実行につながる突破口までは至っていない。

真の解決策に向けて最初に道を開拓するのは、往々にして財団、経済界、学界などである。たとえば、ロックフェラー財団がごく初期からさまざまな高収量品種の開発を推進してきたおかげで、一九六〇年代の緑の革命が実現したともいえる。製薬会社は貧困層に広がる病気をなくすために努力し、実効のある自社製品を使ったプロジェクトを進めているが、そのよい例がメルク社によるアフリカのオンコセルカ症撲滅である。アカデミックな科学者たちは、オゾン層減少の原因となる化学汚染物質の制御をめざす研究で先んじていた。専門家の集団（政治学者は「認識の共同体」と呼ぶ）が、潜在的な疾病への対策に向けて新しい方法を考えだすことは珍しくない。

公共政策にもこの段階で果たす役割はあり、たとえば、研究が始まったばかりの解決策への資金提供などがその一つである。ほとんどの解決策は、まず小規模な試行から始まる。そのようなパイロット・プロジェクトから、国または世界規模での成果を予測するのだ。非政府組織やロビイストにも重要な役割がある。慈善家は、初期の研究を開始するときに後援者になれるだろう。それらの後援があればこそ、国際ロータリークラブ、民間医療団体の国境なき医師団、財団法人ケア・インターナショナルといった公益団体は活動に着手できる。

時間がたつにつれ、以下の三点が明確になってくる。その一、問題そのものが、より明確になる。大災害（ハリケーン・カトリーナなど）を経験することで、社会は問題をしっかり認識するだろう。その二、これまでのやり方や市場力ではうまくいかないことが周知の事実になる。その結果、より強力な公共政策を求める声が起こる。その三、現地での試行やパイロット・プロジェクトは、規模を拡大したときの効果について、信頼できる指針になる。

次の段階は、たんに問題の全体像を認識することから一歩進んで、実行に向けて国際的な合意をとりつけることである。これまでにも、さまざまな転換点があった。たとえば、オゾン層破壊の抑止、HＩＶ／エイズ撲滅、マラリア撲滅、極度の貧困との戦いなどである。現時点では、国際条約や議定書が合意を得て、対策の規模を拡大するために財政の基盤を整えているところだ。各国政府や民間部門の行動の指針として、これまでにない経済的枠組、たとえば新しい世界基金、国際的な許可制度、新しい世界基準などが提案されている。

その次にすべきことは、規模の拡大である。試行によって効果が証明された解決策を世界規模で実施する。オゾンを破壊する有害物質のかわりに、安全な化学物質を広範囲に使うようにすれば、オゾン層の減少が抑えられる。途上国では数百万人に向けてＨＩＶ／エイズの治療が施されている。世界エイズ・結核・マラリア対策基金は、マラリア撲滅への取り組みに大々的な資金援助をしている。人口抑制のための政策には、国際的な基金による熱心な支援がある。

この世界規模の拡大計画は完成までに数年から数十年を要するはずだが、理想的には、明確な目標を立てたうえで、注目度の高い公明正大なプロセスによって推進し、関係者への評価はどれだけ解決に貢献したかで測られるべきである。行動や結果を達成すべき目標や期限と比較しながら、たえずフィードバックすることが成功につながる。明確な目標や説明責任がなければ、目標達成に欠かせない国際的な努力や協力関係はとても維持できないだろう。

いまのところ人道精神は少しばかり揺らいでいて、人類を結びつけるというより、むしろ分断させる傾向が見られるが、そんなときこそ、五つのミレニアム・プロミスが世界を協力させるための唯一無二の羅針盤であることを思い出さなければいけない。三つのリオ条約、人口と開発に関する行動計画、ミレニアム開発目標はすべて、目標と期限を定めており、それればかりか実行に必要な手順さえはっきりと指示しているのだ。なかでもミレニアム開発目標は重要である。一例をあげれば、妊婦死亡率を二〇一五年までに一九九〇年の四分の三まで減らすというように、期限と数値目標が定められているからだ。この条項が、たんに妊婦の死亡率を減らすというだけなら、そんな主張にはほとんど意味がない。具体的に目標を定め、数値にしているからこそ明快な指針になるのだ。専門家はこの指針に照らし合わせて進展を確認できる。活動家は、政治家の怠慢や無関心に立ち向かうエネルギーを得る。そして、地域社会は基準を設定し、それに従って行動計画を立てることができる。

グローバルな協力関係を新たに構築する

持続可能な開発という目標に向けて、国際協力は道の半ばまで来ている。めざましい国際協力によって、環境の劣化、人口増加、極度の貧困との戦いにおいて、世界は大きな成功を収めてきた。この協力は称賛に値するとはいえ、そんな努力のすべてを足しても、必要なところまで達していない。ミレニアム・プロミスの達成はまだ、はるか遠くにあり、地球の持続可能な開発という点でも無駄な遠回りばかりしている。

今日の世界にとって、問題の核心は、グローバルな問題をなんとしても解決するという覚悟が崩れていることである。さらに、国際協力そのものを疑うようなシニカルな態度が横行していることである。オピニオンリーダーたちは、グローバルな目標を軽んじ、ミレニアム開発目標や温室効果ガスの排出規制などを非現実的だといって退け、ときには見果てぬ夢だとさえいう。このような悲観主義が広まったのは、一つには第二次世界大戦が終わったあと、国際政治がさまがわりしたせいである。世界をよくするためにアメリカが率先して動いていた時代から、ブッシュ政権下のアメリカが恐怖に駆られて一国主義と利己心を前面に押し出すようになった現代へと大きく転換した結果がこれなのだ。

グローバルな目標を達成するには、もはやアメリカのリーダーシップに頼るだけでなく、世界各国が心を合わせて協力することが必要だ。そのような協力体制は、各国政府、国際機関、民間部門、学会、非政府組織などの積極的なネットワークがなければ構築できない。

国際的な協力関係を新たに構築するには、いくつかの条件がある。

・ミレニアム・プロミスのように、明確な目標と期間を設定する。
・公的資金を先進国同士で分け合い、さらに中所得国も含めた幅広いネットワークを作って、その資金を投入する。
・先進国と途上国が同じようにグローバルな問題の解決に関与できるようにする。G8のような排他的な集まりだけが能ではない。

・国際的な取り組みに、民間部門や非営利部門もパートナーとして参加させる。

・折に触れて、専門的な科学技術に関する新知識をとりいれる。

・スタート時から規模の拡大に至るまで、すべての段階で新機軸を導入する。

過去の成功例を見る

国際協力によるこれまでの成功例は、明確な目標、効果的かつ測定可能な技術、明快な実行計画、資金源などの条件がすべてそろっていた場合に見られる。たとえば天然痘の撲滅は、明確な目標（天然痘の撲滅）を設定し、効果的かつ測定可能な技術（天然痘の予防接種）からスタートした。明快な実行計画として、実際の症例と発症地域を特定し、無料で予防接種をした。資金源としては、いくつかの支援国が継続的に援助をしてくれた。ほかにも似たような例はたくさんある。緑の革命[165]が成功したのも、明確な目標（穀物生産高の向上）、効果のある技術（高収量品種、肥料、灌漑地域における水管理）、明快な実効計画（導入に必要な一式を市場価格より安く大量に配布し、収穫の増加分は政府が買い上げるという公約）、大規模な資金源（民間財団、アメリカ政府、国内での資金調達）がそろったからである。これら四つの条件の組み合わせは、ポリオ撲滅（現在も進行中である）、家族計画と進んだ避妊法の普及、児童の通学率の向上、地方の電化推進（電気が供給されている地域で）、予防接種プログラムの拡大（ユニセフ主導による）などでも見られる。

開発援助が失敗するのは、この四つの条件のうち、一つ以上が欠けているためだ。目標が設定されず、手段と目的が大きくかけ離れている場合、はっきり測定できる技術がなく、目標に至る方法が確立されていない場合、明快な実行計画がなく、技術が放置されている場合、美辞麗句を掲げて出資者を募ったあげく十分な資金が集まらず、非難の応酬のはてに計画が挫折する場合などである。現実的に実行できそうな方法を選べば、支援者と批判者の手を組ませることも可能なはずだ。

気候変動、生物多様性の保全、乾燥地帯の生活向上など、今日の世界が抱えているさまざまな難問に対して、たった一つの技術が特効薬になることはけっしてない。大規模に実施する場合、候補になる技術はたくさんあるが、そのほとんどはまだ効果が証明されていない。そのような状況では、規模拡大のために必要な四つの条件――目標、技術、実行、資金――は、それとはまた別の三つの重要なプロセスで支援しなければいけない。それは、継続的な科学的アセスメント（気候変動に関する政府間パネルなど）、基礎科学および開発初期段階の技術に対する公的資金による援助、新たに有効性が証明された技術を広く普及させるための官民共同の戦略である。どれが最良の技術戦略なのか、まだわかっていない現在、科学と公共政策はこれまで以上に密接に連携していかなくてはならない。

ミレニアム開発目標をもっと早く達成し、人為的な気候変動を緩和することができなかったのは、国際社会のリーダーたちが肝心なところで重要な決断を下せなかったせいである。ミレニアム開発目標の設定から七年が過ぎ、二〇〇五年から二〇一〇年までにアフリカ向け援助を倍増するなど、支援国による援助増額の約束がいくつも交わされたが、どれも実行されていない。信じがたいことに、くりかえし資金供与の約束がなされ、何度となく再確認されたあとでさえ、議論はまたスタート地点（援助は効果的か？）に立ち戻るのだ。一九五〇年代と六〇年代、アメリカは何度も、そんな逡巡を打ち砕く神の声の役割を果たしてきた。ところが、この一〇年間のアメリカは漁夫の利を追い求めるだけである。世界が合意した国際平和のために金を出し渋り、自分の利益しか省みない国家になってしまった。

世界エイズ・結核・マラリア対策基金から学ぶ

いま必要なのは、これまでにないグローバルな体制であり、それはアメリカのリーダーシップに頼りすぎることなく、国際協力をより重視し、さらに科学、技術、公共および民営部門ならびに非営利団体といった関係者全員の努力がなければいけない。有益な教訓とともに、大きな成功を収めた例としては、世界エイズ・結核・マラリア対策基金（世界基金）がある。二〇〇二年一月に設立されたこの基金は、正しい場所に正しいピースをはめさえすれば、どれほどめざましい成果が得られるかを証明した。世界基金は、近年の先進国が果たしたことのすべてを足したよりも大きなことをなしとげている。

世界基金はエイズの流行が最も激しかった時期に設立された。当時は、ドナー国の政府も、世界銀行などの国際金融機関も、また民間の商業部門でも、既存の制度内では効果的な疾病対策が組織できなかった。二〇〇一年になっても、アフリカのＨＩＶ感染者は一人として、西洋諸国の政府による支援プログラムや世界銀行の援助による抗レトロウイルス治療を受けていなかった。先進国が傍観しているあいだに、毎年数百万人が死んでいった。しかも、当時すでに、患者の命を救う薬の値段は一日わずか一ドルだったのだ（いまならもっと安くできるはずだ）。エイズについて心を痛める人びとがいて、高い効果のある治療が見つかっていたにもかかわらず、世界協力の三つの条件、すなわち目標、実行計画、資金がそろわなかった。同じことは結核やとくにマラリアにも当てはまった。この二つの病気をなくすために有効な戦略はあったが、その戦略を動かす指揮官がいなかった。世界が見ている前で、もっと正確にいえば、世界が目をそらしていたあいだに、年に数百万の人びとが死んでいった。

二〇〇〇年から二〇〇一年にかけて、私は、世界保健機関の「マクロ経済と健康に関する委員会」の議長としてこの問題に取り組む機会を得た。そこで、同僚たちとともに、資金と技術と疾病対策が密接に関係していることを証明しようとした。目標と技術と実行計画と資金がそろったときに何ができるかは、まさに目をみはるばかりだった。二〇〇〇年七月、私は南アフリカのダーバンで開かれた国際エイズ会議でスピーチし、エイズ撲滅世界基金の設立を呼びかけた。二〇〇〇年の秋から二〇〇一年初めにかけて、ハーバード大学の教授団は、極貧層にエイズ治療を広める手段について報告をまとめた。そのヒントになったのは、抗レトロウイルスによってハイチの貧しいエイズ患者の治療に成功したポール・ファーマー博士とジム・キム博士による画期的な業績だった。ハーバードの教授団は、どうすればエイズ治療を貧困層のあいだで大規模に展開できるかを具体的に示した。何より大きかったのは、国連のコフィ・アナン事務総長が全世界に向けて、いまこそ行動すべきときだと訴えてくれたことだ。まず、二〇〇〇年九月にミレニアム開発目標の採択を促し、翌二〇〇一年春にはエイズ、結核、マラリア撲滅のための世界基金設立を提唱したのである。

世界基金の成功に関してとくに注目すべき点は、長いあいだ、さんざん陰口を叩かれ、疑いの目で見られ、あからさまに反対されてきたことである。アフリカではエイズ治療など無理だという人びとも多かった。なぜなら、アフリカ人は薬の服用時間を守れないからであり（アフリカ人は欧米式の時間を知らないから、何時に薬を飲んだらいいかわからないのだ、と、当時のアメリカ国際開発庁次期長官アンドリュー・ナチオスはいった）、しかもその結果、薬への耐性が強まるからだという。同じように、大規模なマラリア撲滅などとても無理だという人も多かった。なぜなら、殺虫剤処理を施した蚊帳や抗マラリア薬といった肝心の技術をアフリカの村落に届ける方法がないからであり、また蚊帳を送っても堕落した役人が自分の懐に入れてしまうか、家のなかで使われずに死蔵されるのが関の山だというのである。村に届いたとしても、正しい使い方ができないともいわれた。結核の撲滅に消極的な理由も、同じようなものだった。結核を治すには何か月もの臨床治療が必要になるため、貧しくて規律のないアフリカでは、とても達成できないと思われたのである。

六年後、こうした疑いや懸念はすべて根拠のないものだったことが証明された。アフリカ人は時間を守って薬をちゃんと服用したし、薬への耐性は強くならず、蚊帳は活用された。盗まれたり、間違った使い方をされたりしたことは、ほとんどなかった。二〇〇七年半ばの時点で、世界基金は次のようなめざましい業績をあげている。

・一三二か国にプログラムのための資金が提供された。
・三〇〇〇万以上の蚊帳を配布した。
・一〇〇万人以上に抗レトロウイルス治療を施した。
・二八〇万人に結核治療をした。

たしかに深刻な問題も残っている。アメリカは国連への反感から、世界基金と世界保健機関の連携に反対し、そのせいで近年、両方の組織は弱体化している。本来なら、世界基金は組織としてもっと世界保健機関の活動を支援できただろうし、世界保健機関の現地スタッフは世界基金の計画をもっと支援できたはずだ。さらにアメリカは、エイズとマラリアの撲滅に独自で取り組んだため、国際的な活動に不必要な混乱を招き、ときには政治問題さえ引き起こした。これはブッシュ政権の独善性を示すもう一つの例である。技術面では、国家単位のプログラムの支援によって世界基金は多くの点で進歩するだろう。たとえば資金源の透明性を高め、プロジェクトの組み立て方を工夫し、物資の調達をスムーズにすることなどである。だが、世界基金の行動そのものが、これらの限界以上に重荷だった。

世界基金はまた、政治経済学においても重要な教訓を与えた。二〇〇一年まで、貧困国はエイズ、結核、マラリア撲滅のための資金をどこからも得られなかった。世界銀行のような国際援助機関は、理屈ばかり並べて、ほとんど実行しなかった。だが、そんな消極性は外からはなかなか見抜けない。なぜなら、懸念を表明し、会議やスピーチを重ねることで、実態以上に多くの働きをしているように見えるからだ。そのうえ、どこかの国の政府が支援を求めても、世間が知らないうちに、退けられてしまうこともある。援助機関と銘打ちながら、なんの行動もとらず、苦悩する国々にとって本当に頼れる組織とはとてもいえなかった。

世界基金が大きく変わったのは、透明性のある組織に改革し、各国政府が援助を求めやすいように環境を整えたことがきっかけだった。政府からの支援の要請が却下されるとしても、そのことは世間に公表された。さらに、各国の支援要請に対してその内容を客観的に評価できるよう、個々の疾病を科学的に再検討するための委員会が設けられた。確実な資金源に加えて、明らかな使命と、科学の裏付けがあれば、周囲が勢いづくのも当然のことである。多くの国々が計画やプログラムを作成するようになったのは、それらの計画を実行するための資金が実際に入手可能だと確信がもてたからである。

世界は、スピーチや理論や話し合いから、行動へとすばやく移行した。

持続可能な開発を可能にする新たな金融構造

世界基金は多岐にわたる分野で、問題解決の道に向かおうとしている。二〇〇一年当時にエイズ、結核、マラリア問題が停滞していたのと同じように、ミレニアム開発目標、気候変動、人口政策について、私たちはいま、掛け声や言い訳ばかりで実行ができていない。援助を受けている国々は、いま進行中のプログラムをもっと拡大してほしいと訴えるあてがない。貧困国はミレニアム開発目標の達成計画を立てるようさんざんいわれてきたが、約束された国際支援さえ棚上げにされているのが現状だ。世界基金を見習って、国際援助の組織をもっとシンプルにし、透明性を高め、科学的根拠をもとに、現実に見合った支援活動を推進すべきである。そのためには、ミレニアム・プロミスのなかでもとくに重要な目標に的を絞った最優先の基金をいくつか設定し、従来の二国間プログラムをやめて、すべての援助をそれらの基金にまとめればよい。すでに設定されている基金は、さらに拡充すべきである。それ以外は、新たに発足させなければいけない。

世界基金は以下の七種類があれば、広範囲にわたる持続可能な開発目標がすべてカバーできるはずだ。

世界エイズ・結核・マラリア対策基金

この基金は規模を拡大し、他の伝染病（たとえば寄生虫病）も対象に加え、極貧国が基礎的な医療施設を運営できるよう支援の範囲を広げる。

アフリカの緑の革命世界基金

この基金は、低所得国、とくにアフリカを中心に、持続可能な農業の拡大を目指す。高収量品種だけでなく、効率的な水の利用や継続的な土地管理にも力を入れる。

地球環境ファシリティ

この基金はすでに存在し、国連開発計画、国連環境計画、世界銀行の三者が共同運営している。この規模を大幅に拡大して、以下四つの優先分野で活動する。（一）低収入国用の持続可能なエネルギーの導入、（二）気候変動への対応、（三）生物多様性の保護、（四）乾燥地帯の管理。

国連人口基金

この基金は、資金を大幅に増やすことで活力を回復させ、二〇一五年までに世界中の人が「性と妊娠・出産に関する健康サービス」を受けられるようにするという目標に向かって努力する。この基金は、二〇五〇年までに世界人口を八〇億以下に抑えるという目標を達成するのに、中心的な役割を果たすだろう。

世界公共投資基金

世界銀行、地域開発銀行、ヨーロッパ投資銀行、その他のドナーは、とくにサハラ以南のアフリカを中心とした極貧国に基幹インフラを建設するための公的資金を増やすよう努力する。

世界教育基金

ミレニアム開発目標のうち、世界中に基礎教育を普及することは最も達成しやすい課題である。そのための方法はわかっているし、簡単でもある。ところが、約束された資金はつねに出し渋られる。イギリスは基礎教育のために一〇年間にわたって一五〇億ドルを提供すると約束したが、これは二国間ではなく多国間による取り組みの基礎になるだろう。

世界コミュニティ開発基金

分野別のプログラム（医療、教育、インフラ整備、人口など）に加え、地域を主体にした開発を支援するプログラムも必要となり、その場合、分野ごとの区切りは意味をなさなくなる。いくつかの国では、ミレニアム・ビレッジ（村）を、ミレニアム・ディストリクト（地域）やミレニアム・プロビンス（地域）へ拡大しようとする動きがあり、将来にわたる確実な資金源を求めている。資金があれば、村を基盤にした農業、医療、教育、地域のインフラ整備などに投資ができ、その結果、開発が順調にスタートできる。

このリストの要点は、各国政府が問題を解決したいと思うとき、どこへ頼ったらいいかを明らかにしているところだ。これらの基金に課せられた任務は、行動計画に必要な資金を求める国々からの申し込みをいつでも受けつけ、透明性の高い方法で審査し、ニーズや先行投資の実績を吟味したうえで、科学的に証明された信頼できる計画のもと、ドナー国の援助を振り分けることである。こうした基金があるだけで、各国は、持続可能な開発をめざして、さまざまな分野の問題に総合的に取り組むための行動計画を立てようという意欲がもてる。真に必要な場所にタイミングよく投資できるとわかれば、世界は言葉から行動へと断固たる一歩を踏み出すだろう。

社会のためのベンチャー・キャピタル

これらの世界基金にとって、今後の重要な任務は、実効性のある対策の規模を拡大することだろう。ある技術や実行計画が有効だと証明されたら、関連する基金は実情に合わせて規模を拡大しようとするはずだ。しかし、何よりもまず、解決策を見つけるのにも資金が必要である。解決策を探るうえで、研究の初期段階から投資することは、いわば社会のためになるベンチャー・キャピタルのようなもので、動きの速い創造的な民間財団にはうってつけの役割だといえる。個人の資金なのであえてリスクを負うこともできるが、公的な基金ならとてもそんなことはできない。二〇世紀の緑の革命を支援したロックフェラー財団の役割がこれに相当する。二一世紀には、ゲイツ財団やその他のパートナーがこの役目を担うだろう。

ビル・ゲイツほどの莫大な資産でも、彼の財団だけでは国際的な解決策の規模を広げることはできない。ここ数年、ゲイツ財団は年に一〇億ドル以上を出資しているが、最近ではウォーレン・バフェットからの資金が加わったため、年間二〇億ドルから三〇億ドルは増える見込みである。それでも、貧困、病気、気候、エネルギーシステム、人口などに関して、世界が必要としている資金は毎年数千億ドルにのぼる。世界最大の民間財団でさえ、この資金はまかないきれないのだ。

解決策の発見に向けてリーダーシップをとる積極的な財団の活動は世界各地で見られる。基礎科学の分野にも見られ、たとえば、ゲイツ財団はワクチンや薬の研究開発に資金を出している。財団の活動は画期的な実践法につながることもあり、同じくゲイツ財団はザンビアのマラリア撲滅プロジェクトを通して、実地で役に立つ行動戦略を学んだ。そして、いざ解決策が見つかれば、各国政府が支持する各種の世界基金がその解決策の規模を拡大するために必要な資金を提供するはずだ。豊かな財力をもつゲイツ財団が、科学、技術、行動戦略における新発見を貧困国に普及させることを手伝い、ウォーレン・バフェットの例のように、他の慈善活動家を巻きこむことができれば、ゲイツ財団は世界を変えることに貢献できるかもしれず、さらに政府の資金投下を促して運動を拡大することもできるだろう。その他、数多くの財団や慈善活動家も、洞察力と創造性をもって思い切った行動をとりさえすれば、持続可能な開発の歴史に自分の名前を刻みこむことができるかもしれない。

研究開発への資金援助

いまだに達成できない大きな課題の一つは、持続可能な開発のために必要な基礎科学研究を支援し、必要度によって分野を超えた配分ができるような仕組みを作り上げることである。世界中の人びとの幸せのために資金を調達することは難しい。研究目標が国の経済的な利益や個人の利益ではなく、グローバルなニーズに向けたものとなると、科学研究や技術開発のための資金調達は厄介になる。実際の行動に向けて、国際社会から数十億ドルの資金を集めることは、困難とはいえ、不可能ではない。

ところが、必要な技術を得るための研究・開発資金を集めようとすると、いまや事態はきわめて厳しくなっている。

ここでいいたいのは、たとえば自由市場と科学への公的資金の投入が対立するものだというような原則論ではない。たとえ確固たる自由市場経済でも、自国の科学や技術には大きな投資をしている。論点はもっと実践にかかわることである。資金集めの対象が世界の貧困根絶や世界に共通する利益（生物多様性の保護、公海管理、特許取得が難しい持続可能なエネルギー技術など）といった地球規模の目的だった場合、世界中で資金を集めるにはどうしたらいいのだろう。

この問題は三つの部分からなる。その一、世界銀行のような国際的な金融機関はスタッフとして十分な数のリサーチ専門家を雇っていない。その二、アメリカの国立衛生研究所のような国立の研究機関は、国際的な問題よりも国内の問題を対象としている。たとえば、国立癌研究所はあるが、熱帯性の伝染病を専門に研究する機関はない。その三、資金源となる組織のあいだで費用分担が偏りがちである。世界の幸せのためには、共同出資が必要だが、金の出し惜しみが増えている。

調整は容易ではない。まず、それぞれの関心分野で国際的な科学委員会を設立する。そして、それらの科学委員会が責任をもって将来性のある研究開発分野を選定し、研究費用の分担について提言すべきである。疾病管理、農業、気象科学、持続可能なエネルギー、水管理技術、生物多様性の監視と保全などに関して、そのような科学委員会が必要だ。ゲイツ財団と世界保健機関の先導で、医療問題に関する委員会を発足させられるだろう。ゲイツ財団、ロックフェラー財団、食糧農業機関は農業に関して主導権を握れるはずだ。国連環境計画と国連開発計画は、水と生物多様性の保全についてリーダーシップをとる。どの分野でも、リーダーは一人とは限らない。ただし、何より大事なのは、いますぐ始めることである。

非政府組織による新機軸

世界的な解決策をもたらす鍵、つまり斬新なアイデアは、個々の起業家たちから生まれる。なんらかの問題が見出され、手始めとして公共政策が動きだすと、多彩なアイデアの誕生を促すために、人の創造的な意欲（インセンティブ）を刺激する環境が設けられる。新しい発想は将来の利益を約束されることで活発に生まれてくる。特許の取得や、財団または政府からの賞金（ゲイツ財団のグランド・チャレンジズ・イン・グローバル・ヘルス・イニシアティブなど）、あるいは純粋な社会的使命のためだったり（社会起業家の場合）、技術的な問題を解決したいという願望だったりする（技術者の場合）。非政府組織（ＮＧＯ）はこれまでも大事な仲介役を果たしてきた。現地のニーズを見きわめ、新しい技術を実証し、なかでも重要なのは、現場にふさわしい新たな実行計画を立案することだろう。

近年、ＮＧＯが見事なリーダーシップを発揮した例の一つは、マイクロクレジットの分野である。これはバングラデシュのノーベル賞受賞者ムハマド・ユヌスが始めた活動で、詳細は『ムハマド・ユヌス自伝――貧困なき世界をめざす銀行家』（猪熊弘子訳、早川書房、一九九八年）に書かれている。マイクロクレジットは、貧しい人びとでも担保なしで銀行から少額の貸付金を借りられる画期的な制度である。その特徴は、個人ではなく少人数のグループに貸し付けるようにしたことだった。信用とグループの行動力を担保の代わりとし、グループが責任をもって、メンバーが借金を返せるよう監督するのである。グループの誰かが返済できなければ、グループ全体がその責任を負い、借金を肩代わりして返済しなければならない。さらにユヌス博士は、貸し付ける相手をほとんど女性だけに限定した。バングラデシュの農村地帯では女性はおもに一家の主婦であり、そのため一般に責任感が強く、貸付金を無駄遣いすることも少ないからである。

それまで資金をもたなかった零細な事業主が貸付を受けられるようになり、貧困層の人びとが低収入、低貯蓄、低投資という悪循環から脱け出せるようになった。ごくわずかな貸付でも、必要な資材や機材を購入して、ささやかながら儲けのある商売が始められる。しかも、この貸付金のおかげで、貧しい人びとが高利貸に頼らなくてもすむようになった。高い金利の金を借りていたら、貧困層はいつまでも負債を返せない。

マイクロクレジットはしだいに広まっていった。最初は一つの村から始まり、そこから地域へ、さらに広い地方へと伝わり、やがて全国に広がった。この成功をもとに、本格的な金融機関であるグラミン銀行が誕生し、今日では、借り手が七〇〇万人を超えている。グラミン銀行をお手本にした貸付金制度は開発途上国に広まり、マイクロクレジットはいまや貧困撲滅のツールとして各地で活用されている。この例を見ても、画期的な手段がまず小さな規模で試され、効果があると証明されたら、しだいに規模を拡大し、やがて大成功を収めるというプロセスがよくわかる。

やがて、グラミン銀行は一九九七年にノルウェーの移動通信事業会社テレノールと提携してグラミンフォンを設立し、携帯電話事業へ乗り出した。グラミンフォンは、いまや一〇〇〇万人以上が加入するバングラデシュ最大の携帯電話会社となり、さらにビレッジフォン・プログラムを展開することになった。この事業は、携帯電話をもつことが収入につながるという発想から生まれた。グラミン銀行は零細事業主（ほとんどは女性）にグラミンフォンの携帯電話を買うための資金を貸し付け、使い方を教える。持ち主は、使用料を取って電話を人に貸し、それで借金を返済したあとは、儲けを生計の足しにできる。ビレッジフォンは、バングラデシュの農村地帯に住む人びとに基本的な公共の福利を与えた。つまり、外部の世界とのアクセスを安い価格で提供したのである。バングラデシュでは二六万台以上のビレッジフォンが使われ、全国では五万を超える村落に行きわたっている。これによって村の生活は劇的に変化し、とくに市場情報を即座に知ることができるようになった農民にとっては利益が大きかった。バングラデシュでの成功を見て、他の国も同じような制度をとりいれはじめ、携帯電話の技術が農村地帯の貧困層に大きな影響をおよぼすこともわかってきた。

大規模な人道支援団体も、ときとして人命にかかわるほど重要な新機軸を生み出すことがある。規模を拡大すれば、数百万の命が救えるかもしれない。赤十字国際委員会は、長年にわたって、世界中の子供たちに麻疹やポリオなどの一斉予防注射を実施してきた。一斉予防注射のときには、数百人のヘルスワーカーやボランティアが動員され、ごく短期間で数千人の子供たちに予防注射を受けさせる。これは病気の予防に役立ち、うまくいけば撲滅にまでつながる唯一の手段である。

二〇〇二年、赤十字は一斉予防接種とマラリア撲滅の取り組みを連動させることにした。予防接種にかける資金と人員を活用して、長期的な殺虫効果を施したマラリア予防の蚊帳を無料で配布するというものだ。このアイデアの実効性を検証するため、赤十字はまず、麻疹の予防接種に合わせて、ガーナのある地域で一万五〇〇〇張りの蚊帳を配布した。これによる効果を科学的に測定し、どれくらいの人が蚊帳をもち、使いつづけているか、マラリアの発症数に変化があったかどうかを調べる事後調査および評価がなされた。この結果と、次に別の場所（ザンビア）で試してみた結果はどちらもめざましいものだった。そこで、二〇〇四年にはトーゴで全国展開されることになり、麻疹の予防接種とともに八七万五〇〇〇張りの蚊帳が配布された。続いて二〇〇五年〜〇六年のニジェールでは、ポリオの予防接種を全国展開すると同時に二三〇万張りの蚊帳が配布された。ゆっくりと手順を踏んで規模を拡大すれば、蚊帳の一斉無料配布によって、全国的に大きな成果が達成できると証明されたのである。いま、アフリカ大陸全体がこの手法を導入しようとしている。やがて殺虫効果の長続きする蚊帳によって、アフリカのマラリア伝播地帯にある家庭のすべての寝室は守られるだろう。

ネットワーク時代の持続可能な開発

現代の情報通信技術（ＩＣＴ）のおかげで、私たちはグローバルな協力体制を築き上げ、公共の福利を効率的に分け合えるようになった。近代的なＩＣＴの登場によって、開発プラクティスのあらゆる面が大きく改善され、より多くの国家や国のなかでも孤立していた地域がコンバージェンス・クラブに加入できるようになるだろう。携帯電話はおそらく現代の開発ツールとして最も偉大なものであり、驚くほどわずかなコストで孤立を解消し、隔離された地域や極貧社会を世界経済に近づけた。

ＩＣＴが持続可能な開発に大きく貢献した点を八つあげよう。第一は、接続である。かつて周囲の地方や地域の市場から切り離され、情報が届かなかった場所でも、いまでは一瞬にして世界とつながることができる。世界から遠く離れた村落でも、最新の政治情勢や文化イベント、生活必需品の価格変動などが話題になっており、あらゆる面でラジオやテレビ以上に携帯電話が役に立っている。第二は、分業である。情報につながることは、細かく分割された生産網に参入できることを意味する。つまり、遠く離れたコミュニティでも、世界の供給ネットワークに資材を納品できるということだ。アフリカの辺鄙な村が、携帯電話、バーコード、ＧＰＳタグ（位置を確認するもの）など、すばやい追跡装置のおかげで接続が保たれ、生花、野菜、縫製品などをヨーロッパやアメリカの市場に出荷することができる。第三は、規模である。ＩＣＴによって広範なネットワークに情報が行きわたり、数千人どころか数百万人に指示を出し、重要な情報を伝えることができる。

第四は、複製である。ＩＣＴによって、オンライントレーニングや製造規格などの工程が標準化でき、遠く離れた店舗にも瞬時に届くようになった。第五に、責任の明確化である。ＩＣＴによって、監査、モニタリング、評価のための技術的な条件が整った。銀行間の取引はオンラインですむ（携帯電話による決済がますます増えている）。製品の到着や村落への配達完了なども、リアルタイムでモニターできる。低温貨物コンテナの温度はデジタル機器でつねに記録されているから、離れた場所から遠隔操作で測定し、低温で輸送しなければならないワクチンの状態を管理することができる。第六は、マッチングである。つまり、インターネットのおかげで、離れたところにいる購入者と販売者を結びつけることができるようになった。第七は、利益共同体の構築である。新たなソーシャル・ネットワーキング・テクノロジー（ウィキ、フェイスブック、マイスペースなど、その他、多数ある）によって、数年前には想像もできなかったようなグループ活動、社会運動、協力体制の構築、仲間同士のモニタリングが可能になった。いまや、社会問題、政治デモ、各種グループが主催するイベントなど、同じ志をもった数十万ないし数百万の人びとを、たった数週間で連携させることができるのだ。

第八は、教育とトレーニングである。通信教育はいまやさまざまな形をとり、世界中に普及しているが、やがては公共の教育やトレーニングでも一般的になるだろう。教室も世界に広がり、講義や授業は数か国で同時に進められるだろう。貧しい地域のコミュニティでは、オンラインやビデオ会議といった形でＩＴ関連の基礎を学べるようになる。電話診療のおかげで、インドの都会にいる医師が地方の患者を診察できるようになっているし、インド人の医師がアフリカに住む患者を診察することもまもなく実現するはずだ。アフリカの村のヘルスワーカーは、トレーニングや判断や指示をインターネット経由で受けることができるだろう。

これらすべてを実現するために、次に必要なのは、ＩＣＴプラットフォームそのもの、つまり、こうした幅広い活用法が力を発揮する物理的なハードウェアを整えることである。この環境整備は、いまようやく始まったところだ。今日、ほかにもっている人がほとんどいない極貧地帯でさえ、携帯電話はユビキタスであり、世界に通じる道となっている。なぜなら、携帯電話をもつ人は、ネットワークを通じて世界にアクセスしようとするからだ。インターネットのブロードバンド化もそのあとに続いている。ぜひとも公的資金を投入して、インターネットの普及に努めるべきである。

達成までのコスト

本書ではこれまで、人類の歴史において今世紀の象徴になりそうな問題について検討してきた。私たちは経済開発によって世界の幸福を増してゆくつもりだが、同時に、地球の環境や生態系を破壊しないように注意しなければいけない。私たちが生きていくのに必要なものが守れるように、また地球上の生物多様性が保全されるように節度を守るべきである。気候、水、生物多様性、人口、極度の貧困、世界政治など、本書で論じてきたおもな課題をまとめ、二一世紀の課題、対応する条約、目標（ミレニアム・プロミス）、失敗した場合の結果を、表13・1に示した。

表13・2は、各分野でミレニアム・プロミスを達成するために世界で必要となる金額を大まかに計算したものである。持続可能なエネルギーに移行するには、富裕国の収入のわずか一パーセントと、低収入国ではそれ以下の費用があればすむ。生物多様性の保護を強化するには、おそらく年間三五〇億ドルが必要だと見込まれるが、これは富裕国の収入の〇・一パーセントである。エネルギー、医療、農業、気候、水、その他の分野における持続可能な開発のための科学には、年間七〇〇億ドルが必要だろう。これは富裕国のGNPのおよそ〇・二パーセントに相当する。極度の貧困には、これまで提案してきたように、富裕国のGNPの〇・七パーセントを処方すればよい。これは、すでに約束しながら、実行されていない援助金である。具体的な合計は表13・2にあるが、私たちの収入からすれば過大なものではなく、達成できる福利の規模からすれば、きわめて妥当な額といえる。このまま危機に瀕した持続不可能のグローバルな路線をたどった場合と、環境、人口、貧困の問題に取り組む持続可能な路線をたどった場合の差は、せいぜい年間収入の二パーセントから三パーセントだろう。たしかに、政治的に見れば、この金額は大きいかもしれないが、人類の幸福のため、あるいは拡大する一方の差し迫った危機から世界を救うための投資と考えれば、けっして大きくない。アメリカなら、軍事費の約半分にすぎないのだ。

この推計は根拠のないものではなく、将来を見据えたうえでの概算である。さらに一歩進んで、実践してみれば、もっと正確な数字が出るだろう。しかし、これまでの経験からして、問題解決に必要な費用の総額は、いまの私たちが危惧しているより、ずっと安くつきそうだ。人びとが努力を結集すれば、思った以上の知恵が出てくるにちがいない。

表13.1　ミレニアム・チャレンジを達成するために

今世代における課題	従来どおりの場合	ミレニアム・プロミス	目標を達成するには	達成できない場合の代償
環境悪化	危険域を超えるほどの環境変化、大規模な種の絶滅、深刻化する水ストレス	気候系に対する危険な人為的干渉を避ける（気候変動枠組条約）、生物多様性の損失を大幅に食い止める（生物多様性条約）、乾燥地の諸問題に取り組む（砂漠化対処条約）	気温変化を2度以下に抑えるため温室効果ガスを規制する、持続的に種を保存し生態系を管理する、農業用水および飲用水の確保	不作による大量移住および死亡、飢餓、重要な生態系の破壊
人口変動	90億人、あるいは100億人を超えるほどの人口増加	2015年までに全世界で家族計画にアクセスできるようにする（国際人口開発会議）	自発的な妊娠減少によって2050年までに世界人口を80億人で一定にする	若年層の爆発的増加、環境負荷、規制できない全世界的な移住
極度の貧困	10億人が貧困の罠にとらわれる	2015年までに極度の貧困と飢餓を半減し、疫病の発生を半分以下に減少する（ミレニアム開発目標）	2015年までにミレニアム開発目標を達成し、2025年までに極度の貧困を撲滅する	全世界の不安定化、破綻国家の登場、抑制できない流行病の発生
全世界的な問題解決策	グローバルな目標の未達成にともなう世界の緊迫化	ミレニアム目標達成のためのグローバルな協力体制	2050年までに持続可能な開発の大きな課題を克服する	経済的、人口的、環境的、社会的な不安定化要因の増加によって引き起こされる世界紛争の危険性

表 13.2　ミレニアム・プロミスの達成に必要な資金

グローバルな目標	必要資金	グローバルな協力体制に向けた具体的な年間支出
気候変動の緩和	貧困諸国への支援をともなう持続可能なエネルギーシステムの採用	GNP1%（ドナー国）、GNP0.5%（低収入国）
気候変動への適応	適応した貧困諸国への支援補助	GNP0.2%（ドナー国）
生物多様性の維持	保護地区に対する資金提供	GNP0.1%（ドナー国）
砂漠化をとどめる	低所得乾燥地帯における水資源管理に対する財政支援	GNP0.1%（ドナー国）
世界人口の抑制	性と生殖に関する健康サービスを全世界が利用できるような支援	GNP0.1%（ドナー国）
持続可能な開発に向けた科学	持続可能な開発を可能にする新技術の研究開発に対する世界的な公的援助	GNP0.2%（ドナー国）
ミレニアム開発目標	極貧諸国が貧困の罠から脱け出せるような支援	GNP0.7%（ドナー国）
合計	地球規模の持続可能な開発に必要な予算	GNP2.4%（支援国）

14　力を合わせて

最後のノーのあとに、イエスという
そのイエスに未来はかかっている。

そう書いたのは詩人のウォーレス・スティーヴンズである。世界を持続不可能な道から方向転換させようとする私たちの世代の課題も同じことだ。私たちが抱えている問題は解決できる。しかし、取り組んでいるさなかには、何百万回もの「ノー」を聞くことになる。「いや、変える必要はない」「いや、変えることなど無理だ」「いや、戦争に備えるべきだ」「いや、和平に賭けることはできない」。だが、最後の「ノー」のあとには、「イエス」がくる。

政治家として成功するのに最も大切な資質は粘り強さだといわれる。私たちの目標、つまりグローバルな規模での協力体制を作り上げることの中心には政治がある。だから、私たちにとっても、粘り強さは大事な資質だといえるだろう。私たちは、あくまでミレニアム・プロミスを信じよう。たとえ、世界中の悲観論者がそんな約束は果たせっこないといっても、あきらめてはいけない。粘り強く続けた者が最後に勝つ。これまで見てきたように、ミレニアム・プロミスの目標は不可能なものではない。それどころか、思っていたよりも、コストはずっと低く、実りはずっと大きいのだ。

　自衛のために、三つの攻撃に備えておこう。開発を専門とする著名な経済学者アルバート・ハーシュマン[166]が分類してみせた、開発を妨げる保守反動の動きである。ハーシュマンによれば、発展的な変化に向かおうとする新しい考え方には、往々にして、三通りの言葉の攻撃が浴びせられるという。最初は「やってもむだだ」という言葉。改革路線がうまくいかないのは、もともと問題自体が解決不能だからという含みがこめられている。二つめは「逆行する」という言葉。解決に向けた試みのせいで、じつは問題を悪化させているといって妨害する。三つめは「危険だ」という言葉。ある問題を解決しようとして、もっと重要な問題に向けるべき関心と資金が無駄遣いされているという非難である。このような否定的な言葉は人間心理から生じたもので、まったく根拠はない。変化のための手段について熱心に議論することは、もちろん健全だし、重要なプロセスではあるが、目の前の問題を直視したとき、現状維持にこだわりすぎるのは無意味としかいえない。

　本書で描いたグローバルな変化の実行モデルは、時期や対象を設定したうえで、世界共通の目標を明確にすれば、変化のさざ波を作りだせるという考えにもとづいている。世界中がミレニアム・プロミスを守れば、私たち一人ひとりも、自分の生活、職場、地域社会において、世界共通の目標へ向かわざるをえないだろう。その目標めざして世界が収束（コンバージェンス）に向かえば、コンバージェンスの勢いはますます強まる。最初のうちは不可能に思えても、数え切れないほどの断片的な小さな出来事が積み重なり、世界的な動きになって、やがては平和と繁栄と環境持続性が達成できるだろう。

私たち人間は、見えない力に動かされる歴史のこまにすぎないとはいえ、同時に、歴史を動かすこともできる存在だ。世界が共有の目標のもとに結集するか、それとも戦争と相互不信に陥るかを決めるのは、私たち自身の意志である。成功へのチャンスは、私たち一人ひとりが、社会のそれぞれの立場で、どれだけ変化を求める積極的な力になれるかにかかっている。とどのつまり、ジョン・ケネディがいったように、平和とは魔法の杖の一振りで得られるものではなく、「多くの行為の積み重ね」であり、一つのプロセスなのだ。また、弟のロバート・ケネディの有名な言葉もある。

> 勇気と信念にもとづく無数の行為によって人類の歴史は作られる。人は理想のために立ちあがり、人類の幸福のために行動し、不正に対してこぶしを振りあげる。そのたびに、人は小さな希望のさざ波を送りだす。そのさざ波は、エネルギーと勇気にあふれた他の無数の中心から生まれたさざ波と交差する。そのとき、これらのさざ波は一つの流れとなり、圧制と妨害の巨大な壁を押しながすだろう。[167]

エネルギーと勇気をもって、断固として「ノー」に抵抗しよう。最後の「イエス」を勝ちとる日まで。

変化を支える人びと

人間の活動は、長きにわたる協力を前提とした集団を通じてくりひろげられる。まず家族から始まり、しだいに大きなものへと広がってゆく。親戚一族、地域社会、企業、政府、そしてついには一九二か国が参加する国連のような世界の頂点に立つ組織となる。これらの団体が誕生したのは、他の団体では得られない特殊な協力関係が機能しているからである。そのような活動をうまく後押しする役割が果たせなければ、その団体の存在意義はない。

本書ではこれまで経済開発の事例を見てきたが、協力はあらゆる場所で必要とされる。家族という最も小さな単位から、国際貿易を管理する世界貿易機関が定める条約のような地球規模のものに至るまで、関係者の協力が欠かせない。最小の規模とはいえ、親子や夫婦が助け合わなければ家庭は成り立たない。村や町などの地域社会でも別種の協力が求められる。たとえば、学校や診療所を建てたり、経営したりすること、地元の環境を整えること、身近ないさかいを収めることなどである。村や町より大きな地方自治体の仕事としては、地域同士を連結する道路の建設、全国に電気を送る電力網の敷設などで協力が必要になる。さらに一国の政府となると、国境、海港、国際空港などを管理下におき、複雑な経済や社会問題の解決に必要な基礎科学や応用科学を支えなければいけない。もちろんビジネスの分野でも、個人商店から世界的な多国籍企業に至るまで、技術管理に努めたり、顧客に商品やサービスを提供するために国際的な労働協約を結んだりといった協力関係が当たり前とされている。

持続可能な開発にともなうさまざまな問題の解決、たとえば気候変動を食い止めること、極度の貧困をなくすこと、人口を抑制すること、生活用水や農業用の水を確保することなど、すべては各種団体の協力がなければ達成できない。大きな問題は、政府だけでも、ビジネス部門だけでも、または一つのコミュニティだけでも解決には至らない。複雑な社会問題の裏には多くの利害関係がからみあっている。問題に多少とも関係をもつ人びとは、問題の解決にもかかわるべきなのだ。利害関係がばらばらな人びとのあいだに協力関係を築き上げるのは、何より厄介な問題かもしれない。

市場の力だけでこうした問題が解決できるなら、協力という問題はずっと簡単になったはずだ。市場の美点は、おたがいに名前も知らない無数の供給者と顧客の関係が巧みに調整されるところである。倫理、勇気、協調の美徳などは、まったく必要とされない。ビジネスにおいては、企業と顧客がともに自分の利益だけを追求すれば事足りる。アダム・スミスはこういっている。「われわれが食事をとれるのは、肉屋や酒屋やパン屋の善意のおかげではなく、儲けに対する彼らの貪欲さのおかげである」

このせいで、経済学者のなかには、市場の力だけで問題が解決できるという単純な誤解を信じこむ人も出てきた。たとえば、ウィリアム・イースタリーは、貧しい人びとに医薬品を配布するのに大規模な計画や調整が必要だという意見に強く反論した。なぜなら、大規模な計画などなくても、数百万部ものハリー・ポッターの本が読者の手に渡ったではないか、というのである。もちろん、その違いは明らかだ。ハリー・ポッターの読者は本を買う金をもっていたが、極貧の人びとは命を救うための医薬品さえ買う手段をもたない。その本を買う金をもたない子供がいたとしても、その子は死にはしない（多少がっかりしながらも）。だが、薬を買う金をもたない子供は、夜明けを待たずに死ぬかもしれない。毎年、一〇〇〇万人もの子供が死んでいるのだ。ただたんに、大量のワクチンを流通させることが目的なら、市場でこと足りる。だが、私たちの目標が、それを必要とするすべての子供にワクチンを届けることだとすれば、市場だけでは達成できない。対象が、最も貧しい人びとだったとしたら、どうなるだろう。貯金もなく、舗装道路などない場所に住み、交通手段も診療所も利用できず、医療の情報も得られない人びとが相手だとしたら、市場はまったくあてにならないだろう。

何度もいったように、市場の力だけではうまくいかない。極貧の人びとは市場に加わることができず、個人のインセンティブに訴えるだけでは大規模な公共の福利の実践には不足である。環境保護、疾病管理、科学界における新発見などは、市場の力だけではとてもなしとげられない。これらの例では、もっと複雑な協力体制が必要になる。企業や消費者だけでなく、公共部門や非営利部門まで含めた幅広い団体が結集すべきである。

そんな協力体制を築くことはたしかに難しい。だからといって、最初からあきらめるのはどうかと思う。ジョン・ケネディは、月への到達という挑戦についてこう語った。

> われわれはこの一〇年のうちに、月に到達することのほか、いくつかの目標を選んだ。容易だからではなく、それが困難な挑戦だからである。この目標を達成するには、われわれの最大のエネルギーと能力を結集し、その成果を見せなければならないからである。この挑戦は、われわれがみずから受け入れたものだからである。先延ばしをしないと決めたことだからである。われわれが必ずなしとげると決意したことだからである。[168]

貧困をなくし、この地球を救うための国際的な協力体制についても同じことがいえる。

抗レトロウイルス薬の場合

極貧の人びとに医薬品を届けること、とりわけ生死にかかわるＨＩＶ／エイズ治療薬の抗レトロウイルス薬について、もう少し突っこんで考えてみよう。そこから、さまざまな利害関係をもつ人びとの行動がいかに重要かを察することができる。とりわけ、市場だけでは解決できないような問題では、それぞれの要求がぶつかりあい、入り組んだ協力体制が必要になるからである。

一九九〇年代半ば以降、科学者や医療関係者は大規模な公的資金の助成を受けて、感染患者のＨＩＶウイルス複製を抑える薬物を特定することに成功し、その治療を受けた患者はエイズの進行を抑えられるようになった。その基盤となる科学研究そのものは、政府（たとえば国立衛生研究所など）、民間の製薬会社、学者など、複数の協力によって推進された。そのような発見を促すために、複合的なインセンティブ・システムが考案され、数社の製薬会社が効果の大きな医薬品の特許を取得した。科学者は、一種類の薬に対する薬物耐性が生じないように、三種類の医薬品を「混ぜて」服用すべきだと判断した。

二一世紀初頭、特許で保護された混合薬の値段は患者一人につき年間およそ一万ドルだった。世界でもとくに高所得の国々では、そのような薬代の大部分は、官民いずれかの健康保険か、政府の助成制度（アメリカのリャン・ホワイト・プログラムなど）でまかなわれた。自己負担の例も多少はあったが、裕福な人なら自前で薬を買うことができた。この混合薬が富裕国に普及したころ、アフリカには一〇〇〇万から二〇〇〇万のＨＩＶ感染者が生じていた。政府にとっても、感染した人びとにとっても、一万ドルの薬代を支払うのはとうてい無理だった（さらにいえば、低価格の予防薬や検査の費用もなかった）。実際、ＨＩＶに感染したアフリカ人のほぼ全員が、命を救える抗レトロウイルス治療の恩恵を受けられないまま、エイズで死ぬしかなかったのだ。市場の奇跡は望むべくもなかった。しかも、世界銀行のような公的機関でさえ、抗レトロウイルス薬は金持ちのもので、アフリカ人には高嶺の花という態度だった。世界銀行は、エイズに関する論文で抗レトロウイルス薬に触れさえしなかった。

ここには複雑に交錯した問題が透けて見える。疫病がアフリカを荒廃させており、その病気を致死的なものから抑制可能なものに変える技術的な解決策は見つかっている。それなのに、その解決策は、それを必要とする人のもとに届かない。非情なまでの不公平さだが、それを打ち崩す方法はあった。最初の突破口は、インドを中心とするジェネリック薬製造企業が、先発医薬品を分析してジェネリックの混合薬を製造し、市価よりずっと安価で販売すると発表したことだった。もちろん特許をもっている製薬会社も同じことができたはずである。彼らは特許のおかげで薬を高い値段で売り、大きな儲けをあげていた（特許のおかげで、一時は独占状態だった）。二〇〇〇年から二〇〇一年にかけて、いくつかのジェネリック薬製造会社が、低所得国家を対象にＨＩＶ用のジェネリック薬を患者一人あたり一日一ドル、年間およそ三五〇ドルで売りだすと発表した。特許をもつ大企業も、同じくらいの低価格で薬を提供できることを認めたが、それでは先行投資した研究開発費を回収できず、さらに今後の研究開発に向かう意欲がそがれると主張した。

激しい議論が交わされたあげく、エイズ危機に関連するいくつかの機関、たとえば世界保健機関、特許をもつ製薬会社、ＨＩＶ感染者を代表する各団体、学術団体、アフリカ諸国の政府などのあいだで、いくつかの事実が確認された。第一に、特許権をもつ製薬会社は抗レトロウイルス薬を富裕国では特許に守られたまま（つまり年間一万ドル）で販売するかたわら、アフリカでは原価（つまり、年間およそ三五〇ドル）で売る「余裕」があることがわかった（時間はかかったが、ようやくそこに気づいた）。どのみちアフリカでは一万ドルの薬など売れないのだから、ただの見込み収益としても、特許をもつ会社が損になることはない。さらに、アフリカの市場を高収入国の市場から「分離」するには、一般的な規制を応用するだけでよかった。アフリカ向けの医薬品が国境を越えて富裕国に送り返されないような規制を作り、現場で有効に機能させることは実際に可能だろう（その後、たしかにそうなった）。

第二に、たとえ医薬品が原価ぎりぎりで提供されたとしても、アフリカ諸国は（政府も一般家庭も）それを購入できないことがわかった。アフリカ諸国の医療予算は一人あたりおよそ年間一〇ドル以下で、年に数百ドルもする医薬品は購入できない。そのため、ドナー国はアフリカの患者のために安い薬を買って無料で配布するか、患者一人あたり年間三五〇ドルよりも安い値段で売るしかない。世界エイズ・結核・マラリア対策基金が設立された理由の一つがこれである。

しかし、新しい戦略に取り組む人びとの前に三つめの困難があらわれた。医薬品がアフリカの倉庫に到着しても、それを患者のもとに届けることが難しい。供給網の「最後の一マイル」、すなわち倉庫から辺鄙な村の小屋で死につつある患者までの隔たりは、なりゆきまかせの市場力では埋められなかった。基本的な医療サービスの規模を拡大するには、公教育、カウンセリングと検査、治療、患者の管理、地域の保健センターや病院から現地の村まで医薬品を届ける輸送手段まで含めた、気の遠くなるような作業の積み重ねが必要になる。供給網の最終的な目的地は、薬を買う費用のごく一部でさえ負担できない貧しい家庭なのだ。

実際のところ、この説明でさえ簡略にすぎる。ブリストル・マイヤーズ・スクイブなどの製薬会社は、ＨＩＶ薬の配送というすばらしい社会貢献プログラムを開始した。医薬品の供給網や配達に協力する自社のチームや独立ＮＧＯへの支援に乗り出したのだ。しかし、彼らはやがて、極貧層が抱えているまた別の問題に気づいた。貧しい人びとは一日に必要な最低限のカロリーすら摂取できておらず、いくら薬を送りこんでも慢性的に栄養不足の患者には効かないのである。あるとき、ブリストル・マイヤーズ・スクイブのプロジェクト・リーダーたちがそろって私のオフィスにやってきた。ＨＩＶプロジェクトの対象地域で食糧を育てるにはどうしたらよいのか、アドバイスが欲しいというのである。

二〇〇七年までに、こうした問題の大半が理解されるようになり、大規模な取り組みも始まった。現在、およそ一〇〇万人のアフリカ人がドナー国の支援によるＨＩＶ治療を受けている。二〇〇一年には、ほとんど皆無だったことを思うと感慨深い。関係者の一人ひとりが小さな奇跡を起こしているのだ。この成功を導いたのは市場ではないが、もちろん、市場での儲けがあればこそ、まず薬が開発されたのだし、高収入国で利益が得られたからこそ、極貧層に抗レトロウイルス薬を配布するための資金が確保できたのだ。エイズ治療薬の実際の配布にあたった団体は驚くほど多岐にわたっていた。民間団体、公共部門、ボランティア活動家に加え、製薬会社はもちろん、パートナーズ・イン・ヘルスや国境なき医師団などのＮＧＯ、世界基金、アフリカ諸国の政府、地元コミュニティ、ボランティアの地域ヘルスワーカーなどが関与した。彼らを結びつけるのは、市場での利益ではなく、共通の目標を達成しようとする熱意だろう。エイズ治療を必要とする全員に、たとえ最も貧しい人びとのもとにさえも、必ず届けたいと願っているのだ。

企業の社会的責任

ビジネスとは、事業主を儲けさせることが第一義である。だが、ＨＩＶ治療薬の配布といった市場の外の問題を解決するのに、企業が知らん顔をしていてよいわけではない。それどころか、企業のCEOたちは、市場以外の活動を無視すれば会社の成功が危うくなりかねないことを理解している。重要な問題の解決を妨げれば、企業の評判を損なうことも多い。共通の価値観、顧客の信頼、社員の士気、新規採用への応募、世間の評価などを失うかもしれないのだ。あるビジネスマンはこういっている。「それらの問題についてまともに取り組むか、問題そのものになるかのどちらかだ！」

一九九八年から二〇〇一年にかけてエイズが大問題になっていたとき、世界基金が発足する以前、大手製薬会社はあまりの混乱にすっかり怖気づいていた。企業は熱心な活動家から激しく責められていた。死に瀕しているアフリカのエイズ患者を見殺しにし、薬の値段をいっこうに下げようとしない、といった批判である。企業は高収入国の市場では特許で守られた高い価格を保とうとしたが、当時はまだ、極貧国向けの市場を区別する方法がわかっておらず、またそうすべきだという認識もなかった。さらに、アフリカ向けに低価格の治療薬を送るだけでは十分ではないことも、直感だけとはいえ、わかっていた。受け入れ国の医療全般を改善し、規模を拡大する必要があったのだ。

その当時、私は何人かのCEOと会い、薬の値段を原価ぎりぎりまで下げ、製薬業界が足並みをそろえて値下げに踏み切ってはどうかと提案したことがあった。企業の評判を保つには、そのような市場の「区分」は避けて通れないといったのだ。さらに、世界保健機関の「マクロ経済と健康に関する委員会」の議長として、また国連ミレニアム・プロジェクトの長として、値下げに付随して必要になる流通網（輸送手段、ヘルスワーカー、村の診療所など）も他のドナーによって支援するという計画を事細かに説明した。こうして、パズルのピースがはまりはじめ、ビル・クリントン前大統領とクリントン財団の支援によって、発展途上国政府は抗レトロウイルス薬の値下げ交渉を進めることができ、事態が大きく前進したのである。当時、メルク社のCEOだったレイ・ギルマーティンはのちに、メルク社が得た大きな教訓のことを私に話してくれた。メルク社が利益を度外視して極貧国向けの値下げに合意すると、社員が大きな誇りと熱意で応えてくれたというのである。CEOに就任して以来、会社の士気がこれほど高まったのは見たことがないとギルマーティンはいう。問題の元凶となる会社ではなく、解決に貢献する会社で働きたいと思うのは人情として当然だろう。

たしかに、困難が消えたわけではない。製薬会社のなかには、ジェネリック薬品製造会社の参入に抵抗し、低収入国でも新薬を高値で売り、特許料を課すべきだと主張するものもある。特許をもつ企業が、低収入国へのジェネリック薬品製造会社の新薬導入を遅らせようとする場合もある。新薬が従来の薬より効果が高く、また極貧国により適している（冷蔵せずにすむとか、摂取しやすいなどの理由で）ときでも、受け入れようとしないのだ。いちばんの問題は、極貧国とその他の低収入国、それに中収入国との線引きをどこですべきか、国際的な合意ができていないことである。中収入国（ブラジルやタイなど）では、国際的に流通する薬を原価よりやや高い価格で買える程度には豊かだが、富裕国と同じ市場価格が払えるほどには豊かではない。公平さや公正さ、そして何よりも、公共医療の基準についての合意ができておらず、いまだに意見は分かれている。それでも、私はこれがけっして不可能ではないといいたい。それどころか、関与する人びと全員に利する有効な解決策を見出し、慈善ではなく利益を出すのが企業の務めだということを理解したうえで、国際的な大企業を積極的に関与させ、全世界の幸せと貧しい人びとの福利をめざして、適切な公的資金を用いて官民の共同戦略を推し進めるべきなのだ。

これこそ、ミレニアム・プロミスに関して、私がすべてのCEOに伝えたいメッセージである。各企業が解決に向けた行動の一端を担い、市場の外にまで活動の場を広げなければいけない。これは企業をひっくり返すことでも慈善団体に変えることでもなく、いわば大きな社会問題を解決するための幅広い取り組みの一環として、企業ならではの貢献を果たすことである。企業の社会的責任とは本来こういうことである。つまり、社会全体の大きな目標を達成するために、市場とは関係のない目的も含めて、ビジネスの原則や価値観や商売の本質を保ちながら、企業活動を展開する。これは、企業による慈善活動を超えたものである。それには創造性が必要だ。

たいていの場合、企業のおもな資産とは、積み重ねた技術力、供給者と顧客のネットワーク、世間での評判、労働力などである。これらの資産は、貧困、病気、飢餓、環境劣化との戦いでも役に立つ。たとえば、極度の貧困に対して、企業は自社のもつ技術力が世界の貧しい人びとにとって、どんな役に立つのかを考えるべきだ。技術力とは、医療器具、高収量品種、化学肥料、コンピューターのハードウェアやソフトウェア、通信機器、トラック、財務関連の専門知識などである。抗レトロウイルス薬の場合と同じく、それらの資産やサービスが市場に出されるときは、原価を大きく上回る価格がつけられる。だから、貧困地帯に多少安い価格で分配したとしても、それほど利益を損なうことはないはずだ。当面、多少の損失は出るだろうが、この先の一〇年、二〇年で大きく成長する可能性のある新たな市場に参入することで、企業は長期的な市場利益を得る。

とはいえ、問題が完全に消えることはない。何度もいうが、ＨＩＶ対策のときがよい例である。肝心の技術によって大きな成果を上げるには、それ以外の資産やサービスをきちんと機能させることが必須の条件なのだ。辺鄙な農村部の学校にコンピューターがあれば役に立つだろうが、まず電気が通っていなければ話にならない。農家にとってトラックは必須かもしれないが、それには車を走らせる道路が必要だ。病院の設備を拡充するには、いうまでもなく、まず病院がなくてはならない。企業による社会貢献活動は、複雑すぎないほうがよい。さもないと、せっかく善意で行動しようとする企業に負担がかかってしまう。一企業が、地域の道路、電力、学校、診療所といった基本的なニーズを満たすことなど、実際にはできるはずがない。企業は慈善団体でも開発機関でもない。企業に求められるのは、何より――といって、それだけに限るわけではないが――もっている技術力を有効に使い、トレーニングや指導を通して、それらの技術を現地でうまく活用できるように貢献することである。

私には予想外のことだったが、企業による社会貢献がいちばん効率よく機能するのは、慈善家、ドナー組織、民間企業といった複数のパートナーによる全般的な開発援助の一員として活動したときだった。ＨＩＶプロジェクトはその一例で、最終的に世界基金から数十億ドルの支援を得ることに成功した。アフリカ全域に設けられたミレニアム・ビレッジには、多くの企業が援助の手を差し伸べた。同じ目的をもつ者同士のネットワークの強みと先を見越したビジネス・センスが村人たちの助けになったのである。貧困の撲滅という難しいパズルを解くために、以下のような企業が協賛してくれている。ヤラ社は肥料、モンサント社は高収量品種、住友化学はマラリア防止用の蚊帳、ＫＰＭＧは財務知識、ゼネラル・エレクトリック社は手術用の機器類、エリクソン社は携帯電話とインターネットの接続、ノバルティス社は抗マラリア薬、ベクトン・ディッキンソン社は医療器具と診療器具である。このリストはまだ増えつづけている。

ゲイツ財団が先駆けた一種の特別協力は、研究開発に関わる官民協力体制であり、慈善団体の資金援助によって、大学および民間組織に所属する研究所や科学者が研究を進めるというものだ。この官民協力体制のおもな目的は、新しい薬や診断法、新ワクチン、エイズや結核やマラリアや寄生虫性疾患といった致命的な病気の新しい情報を発見、開発することである。このいずれの場合でも、市場力だけでは、とても研究開発費は出せないだろう。極貧層の人びとが抱える悩みを解決しても、市場にとってはなんのプラスもないからだ。ゲイツ財団は、最先端科学の分野と提携し、市場の手が届かないところへ一歩を踏み出した。

企業の進むべき道には三つの方向がある。第一に、協力の一環として、ミレニアム・プロミスに同意すること。第二に、創造性を発揮して、その企業ならではの技術、ネットワーク、専門知識でどのように貢献できるかを考えること。このプロセスは一つの発見であり、これによって企業は、世界各地で目の前の問題に取り組んでいる人びとと足並みをそろえることができる。第三に、企業は、それまで足を踏み入れたことのない領域で働くことを覚悟しなければならない。マリ、マラウイ、タジキスタン、ボリビアなどで事業を開始しても、最初は利益がないだろう。だが、同じ志をもつ他の企業と提携して新たな土地に進出した場合、それほど大きな損失もないはずだ。ミレニアム・ビレッジ・プロジェクトやこれに類したプロジェクトは、企業ならではの役割を果たすのに向いていて、その初期には大きな力になれるジャンルである。

企業の果たす大きな役割は、技術の提供だけでなく、貧困地域における現地産品の消費者になるという側面もある。スターバックス、ナイキ、ギャップといった企業が低所得国から原材料を調達する場合、彼らは、（よくいわれるように）貧困を作りだすのではなく、貧困を減少しているのだ。もちろん、そのためには、企業が国際的に定められた労働基準や、地域社会の権利や労働者の健康といった人道的な原則を守らなければいけない。ＮＧＯの粘り強い働きかけのおかげで、大企業は評判を落とすまいとして、それらの規則を守るようになり、そのための努力を続けている。多くのＮＧＯ、たとえばグローバル・ウィットネス、オックスファム、インターフェイス・センター・オン・コーポレート・レスポンシビリティ、アムネスティ・インターナショナル、ＣＥＲＥＳなどは、地位や権力をふりかざす企業を監視するという点で、きわめて責任の重い務めを果たしている。だが、なにより必要なのは、長期にわたって信頼しあい、おたがいの責任を自覚できる関係を築きあげることだ。企業が正しい行為をしたとき、監視役のＮＧＯは彼らを正当に評価しなければいけない。そうすれば、企業内での議論に重きが置かれ、支持されることにもつながる。悪しき行為が非難されるのなら、褒められるべき行為に対しては名声という褒美が必要だ。これは重要な点であり、企業の社会的責任に関するトップ・リーダーともいうべきノバルティス財団総裁のクラウス・ライジンガーもこのことを強調している。[169]

企業による最悪の行為は、採取産業に見られる。とりわけ炭化水素（石油とガス）、貴石類、金、その他の分野で、採取産業の会社は、現地コミュニティや自然環境への配慮なしで、高価な資源をいっぺんに採掘し、大きな儲けをあげてきた。石油会社はニジェール・デルタのひどい無法状態に文句をいうかもしれないが、ここで明記すべきは、その無法状態を招いた一因は会社にもあるということだ。現地の貧しさや地域社会には目を向けず、役人に多額の賄賂を贈り、契約は平気で破り、出荷記録を偽り、原価報告書を書き換えるばかりか、税金や協定までごまかすような会社が多い。果敢なＮＧＯの監視によって暴かれないかぎり、このような行状は隠されたままである。隠蔽工作の一つには、アフリカ人を企業内で重要な役職につかせないことも含まれる。

この分野で、熱心な監視にたずさわる最も重要な国際機関は、採取産業透明性イニシアティブ（ＥＩＴＩ）である。この構想の目的は、「石油、ガス、鉱物などの採取に関する企業からの支払いと国家への歳入を監視し、情報公開し、それによって、資源の豊富な国々のガバナンスの向上を支援する[170]」ことである。採取産業透明性イニシアティブは、加盟を希望する企業や国家向けの専用資料を用意している。二〇〇七年半ばの時点で、西アフリカを中心に、資源の豊富な一四か国がこれに加盟している。

非政府部門

現在の世界では、貧困、病気、飢餓、環境などの問題に関して、最も建設的な活動をしているのは非政府組織（ＮＧＯ）である。ＮＧＯ活動の範囲は、広く解釈するなら、まさに無限といっていい。世界中に数百万ものＮＧＯが存在し、その活動には毎年数千億ドルが費やされている。正確な計算はできないが、この部門はたしかに範囲が広く、受け入れ国の経済よりもずっとすばやく成長している。この部門には膨大な数の組織がある。学術関係のほとんどの団体、慈善団体、個人の慈善家、活動家のグループ、専門家の団体、科学関連の組織、宗教団体の社会奉仕部門、その他である。これらに共通する特徴は、政府と関係なく活動し、非営利ということだ。

ＮＧＯが重要なのはもちろん、市場力だけでは、とくに貧困や世界の環境保護といった問題に関するかぎり、社会の資源を平等に配分できないからである。理論的には、市場がうまく機能しないところには政府が介入すべきだが、政府の力が発揮されるのは、せいぜい市場の機能のごく一部を補うときだけだ。起業精神に富んだ政府はめったにない。政府が役に立つのは、すでに試行で効果が証明されている取り組みの規模を拡大するようなときである。その場合、規模の拡大に必要な資金を確保するため、政府の増税政策や借金能力が決め手になるだろう。しかし、「何をすべきか」をめぐる発想は調査と起業家精神から生まれるものであり、だからこそNGOはかけがえのない貴重な存在となるのである。

NGOに関する成功物語はあまりにも数が多く、広範におよんでいる。この半世紀、いくつかのNGOがノーベル平和賞を受賞したことは、非政府部門において画期的な指導力が発揮されたことの証拠にほかならない。二〇〇六年の受賞者であるムハマド・ユヌスについてはすでに述べた。彼の名前はマイクロクレジットの代名詞のように語られ、彼が設立したグラミン銀行は開発途上国で活動するNGOの一つのモデルになっている。二〇〇四年の受賞者ワンガリ・マータイは、アフリカで植樹による環境保護を訴えるグリーンベルトの活動を始めた。二〇〇二年のジミー・カーターの受賞は、社会と経済の開発に力を注いでいるNGO、カーター・センターの画期的な活動が認められたものだった。一九九九年には、世界各地の最貧困地域や紛争地帯において、いち早く救命医療を展開したことを理由に国境なき医師団が受賞している。一九九七年には地雷禁止国際キャンペーンが受賞し、一九九五年にはNGOとして核軍縮に尽力したことで、ジョセフ・ロートブラットおよび「科学と世界の諸問題に関するパグウォッシュ会議」がともに受賞した。アムネスティ・インターナショナルは、世界の政治および社会の関心を人権に向けるために率先して活動してきたという理由で一九七七年に受賞し、一九七〇年にはノーマン・ボーローグが受賞した。ロックフェラー財団の支援によって、緑の革命を支える技術を開発し、インドで実施したことが評価されたのである。

二〇世紀における世界で最も重要な経済開発組織はといえば、画期的な働きをしてきたロックフェラー財団だという人もいる。世界銀行や国際開発庁のような国際的な組織とくらべても、ロックフェラー財団が設立されてから七五年のあいだに果たしてきた社会変革ほど、大きなことをなしとげた団体はほかにない。ロックフェラー財団は、変革力をもった慈善活動家が結集した特別な組織で、世界でもトップクラスの慈善家から寄付された莫大な基金を用いて、世界をより良くしようと努めている。最近まではアメリカでの活動が主体だったが、いまでは世界中の億万長者が参加するようになった。名を連ねる人びとのリストは長大で、アンドリュー・カーネギーとジョン・D・ロックフェラーに始まり、アンドリュー・メロン、エドセル・フォード、ジョン・D・マッカーサーとキャサリン・T・マッカーサー、ジョージ・ソロス、デイヴィッド・パッカード、ウィリアム・ヒューレット、そして現在はビル・ゲイツとメリンダ・ゲイツ、ウォーレン・バフェットなどの名前も見られる。

ロックフェラーは、鉄道会社で頭角をあらわしたのちに鉄鋼王となったアンドリュー・カーネギーの行動力とリーダーシップに大きな感銘を受けた。カーネギーは社会変革をめざした慈善家の草分けともいうべき人物である。一八八九年、カーネギーはこう書いている。「生きているあいだに好きに使えたはずの財産を数百万ドルも遺してこの世を去るとしたら、その死を嘆く人はおらず、栄誉も与えられず、褒め称えられることもないだろう」。カーネギーはその言葉どおり、カーネギー財団を設立した。同じように、ロックフェラーも慈善活動に取り組み、一九〇七年にはアメリカ議会に働きかけて、疾病、貧困、無知の克服のために働く国の組織があれば、そこに寄付をすると申し出た。当時の旧弊な政治家たちは、それを歓迎するどころか、名誉を金で買おうとしているとして非難を浴びせた。議会に却下されたため、提案は取りさげられた。そこでロックフェラーはニューヨークに本拠を置くことにし、一九一三年、合計一億ドルの寄付金をもとにロックフェラー財団を設立した。二〇世紀において、国際開発の推進に関して、これほど大きな貢献を果たした組織はない。創立以来、六〇年のあいだに財団が取り組んだ事業のほとんどが大きな成果を上げている。財団の助成を受けた科学者のうち、約一七〇人はのちにノーベル賞を受賞した[171]。

財団の業績の一部は以下のようなものである。アメリカ南部に蔓延していた鉤虫症《こうちゅう》を撲滅し、そのおかげで南部の経済開発に弾みがついた。医学教育を改革し、公衆衛生のための学校を設立した。財団の支援による黄熱病ワクチンの研究と発見はノーベル賞を受賞した。世界第一級のシカゴ大学を設立した。ブラジルではマラリアを媒介する危険な蚊の絶滅を支援した。さらに驚くべきことに、科学と知識の移転に資金援助をして、アジアの緑の革命を推進させた。これによって農業生産力が向上したため、インドやその他の国は飢餓と貧困の果てしないサイクルから脱け出すことができ、ノーベル賞の受賞につながった。ロックフェラー財団の成功の鍵は、知識に投資したこと、そして何が必要かを的確に判断できたことである（公衆衛生、臨床医学、ワクチン開発、緑の革命における種苗の多様化など）。その運営方法は、支援を受ける科学者にとっては夢のようだ。財団は関心分野を選び、その分野の第一人者を選出する。そのあとは、重点的かつ長期的に資金援助をするだけで、うるさい干渉や条件はいっさいない。こうして、ロックフェラー財団は二〇世紀の科学や公共政策において最も豊かな実りを生み出したのである。

現在、ゲイツ財団の二五〇億ドルとウォーレン・バフェットの寄付による三〇〇〇億ドルを得て、ビルとメリンダのゲイツ夫妻が同じことをしようとしている。ゲイツ財団は、極度の貧困と病気の撲滅をおもな目標としている。ロックフェラー財団と同様に、ゲイツ財団も、世界から極度の貧困をなくすための打開策は技術にあると考えている。当初、力を入れていたのは医療技術だったが、現在では、農業や水など、貧困との戦いに欠かせないさまざまな分野に対象を広げている。もちろん、大規模な慈善活動に力を入れている億万長者は、ゲイツ夫妻だけではない。ジョージ・ソロスは中央ヨーロッパおよび旧ソ連で真実を語った勇敢な人びとを支援し、共産主義を平和裡に終わらせる一助となった。グーグル創設者のラリー・ペイジとセルゲイ・ブリンは、情報技術も変革をもたらす道具になることを証明してみせた。彼らは最近、アムネスティ・インターナショナルと提携して、ダルフールの衛星画像をインターネット上に載せている。激しい紛争が続くこの地域の問題に人びとの関心を呼び起こし、責任ある解決に向けて、技術面で支援することが目的である。

最近の『フォーブス』誌には大富豪の世界上位ランキングが掲載され、[172]そこから新たな可能性が見えてきた。記事によると、現在、世界には億万長者が九五〇人もいて、推定で資産額合計は三兆五〇〇〇億ドルにもなるらしい。わずか一年で、なんと九〇〇〇億ドルの増加である。ヨットやマンションなど、浪費のかぎりを尽くしてもなお、彼らの手元には世界を変革できる三兆五〇〇〇億ドルもの金が残っているのだ。彼らがバフェットやゲイツ夫妻を見習って、その財産を共同出資したと仮定しよう。ごく一般的な財団運営の原則にしたがえば、三兆五〇〇〇億ドルの寄付は五パーセントの配当を生むが、これは金額にして約一七五〇億ドルである。これだけの資金があれば、世界の貧しい人びと全員に基本的な医療サービスを受けさせ、エイズ、結核、マラリアという三大流行病を撲滅し、アフリカで緑の革命を推進し、情報格差をなくし、一〇億の人びとに安全な飲み水を与えることができるのだ。

全部で一〇億近い国民を抱える二二のドナー国政府が支出する開発援助金の合計は一〇五〇億ドルである。その額をはるかに超える財産が、九五〇人の手に握られている。そこからわかるのは、現在のスーパーリッチの途方もない財力、そして現在のアメリカや日本やヨーロッパ諸国政府の先見の明のなさである。要するに、これまで本書で見てきた計算によれば、スーパーリッチの財力だけで、極度の貧困を終わらせるのに十分なのだ。何より、平凡な日々の生活の悩みから解放された大富豪にとって、世界を救うことはそれほど悪い仕事ではないだろう！

研究大学ならではの役割

非政府組織のなかでも、とりわけ高等教育機関や研究大学などには、ミレニアム・プロミスを達成するにあたって独自の役割がある。大学の高い壁の内側にこそ、持続可能な開発という大きな問題を解決するのに欠かせない広範かつ専門的な科学知識があふれている。しかも、大学は地球規模の問題と取り組むのにふさわしい強みを三つもっている。

第一に、他の社会機関と同じく、大学は長期的な視点でものごとを捉える。ハーバード大学は、アメリカ政府の誕生より一四三年も前から存在し、私の母校であるコロンビア大学の創立は政府ができる二五年も前のことである。中東やヨーロッパの有名な研究機関は当然ながら、もっと歴史が古い。カイロのアル＝アズハル大学（九八八年創立）、ボローニャ大学（一〇八八年）、パリ大学（一一五〇年）、オックスフォード大学（一一六七年）、ケンブリッジ大学（一二〇九年）などがその例である。これらの大学は永続することを前提として創られ、だからこそ長期的な視点がもてるのだ。

第二に、他の社会機関以上に、大学は、政治、社会、経済の各分野において偏向なしにグローバルな問題と取り組むことができる。大学は営利組織ではない（残念ながら、営利に走る大学がなんと多いことか！）。特定の商業利益に肩入れすることもない。ふつうは国家の保護を受けず、したがって国家の政策の手先になることもない。一般に、大学は教員主体の運営組織に、選ばれた監視役を組み合わせた自治体制をとっている。先任学者は生涯在職権を得ることが多いので、政治の介入からより自由になる。権威ある大学の教授団の一員であるがゆえに、私は世界中どの国へ行っても心から歓迎される。学者仲間からは、何にも干渉されない独立した研究者として、信頼されていることを感じる。学者とは、民間企業や政府の意向を代弁する者ではなく、ただ真理のみを探究する者である。

第三に、一流の大学はほとんどの場合、この世界をよりよくするという目標を創立理念に掲げている。研究や教育を通して問題を見出すだけでなく、地域社会やより広い世界を変革することが大学の使命なのである。いうまでもなく、大学がその土地の問題解決に貢献することは、これまでも長い伝統となってきた。連邦所有の土地を州に供与して作られた、いわゆるランド・グラント（土地付与）大学の第一号は一八六二年にエイブラハム・リンカン大統領によって創立されたが、これはもともと地元の農業開発を促進するための教育機関だった。たとえば、土地供与を受けた大学は一八八七年のハッチ法にもとづき、大学付属農業研究所の運営資金を助成される。したがって、アメリカの大学にとって、象牙の塔に留まらず、経済開発を促進するという伝統は根強いものではあったが、それは主として地元に限られた。今日の課題は、そのような地域だけの動向をグローバルな問題にまで広げ、各大学が世界のさまざまな地域に活動を広げることである。

科学的な専門性、長期的視野、偏向のない姿勢、地域に奉仕する使命など、大学に備わったこれらの特徴は、おもだった社会組織のなかでも、ほかに類のないものである。しかし、ほかに類がないからといって、大学がそのまま自動的に地球規模の大問題にリーダーシップを発揮するわけではない。リーダーシップを取るには、三つの障害がある。第一の障害は、伝統的に、ほとんどの大学は自らを国際機関ではなく国内機関であると見なしていることだ。とりわけ大学院レベルでは急速に変化しつつあるとはいえ、アメリカやヨーロッパのほとんどの短大や大学では、学生の大多数が自国の人間であり、卒業生も当然そうである。この結果、海外でのチャンスに対して大学は消極的になりやすい。それでも、学生たちは大学生活の国際化をめざして管理者や教員や卒業生に働きかけており、海外留学などの選択肢が増えている。

第二の障害は、往々にして大学は途上国に持続可能な開発をもたらすための実行計画、たとえば貧困国の公衆衛生の普及や経済開発プログラムなどに積極的に関わろうとしないことである。そのようなプロジェクトにはリスクが付き物だし、基礎研究には関係がないといって批判されるかもしれないからだ。しかし、研究と実践を分けて考えるべきではない。大学のなかだけで持続可能な開発を研究しても、成果は期待できない。持続可能な開発のあらゆる分野において、対策のほとんどは一筋縄ではいかず、ビジネス、法律、公衆衛生、生態学、統治といった基本的な問題を理解するだけでも、理論だけですむことはまずない。複雑な問題をしっかりした理論で説明するためにも、現場で問題に取り組むことが何より大事である。

第三の障害は、政府と同様に、実際のところ、大学が持続可能な開発を研究するのに適した構造をもっていないことである。学部や研究活動は、経済学、政治学、生態学といった従来の学術分野で分けられ、問題解決をめざした組織にはなっていない。貧困、環境劣化、気候変動、水ストレス、生物多様性の消失といった問題そのものも、伝統的な研究分野としてまとまっているわけではない。問題を解決するには、学際的なチームや研究のための戦略が必要である。そうなると、雇用、予算の分配、研究費用、学生の登録、プロジェクト管理などをめぐって、大学全体に確執が生じる。

私がコロンビア大学地球研究所でとりいれた学際的な研究方針は、従来の分野別の構造を見直すことができ、複雑かつ総合的な問題の解決のために大学の専門知識を活用するには最適のやり方である。一九九三年、緑の革命の生みの親で、ノーベル平和賞の受賞者ノーマン・ボーローグは、そのような総合科学を基盤にしたユニットの事例を見事に要約してみせた。

科学が専門化するにしたがって、人は自分の専門や得意分野をますます強調したがるように思えます。そのせいで、厄介な問題が生じます。経済学も含めたある一つの分野だけではなく、総体としての科学や技術が地球規模でどれだけ大きな影響をもつかを政治家にわかりやすく伝えようとするとき、私たちのいわんとすることはまるで、まったく異質な言語を操っているかのような事態になってしまうからです。そこから引き出せる教訓は、新進気鋭の研究者たちに、ぜひともある種の態度を選んでもらいたいとお願いしなければならないということです。それは、いくつかの国で実際にうまく機能しています。つまり、専門の研究や分野に留まる学者がいるのは当然として、何人かは分野を超えて、総合的な研究に取り組んでほしいのです。彼らの意見なら、政府の要人たちも、混乱することなく、熱心に耳を傾けることでしょう。どうすれば達成できるのかはわかりませんが、どうしても必要なことだと思います。世界のさまざまな国で働くという類まれな機会を得て、その思いはいっそう強まりました。[173]

地球研究所の例では、コロンビア大学のリーダーシップのおかげで、長期にわたる確実な財政支援が得られ、学内および世界中に複合的な学際活動の基盤を築くことができた。イェール、デューク、バークリー、スタンフォード、ハーバードを含むいくつかの大学でも、現在、持続可能な開発と国際医療に関して、同じく学際的な取り組みが進められている。

国際社会の力

学術機関も含めた非政府組織は、市場や政府にはできない多くの役割を果たしている。ＮＧＯはときには社会起業家のような役割をするが、政府は用心深く官僚的である。学術機関は最先端の科学や技術を駆使できるが、政府にはとてもできない。同じくらい重要なのは、非政府組織が力の源、すなわち新たな国際社会を結びつける原動力になるということだ。市場の力は匿名性が特徴である。政府間の交流はといえば、形式的で、水面下の駆け引きが多く、ときには敵対心が透けて見えることさえある。だが、非政府組織の活動では、名前だけでなく、顔もはっきり見え、人間同士の絆を深めてくれる。それを基盤にして、国際的な信頼と協力関係を育てるべきだろう。

その好例が科学界である。わずかな例外は別として、科学団体やそのメンバーは文化や政治の壁を軽々と超えてしまう。物理学者、生物学者、生態学者は、民族や人種や宗教の境界にかかわりなく、同じ言葉で話ができる。科学関係の学会は、何の抵抗もなく、共同で科学プロジェクトに取り組むことができ、すでに世界中の九四の科学学会が集まって、国際的なネットワークであるインターアカデミー・カウンシル（ＩＡＣ）ができており、オランダのアムステルダムにあるオランダ王立芸術科学アカデミー内に本部を置いている。インターアカデミー・カウンシル設立の目的は、科学的な問題に関して、国際機関や国連に適切な助言を与えることである。インターアカデミー・カウンシルによる初期の報告書にはアフリカの農業生産性向上の展望を論じたものがあり、これは各界に大きな影響をおよぼした。この報告書のおかげで、アフリカに新たな緑の革命を起こそうとする動きに弾みがついたのだった。

いまの時代、政情の不穏さを治めるために、国家は往々にして脅迫や制裁や戦争などに頼りがちだ。そんな時代だからこそ、国境や文化の違いを超越した非政府組織の結びつきこそが、信頼と理解を深め、世界に共通する道徳観を養う主体として、これまで以上に重要なものとなる。科学者が日常的に築きあげている国際的なつながりも、人間のさまざまな活動の一環として、もっと奨励すべきだろう。芸術家、スポーツ選手、法曹家、医師、エンジニアなども、それぞれの特殊な言語を通じて、文化の隔たりに橋を架けている。ワールドカップやオリンピックのようなスポーツイベントは、ときに狭量な政治目的に利用されることもあるとはいえ、世界中の人びとの絆を強めるにはうってつけの舞台となる。二〇〇五年のG8サミットのときに世界各地で同時開催されたライブ・エイト・コンサートや、気候変動対策を呼びかけた二〇〇七年七月のライブ・アース・コンサートなどにも同じような効果がある。

通信技術の進歩のおかげで、ほんの数年前には想像もできなかったスムーズな連結がいまでは現実のものとなった。世界規模のコンサートの映像がテレビやインターネット上で見られるばかりか、いくつかの会場が中継でつながれる。これは世界が一体となったイベントであり、別々のイベントを同時放映しただけのものではなかった。独創性に富む教育関係者は、地球規模の授業というアイデアを推し進め、講義や科学シンポジウムでも、ビデオ会議システムを通じて世界各地とつながるようになった。スカイプなどのデジタルプラットフォームを利用したグループミーティングなら、世界各国のさまざまなチームが一堂に会して話し合うことができる。マイスペースやフェイスブックといったソーシャル・ネットワーク・サービスも、異文化交流や団体活動を推進するのに不可欠なツールとなっている。

ソーシャル・ネットワーキングのツールは、友人同士、趣味を同じくする人、ファンの交流、ブロガーなど、無数の人びとをオンライン上でつなげる働きをするが、いまや社会運動の一環として重要なものになりつつある。オンラインのソーシャル・ネットワーキングによって、友人たちの誰がどんな目的のグループに参加しているのかがわかり、そのような活動が社会に認知され、社会のために活動する特定のグループに参加する友人同士でネットワークを構築することもできるようになった。こうしたツールのおかげで、同じ関心をもち、目標を共有する人びとは、いままでよりもコストをかけずに組織を作ることができる。しかも、ゆるやかな形で世間の人びとに参加を呼びかけ、その一方で、興味本位の冷やかしを避けるにも便利である。

新しいガバナンスの形

企業、学術機関、ＮＧＯ、専門組織などはすべて、グローバル化によって強制的に、あるいはそれを格好のチャンスとして、再編成されつつある。政府には、さらに大掛かりな刷新が必要だ。政府の組織変革が強力に推進される根底には、機能にしたがって形態は変わるべしという信念がある。各国の政府も、国連機関などの国際組織も、ミレニアム・プロミスの達成に向けて再編成しなければならない。国民国家はもともと戦火のなかから生まれたものである。さもなければ、寄せ集めの地元市場から生まれた商品、サービス、資本、労働力をまとめあげて国内市場を創出することが目的だった。しかし、これまでの政治組織を動かしていた動機の数々は、いまや過去のものになっている。一国の政府は、国際経済、世界人口、地球の環境ストレスといった大問題に取り組むには小さすぎ、地方に残る文化の多様性や伝統を維持するには大きすぎるのだ。

さらに政府は、多くの分野にまたがる持続可能な開発についての科学知識を扱うのに適した組織でもない。そのため、自分たちに理解できない世界的な流れの前では、なすすべもなくなる。極度の貧困や環境ストレスという問題が、従来からの安全保障問題にすりかえられてしまう。力による報復合戦の末路は悲惨きわまる。大規模な組織再編にともなうアメリカの新たな外交政策について、また持続可能な国際開発省の設立については、すでに説明した。政府の再編成はなんとしてもなしとげなければいけない。環境の変化や人口や経済といった複雑な問題を理解し、的確に対処できる政府を作りあげれば、世界の地政学は根本から変わるだろう。

国家同士の関係も根底から大きく変える必要がある。欧州連合（ＥＵ）は地域の統合を推し進めた先駆者といえる。問題がグローバルになるにつれ、世界中の人びとに福利を提供するには、従来の国民国家では規模が小さすぎることがわかってきた。ＥＵは同盟国同士の戦争を禁止し、さらにヨーロッパ全域を対象に、環境管理や基幹インフラの整備だけでなく、金融政策や食の安全や金融市場の規制といった統治のための「ソフト」の分野にも大きな投資をしている。世界のその他の地域でも、とくにアフリカでは、ヨーロッパの見本にならって、結束の強い国家間組織ができつつある。つねにわが道を行こうとするアメリカでさえ、国内経済政策や環境政策の一部に、カナダやメキシコも含めた北米自由貿易協定（ＮＡＦＴＡ）で制定された条項をとりいれたほどである。

　こうした国家同士の結びつきは、これまで自国の国民からじかに支持されることはほとんどなかった。これらの組織は、身近な存在とはいえず、実生活にも関係ないことが多い。運営は役人や議員にまかされ、一般市民が関与することはめったにない。その問題を解消するには、ヨーロッパ議会のような国家間の民主的な機関に権限をもたせればよい。ここでは情報テクノロジーも役に立つ。電子議会という画期的な新プロジェクトの目的は、世界各国の議会や会合をビデオ会議やインターネットでつなぎ、新種のハイブリッドともいうべき民主的な機関を世界に広げ、さらには地球規模にまで成長させることである。各国の議会とリンクした電子議会なら、きっとさまざまな問題が解決できるだろう。地球規模の気候変動という問題に民主的に取り組もうと思うなら、国際的な機関は世界中の人びとから民主的な支持を得ていなければならないはずだ。たとえば、世界議会が世界各地でいっせいに公聴会を開き、第一線で活躍する科学者や政策アナリストがそれぞれの議会で研究成果を報告したら、世界中の人びとが一致団結し、個々の良識にしたがって、自発的に世界規模の運動に取り組むはずである。気候変動のような重大な問題に向けた世界の取り決めはもちろん、地球規模の規制についても、国同士で論じあい、同意を得て採択に至るかもしれない。こうして世界の人びとに支持され、地球規模の連帯が生まれれば、運動はますます活気づくだろう。想像力を少しだけ広げれば、いまの私たちが抱えている問題が、どれほど世界に共通のものかがわかるだろう。

　もう一つ、根本的に重要な流れとしては、ローカライゼーション（地域化）がある。地域住民の福利を管理するのは、統治系統の末端である。国家の政府は、地域にせよ世界にせよ、さまざまな環境問題に取り組むには規模が小さすぎ、一方、地域社会や一地方の権限とされる公共サービスを実施するには規模が大きすぎ、また責任の所在があいまいにすぎる。国によっては、民族的にまとまり、独自の言語や歴史をもっていて、強い存在感を示す地域を国内に抱えていることも多い。たとえば、カナダのケベック州、スペインのバスクやカタルーニャ、イギリスのスコットランドとウェールズ、ベルギーのフランドルとワロン、インドのタミルナドゥ州と西ベンガル州などである。ほかにも数え切れないほどある。地方自治体に、教育、医療、社会保障、地域開発政策などの分野の権限をゆだねることは世界的な傾向であり、健全なことだともいえる。近年、地方自治体は、建築や文化保護にとりわけ熱心に取り組んでいる。地方が力をもつことは、文化的な多様性の持続につながり、ひいては、その多様性が世界に共有されることにもなる。

国連が一つになって取り組む

国連のおもな役割は三つある。世界各国の政府が顔を合わせる場であること。国際的な目標や条約を取りまとめる一種の事務局であること。国家が国民の福利を提供しない、あるいはできない場合に、国家に代わって一時的に国民を守ることである（政府が崩壊したり、紛争や自然災害に見舞われたりしたときの緊急支援活動や和平活動など）。アメリカにとって、国連の役割は第一の、おもに各国が顔を合わせて議論を交わす場という意味が大きい。安全保障理事会の問題児であるアメリカにしてみれば当然かもしれない。だが実際のところ、国連が最もパワフルに活動しているのは第二と第三の分野なのだ。国連はいまだに、世界の目標——環境をめぐる各種の条約やミレニアム開発目標、世界的な流行病の予防など——に向けて各国を協力させるための重要な機関である。国連の諸機関は、地球上の極貧国や最も弱い地域に福利をもたらすのに不可欠の存在だ。こうした役割は富裕国ではほとんど目につかないが、極貧国ではいたるところで見ることができる。

国連のさまざまな機関が推進する平和維持や、その他のさまざまな開発計画がうまくいくかどうか、ということ以上に、国連の使命が真に果たされたかどうかを決めるのは、ミレニアム・プロミスが世界共通の目標として今後もずっと支持されるかどうか、そしてその目標が実現できるかどうかにかかっている。この重要な課題において国連が主導権を握っていることを思えば、その責任を果たすために、まず国連そのものを改革しなければならない。たとえば、ミレニアム・プロミスを達成するには複数の国連機関が連携して働くことが必要になる。世界食糧計画と食糧農業機関が協力して農業分野に取り組み、その成果を世界保健機関の公共医療活動に結びつけ、さらに国連開発計画による貧困撲滅の試みに連動させるのだ。

国連にとって、組織改革の課題は、これまで緩やかな運営のもとでばらばらに活動してきた諸機関を、一貫性をもった権威ある組織に作り変え、それによってグローバル目標を力強くバックアップすることである。最近の報告書では、国連が「一つになって取り組む」と表現されていた。多くの人にとってそんな結論は意外なことであり、国際的な官僚組織らしくないと思われるかもしれない。だが、けっして実現不可能なことではない。何よりもまず、国連事務総長が、国連の諸機関および賛同する加盟国の政府に向けて、グローバル目標を達成するよう指示を出すことだ。そうすれば、各国内で活動する国連のチームは現実的な問題解決のために、ますます積極的に働くだろう。意思を決めれば、それにつれて国連の内部でも機能しはじめる。国連の諸機関はいつのまにか動きはじめ、障害や時間的制約や懐疑の声を乗り越えることだろう。

力を合わせる

人はみな、さまざまな無数のアイデンティティでできている。国籍をもち、地域住民であり、ある文化的背景をもって育ち、企業に勤め、民間の社会活動に参加している。アマルティア・センが『アイデンティティと暴力』で指摘したように、多面的なアイデンティティのおかげで、私たちは特定の土地、文化、地域、宗教だけでなく、世界中の重層的な側面と結びつくことができる。私たちの一人ひとりが、少なくとも可能性としては、本当の意味でグローバルなネットワークをつなぐ要素になれる。そのネットワークのなかで、私たちは、多様な伝統、広範な知識、文化的な関心という糸を織り合わせ、世界というタペストリーを作りあげる。私たちの誰もが、国際社会を構成する一員であり、そうなって初めて、共通のグローバルな課題を理解し、取り組むことができるのだ。

私が思うに、次の世代が繁栄を手にするとき、人はみな世界市民になっているにちがいない。創造力でも金儲けでも、個人としてもてる力を最大に発揮するのは、仕事であれ遊びであれ、グローバルなネットワークの一部になるときだろう。金融、観光、情報テクノロジー、製造業といった国際的な事業分野で働く人びとは、国際経済の成長につれて、より多くのチャンスに恵まれるだろう。世界市場が拡大すれば、中国やインドなど新興市場での仕事の道は大きく広がる。そのような国際ネットワークの一員であれば、世界の動向に敏感にならざるをえない。国際政治、人口、経済、生態学などがこの世界を変えるほどの力をもつということを、より深く理解するようになり、その結果、国際協力の新しい形が生まれるだろう。要するに、国際的なネットワークの一員であることは、時代の最先端にいるのと同じことなのだ。

一人の人間として、何より大事な責任は、できるかぎり真実を知ろうと努力することである。ここでいう真実とは、技術であり、また倫理でもある。人間の美点とは、幅広い科学知識に加え、他者の心情を思いやれることである。貧しい人、差別された人、希望をもてない若者たち、速すぎる変化に翻弄される農村地帯の窮状などを理解できることだ。ガンジーは自らの人生を「真実のための実験」と呼んだ。私たちの世代も、その実験を試してみるべきだろう。真実を知ろうとしなければ、私たちの目は塞がれ、宗教や地域や国を分断させる嘘や煽動に惑わされてしまう。科学を信頼しなければ、私たちは実体のない偽りの予言にだまされる。自分たちとは違う社会、文化、宗教、声なき貧者の声を理解し、共感しようという断固たる決意がなければ、私たちは不信という渦巻きに呑みこまれ、あげくのはてに「敵か味方か」という憎悪の二者択一を迫られるかもしれない。

世界平和と持続可能な開発を達成するために、私たち一人ひとりができることを、以下にあげよう。全部で八つある。

その一、現在の課題について知ること。持続可能な開発の基礎となる科学にくわしくなろう。学生ならば、環境、開発経済学、気候変動、公衆衛生、その他、関連領域の授業を受けるとよい。学生でなければ、科学の発展についていけるよう努力すること。『ネイチャー』『サイエンス』『ニューサイエンティスト』『ディスカバー』『サイエンティフィック・アメリカン』など、一流の科学雑誌は現代の必読書だ。すべての記事を理解できる人はいないだろうし、論文に出てくる専門用語に怖気づく人も多いだろうが、とにかく、これらの雑誌は新しい発見があったことを情報として伝え、科学政策の要点についても取りあげている。ウェブサイトにも優れたものが多く、realclimate.org（気候変動についてのサイト）などにアクセスすれば科学界の学説や進歩を追いかけられる。

その二、なるべく旅をすること。異なる土地や文化にじかに触れることは、共通の関心や願望をわかりあい、その土地特有の問題を理解するのに最良の手段である。ここでいう旅とは、街を歩きまわること、国内を見てまわること、そして運がよければ海外へ出かけることである。学生にとっては、特別なチャンスになるだろう。キャリアを築くきっかけになることもあり、また一生を賭けられる情熱の対象が見つかるかもしれない。海外で働くことは新鮮な経験になるだろう。高校を出たあと、大学へ進む前に一年間の旅の時間をとるのもよい。若者にとって、未知の異文化に接し、ひどい貧富の差を知ることは貴重な経験である。地球の汚染、水ストレスに苦しむ地域、気候変動の脅威を自分の目で見ることができる。大学では学生たちに留学を勧めることも多く、身をもって外国の文化や社会を学ばせようとする。留学は人生の転機になり、人生を変えることもある。チャンスがあれば、ぜひ経験しておこう。旅行は、外の世界に向かって開かれた窓というだけではなく、将来に通じる窓でもある。なぜなら、グローバル化が進み、新興市場の勢いが増すことによって、今後は外国との結びつきがさらに緊密になるからである。

その三、持続可能な開発を推し進める団体を作るか、または参加する。新設または既存の団体のなかには、さまざまな面からこの問題に取り組んで、めざましい成果を上げているものが多い。近年、アメリカの大学でも、極度の貧困、公衆衛生、環境問題などをテーマにした活動が盛んになっており、それがきっかけで生涯にわたって社会問題に関わるようになる学生も増えている。

一人または団体の行動で世界が変わることもあり、それを見た周囲の人は見習おうと思うかもしれない。ムハマド・ユヌスはグラミン銀行を創設し、世界中にマイクロクレジット革命を引き起こした。

ポール・ファーマーはパートナーズ・イン・ヘルスを設立し、すべての人が医療を受けられるようにすることは可能だと世界中に示した。ノーマン・ボーローグは小麦について研究する「国際トウモロコシ・小麦改良センター」の設立に助力し、それによって世界中の飢饉をなくすことに貢献している。今日のニューリーダーたちは、アフリカで緑の革命を推進し、マラリアを撲滅し、乾燥地での農業に新たな解決をもたらし、辺鄙な村でインターネットが使えるようにし、ますます世界をよくしていくにちがいない。

その四、地球規模の持続可能な開発に向けての活動に、自分の住む地域も加わるよう働きかけ、周囲の人びとにも参加を促すこと。二〇〇七年、バレエダンサーのジャック・ダンボワーズが主宰するナショナル・ダンス・インスティテュートは、アフリカ開発を支援する活動を開始したが、これによってニューヨークの大勢の子供たちは大事なことを学んだ。ナショナル・ダンス・インスティテュートは、おもに低所得者層が住む問題の多い地域の公立学校でダンスを教えることにより、児童の長所を伸ばし、審美眼を養い、達成感をもたせた。ナショナル・ダンス・インスティテュートが二〇〇七年のプログラムのテーマにアフリカの村のダンスと文化とリズムを選ぶと、子供たちも期待を裏切らないパフォーマンスを見せた。そのうえ、さまざまな独創的な工夫をこらして、学校と家族と近所の人びとを巻きこみ、セネガルのポトウで実施されていたミレニアム・ビレッジの支援金を集めたのだった。

その五、ソーシャル・ネットワーキング・サイトを介して、持続可能な開発を促すこと。これらのサイトは、社会活動を広げ、支持するための先端的なツールとして人気が高い。友人、学校、職場、ブログといった個人的なネットワークを結びつけ、別々だったコミュニティに共通の目的のもとに集うよう働きかけてみてはどうだろう。

その六、政治に参加しよう。国が採択したミレニアム・プロミスを尊重するよう地元の政治家に要求する。世論が高まって政府の公約を突きつければ、政治家は従わざるをえない。選挙中には、手紙を書く、事務所を訪ねる、公聴会で発言するなどで、政治家に圧力をかけよう。

その七、職場を巻きこもう。どんな企業も地球規模の持続可能な開発に一役買うことができる。何よりもまず、個々の会社は企業としての社会的責任の基本、たとえば国連グローバル・コンパクトの条項を遵守すべきである。だが、それだけでなく、それぞれの会社は、特殊な技術、組織化されたシステム、従業員の能力、企業としての名声などをもっており、それらをミレニアム・プロミスの実現に役立てることができる。これまで何度もいってきたように、企業の社会責任は慈善ではなく、まっとうなビジネスをすることである。顧客と供給者、そして何より重要なのは、従業員自身が、社会的な責任を真摯に受け止めた企業が掲げる理念のもとに団結することである。

その八、自分自身がミレニアム・プロミスの基準に沿って生活すること。国境や文化の違いや階級差を越えてわかりあえる共通点を見出し、私たちの世代に共通する関心事をおたがいに理解しあうことが大事だ。時間と金とエネルギーを費やして、社会的なネットワークを充実させること。友人や同僚たちの先頭に立って行動すること。一消費者として恥ずかしくない行動をとり、地球にとって持続可能な製品や技術を選ぶこと。市民としての誇りをもち、政治家に向かってミレニアム・プロミスは私たち一人ひとりの約束だと明言し、選挙で選ばれた政治家はそれを守る義務があるのだと伝えよう。

私たちの世代は、環境、人口、貧困、国際政治など、多くの問題に直面しているが、見方を変えれば、それはわくわくするような、またとないチャンスでもある。就任演説に立ったジョン・ケネディは、国民を励ますように、こう語った。自由が最大の危機にさらされているときに（ここでは冷戦を指している）「われわれの誰かが自分の立場を、ほかの人やほかの世代と交換しようとするなどとは、私は信じない」。この言葉はいまの世界にも通用する。極度の貧困に終止符を打ち、気候変動を最小限に留めるよう方向転換し、他の生物種を大量に絶滅させるような愚行をやめさせるのは、この私たちである。経済的な繁栄と環境の持続可能性を両立させるという難問に臆せず取り組み、それを解決するのは私たちである。科学と国際協力という新しい倫理を力にして、来るべき世代に健やかな地球を受け継がせるのは、この私たちなのだ。

訳者あとがき

「石油はあと数十年でなくなる」、「人口爆発によって食糧危機に陥る」、「オゾン層が破壊される」、「地球温暖化で極の氷が融け、低地が水没」――不吉な予言は、あとを絶ちません。そのような暗い見通しに胸を痛め、不安で夜も眠れなくなった経験がある人も多いのではないでしょうか。

産業革命以後、人類が地球の環境や自然資源を徹底的に利用してきた時代を地質年代の分類にあてはめ、「アントロポセン（人類中心時代）」と呼ぶことがあります。人間があまりにも有能に、また貪欲に、利己的な収奪を重ねてきた結果が自然破壊や生物多様性の喪失であり、また資源の枯渇を招き、人口増加や富の格差を生じさせ、いまや地球は息も絶え絶えという状態です。

本書は、ジェフリー・サックスの前著『貧困の終焉』に続く第二弾 ***Common Wealth: Economics for a Crowded Planet***, Penguin Press, 2008 の全訳です。『貧困の終焉』では、二〇一五年までに世界の貧困をなくすことを目的にした国連のミレニアム・グローバル目標についてくわしく紹介されていましたが、この本では、貧困だけでなく、いまの国際社会が抱える大きな問題のすべてを取り上げ、解決策を提示しています。

・気候変動（地球温暖化や災害の規模の拡大など）
・生態系の破壊（水不足、生物種の絶滅・減少、砂漠化など）
・人口増加（とくに新興開発国や途上国で人口の「はずみ」が止まらない）
・貧困（病気や人口増加と足並みをそろえ、貧困の罠から脱け出せない）

これらの問題は、個別に対処してもなかなか解決できません。それぞれが密接に絡み合っているので、総合的に関連づけて考える必要があります。なぜかといえば、地球はたった一つしかなく、その上に生存するすべての生き物は、運命を共有するからです。しかも地球は現在、かなり混み合っています。

サックス教授によれば、「過密化した地球で人類が共通の運命を分けあう。共通の運命であればこそ、新しい形のグローバルな協力体制が必要とされる」のです。

一つの国やある地域が恵まれているからといって、他の地域の貧困や環境破壊を放置しておけば、その影響はかならず自分たちの身にも波及します。

とはいえ、あまりにも問題が大きすぎ、途方にくれてしまうかもしれません。そんなとき、サックス教授は「この世界を救うことは可能だ」と断言してくれます。

「ただし、そのためにはまず、人類全体が直面する危機を正確に認識しなければならない。それには、やみくもな競争をいったん中断し、目の前にある共通の課題について調査することが必要になる」

いまの地球にとって本当は何が問題なのか、不吉な予言はどこまで正しいのか、そして、危機があるとしたら、それを回避するにはどんな方法があるのか。サックス教授はエコノミストらしく、具体的な数字をあげながら、実現可能な解決策を教えてくれます。

あとは、それを実行するのみ。

問題は、政治家や実業界の人びと、そして私たち一人ひとりが、既得権、勢力争い、既成概念、旧態依然の慣習などに縛られて、一歩を踏み出せないことです。

本書で提案される解決策には、たとえば次のようなものがあります。

・科学的なテクノロジーを開発し、規制をとりいれて、持続可能なシステムを構築する。
・医療や女子教育の充実など、積極的な介入により出生率を低下させる。
・豊かな国がわずかな金銭的援助をすれば、貧困国は貧困の罠から脱出できる。
・その一歩が踏み出せずに迷うときは、ミレニアム・プロミスをもう一度見直そう。

世界が協力すれば、問題はけっして解決不能ではないのです。この本は私たちに大きな希望を抱かせてくれます。ミレニアム・プロミスの実現に向けて、できることからまず始めようではありませんか。

二〇〇九年七月

参考文献

Adema,Willem, and Maxime Ladaique. "Net Social Expenditure, 2005 Edition:More Comprehensive Measures of Social Support." Organization for Economic Cooperation and Development (OECD) Social, Employment and Migration Working Papers, no. 29, 2005.

Alesina, Alberto, and George-Marios Angeletos. "Fairness and Redistribution: U.S. versus Europe," NBER Working Paper Series, no. 9502, February 2003.: http://www.nber.org/papers/w9502.

Alesina, Alberto, Edward Glaeser, and Bruce Sacerdote. "Why Doesn't the U.S. Have a European-Style Welfare System?" NBER Working Paper Series, no. 8524, October 2001. http://www.nber.org/papers/w8524.

Alley, Richard. "Wally Was Right: Predictive Ability of the North Atlantic 'Conveyor Belt'Hypothesis for Abrupt Climate Change." *Annual Review of Earth and Planetary Sciences* 35 (2007): 241-72.

American Association of Port Authorities, World Port Rankings, 2005.

http://www.aapa-ports.org/industry/content.cfm?itemnumber=900.

Amstrup, Steven C., Bruce G. Marcot, and David C. Douglas. *Forecasting the Rangewide Status of Polar Bears at Selected Times in the 21st Century.* Virginia: U.S. Geological Survey Administrative Report, 2007.

Angell, Norman. *The Great Illusion: A Study of the Relation of Military Power in Nations to Their Economic and Social Advantage.* London:W. Heinemann, 1911.

Attaran, Amir, and Jeffrey D. Sachs. "Defining and Refining International Donor Support for Combating the AIDS Pandemic." *The Lancet* 357 (January 6, 2001): 57-61.

Auffhammer, Maximillian, V. Ramanathan, and Jeffrey R.Vincent. "Integrated Model Shows That Atmospheric Brown Clouds and Greenhouse Gases Have Reduced Rice Harvests in India." *Proceedings of the National Academy of Sciences Special Feature: Sustainability Science*, December 8, 2006.

Axelrod, Robert. *The Evolution of Cooperation*. New York: Basic Books, 1984.（『つきあい方の科学：バクテリアから国際関係まで』アクセルロッド著、松田裕之訳、ミネルヴァ書房）

Bairoch, Paul. *Cities and Economic Development: From the Dawn of History to the Present.* Translated by Christopher Braider. Chicago: University of Chicago Press, 1988

Barnett, T. P., J. C. Adam, and D. P. Lettenmaier. "Potential Impacts of a Warming Climate on Water Availability in Snow-Dominated Regions." *Nature* 438 (November 2005).

Barro, Robert J., and Xavier Sala-i-Martin. *Economic Growth*, 2nd edition. Cambridge, Mass.: MIT Press, 2004.（『内生的経済成長論』１・２、第2版、バロー、サラ・イ・マーティン著、大住圭介訳、九州大学出版会）

BBC World Service/PIPA/ GlobeScan. "View of United States' Influence." January 2007, p. 11. http://www.globescan.com/news_archives/bbcusop/.

Beddington, J. R., et al. "Current Problems in the Management of Marine Fisheries." *Science* 316

(June 22, 2007): 1713-16.

Bloom, David, and Jeffrey D. Sachs. "Geography, Demography, and Economic Growth in Africa." *Brookings Papers on Economic Activity*, issue 2 (1998).

Borlaug, Norman. Speech at India's Escort Tractor Factory, March 29, 1967. http://www.agbioworld.org/newsletter__wm/index.php?caseid=archive&newsid=2519.

Bourguignon, François, and Christian Morrisson. *Inequality Among World Citizens: 1820-1992*. Paris: Départment et Laboratoire d'Economic Théorique et Appliquée, Ecole Normale Supérieure, 2001.

Brainard, Lael, and Derek Chollet, eds. *Too Poor for Peace? Global Poverty, Conflict, and Security in the 21st Century*.Washington, D.C.: Brookings Institution Press, 2007.

Broecker,Wallace S., M. Ewing, and B.C. Heezen. "Evidence for an Abrupt Change in Climate Close to 11,000 Years Ago." *American Journal of Science* 258, no. 429, (June 1960): 429-48.

Brohan P., J. J. Kennedy, I. Harris et al. "Uncertainty Estimates in Regional and Global Observed Temperature Changes: A New Dataset from 1850." *Journal of Geophysical Research* 111 (2006).

Brown, Casey, and Upmanu Lall. "Water and Economic Development: The Role of Variability and Framework for Resilience." *Natural Resources Forum* 30, no. 4 (November 2006): 306-17.

Brundtland, Gro Harlem, ed. *Our Common Future: The World Commission on Environment and Development*. New York and Oxford: Oxford University Press, 1987. (『地球の未来を守るために』環境と開発に関する世界委員会編、福武書店)

Bush, George W. Address to the High-Level Plenary Meeting of the United Nations, September 14, 2005. http://www.whitehouse.gov/news/releases/2005/09/20050914.html.

Caldwell, John C., and Pat Caldwell. "Africa: The New Family Planning Frontier." *Studies in Family Planning* 33, no. 1 (March 2002): 76-86.

– "The Cultural Context of High Fertility in Sub-Saharan Africa." *Population and Development Review* 13, no. 3. (September 1987): 409-37.

Caldwell, John C., James F. Phillips, and Barkat-e-Khuda. "The Future of Family Planning Programs." *Issues in Family Planning* 33,no. 1 (March 2002): 1-10.

Center for Systemic Peace. "List of Major Episodes of Political Violence 1946-2006." http://members.aol.com/CSPmgm/narlist.htm.

Chapman, J. L., and M. J. Reiss. *Ecology*. Cambridge: Cambridge University Press, 1998. *Chemical Weekly*, July 16, 1975.

Chen, Shaohua, and Martin Ravallion. "How Have the World's Poor Fared since 1980?" *The World Bank Research Observer* 19, no. 2 (Fall 2004): 152.

Christensen,Villy, et al. "Hundred-Year Decline of North Atlantic Predatory Fishes," *Fish and Fisheries*, 4, no.1 (March 2003).

Cirincione, Joseph. *Bomb Scare: The History and Future of Nuclear Weapons*. New York: Columbia University Press, 2007.

Clausewitz, Carl Von. On War. London: Kegan, Paul, Trench, Trübner & Co., 1908. (『戦争論』クラウゼヴィッツ著、清水多吉訳、中公文庫)

Commission on Geosciences, Environment and Resources (CGER). *Sustaining Marine Fisheries*. Ocean Studies Board, 1999.

参考文献

Commission on Macroeconomics and Health. *Macroeconomics and Health: Investing in Health for Economic Development*. Geneva:World Health Organization, 2001.

Commoner, Barry. "The Environmental Cost of Economic Growth." In *Population, Resources and the Environment*.Washington, D.C.: Government Printing Office, 1972, pp. 339-63.

Comprehensive Nuclear Test-Ban Treaty, http://www.ctbto.org.

Conley, Dalton, Jeffrey D. Sachs, and Gordon C. McCord. "Africa's Lagging Demographic Transition: Evidence from Exogenous Impacts of Malaria and Agricultural Technology." NBER Working Paper Series, no.12892, February 2007.

The Convention on Biological Diversity. http://www.biodiv.org.

Cox-Foster, Diana L., et al. "A Metaelgenomic Survey of Microbes in Honey Bee Colony Collapse Disorder." *Science* 318 (October 12, 2007).

Crookes, Sir William. "The Wheat Problem: Based on Remarks Made in the Presidential Address to the British Association in Bristol in 1898." New York: G. P. Putnam and Sons, 1900.

Crutzen, Paul J., and Eugene F. Stoermer. "The 'Anthropocene.' " *International Geosphere-Biosphere Programme Newsletter* 41 (May 2000): 17-18.

Dalgaard, Tommy. "Looking at Biofuels and Bioenergy." *Science* 312 (June 23, 2006): 1743.

The Darfur Peace Agreement. May 2006. http://allafrica.com/peaceafrica/resources/view/00010926.pdf.

Dasgupta, Partha. "Common Property Resources: Economic Analytics." In N. S. Jodha et al., eds., *Promise, Trust, and Evolution*. New Delhi: Oxford University Press, 2007.

Day, John W., Jr., et al. "Restoration of the Mississippi Delta: Lessons from Hurricanes Katrina and Rita." *Science* 315 (March 23, 2007).

Demurger, Sylvie, Jeffrey D. Sachs, Wing Thye Woo, Shuming Bao, Gene Chang, and Andrew Mellinger. "Geography, Economic Policy, and Regional Development in China." *Asian Economic Papers* 1, no. 1 (Winter 2002): 146-97.

Diamond, Jared. *Collapse: How Societies Choose to Fail or Succeed*. New York: Viking, 2004.（『文明崩壊 滅亡と存続の命運を分けるもの』ダイヤモンド著、楡井浩一訳、草思社）

Donnelly, John. "Prevention Urged in AIDS Fight." *Boston Globe*, June 7, 2001, p. A8.

Easterly,William. *The White Man's Burden*. New York: Penguin, 2006.

Eastwood, Robert, Michael Lipton, and Andrew Newell. "Farm Size." In volume 3 of *The Handbook of Agricultural Economics*. University of Sussex, June 2004.

Ehrlich, Paul R., and John P. Holdren. "Impact of Population Growth." *Science* 171 (1971): 1212-17.

Encyclopedia Britannica, The Online Encyclopedia, 2007. http://www.britannica.com/.

Extractive Industries Transparency Initiative. www.eitransparency.org.

Faye, Michael L., Jeffrey D. Sachs, John W. McArthur, and Thomas Snow. "The Challenges Facing Landlocked Developing Countries." *Journal of Human Development* 5, no. 1 (March 2004).

Flannery, Tim. *The Weather Makers*. New York: Atlantic Monthly Press, 2006.（『地球を殺そうとしている私たち』フラナリー著、椿正晴訳、ヴィレッジブックス）

Food and Agriculture Organization (FAO) of the United Nations, *FAO STAT*. Rome 2007. http://faostat.fao.org.

——. *The State of World Aquaculture 2006*. Rome: FAO, 2006. http://www.fao.org/docrep/009/a0874e/a0874e00.htm.

——. *World Agriculture: Towards 2015/2030, An FAO Perspective*. London and Sterling, Va:Earthscan, 2003.

Forbes.com. "The World's Richest People." March 2007. http://www.forbes.com/2007/03/06/billionaires-new-richest__07billionaires__cz__lk__af__0308billieintro.html.

Forslund, Anders, Daniela Froberg, and Linus Lindqvist. "The Swedish Activity Guarantee." OECD Social, Employment and Migration Working Papers 16 (January 2004).

Förster, Michael, and Marco Mira d'Ercole. "Income Distribution and Poverty in OECD Countries in the Second Half of the 1990s." OECD Social, Employment and Migration Working Papers 22 (March 2005).

Fosdick, Raymond Blaine. *Story of the Rockefeller Foundation*. New York: Harper, 1952. (『ロックフェラー財団』フォスディック著、井本威夫・大沢三千三訳、法政大学出版局)

Gallup, John Luke, and Jeffrey D. Sachs. "Agriculture, Climate, and Technology: Why Are the Tropics Falling Behind?" *American Journal of Agricultural Economics* 82 (August 2000): 731-77.

——. "The Economic Burden of Malaria." *American Journal of Tropical Medicine & Hygiene* 64, nos. 1, 2, supplement (January and February, 2001): 85-96.

Gallup, John Luke, Jeffrey D. Sachs, and Andrew Mellinger. "Geography and Economic Development." *International Regional Science Review* 22, no. 2 (August 1999): 179-232.

Gaud,William. "The Green Revolution: Accomplishments and Apprehensions." Speech delivered before the Society for International Development, Washington, D.C., March 8, 1968.

Giannini, A., R. Saravanan, and P. Chang. "Oceanic Forcing of Sahel Rainfall on Interannual to Interdecadal Timescales. *Science* 302 (October 9, 2003): 1027-30.

The Global Fund Against AIDS, Tuberculosis, and Malaria. 進捗報告はウェブサイトで見ることができる。http://www.theglobalfund.org/en/performance/results/.

The Global Roundtable on Climate Change. *The Path to Climate Sustainability: A Joint Statement by the Global Roundtable on Climate Change*, 2007. http://www.Earth.columbia.edu/grocc/grocc4__statement.html.

Grabowsky, Mark, et al. "Distributing Insecticide-Treated Bednets During Measles Vaccination: A Low-Cost Means of Achieving High and Equitable Coverage". *Bulletin of the World Health Organization* 83, no. 3 (March 2005).

——. "Integrating Insecticide-Treated Bednets into a Measles Vaccination Campaign Achieves High, Rapid and Equitable Coverage with Direct and Voucher-Based Methods." *Tropical Medicine and International Health*, no. 11 (November 2005): 1151-60.

Hacker, Jacob. *The Great Risk Shift: The Assault on American Jobs, Families, Health Care, and Retirement–And How You Can Fight Back*. New York: Oxford University Press, 2006.

Haggett, Peter. Geography: A Modern Synthesis, 2nd edition.(New York: Harper & Row, 1975). (『立地分析』ハゲット著、野間三郎監訳、大明堂、1976年)

Hall-Spencer, Jason, et al. "Trawling Damage to the Northeast Atlantic Ancient Coral Reefs." *Proceedings of the Royal Society B* 269 (2002): 507-11.

Hansen, James. "Climate Catastrophe." *New Scientist*, July 28, 2007.

Hansen, James, et al. "Climate Change and Trace Gases," *Philosophical Transactions of the Royal Society A* 365 (May 2007): 1925-54.

Hansen, James, et al. "Dangerous Human-Made Interference with Climate: a GISS ModelE Study." *Atmospheric Chemistry and Physics* (2007): 2287-312.

Hardin, Garrett. "The Tragedy of the Commons." *Science* 162 (1968): 1243-48.

Hayek, Friedrich A. von. *The Road to Serfdom*. Chicago: University of Chicago Press, 1944.（『隷属への道』ハイエク著、西山千明訳、春秋社）

Hiro, Dilip. *Blood of the Earth: The Battle for the World's Vanishing Oil Resources*. New York: Nation Books, 2006.

Hirschman, Albert. *The Rhetoric of Reaction: Perversity, Futility, Jeopardy*. Cambridge, MA: The Belknap Press of Harvard University Press, 1991.（『反動のレトリック——逆転、無益、危険性』ハーシュマン著、岩崎稔訳、法政大学出版局）

Hopkin, Michael. "Oceans in Trouble as Acid Levels Rise." *Nature News*, June 30, 2005.

"How to Deal with a Falling Population." *The Economist*, July 26, 2007.

Hughes, T. P., et al. "Climate Change, Human Impacts, and the Resilience of Coral Reefs." *Science* 301 (2003): 929.

Humphreys, Macartan, Jeffrey D. Sachs, and Joseph Stiglitz, eds. *Escaping the Resource Curse*. New York: Columbia University Press, 2007.

The Institute of Electrical and Electronics Engineers. *Position Statement: Plug-In Electric Hybrid Vehicles*. Adopted by the Board of Directors, June 15, 2007.

Intergovernmental Panel on Climate Change. *Climate Change 2007: Fourth Assessment Report*, 2007. http://www.ipcc.ch.

——. *Carbon Dioxide Capture and Storage*, 2006. http://www.ipcc.ch/activity/srccs/index.htm.

International Conference on Population and Development, Program of Action. http://www.unfpa.org/icpd/icpd_poa.htm.

International Conservation Union for Nature and Natural Resources. *2006 Red List of Threatened Species*, 2006. http://www.iucn.org/themes/ssc/redlist2006/redlist2006.htm.

International Energy Agency. CO_2 *Emissions from Fuel Combustion 1971-2005*. Paris: OECS, 2007.

International Monetary Fund. World Economic Outlook Database.

International Research Institute for Climate Prediction. "Sustainable Development in Africa: Is the Climate Right?" IRI Technical Report Number IRI-TR/05/1, 2005.

International Vacation Survey. Expedia.com, 2006.

Ishikawa, Shigeru. *Economic Development in Asian Perspective*. Tokyo: Kinokuniya, 1967.

Jetz,Walter, Chris Carbone, Jenny Fulford, and James H. Brown. "The Scaling of Animal Space Use," *Science* 306, no. 5694 (October 8, 2004): 266-68.

Jolly, Alison. "The Last Great Apes?" *Science* 309, no. 5740 (September 2, 2005): 1457.

Jones, E. L. *The European Miracle: Environments, Economies and Geopolitics in the History of Europe and Asia*. New York: Cambridge University Press, 1981.（『ヨーロッパの奇跡——環境・経済・地政の比較史』ジョーンズ著、安元稔・脇村孝平訳、名古屋大学出版会、2000年）

Kagan, Frederick. *Finding the Target: The Transformation of American Military Policy*. New York: Encounter Books, 2006.

Kahl, Colin H. *States, Scarcity, and Civil Strife in the Developing World*. Princeton, N. J. : Princeton University Press, 2006.

Keele, Brandon F., et al. "Chimpanzee Reservoirs of Pandemic and Nonpandemic HIV." *Science* 313, no. 5786, (July 28, 2006): 523-26.

Keeling, Charles David, et al. "Atmospheric Carbon Dioxide Variations at Mauna Loa Observatory, Hawaii." *Tellus* 28 (1976): 538.

Kennedy, John F. Inaugural address, 1961. http://www.americanrhetoric.com/speeches/jfkinaugural.htm.

——. Speech at Rice University, September 12, 1962. http://www.rice.edu/fondren/woodson/speech.html.

——. Spring commencement address at American University, June 10, 1963. http://www.american.edu/media/speeches/Kennedy.htm.

Kennedy, Robert F. Day of Affirmation address at University of Capetown, Capetown, South Africa, June 6, 1966. http://www.americanrhetoric.com/speeches/rfkcapetown.htm.

Kiszewski, Anthony, et al., "A Global Index Representing the Stability of Malaria Transmission. " *American Journal of Tropical Medicine and Hygiene* 70, no. 5 (2004) 486-98.

Klare, Michael. *Blood and Oil: The Dangers and Consequences of America's Growing Dependency on Imported Petroleum*. New York: Metropolitan Books, 2004.（『血と油——アメリカの石油獲得戦争』クレア著、柴田裕之訳、日本放送出版協会、2004年）

Kliesch, James, and Therese Langer. "Plug-in Hybrids: An Environmental and Economic Performance Outlook." Report no. T061, American Council for an Energy-Efficient Economy, September 2006.

Kremer, Michael. "Population Growth and Technological Change: One Million B.C. to 1990." The *Quarterly Journal of Economics* 108, no. 3 (August 1993): 681-716.

Kuznets, Simon. "Population Change and Aggregate Output." *Demographic and Economic Change in Developed Countries*. Princeton, N.J.: Princeton University Press, 1960.

The Kyoto Protocol to the United Nations Framework Convention on Climate Change. http://unfccc.int/kyoto__protocol/items/2830.php.

Lackner, Klaus, and Jeffrey D. Sachs. "A Robust Strategy for Sustainable Energy. " *Brookings Papers on Economic Activity*, issue 2 (2005)

Leisinger, Klaus M. "Corporate Philanthropy: The 'Top of the Pyramid.' " *Business and Society Review* 112, no. 3 (2007): 315-42.

Lindert, Peter. *Growing Public: Social Spending and Economic Growth since the Eighteenth Century*, vol. 1. New York: Cambridge University Press, 2004.

Lotze, H. K., et al. "Depletion, Degradation, and Recovery Potential of Estuaries and Coastal Seas," *Science* 312 (June 23, 2006).

McEvedy, Colin, and Richard Jones. *Atlas of World Population History*. New York: Viking Press, 1977.

McNeill, J. R. *Something New Under the Sun: An Environmental History of the Twentieth-Century World*. New York : Norton, 2006.

Maddison, Angus. *The World Economy: A Millennial Perspective*. Paris: Development Centre of the Organization for Economic Cooperation and Development, 2001.（『経済統計で見る世界

経済2000年史』マディソン著、金森久雄監訳、政治経済研究所訳、柏書房）

Malthus, Thomas R. *An Essay on the Principle of Population: A View of its Past and Present Effects on Human Happiness; with an Inquiry into Our Prospects Respecting the Future Removal or Mitigation of the Evils Which It Occasions*. 1798.（『人口論』マルサス著、永井義雄訳、中央公論新社）

Marshall, George. Marshall Plan speech at Harvard University, June 5, 1947. http://www.georgecmarshall.org/lt/speeches/marshall_plan.cfm.

Marshall, Monty G. "Major Episodes of Political Violence 1946-2006." Center for Systemic Peace, 2007. http://members.aol.com/csprogram/warlist.htm.

Martin, P. S., and H. E.Wright, eds. *Pleistocene Extinctions: The Search for a Cause*. New Haven, Conn.: Yale University Press, 1967.

Mellinger, Andrew, Jeffrey D. Sachs, and John Luke Gallup. "Climate, Coastal Proximity, and Development." In Gordon L. Clark, Maryann P. Feldman, and Meric S. Gertler, eds., *Oxford Handbook of Economic Geography*. New York and Oxford: Oxford University Press, 2000.

Mendelson Joseph R., et al. III, "Biodiversity: Confronting Amphibian Declines and Extinctions." *Science* 313, no. 5783 (July 7, 2006).

Miguel, Edward, "Poverty and Violence: An Overview of Recent Research and Implications for Foreign Aid." In L. Brainard and D. Chollet, eds., *Too Poor For Peace?* Washington, D.C.: Brookings Institution, 2007.

Miguel, Edward, Shanker Satyanath, and Ernest Sergenti. "Economic Shocks and Civil Conflict: An Instrumental Variables Approach." *Journal of Political Economy* 112, no. 4 (2004): 725-53.

Miles, Marc A., Kim R. Holmes, Mary Anastasia O'Grady, Ana Isabel Eiras, and Anthony B. Kim. "2006 Index of Economic Freedom." Heritage Foundation, 2006.

Millennium Ecosystem Assessment. *Ecosystems and Human Well-Being: Current State and Trends, Island Press*, 2005.

——. *Ecosystems and Human Well-Being, Synthesis Report*. World Resources Institute, 2005.

The Millennium Village Project. http://www.millenniumvillages.org.

MIT Inter-Disciplinary Panel on Coal. *The Future of Coal: Options for a Carbon-Constrained World*, Cambridge, Mass.: MIT Press, 2007.

MIT Inter-Disciplinary Panel on Geothermal Energy. *The Future of Geothermal Energy*. Cambridge, Mass.: MIT Press, 2007.

MIT Inter-Disciplinary Panel on Nuclear Power. *The Future of Nuclear Power*. Cambridge, Mass.: MIT Press, 2003.

Molina, Mario J., and F. S. Rowland. "Stratospheric Sink for Chlorofluoromethanes: Chlorine Atom-Catalyzed Destruction of the Ozone." *Nature* 249 (June 28, 1974): 810-12.

The Montreal Protocol on Substances That Deplete the Ozone Layer. http://ozone.unep.org/Treaties_and_Ratification/2B_montreal_protocol.shtml.

Mora, Camilo. "Coral Reefs and the Global Network of Marine Protected Areas." *Science* 312, no. 5781 (June 23, 2006): 1750-51.

National Research Council, Committee on the Status of Pollinators in North America. "Status of Pollinators in America." 2007.

Nelson, Richard, ed., *National Innovation Systems: A Comparative Analysis*. New York: Oxford

University Press, 1993.

Normile, Dennis. "Getting at the Root of Killer Dust Storms." *Science* 317 (July 20, 2007): 314-16.

Nunn, Nathan, and Diego Puga. "Ruggedness: The Blessing of Bad Geography in Africa." Discussion paper, Center for Economic Policy Research, March 2007.

Organization for Economic Co-operation and Development. *Economic Outlook* 79 (May 2006).

——. *International Development Statistics*. Paris, 2007. http://www.oecd.org/dac/stats/idsonline.

——. *OECD Factbook 2006: Economic and Social Statistics*, 2006.

——. *OECD Productivity Database*, January 2006.

——. *OECD in Figures*, 2005 edition. http://www.oecd.org/infigures/.

——. *Social Expenditure Database 1980-2001*, 2004. http://www.oecd.org/els/social/expenditure.

Orszag, Peter, Director of Congressional Budget Office, Statement before the Committee on the Budget of the U.S. House of Representatives on the Estimated Costs of U.S. Operations in Iraq and Afghanistan and of Other Activities Related to the War on Terrorism, October 24, 2007.

Ostrom, Elinor. *Governing the Commons: The Evolution of Institutions for Collective Action*. Cambridge and New York: Cambridge University Press, 1990.

Pacala, Steven, and Robert Socolow. "Stabilization Wedges: Solving the Climate with Current Technologies for the Next 50 Years." *Science* 305, no. 5686 (August 13, 2004): 968-72.

Pandolfi, John M., et al. "Global Trajectories of the Long-Term Decline of Coral Reef Ecosystems." *Science* 301 (2003): 955.

Pearce, Fred. *When the Rivers Run Dry: Water: the Defining Crisis of the Twenty-First Century*. Boston: Beacon Press, 2006.（『水の未来　世界の川が干上がるとき　あるいは人類最大の環境問題』ピアス著、古草秀子訳、日経BP社）

——. *With Speed and Violence*. Boston: Beacon Press, 2007.

Pidwirny, M. *Fundamentals of Physical Geography*, 2nd Edition. 2006. http://www.physicalgeography.net/fundamentals/contents.html.

Pikitch, Ellen K., et al. "Ecosystem-Based Fisheries Management." *Science* 305, no. 5682 (July 16, 2004): 346-47.

Population Action International, "Bush's Budget Slashes International Family Planning," February 12, 2007.

——. "The Security Demographic: Population and Civil Conduct after the Cold War." August 2003.http://www.populationaction.org/publications/reports/The_Security_Demographic/summary.shtml.

——. "Trends in U.S. Population Assistance." Washington, D.C., 2007. http://www.populationaction.org/Issues/U.S._Policies/Trends_in_U.S._Population_Assistance.shtml.

Pounds, J. Alan, et al. "Widespread Amphibian Extinctions from Epidemic Disease Driven by Global Warming." *Nature*, January 12, 2006.

Pretty, J. N., et al. "Resource-Conserving Agriculture Increases Yields in Developing Countries." *Environmental Science and Technology* 40, no. 4 (2006): 1114-19.

Pritchett, Lant. *Let Their People Come: Breaking the Gridlock on Global Labor Mobility*. Washington, D.C. : Center for Global Development, 2007.

Program on International Policy Attitudes. "World View of U.S. Role Goes from Bad to Worse."

January 2007.

Rappaport, Jordan, and Jeffrey D. Sachs. "The United States as a coastal Nation." *Journal of Economic Growth* 8, no. 1 (March 2003): 5-46.

Rasmusson, R., A. Dai, and K.E. Trenberth, "Impact of Climate Change on Precipitation." In Mohamed Gad-el-Hak, ed., *Large-Scale Disasters, Prediction, Control and Mitigation*. London: Cambridge University Press, 2007, pp. 453-72.

Rhode, Robert A., Global Warming Art Project. http://www.globalwarmingart.com/wiki/image:Mauna_Loa_Carbon_Dioxide_png.

Rockefeller Foundation: A History. February 2007. http://www.rockfound.org/about__us/history/1930__1939.shtml.

Rockström, J., N. Hatibu, T. Oweis, S.Wani, J. Barron, A. Bruggeman, J. Farahani, L. Karlberg, and Z. Qiang, "Managing Water in Rainfed Agriculture." Chapter 8 in D. Molden, ed., *Water for Food, Water for Life, A Comprehensive Assessment of Water Management in Agriculture*. London: EarthScan: International Water Management Institute, 2007.

Rodriguez, Francisco, and Jeffrey D. Sachs. "Why Do Resource-Abundant Economies Grow More Slowly?" *Journal for Economic Growth* 4 (September 1999): 277-303.

Rogner, H. H. "An Assessment of the World Hydrocarbon Resources." *Annual Review of Energy and the Environment*, 1997.

Rosenzweig, Michael L. "Paradox of Enrichment: Destabilization of Exploitation Ecosystems in Ecological Time." *Science* 171 (January 29, 1971): 385-87.

Roughgarden, Jonathan, and Fraser Smith. "Why Fisheries Collapse and What to Do About It." Proceedings of the National Academy of Science, volume 93 (May 1996): 5078-83.

Royal Society Working Group on Ocean Acidification. *Ocean Acidification Due to Increasing Atmospheric Carbon Dioxide*. London: Royal Society, June 2005.

Sachs, Jeffrey D. *The End of Poverty*. New York: Penguin Press, 2005.（『貧困の終焉　2025年までに世界を変える』サックス著、鈴木主税、野中邦子訳、早川書房）

——. "A Global Fund to Fight Against AIDS." *The Washington Post*, April 7, 2001.

——. "HIV Non-Intervention: A Costly Option." Speech at the International AIDS Conference in Durban, South Africa, July 13, 2000. http://www.Earth.columbia.edu/about/director/pwrpoint/AIDSDurban.htm.

——. "The Nordic Model in Comparative Perspective." Prepared for the Venice Summer Institute, organized by CES-Ifo and the Center on Capitalism and Society, Venice International University, San Servolo, July 2006, revised October 15, 2006.

——. "The Strategic Significance of Global Inequality." (reprint) *Environmental Change and Security Project Report*, Woodrow Wilson International Center for Scholars, Issue 9 (2003).

——. "Three Years and Three Lessons since 9/11." *Facts*, September 2004. *Scientific American*, September 2007.

Sachs, Jeffrey D., John W. McArthur, Guido Schmidt-Traub, Margaret Kruk, Chandrika Bahadur, Michael Faye, and Gordon McCord. "Ending Africa's Poverty Trap." *Brookings Papers on Economic Activity*, issue 1, (2004).

Sachs, Jeffrey D., and Pia Malaney. "The Economic and Social Burden of Malaria." *Nature* 415, no. 6872 (February 7, 2002).

Sachs, Jeffrey D., and Andrew Warner. "The Big Push, Natural Resource Booms and Growth." *Journal of Development Economics* 59, no. 1 (June 1999): 43-76.

——. "The Curse of Natural Resources." *European Economic Review* 45 (May 2001).

——. "Sources of Slow Growth in African Economies." *Journal of African Economies* 6, no. 3 (1997).

Sanchez, Pedro, et al. "The African Millennium Villages." *Proceedings of the National Academy of Sciences Special Feature: Sustainability Science*, 104, no. 43 (October 23, 2007): 16775-80.

Schlesinger, Arthur M. *A Thousand Days: John F. Kennedy in the White House*. Boston: Houghton Mifflin, 1965.（『ケネディ――栄光と苦悩の一千日』シュレジンガー著、中屋健一訳、河出書房新社）

Schön, Donald, *The Reflective Practitioner: How Professionals Think in Action*. New York: Basic Books, 1983.（『省察的実践とは何か―プロフェッショナルの行為と思考』ショーン著、柳沢昌一、三輪建二監訳、鳳書房）

Schumpeter, Joseph A. *Capitalism, Socialism and Democracy*. London: G. Allen & Unwin, 1947.（『資本主義・社会主義・民主主義』シュンペーター著、中山伊知郎、東畑精一訳、東洋経済新報社、1995年）

Scientific American, September 2007.

Seager, Richard, et al. "Model Projections of an Imminent Transition to a More Arid Climate in Southwestern North America." *Science* 316 (2007): 1181.

Sen, Amartya. *Identity and Violence: The Illusion of Destiny*. New York: W.W. Norton and Co., 2006.

Shah, Tushaaar. *Water Policy Research Highlight: Groundwater and Human Development: Challenges and Opportunities in Livelihoods and Environment*. Water Policy Program, 2005. http://www.iwmi.org/iwmi-tata.

Sitch, S., et al. "Indirect Radiative Forcing of Climate Change Through Ozone Effects on the Land-Carbon Sink." *Nature* (August 16, 2007): 791-94.

Smil, Vaclav. *Enriching the Earth: Fritz Haber, Carl Bosch, and the Transformation of World Food Production*. Cambridge, Mass.: MIT Press, 2001.

——. "*Feeding the World: A Challenge for the Twenty-First Century*. Boston, Mass.: MIT Press, 2000.（『世界を養う：環境と両立した農業と健康な食事を求めて』スミル著、逸見謙三、柳澤和夫訳、食料・農業政策研究センター）

——. "Improving Efficiency and Reducing Waste in Our Food System," *Environmental Sciences* 1 (2004): 17-26.

Smith, Adam. *The Wealth of Nations*. Edwin Cannan, ed. London: Methuen and Co., Ltd., 1904. Originally published in 1776.（『国富論1～4』スミス著、水田洋、杉山忠平訳、岩波文庫）

Smith, Rupert. *The Utility of Force: The Art of War in the Modern World*. London and New York: Allen Lane, 2005.

Stern, Nicholas. *The Economics of Climate Change: The Stern Review*. Cambridge: Cambridge University Press, 2006.

Stevens, Wallace. *Collected Poems*. New York: Knopf, 1955.

Stockholm International Peace Research Institute. SIPRI Military Expenditure Database, 2007. http://first.sipri.org/non-first/milex.php.

Stone, Richard. "Aquatic Ecology: The Last of the Leviathans." *Science* 316 (June 22, 2007): 1684-88.

Stuart, Simon, et al. "Status and Trends of Amphibian Declines and Extinctions Worldwide." *Science*, 306 (December 3, 2004): 1783-86.

Suskind, Ron. *The One Percent Doctrine: Deep Inside America's Pursuit of Its Enemies since 9/11*. New York: Simon & Schuster, 2006.

Swaminathan, M.S., ed. *Wheat Revolution: a Dialogue*. Madras: Macmillan India Ltd., 1993.

Teklehaimanot, Awash, Jeffrey D. Sachs, and Chris Curtis. "Malaria Control Needs Mass Distribution of Insecticidal Bednets." *The Lancet*, June 2007.

Teklehaimanot, Awash, Gordon C. McCord, and Jeffrey D. Sachs. "Scaling Up Malaria control in Africa: An Economic and Epidemiological Assessment." *American Journal of Tropical Medicine and Hygiene*. 77 (Suppl. 6) December 2007.

Thomas, Chris D., et al. "Extinction Risk from Climate Change." *Nature* 427 (January 8, 2004).

Transparency International. *Corruption Perceptions Index (CPI)* 2006. http://www.transparency.org/policy__research/surveys__indices/cpi/2006.

Treaty on the Non-Proliferation of Nuclear Weapons. http://www.un.org/Depts/dda/WMD/treaty/.

Trewavas, Anthony. "Fertilizer: No-Till Farming Could Reduce Run-Off," *Nature* 427 (January 8, 2004): 99.

United Nations Convention to Combat Desertification. http://www.unccd.entico.com/english.

United Nations Development Program. *Human Development Report 2006: Beyond Scarcity: Power, Poverty and the Global Water Crisis*. Palgrave Macmillan, 2006.

United Nations Environment Program. *Sudan Post-Conflict Environmental Assessment*, 2007. http://www.unep.org/sudan/.

United Nations Framework Convention on Climate Change. http://www.unfccc.int.

United Nations Millennium Declaration. www.ohchr.org/english/law/millennium.htm.

United Nations Millennium Project. *Investing in Development: A Practical Plan to Achieve the Millennium Development Goals*. London: Earthscan, 2005.

——. *Public Choices, Private Decisions: Sexual and Reproductive Health and the Millennium Development Goals*. London and Sterling, Va.: Earthscan, 2006.

United Nations Population Division. *World Population in 2300*. 2003. http://www.un.org/esa/population/publications/longrange2/longrange2.htm.

——. *World Population Prospects: 2006 Revision*. New York, 2007.

——. *World Population Prospects: 1998 Revision*. New York, 1999.

United States Agency for International Development. *The Greenbook*. http://qesdb.usaid.gov/gbk/.

United States Department of Agriculture, Rural Electrification Administration. *A Brief History of the Rural Electric and Telephone Program*. 1982. http://www.rurdev.usda.gov/rd/70th/rea-history.pdf.

The United States National Security Strategy 2006. http://www.whitehouse.gov/nsc/nss/2006/index.html.

Vitousek, Peter M., et al. "Human Domination of Earth's Ecosystems." *Science* 277, no. 5325

(July 25, 1997). 494-99.

Vogel, Gretchen. "Scientists Say Ebola Has Pushed Western Gorillas to the Brink." *Science* 217, (September 14, 2007): 1484.

Vose, R. S., et al. *2007: The Global Historical Climatology Network: Long-Term Monthly Temperature, Precipitation, Sea Level Pressure, and Station Pressure Data*. ORNL/CDIAC-53, NDP-041, Carbon Dioxide Information Analysis Center, Oak Ridge National Laboratory. http://iri.columbia.edu.

Wade, Robert. *Governing the Market: Economic Theory and the Role of Government in East Asian Industrialization*. Princeton N.J.: Princeton University Press, 1990.（『東アジア資本主義の政治経済学——輸出立国と市場誘動政策』ウェード著、長尾伸一訳、同文舘出版）

Weiner, Tim. *Legacy of Ashes*. New York: Random House, 2007.（CIA秘録：その誕生から今日まで』上下、ワイナー著、藤田博司、山田侑平、佐藤信行訳、文藝春秋）

White House Office of Management and Budget. *Budget of Fiscal Year 2008*. 2007. http://www.whitehouse.gov/omb/budget/fy2008/.

Wilson, E. O. *Acting Now to Save the Earth*, School Matters Blog. http://schoolmatter.blogspot.com/2007/04/schools-wont-matter-unless.html.

——. *The Creation: An Appeal to Save Life on Earth*. New York: Norton, 2006.

——. *The Future of Life*. New York: Albert A. Knopf, 2002.（『生命の未来』ウィルソン著、山下篤子訳、角川文庫）

World Bank. World Development Indications. Washington D.C., 2007. http://www.worldbank.org/publications/wdi.

World Christian Database. http://worldchristiandatabase.org/wcd/.

World Economic Forum. The Global Competitiveness Report 2006-2007. Michael Porter, Klaus Schnab, Augusto Lopez-Claros, Xavier Sala-i-Martin. Palgrave Macmillan, 2006.

World Resources Institute, *Climate Analysis Indicator Tool (CAIT)*, Version 4.0, Washington D.C., 2007. http://cait.wri.org.

Worm, Boris, et al. "Impacts of Biodiversity Loss on Ocean Ecosystem Services." *Science* 314, no. 5800, (November 3, 2006): 787-90.

Yergin, Daniel. The Prize: The Epic Quest for Oil, Money and Power. New York: Free Press, 1993.（『石油の世紀 支配者たちの興亡』ヤーギン著、日高義樹、持田直武訳、日本放送出版協会）

Yunus, Muhammad, with Alan Jolis. *Banker to the Poor: Micro-lending and the Battle Against World Poverty*. New York: Public Affairs, 1999.（『ムハマド・ユヌス自伝——貧困なき世界をめざす銀行家』ユヌス著、猪熊弘子訳、早川書房）

Zhang, Xuebin, et al. "Detection of Human Influence on Twentieth-Century Precipitation Trends," *Nature* 448 (July 27, 2006): 461.

Zhu, Qiang. "The Rainwater Harvesting Projects in Mainland China." International Rainwater Catchment Systems Association. http://www.eng.warwick.ac.uk/ircsa/factsheets/ChinaRWH.pdf.

原　注

1　共通のチャレンジ、共通の富

1　Peter Lindert, *Growing Public: Social Spending and Economic Growth since the Eighteenth Century*, vol. 1 (New York: Cambridge University Press, 2004).

2　John F. Kennedy, Spring Commencement Address, American University, June 10, 1963. 以下のウェブサイトを参照のこと。http://www.american.edu/media/speeches/Kennedy.htm.

3　同上。

4　Tim Weiner, *Legacy of Ashes* (New York: Random House, 2007).（『CIA秘録：その誕生から今日まで』上・下、藤田博司、山田侑平、佐藤信行訳、文藝春秋、2008年）

5　United Nations, Summary of the International Conference on Population and Development (ICPD) Program of Action. 以下のウェブサイトを参照のこと。www.unfpa.org/icpd/icpd_poa.htm.

6　G8のメンバーはアメリカ、イギリス、イタリア、カナダ、ドイツ、日本、フランス、ロシア。

7　新しいミレニアムの目標は、軍縮、とくに化学兵器と核兵器についての取り組みも含まれるが、本書ではそれについては詳述しない。1993年に締結された化学兵器禁止条約（CWC）は1997年に施行され、化学兵器の備蓄、生産および使用を禁止している。核拡散防止条約（NPT）が最初に締結されたのは1968年で、1995年に無期限延長された。その1年後、包括的核実験禁止条約（CTBT）の署名が集められた。だが、この段階が核軍縮の絶頂だった。1990年代半ばから、3か国が核を保有し、条約そのものは完全に崩壊していないにせよ、有名無実のものになっている。アメリカはCTBT条約に署名はしたが、批准はしていない。インドやパキスタンは署名さえもしていない。大国の政治的、実際的なサポートによってNPTやCTBTが強化されなければ、核兵器競争を抑制する機会はきわめて簡単に消えてしまうだろう。

8　Donald Schöen, *The Reflective Practitioner: How Professionals Think in Action* (New York: Basic Books, 1983).（『省察的実践とは何か— プロフェッショナルの行為と思考』柳沢昌一、三輪建二監訳、鳳書房、2007年）

9　私はマッカーサー財団の主導による国際開発専門家の教育に関する委員会の共同議長を務めており、それを大変うれしく思っている。委員会では、持続可能な開発の専門家を効果的に教育するには、学際的な知識、教室での勉強とフィールドワークの組み合わせ、政策科学を含むスキル開発、地球の物理的なシステム、マネジメントの技能に重点的に取り組むことが必要だと信じている。

2　過密化する地球

10　とくに注釈がないかぎり、測定された国民所得やグローバル所得は購買力平価（PPP）で

調整している。このことによって、各国の所得はそれぞれの国内の価格ではなく、アメリカでの価格を大まかな基準にすることになるので、比較しやすくなる。たとえば、ある発展途上国とアメリカの比較をしてみよう。どちらの国も散髪代とテレビ生産量を規準として両国の1人当たりの平均所得を比較しようと試みる。テレビはどちらの国でも1台200ドルで売られるが、散髪代は貧しい国では1ドル、アメリカでは10ドルである。貧しい国では年間1人当たりの散髪は100回、テレビは10台生産する。一方、アメリカは年間1人当たりの散髪は1000回、テレビは100台生産する。ここで米ドルを用いるなら、貧しい国における1人当たりの平均所得は2100ドル（＝［1ドル×100］＋［200ドル×10］）で、アメリカの平均所得は3万ドル（＝［10ドル×1000］＋［200ドル×100］）となり、アメリカは貧しい国よりも、ほぼ15倍豊かだということになる。実際のところ、「本当の」所得の差は10倍にすぎない。発展途上国は実情よりもやや、貧しさが誇張される。なぜなら、貧しい国の個人所得は少ないが、散髪1回に払う金額も少ないからである。共通の価格で両国の所得を計算すると（具体的には散髪代は10ドル、テレビは200ドルとする）PPP調整後の発展途上国の所得は3000ドルとなり（＝10ドル×100＋200ドル×10）、PPP調整後のアメリカの所得は3万ドルである。PPPにもとづくと、アメリカの所得は貧しい国の10倍となる。所得をPPPで調整することにより、より正確な比較が可能になる。なぜなら、両国における製品の価格差を相殺することで、物理的な生産高に集中できるからである。

11　アンガス・マディソンの推計によると、世界総生産（GWP）は1950年の5.3兆ドルから1998年には33.7兆ドルに成長した。これは1990年の恒常アメリカドルで換算、購買力平価（PPP）で調整したうえで計算されている。世界銀行の推計では、GWPは1998年の41.6兆ドルから2005年の54.5兆ドルに成長したとされている。これは、2000年のPPP調整済みの恒常アメリカドル換算である。この2つの推計をつなげると、1950年から2005年までに世界生産が8.2倍になったことがわかる（＝33.7/5.3×54.5/41.6）。

12　コンバージェンスの議論についての詳細は、以下を参照。Robert J. Barro and Xavier Sala-i-Martin, *Economic Growth*, 2nd edition (Cambridge, Mass.: MIT Press, 2004).（『内生的経済成長論』1、2、第2版、大住圭介訳、九州大学出版会）もちろん、コンバージェンスの「典型的」な速度には統計的に不確実な部分がある。テキストの計算では、所得が技術の最先端国（アメリカ）の半分の国は、最先端国よりも1.5％速い年間成長速度でのコンバージェンスが可能だと推論した。BarroとSala-i-Martinや他の研究者たちによる統計的な推計では、後を追う国（所得が最先端国の半分）の年間成長率は、最先端国よりもおよそ1～2％速い範囲とされている。

13　Angus Maddison, *The World Economy: A millennial Perspective* (Paris: Development Centre of the Organization for Economic Cooperation and Development, 2001).（『経済統計で見る世界経済2000年史』金森久雄監訳、(財)政治経済研究所訳、柏書房、2004年）

14　一般に、考古学者や人類学者の説によれば、都市居住が始まったのは耕作が始まってからだということになっている。だが、最初の都市（もちろん、人口は小さかっただろう）の起こりが、本質的に耕作によるのではなく、集中的な狩猟や収穫の地域だった可能性もありうる。いずれにせよ、最古の都市の起こりは、いまから約1万年前だと考えられている。

15　Paul Bairoch, *Cities and Economic Development: From the Dawn of History to the Present*, translated by Christopher Braider (Chicago: University of Chicago Press, 1988).

16　詳細はSeptember 2007 special issue of *Scientific American*を参照のこと。

17　I-PATの方程式は一般に、Barry CommonerとそれにたいするPaul EhrlichとJohn Holdrenの

共著による一連の記事やディベートによるものとされている。この方程式の歴史はMarion Chartowによって調査されている。"The IPAT Equation and Its Variants," *Journal of Industrial Ecology* 4., no.4 (2001): 13-29. Chartowによると、I-PATの方程式が最初に登場したのはP. EhrlichとJ.Holdrenの "One-Dimensional Ecology" *Bulletin of the Atomic Scientists*, June 1972, pp.16-27である。

18　私の同僚で、世界の第一級の学者であるRichard Nelsonはこれらのイノベーション・システムの構造やパフォーマンスの地図を作っている。詳細は以下を参照のこと。Richard Nelson, ed., *National Innovation Systems: A Comparative Analysis* (New York: Oxford University Press, 1993).

19　Garrett Hardin, "The Tragedy of the Commons," *Science* 162 (1968): 1243-48.

20　J. R. Beddington et al., "Current Problems in the Management of Fisheries," *Science* 316 (June 22, 2007): 1713-16.

21　Elinor Ostrom, *Governing the Commons: The Economics of Institutions for Collective Action* (Cambridge: Cambridge University Press, 1990) and Partha Dasgupta, "Common Property Resources: Economic Analytics," in N.S. Jodha et al., eds., *Promise, Trust, and Evolution* (New Delhi: Oxford University Press, 2007).

22　Dennis Normile, "Getting at the Root of Killer Dust Storms," *Science* 317 (July 20, 2007): 314-16.

23　Richard Stone, "Aquatic Ecology: The Last of the Leviathans," *Science* 316 (June 22, 2007): 1684-88.

24　H. H. Rogner, "An Assessment of the World Hydrocarbon Resources," *Annual Review of Energy and the Environment*, 1997.

25　「1トンの石油に相当する」とは、石油以外のエネルギー源、たとえば石炭や天然ガスが1トンの石油と同等のエネルギーを有する量のことである。

26　太陽放射の総量は174ペタワット、つまり7400万ギガワットであるのに対し、平均的なエネルギー消費は1万5000ギガワット（2004年）で、太陽放射のほぼ1万分の1である。ワットは1秒当たりの使用エネルギー（具体的には1秒当たりのジュール）を測定するので、一定期間のエネルギー消費はワットに時間を乗じたものと等しい。一般的なエネルギー消費の単位はキロワット時（1000ワットを1時間消費したときのエネルギー量）である。

27　興味深いことに、地熱エネルギー（地殻の熱エネルギーは主として地球内部の放射性崩壊によるものである）も大量に供給されており、その規模は人類が商業的に消費しているエネルギーの総量よりも大きい。太陽エネルギーと同様、いまのところ、商業に用いるには費用がかかりすぎる。例外は主としてアクティブな地震活動であり、構造プレートが接触することで、地球内部の大量の熱が地表に流出する。テクノロジーの進歩により、この豊富な地熱を低コストで広範囲に利用できるようになるかもしれない。強化地熱システムと呼ばれるシステムでは、深さ10キロ以上の非常に深い井戸を2つ、隣り合わせに掘ることを想定している。これらの深い井戸の底部では、岩が砕かれて2つの井戸がつながれている。一方の井戸に水がポンプで注入され、水が加熱されると、もう一方の井戸から蒸気が発生する。この蒸気を利用して、発電所のタービンを回す。MIT Inter-Disciplinary Panel on Geothermal Energy, *The Future of Geothermal Energy* (Cambridge, Mass.: MIT Press, 2007) を参照のこと。原子力発電にも大きな可能性があるが、核兵器との関連によって、問題が過度に複雑になっており、その問題はおそらく解決不能であろう。周知のとおり、長続きする核エネルギーに

は2種類の可能性がある。核分裂（ウランやその他の放射性金属が分裂することによって解放されるエネルギーを利用）によるものと核融合（太陽で起こっているように、2つの水素原子がヘリウム原子に融合することによって解放されるエネルギーを利用）によるものである。商業的には核分裂のみが利用されている。核融合が商業利用されるまでにはまだ何十年もかかりそうだが、21世紀以降には巨大なエネルギー源となる可能性がある。ウランによる核分裂には、かなりの賛否両論があるが、これは実証済みのテクノロジーである。すでに世界のエネルギー生産量のおよそ6分の1、アメリカのエネルギー生産の5分の1、そしてフランスのエネルギーの80%を産出しており、他のエネルギー源と同様、長期的な可能性は巨大である。とはいえ、チェルノブイリの大惨事のような放射能漏れ、放射性廃棄物の処分の難しさ、原子力発電物質（核燃料および核廃棄物の双方）の兵器級核物質への変換、流用の危険性への深い懸念から、社会の同意を得ることが非常に重要である。そうはいっても、とくに中国、インド、日本、その他いくつかの国において、核エネルギー使用の拡大は不可避である。最大の脅威は、いくつかの国、とくに危機によって引き裂かれた中東において、核エネルギー使用の拡大が核兵器産業の開発の口実にもなりかねないことである。MIT Inter-Disciplinary Panel on Nuclear Power, *The Future of Nuclear Power* (Cambridge, Mass.: MIT Press, 2003)を参照のこと。

28 Michael Klare, *Blood and Oil: The Dangers and Consequences of America's Growing Dependency on Imported Petroleum* (New York: Metropolitan Books, 2004)（『血と油——アメリカの石油獲得戦争』柴田裕之訳、日本放送出版協会、2004年）, および Dilip Hiro, *Blood of the Earth: The Battle for the World's Vanishing Oil Resources* (New York: Nation Books, 2006).

29 本書では大量破壊兵器に関するグローバル協力についてあまり深く踏み込まなかったが、私はここで核拡散防止条約（および化学兵器や核実験に関する条約）の成功に言及し、持続可能な開発だけでなく、グローバルな安全保障における国際協力についての悲観論が間違いであることを強調したい。条約によって拡散が止められたわけではないが、拡散のスピードが劇的に低下し、多くの国々の核プログラムの放棄につながった。Joseph Cirincione, *Bomb Scare: The History, Theory and Future of Nuclear Weapons* (New York: Columbia University Press, 2007) を参照のこと。だが、近年、これらの条約にまつわる緊張状態がさらに悪化している。原因の一部はアメリカその他の核保有国が、条約で要求されている最終的な核武装解除に向けた具体的な対策を講じられなかったことにある。

30 国際社会は、すでに1970年から、富裕国の政府が100ドルの国家所得のうち70セントを開発支援に投じることに同意していた。この0.7%の基準は、繰り返し再確認されてきた。たとえば、2002年にモンテレー（メキシコ）で開催された開発資金国際会議では、アメリカを含む世界各国の政府が「公的な開発支援として国民総生産の0.7%を目標とし、そのために具体的な努力をする」ことを約束した。

31 William Easterly, *The White Man's Burden* (New York: Penguin, 2006), p.176.

32 Easterly, *The White Man's Burden*, pp. 368-69.

33 熱帯アフリカとは、南アフリカ、レソト、ナミビア、北部アフリカの5か国（アルジェリア、エジプト、リビア、モロッコ、チュニジア）を除いた地域を指す。

34 ボツワナ 3.0、カーボベルデ 3.5、コモロ 3.8、ガボン 3.7、レソト 3.4、モーリシャス 2.0、ナミビア 3.7、サントメ・プリンシペ 3.8、スワジランド 3.9、セイシェル 2.1、ジンバブエ 3.3。

35 Shaohua Chen and Martin Ravallion, "How Have the World's Poor Fared since 1980?" *The*

World Bank Research Observer 19, no.2 (fall 2004):152.

36　この段落のすべてのデータは、経済協力開発機構（OECD）の開発援助委員会（DAC）のメンバーである22か国を参照している。

3　アントロポセン――人類中心時代

37　J. L. Chapman and M. J. Reiss, *Ecology* (New York and Cambridge: Cambridge University Press, 1998).

38　P. S. Martin and H. E. Wright, eds., *Pleistocene Extinctions: The Search for a Cause* (New Haven, Conn.: Yale University Press, 1967).

39　Crookes会長の発言は1889年、ブリストルでのBritish Associationにて。

40　経済史家の Angus Maddisonが精密に作りあげたこのグラフは、何世紀もの人類の歴史をたどり、また世界各地における人類の経済活動において、１人あたりの生産高を測定しようとしたものである。このようなグラフを作成しようとするのは壮大な意図とはいえ、先史時代と現代の経済を比較するのはきわめて困難である。ここから明らかに見てとれるのは、1800年ごろに人類の経済生産力が予想外の飛躍を果たしたことである。

41　Paul J. Crutzen, and Eugene F. Stoermer, "The 'Anthropocene,'" *International Geosphere-Biosphere Programme Newsletter* 41 (May 2000): 17-18.

42　Peter M. Vitousek, et al. "Human Domination of Earth's Ecosystems," *Science* 277, no. 5325, (July 25, 1997): 494-99.

43　Commission on Geosciences, Environment and Resources (CGER), *Sustaining Marine Fisheries*, Ocean Studies Board, 1999.

44　H. K. Lotze et al., "Depletion, Degradation, and Recovery Potential of Estuaries and Coastal Seas," *Science* 312 (June 23, 2006): 1806-9.

45　同上, p. 1806.

46　同上, p. 1808.

47　同上.

48　同上, p. 1806.

49　MIT Inter-Disciplinary Panel on Coal, *The Future of Coal: Options for a Carbon-Constrained World* (Cambridge, Mass.: MIT Press, 2007).

50　中国の伸び率とくらべればまだ低いとはいえ、インドの自動車販売数も年に15%と急伸している。2006年の販売数はおよそ130万台で、2010年には210万台まで増えると予想されている（*Financial Times*, September 4, 2007参照)。

51　James Hansen et al., "Climate Change and Trace Gases," *Philosophical Transactions of the Royal Society A* 365 (May 2007): 1925-54.

52　James Hansen, "Climate Catastrophe," *New Scientist*, July 28, 2007.

53　以下を参照のこと。 Richard Alley, "Wally Was Right: Predictive Ability of the North Atlantic 'Conveyor Belt' Hypothesis for Abrupt Climate Change," *Annual Review of Earth and Planetary Sciences* 36 (2007): 241-72, for recent authoritative support for Broecker's hypothesis.

54　これらの急激な変化については、以下の文献に詳しく記されている。 Fred Pearce, *With Speed and Violence* (Boston: Beacon Press, 2007).

55　Jared Diamond, *Collapse: How Societies Choose to Fail or Succeed* (New York: Viking, 2004), p. 38.（『文明崩壊：滅亡と存続の命運を分けるもの』上・下、楡井浩一訳、草思社、2005年）

4　気候変動のグローバルな解決策

56　この図表は以下にもとづく。 P. Brohan, J. J. Kennedy, I. Harris, et al., "Uncertainty Estimates in Regional and Global Observed Temperature Changes: A New Dataset from 1850," *Journal of Geophysical Research* 111 (2006).

57　Nicholas Stern, "The Economics of Climate Change," *The Stern Review* (Cambridge: Cambridge University Press, 2007).

58　Intergovernmental Panel on Climate Change Fourth Round Assessment. 以下のサイトで情報が得られる。 http://www.mnp.nl/ipcc/.

59　Steven C. Amstrup, Bruce G. Marcot, and David C. Douglas, *Forecasting the Range-wide Status of Polar Bears at Selected Times in the 2lst Century* (Virginia: U.S. Geological Survey Administrative Report, 2007).

60　炭素施肥効果は、大気中の二酸化炭素が高いほど農作物に「施肥」され、光合成による生育度合いが伸びるという仮説であり、いまだに議論が分かれている。 異説もさまざまにあるので、炭素施肥効果はいまのところ確実ではない。

61　最近の調査によれば、バイオマスと化石燃料の燃焼を原因とするアジアの大気汚染によって、インド上空に大量の大気褐色雲が発生したという。このせいで、インドでは乾燥化が進み、農産物の生産が落ちた。温室効果ガスの排出と大気褐色雲の相乗効果で、農業に大きな悪影響があった。以下を参照。 Maximillian Auffhammer et al., "Integrated Model Shows That Atmospheric Brown Clouds and Greenhouse Gases Have Reduced Rice Harvests in India," *PNAS* 103, no. 52 (December 26, 2006).

62　専門的には、温室効果ガスはその放射強制力によって比較される。つまり、ガスの温室効果によって、どれくらい地球が温められるかを測るのである。放射強制力は2つの要因からなる。1つは、特定のガスがもつ温室効果の程度、つまり分子のppmが増えたときに、温室ガス効果がどれくらい上昇するかである。2つめは、実際に大気中のガスの濃度がどれくらい増えたかである。増加そのものは2つの力の平衡によって決まる。大気中へのガスの排出量と、大気中から自然に消滅するガスの量である。たとえば、化学的変化や、または陸地や海洋にガスがとりこまれることなどだ。CO_2の放射強制力は、6種類の温室効果ガスのなかで最大である。以下、順にメタン、一酸化二窒素、3種のフロンガスとなっている。CO_2の放射強制力の強さは以下の3つの理由による。 温室効果ガスとしての効果が高いこと。人類の排出するCO_2の量が多いこと。大気中から消滅する速度が遅いことである (大気中の滞留時間が長いともいう)。

63　発生源と取り込みの規模については不確実な点が多いことに注意。陸地および海洋への炭素の取り込み量についても、年ごとにばらつきがある。

64　S. Sitch et al., "Indirect Radiative Forcing of Climate Change Through Ozone Effects on the Land-Carbon Sink," *Nature*, August 16, 2007, pp. 791-94.

65　James Hansen, "Dangerous Human-Made Interference with Climate: A GISS ModelE

Study," *Atmospheric Chemistry and Physics* 7 (2007): 2287-312.

66 James Kliesch and Therese Langer, *Plug-in Hybrids: An Environmental and Economic Performance Outlook*, report number T061, American Council for an Energy-Efficient Economy September 2006; and The Institute of Electrical and Electronics Engineers, *Position Statement Plug-In Electric Hybrid Vehicles*, adopted by the board of directors June 15, 2007.

67 Intergovernmental Panel on Climate Change (IPCC), "Special Report on Carbon Dioxide Capture and Storage." 以下のサイトを参照。 http://www.ipcc.ch/activity/srccs/index.htm.

68 Tommy Dalgaard, "Looking at Biofuels and Bioenergy," *Science* 312 (June 23, 2006): 1743.

69 Klaus Lackner and Jeffrey D. Sachs, "A Robust Strategy for Sustainable Energy," *Brookings Paper on Economic Activity*, 2005.

70 International Research Institute for Climate Prediction (IRI), Sustainable Development in Africa: Is the Climate Right?, IRI Technical Report Number IRI-TR/05/1,2005.

71 Mario J. Molina and F. S. Rowland, "Stratospheric Sink for Chlorofluoromethanes: Chlorine Atom-Catalyzed Destruction of the Ozone," *Nature* 249 (June 28, 1974): 810-12.

72 *Chemical Week*, July 16, 1975.

5　水不足への対策

73 たとえば、私人である地主が共有の地下帯水層につながる井戸から水を汲み上げている場合が相当する。この場合、各地主には帯水層から過剰に水を汲み上げようという動機が働く。地主の土地に付随する水の権利が私権であるとしても、実際のところ、地主は公共財産から水を引いていることになる。

74 ミレニアム・エコシステム・アセスメント。ウェブで参照できる。http://www.millenniumassessment.org/en/index.aspx.

75 Casey Brown and Upmanu Lall, "Water and Economic Development: the Role of Variability and Framework for Resilience," *Natural Resources Forum* 30, issue 4 (November 2006): 306-17.

76 United Nations Development Program(UNDP), *Human Development Report 2006: Beyond Scarcity: Power, Poverty and the Global Water Crisis*, (Macmillan Palgrave, 2006), p. 140.(『人間開発報告書2006――水危機神話を越えて:水資源をめぐる権力闘争と貧困、グローバルな課題』、国連開発計画東京事務所のウェブサイトに概要が掲載されている)

77 Xuebin Zhang et al., "Detection of human influence on Twentieth-Century Precipitation Trends," *Nature*, July 26, 2007.

78 Fred Pearce, *When the Rivers Run Dry: Water, the Defining Crisis of the Twenty-First Century* (Boston: Beacon Press, 2006), p. 125, citing Kevin Trenberth.(『水の未来　世界の川が干上がるとき　あるいは人類最大の環境問題』古草秀子訳、日経BP社、2008年

79 T. P. Barnett, J. C. Adam, and D. P. Lettenmaier, "Potential Impacts of a Warming Climate on Water Availability in Snow-Dominated Regions," *Nature* 438 (November 2005).

80 A. Giannini, R. Saravanan, and P. Chang, "Oceanic Forcing of Sahel Rainfall on Interannual to Interdecadal Timescales, " *Science* 302 (October 9, 2003): 1027-30.

81 Tushaaar Shah, *Water Policy Research Highlight: Groundwater and Human Development: Challenges and Opportunities in livelihoods and Environment*, Water Policy Program, 2005. 以下

のサイトで参照できる。http://www.iwmi.org/iwmi-tata.
82　これに続くインドの情報はコロンビア大学の同僚である水文学者ウプマヌ・ラル氏から得たもの。氏はインドの水危機に関する第一人者である。
83　Richard Seager et al., "Model Projections of an Imminent Transition to a More Arid Climate in Southwestern North America," *Science* 316 (2007): 1181.
84　Edward Miguel, Shanker Satyanath, and Ernest Sergent, "Economic Shocks and Civil Conflict: An Instrumental Variables Approach," *Journal of Political Economy* 112, no. 4 (2004): 725-53.
85　Edward Miguel, "Poverty and Violence," in Lael Brainard and Derek Chollet, eds., *Too Poor for Peace? Global Poverty, Conflict and Security in the 21st century* (Washington, D.C.: Brookings Institute Press, 2007), p. 55.
86　Fred Pearce, *When the Rivers Run Dry: Water, the Defining Crisis of the Twenty-First Century* (Boston: Beacon Press, 2006), p. 178.
87　United Nations Development Program (UNDP), *Human Development Report 2006*, p. 8.（『人間開発報告書2006』、国連開発計画東京事務所のウェブサイトに概要が掲載されている）
88　Food and Agriculture Organization of the United Nations, *World Agriculture: Towards 2015/2030, Summary Report*, 2003. http://www.fao.org/docrep/004/y3557e/y3557e00.HTM.
89　Qiang Zhu, "The Rainwater Harvesting Projects in Mainland China," International Rainwater Catchment Systems Association. 以下のウェブサイトで参照できる。http://www.eng.warwick.ac.uk/ircsa/factsheets/ChinaRWH.pdf.
90　詳細は以下を参照のこと。J. N. Pretty et al., "Resource-Conserving Agriculture," *Environmental Science and Technology* 40, no. 4 (2006): 1114-19.

6　すべての生物種が共存できる環境

91　Millennium Ecosystem Assessment, "Ecosystems and Human Well-Being, Synthesis Report, World Resources Institute," 2005.
92　Edward O. Wilson, *The Creation: An Appeal to Save Life on Earth* (New York: W. W. Norton & Company), 2006.
93　Chris D. Thomas et al., "Extinction Risk from Climate Change," *Nature* 427 (January 8, 2004):145-48
94　Boris Worm et al., "Impacts of Biodiversity Loss on Ocean Ecosystem Services," *Science* 314, no. 5800 (November 3, 2006): 787-90.
95　Michael Hopkin, "Oceans in Trouble as Acid Levels Rise," *Nature News*, June 30, 2005; T. P. Hughes et al., "Climate Change, Human Impacts, and the Resilience of Coral Reefs," *Science* 301 (2003): 929; John M. Pandolfi, et al., "Global Trajectories of the Long-Term Decline of Coral Reef Ecosystems," *Science* 301 (2003): 955; and the Royal Society Working Group on Ocean Acidification,*Ocean Acidification Due to Increasing Atmospheric Carbon Dioxide* (London: Royal Society, June 2005).
96　以下を参照のこと。Simon Stuart et al., "Status and Trends of Amphibian Declines and Extinctions Worldwide," *Science 306* (December 3, 2004): 1783-88; Joseph R. Mendelson III et

al., "Biodiversity: Confronting Amphibian Declines and Extinctions," *Science* 313, no. 5783 (July 7, 2006): 48; and J. Alan Pounds et al., "Widespread Amphibian Extinctions from Epidemic Disease Driven by Global Warming," *Nature* 439 (January 12, 2006).

97 概説としては以下を参照のこと。Committee on the Status of Pollinators in North America, "Status of Pollinators in America," National Research Council, 2007. 減少の一因としてオーストラリアにもちこまれたウイルス性感染症を上げた最近の報告については、以下を参照のこと。Erik Stolestad, "Puzzling Decline of U.S. Bees Linked to Virus from Australia," *Science* 317, no.5843 (September 7, 2007).: 1304-5. Diana L. Cox-Foster, et al., "A Metaelgenomic Survey of Microbes in Honey Bee Colony Collapse Disorder,"*Science* 318(October 12, 2007).

98 Alison Jolly, "The Last Great Apes?" Science 309, no. 5740 (September 2, 2005): 1457; and Gretchen Vogel, "Scientists Say Ebola Has Pushed Western Gorillas to the Brink," *Science* 217, (September 14, 2007): 1484.

99 一例でしかないが、ニューオーリンズがハリケーン・カトリーナによる甚大な被害にさらされた原因の1つに、自然湿地帯であるミシシッピ・デルタ地帯（MDP）の沈下がある。ミシシッピ川がメキシコ湾に流れ込む地点に堤防が築かれており、MDPにはシルトが堆積しないため侵食が進んだ。これは、人間の行為によって自然災害が大きくなることを示している。以下を参照のこと。John W. Day Jr. et al., "Restoration of the Mississippi Delta: Lessons from Hurricanes Katrina and Rita," *Science* 315 (March 3, 2007).

100 J. N. Pretty et al., "Resource-Conserving Agriculture Increases Yields in Developing Countries," *Environmental Science and Technology*, 2006.

101 Anthony Trewavas, "Fertilizer: No-Till Farming Could Reduce Run-Off," *Nature* 427(January 8, 2004): 99.

102 Vaclav Smil, *Feeding the World: A Challenge for the Twenty-First Century*(Boston, Mass.: MIT Press, 2000).（『世界を養う：環境と両立した農業と健康な食事を求めて』逸見謙三、柳澤和夫訳、食料・農業政策研究センター、2003年）

103 E. O. Wilson, *Acting Now to Save the Earth*, School Matters Blog. http://schoolsmatter.blogspot.com/2007/04/school-wont-matter-unless. html.

104 目録に掲載されている種は世界に約150万から180万いるが、特定できず研究されていない種はその10倍から50倍にもなるとウィルソンは推定する。また、私たちがまったく知らないために、それらの種が絶滅に追いやられてしまうことがないよう、知られていない生物種に関する知識を計画的に広めていくべきだと主張する。このウェブ百科事典では、種ごとに拡張してゆくようなサイトを作り、ゲノム、分岐と進化、行動、種の範囲、分布、他種との生態学的関連性、生存に対する脅威など、その種についてわかっていることをすべて掲載するという。

7　地球規模の人口動態

105 "How to Deal with a Falling Population" *The Economist* 284, no. 8539 (July 28, 2007):11.

106 Michael Kremer, "Population Growth and Technological Change: One Million B.C. to 1990," *The Quarterly Journal of Economics* 108, no.3 (August 1993): 681-716; Simon Kuznets, "Population Change and Aggregate Output," *Demographic and Economic Change in Developed*

Countries (Princeton, NJ: Princeton University Press, 1960): 324-40.

107 Robert J.Barro and Xavier Sala-i-Martin, *Economic Growth*, 2nd edition (Cambridge, Mass.: MIT Press, 2004).

108 初期所得はマイナスの影響をもたらすものと予想される。より豊かな国では増加率が鈍り、貧しい国ではより迅速になるが、これらはコンバージェンス現象が原因である。教育達成度は、平均余命や法の支配と同じように、増加率にプラスの影響をもたらすものと予想される。

109 より具体的には、TFR（合計特殊出生率）対数が係数－0.012になると所得増加率に一次的なマイナス影響をもたらす。自然対数6は1.79、同じく2は0.69だから、その差は1.10。これに0.012をかけると0.013、つまりTFRが低い国のより速い年間所得増加率の1.3％（＝0.013×100）となる。

110 Arthur M. Schlesinger, *A Thousand Days: John F. Kennedy in the White House* (Boston: Houghton Mifflin, 1965), p.601.（『ケネディ――栄光と苦悩の一千日』中屋健一訳、河出書房新社、1971年）

111 John C. Caldwell, James F. Phillips, and Barkat-e-Khuda, "The Future of Family Planning Programs," *Issues in Family Planning* 33, no.1 (March 2002):1-10.

8 人口転換の完成

112 より低い死亡率がより低い出産率をもたらす事実を論証するものとしては、Jeffrey Sachs, Dalton Conley, and Gordon C. McCord, "Africa's Lagging Demographic Transition: Evidence from Exogenous Impacts of Malaria Ecology and Agricultural Technology," NBER Working Paper 12892, February 2007を参照されたい。出産率低減による効果が死亡率低減による効果を上回るものになるかどうかは、本稿にもあるとおり、幼児死亡率の低減だけでなく、教育、家族計画、より広範な経済開発といった補完的行動にもかかっている。

113 もちろん男子の教育も大きな意味をもつ。より高い総教育率はより低い出生率と関連しているが、女子教育の拡大はそれよりもはるかに大きな効果をもたらすようである。

114 John C. Caldwell and Pat Caldwell, "THe Cultural Context of High Fertility in Sub-Saharan Africa," *Population and Development Review* 13, no.3 (September, 1987): 409-37; and John C. Caldwell and Pat Caldwell, "Africa: The New Family Planning Frontier," *Studies in Family Planning* 33, no.1 (March 2002): 76-86.

115 Jeffrey D. Sachs, Dalton Conley, and Gordon C. McCord, "Africa's Lagging Demographic Transition: Evidence from Exogenous Impacts of Malaria Ecology and Agricultural Technology," NBER Working Paper Series, no.12892, February 2007.

116 Caldwell and Caldwell, "Africa."

117 同上 p.84.

118 Population Action International, "Bush's Budget Slashes International Family Planning," February 12, 2007. http://www.populationaction.org/press_room/viewpoint_and_statements/2007/02_12_budget.shtml.

119 BBC News, "China Attacks U.S. Baby Fund Cuts," July 23, 2002. http://news.bbc.co.uk3/low/americas/2146160.stm.

120　Richard Cincotta, Robert Engelman, and Daniele Anastasion, *The Security Demographic: Population and Civil Conflict After the Cold War* (Population Action International, August 2003), http://www.populationaction.org/Publications/Reports/The_Security_Demographic/Summary.shtml.

121　Henrik Urdal, in Lael Brainard and Derek Chollet, eds., *Too Poor for Peace? Global Poverty, Conflict, and Security in the 21st Century* (Washington, D.C.: Brookings Institution Press, 2007), p.96.

122　同上 p.92.

123　国連人口部, *World Population Prospects: 2006 Revision*, 2007.

9　経済開発のための戦略

124　Angus Maddison, The World Economy: *A Millennial Perspective* (Paris: Development Centre of the Organization for Economic Cooperation and Development, 2001).データは1999年の購買力平価調整のうえ、恒常ドル換算。

125　市況用語を使っていえば、輸入者は国内通貨を使って市場で外貨を買い、輸出者は国内通貨と引き替えに外貨を売る。為替レートは国内通貨と比較した外貨の需給バランスを保つ役割を果たす。

126　この法則を実証しようとするときによく引き合いに出される2つの例外についても触れておこう。スイスは内陸部にあるにもかかわらず豊かだし、シンガポールも熱帯地域に位置するのに豊かである。この2例のからくりは見た目よりはるかに明快である。内陸部にあることは開発途上国にとってはとくに不利だが、これはその経済圏での高所得市場への輸出能力が最優先事項とされ、貿易も通常は海上ルートでなされることを前提としているからである。結果として、まず沿岸諸国に発展がもたらされ、内陸地域の発展は二の次となる。だがスイスでは、豊かな国との貿易は、フランス、イタリア、ドイツ、オーストリアとの国境を越えて、つまり内陸ルートで行なうことができる。つまり、ある国が内陸部に位置する場合、豊かな地域の内陸部にあることが最も好条件となるわけである。シンガポールの事情も同じように特殊である。熱帯環境がほとんどの場合、開発に不向きなのは、熱帯病や食糧生産性の低さなどが原因だが、シンガポールは1819年、ヨーロッパとアジアを結ぶ最も重要な海上交通路に位置する交易地として建国された。小さな島国なので、蚊が媒介する病気への対策能力にすぐれ、利便性の高い交易拠点として全世界に貿易サービスを提供しながら、その収益によって、他の地域で生産された食糧を買い入れる能力がある。要するに、シンガポールは貧しい農民を吸収するという一般的な問題を解決する必要がなかったのである。

127　顕著な例を1つあげておく。1840年代と50年代のエジプトでは、健全な産業戦略にもとづく繊維業界の工業化が図られたが、工場に電力を供給するための石炭の輸入に膨大な費用がかかり、成功しなかった経緯がある。

128　石油の豊富な蓄えは、より微妙な意味でも「呪い」となる場合がある。たとえば、為替レートが過大評価され、それによって国際的競争力のある産業部門の発展が妨げられる場合などである。豊富な原油が強い通貨や産業競争力の欠如につながる現象はオランダ病として知られている。詳しくは以下を参照。M. Humphreys, J. Sachs, and J. Stiglitz, eds., *Escaping the Resource Curse* (New York: Columbia University Press, 2007).

129 Anthony Kiszewski et al., "A Global Index Representing the Stability of Malaria Transmission," *American Journal of Tropical Medicine and Hygiene* 70, no.5 (2004): 486-98.

130 ここでは国連人口部による西アジア地域の定義に従っている。この地域に属するのは、アルメニア、アゼルバイジャン、バーレーン、キプロス、グルジア、イラク、イスラエル、ヨルダン、クウェート、レバノン、オマーン、パレスチナ、カタール、サウジアラビア、シリア、トルコ、アラブ首長国連邦、イエメンである。

131 Nathan Nunn and Diego Puga, "Ruggedness: The Blessing of Bad Geography in Africa," discussion paper, Center for Economic Policy Research, March 2007.

10 貧困の罠を終わりにする

132 ここでいう高収穫種とは、遺伝子組み換え作物ではなく、伝統的な育種を意味していることに注意してほしい。遺伝子組み換え作物の場合、アフリカ独自の必要（干魃耐性など）にうまく適応できれば、おそらく重要な役割を演じることだろうが、そうした品種の利用は早くても数年先のことである。

133 United States Department of Agriculture, Rural Electrification Administration, *A Brief History of Rural Electrification and Telephone Programs*, chart C-1, p.C-2, http://www.rurdev.usda.gov/rd/70th/rea-history.pdf.

134 Lant Pritchettによる刺激的で有益な作品 "*Let Their People Come: Breaking the Gridlock on Global Labor Mobility* (Washington, D.C.: Center for Global Development, 2007)、とくにその1章を参照されたい。

135 Pritchett, *Let Their People Come*, とくにその4章と参考文献。

136 William Easterly, *The White Man's Burden* (New York: Penguin, 2006), p.368-69.

137 最初の10か国はエチオピア、ガーナ、ケニア、マラウイ、マリ、ナイジェリア、ルワンダ、セネガル、タンザニア、ウガンダである。2007年に新たに参加したアフリカ諸国は、リベリア、マダガスカル、モザンビークで、さらに数か国が参加の意向を表明している。

138 詳しくは以下を参照のこと。Pedro Sanchez et al., *The African Millennium Villages*, Proceedings of the National Academy of Sciences Special Feature: Sustainability Science, 2007. ミレニアム・ビレッジ・プロジェクトのウェブサイトは、http://www.millenniumvillages.org/。

139 Robert Wade, *Governing the Market: Economic Theory and the Role of Government in East Asian Industrialization* (Princeton, N.J.: Princeton University Press, 1990).（『東アジア資本主義の政治経済学——輸出立国と市場誘導政策』長尾伸一他訳、同文館出版、2000年）

140 Shigeru Ishikawa, *Economic Development in Asian Perspective* (Tokyo: Kinokuniya, 1967), p.95.

141 United States Agency for International Development, *The Greenbook*. ウェブサイトも利用できる。http://qesdb.usaid.gov/gbk/

142 World Bank（世界銀行）, World Development Indicators 2007.

143 Norman Borlaugtが1967年3月29日にインドのエスコート・トラクター工場で行なったスピーチ。ウェブサイトも利用できる。http://www.agbioworld.org/newsletter_wm/index.php?caseid=archive&newsid=2519

144　William Gaud, "The Green Revolution: Accomplishments and Apprehensions," 1968年3月8日にワシントンの国際開発協会で行なったスピーチ。

145　Lael Brainard and Derek Chollet, eds. *Too Poor for Peace? Global Poverty, Conflict, and Security in the 21st Century* (Washington, D.C.: Brookings Institution Press 2007), p.1.

146　Jeffrey Sachs, "The Strategic Significance of Global Inequality," (reprint) Woodrow Wilson International Center for Scholars, issue 9 (2003).

147　*Encyclopedia Britannica*, The Online Encyclopedia, 2007, http://www.britannica.com/.

148　国連環境計画(UNEP) による。以下を参照。*Sudan: Post-Conflict Environmental Assessment* 2007, p.8, http://www.unep.org/sudan/.

149　同上 p.79.

150　同上 p.77. 強調も原文のまま。

151　2006年5月のダルフール和平合意を参照のこと。この合意はスーダン政府と一部の反乱勢力によって署名されたが、署名していない反乱勢力もある。実行には移されていないが、開発問題に大きな重点がおかれている。この合意については以下のウェブサイトを参照。http://allafrica.com/peaceafrica/resources/view/00010926.pdf

11　変動する世界における経済的な安全保障

152　研究開発費や知識への投資、第三次教育の達成度については、以下を参照。*The OECD Factbook 2006: Economic and Social Statistics.*

153　Alberto Alesina, Edward Glaeser, and Bruce Sacerdote, "Why Doesn't the US Have a European-Style Welfare System?" NBER Working Paper Series, no.8524 (October 2001). ウェブサイトも利用可能。http://www.nber.org/papers/w8524

154　同上 p.4.

155　Peter Orszag（下院主計官）による、米下院予算委員会での同国のイラクとアフガニスタンでの軍事行動とそのほかの対テロ戦争関連活動の見積経費についての発言（2007年10月24日）。

156　Jacob Hacker, *The Great Risk Shift: The Assault on American Jobs, Families, Health Care, and Retirement – And How You Can Fight Back* (Oxford and New York: Oxford University Press, 2006), p.181.

12　外交政策を再考する

157　Rupert Smith, *The Utility of Force: The Art of War in the Modern World* (London and New York: Allen Lane, 2005).

158　Jeffrey D. Sachs, "Three years and Three Lessons since 9/11," *Facts*, September 2004.

159　Colin H. Kahl, *States, Scarcity, and Civil Strife in the Developing World* (Princeton: Princeton University Press, 2006).

160　1947年6月5日、ハーバード大学で行なわれたGeorge C. Marshalによる講演。

161　*National Security Strategy 2006, p. 33.* ウェブサイトで読むことができる。http://www.

whitehouse.gov/nsc/nss/2006/index.html

162 Program on International Policy Attitudes (PIPA)を参照のこと。「アメリカが果たす役割に対して世界が持つイメージは『悪い』から『最悪』になった」2007年1月。

163 これらには、疫病の発生に関する報告、モニタリング、世界保健機関へのデータ提供、国境を越えた蔓延の防止、助言する義務、その他、2005年に合意し、2007年に施行された諸規制が含まれる。

164 Ron Suskind, *The One Percent Doctrine: Deep Inside America's Pursuit of Its Enemies since 9/11* (New York: Simon & Schuster, 2006).

13 グローバル・ゴールを達成する

165 M. S. Swaminathan, ed., *Wheat Revolution: A Dialogue* (Madras, Macmillan India Ltd., 1993).

14 力を合わせて

166 Albert Hirschman, *The Rhetoric of Reaction: Perversity, Futility, Jeopardy*, (Cambridge, MA: The Belknap Press of Harvard University Press, 1991).（『反動のレトリック――逆転、無益、危険性』岩崎稔訳、1997年、法政大学出版局）

167 1966年6月6日、南アフリカのケープタウン大学で行なわれたロバート・F・ケネディによるDay of Affirmation Address記念演説。以下のウェブサイトを参照。http://www.mtholyoke.edu/acad/intrel/speech/rfksa.htm

168 1962年9月12日、ライス大学で行なわれたジョン・F・ケネディによる講演。以下のウェブサイトを参照。http://www.rice.edu/fondren/woodson/speech.html

169 Klaus M. Leisinger, "Corporate Philanthropy: The Top of the Pyramid," *Business and Society Review* 112, no. 3 (2007): 315-42.

170 Extractive Industries Transparency Initiative, http://www.eitransparency.org.

171 Rockefeller Foundation, *Rockefeller Foundation: A History*, February 2007. 以下のウェブサイトを参照。http://www.rockfound.org/about__us/history/1930__1939.shtml

172 Forbes.com, "The World's Richest People," March 2007, 以下のウェブサイトを参照。
http://www.forbes.com/2007/03/06/billionaires-new-richest__07billionaires__cz__lk__af__0308billieintro.html

173 M.S. Swaminathan, ed., *Wheat Revolution: A Dialogue* (Madras, Macmillan India Ltd., 1993), p. 98.

地球全体《ちきゆうぜんたい》を幸福《こうふく》にする経済学《けいざいがく》
過密化する世界とグローバル・ゴール
2009年7月20日　初版印刷
2009年7月25日　初版発行
＊
著　者　ジェフリー・サックス
訳　者　野《の》中《なか》邦《くに》子《こ》
発行者　早　川　浩
＊
印刷所　株式会社亨有堂印刷所
製本所　大口製本印刷株式会社
＊
発行所　株式会社　早川書房
東京都千代田区神田多町2−2
電話　03-3252-3111（大代表）
振替　00160-3-47799
http://www.hayakawa-online.co.jp
定価はカバーに表示してあります
ISBN978-4-15-209057-7　C0033
Printed and bound in Japan
乱丁・落丁本は小社制作部宛お送り下さい。
送料小社負担にてお取りかえいたします。